"권력은 부패하기 쉽다. 절대 권력은 절대적으로 부패한다." 19세기 영국 정치가 액튼이 성공회 주교 크레이튼에게 보낸 편지에 쓴 말이다. 정치 권력이나 교회 권력은 선한 목적을 위한다는 명분으로 악한 수단을 너무나 쉽게 정당화하게 됨을 염두에 둔 말이다. 힘, 권력, 파워의 사용은 언제나 목적과 수단의 정당성을 고려해야 한다. 이 책은 하나님의 형상으로 지음 받은 인간이 하나님이 주신 귀한 선물인 힘을 마치 하나님이나 된 듯이 휘두르지 않고 하나님과 이웃을 섬기는 수단으로 제대로, 정당하게, 개인과 공동체를 살리는 방식으로 쓰는 법을 성경을 통하여 찾아보고 묵상했다. 어떤 자리에 있든지 힘을 발휘하는 사람이라면 누구나 읽고 생각과 행동에 변화를 받으면 좋겠다.

강영안 미국 칼빈 신학교 철학신학 교수

"하나님께서 깨끗하게 하신 것을 네가 속되다 하지 말라"(행 10:15). 사도행전의 베드로가 어떤 음식들을 부정하다고 여겨 멀리했던 것과 같이, 우리는 오랫동안 권력을 부정한 것으로 인식해 왔다. 그러나 권력은 개인과 사회 그리고 제도 속에 항상 존재했고 하나님의 역사는 그 권력을 통해 일어났다. 이 책은 권력을 새롭게 바라보고 새로운 가능성을 상상하게 한다. 최근 중요한 사회 문제로 떠오르는 '일자리 감소'와 '생산의 과잉' 역시 권력이 만들어 낸 결과물이지만, 노동시간 단축이나 기본 소득 같은, 제도라는 잘 조율된 권력을 사용하여 해결한다면 재앙이 아니라 축복이 될 수 있다. 이 책은 권력의 복잡한 작동 원리와 우리가 그 권력을 어떻게 사용해야 하는가를 잘 소개하고 있다. 왜곡된 세상의 변화를 바라는 젊은 실천가들이 꼭 한번 읽어 보기를 권한다.

권기정 국제 구호 활동가, 개발협력 협동조합 BINGO 대표

앤디 크라우치는 미국 기독교에서 정의를 옹호하는 데 가장 중요하지만 아직 논의되지 않은 주제 중 하나에 대해 긴요한 논고를 제시한다. 바로 권력의 문제다. 세상 가운데 하나님의 정의를 세우기 위한 사역은 권력의 역학에 대한 이해를 요구한다. 크라우치는 사람들을 분열시킬 수 있는 이 주제에 성경의 빛을 비춘다. 이 책은 오랫동안 지체되어 온 이 대화에 불을 붙일 것이다.

라승찬 풀러 신학교 복음전도학 교수, *The Next Evangelicalism* 저자

'힘'이 있어야 사는 세상이다. 부정적 뉘앙스를 풍기는 말이지만 동시에 힘을 갖고 싶어 하는 인간의 근원적 열망도 담겨 있다. 그만큼 우리가 사는 세상은 힘에 대해 양가감정을 갖는다. 개인적 차원에서뿐 아니라 사회적 차원에서도 힘이 절대적으로 작동한다. 돈의 힘, 권력의 힘, 교단의 힘, 직위의 힘, 국가의 힘, 문화의 힘 등 리스트는 길 것이다. 힘은 양날의 검과 같다. 칼을 쓰는 자가 칼에 상하게 된다. 그리스도인에게 '힘'은 무엇일까? 다작가이며 기독교 문화비평가인 크라우치는 시대정신의 한 축을 이루는 '권력'(힘)의 문제를 창조-타락-구속이라는 성경적 세계관으로 다층적으로 파헤친다. 절대 권력은 반드시 부패한다는 말은 권력이 우상이 될 때다. 월터 브루그만의 유명한 문구처럼, 권력은 "선물인 동시에 유혹"이라는 딜레마에 대해 크라우치는 그리스도인들에게 올바른 판단력으로 사건의 핵심을 바라보라고 권한다. 권력도 구속되어야 한다는 주장이다. 적절한 해당 성경 본문 연구와 함께 권력의 본질과 목적을 설득력 있게 풀어 가는 저자의 신학과 문화 읽기 큰 그림 내공에 큰 박수를 보낸다. 사회적 제자도 형성을 위한 좋은 안내서다.

류호준 백석대학교 신학대학원 은퇴 교수

이 책은 권력에 대한 사려 깊고도 감동적인 책이다. 권력이 번영을 위해 주신 선물이라는 생각은 독자에게 많은 생각거리를 안겨 준다. 제도들은 번영을 위한 것이다. 그러므로 제도를 이끄는 지도자들은 그들이 선물로 받은 권력을 어떻게 사용하고 있는지 물어야 한다. 그들은 그 권력을 통해 하나님의 형상을 나타내고 있는가 아니면 신 행세를 하고 있는가? 저자가 들려주는 성경 이야기와 개인적 이야기들은 독자들이 이 질문과 또 다른 중요한 질문들을 다루어 나가도록 돕는다.

메리 앤드링가 Vermeer Corporation 대표/CEO

빈곤, 첼로, 인신매매, 아이팟, 고리대금업자, 포도주, 바벨탑, 올림픽 경기의 공통점은 무엇인가? 크라우치는 이 모든 것이 하나님이 인간에게 주신 독특한 선물인 권력의 표현임을 보여 준다. 크라우치는 끝없이 이어지는 유려한 필체로 일상생활에 대한 독창적 관점을 제시하여 독자들이 전적으로 새롭게 갈등과 의미와 가능성의 세계를 보게 한다. 이 책을 읽는 것은 삶을 변화시킬 만한 경험이다.

브라이언 피커트 『헬프』 공저자

앤디 크라우치는 건전한 성서신학과 문화에 대한 예민한 관찰을 솜씨 좋게 통합하여 제도 권력, 문화 권력, 인종 권력을 포괄하는 권력이라는 광대한 주제 속으로 헤쳐 들어가서 권력을 인식하는 기독교적 대안을 제시한다. 그것은 예수 그리스도에 대한 복음으로 다시 형성되고 사랑으로 다시 빚어지고 교회라는 새로운 공동체에 의해 다시 방향이 잡히는 것이다. 이 책에서 세속 권력은 해체되고 새로운 복음 권력으로 대체된다.
스캇 맥나이트 노던 신학교 신약학 교수, 『가이사의 나라 예수의 나라』 편집인

이 책의 독자 대부분은 자신이 실감하는 것보다 더 많은 권력을 소유할 것이고 또한 자신이 지녔다고 알고 있는 권력의 크기에 대해 불편함을 느낄 것이다. 이 책은 해방으로 향하는 열쇠를 가지고 있다. 이 책은 권력이 근본적으로는 선하다는 것을 밝혀낸다. 이 책은 권력이 무엇을 위한 것이며(번영을 위한 것이다) 권력의 올바른 사용은 어떠한지(우리 자신과 다른 사람들의 즐거운 '의미 생산'을 확장시키도록 창조적으로 하나님 형상을 지니는 것이다)에 대해 입체적으로 보여 준다. 성경에 대한 깊은 이해에 기초한 저자의 가르침은 우리를 죄의식에서 자유롭게 하고 권력을 관리하는 적극적이고 겸손하며 더 중요하게는 본질적인 부르심으로 이끌어서 우리가 권력을 남용하거나 무시하는 두 가지 위험을 피하도록 돕는다. 이 책은 지혜롭고 깊은 통찰과 상상력을 갖춘 작품이다. 이 책의 교훈에 주의를 기울임으로 그리스도인들은 이 깨어진 세상에서 예수님의 왕국을 진전시키려는 노력에서 더 많은 열매를 맺을 것이다.
에이미 셔먼 *Kingdom Calling* 저자

모름지기 좋은 책은 독자가 해 보지 않았을 법한 질문을 하도록 이끈다. 위대한 책은 그런 것들을 독자가 잠시도 떨쳐 낼 수 없을 정도로 마음에 깊이 심어 버린다. 그런 점에서 『사람의 권력 하나님의 권력』은 훌륭한 책이다. 이 책은 내가 떨쳐 내지 못했던 끈질긴 질문(어쩌면 대답!)을 다시금 불러일으켰다.…권력에 관한 좋은 소식을 전하는 이 책은 아주 중요하고도 시의적절하다. 권력을 손에 넣으려 하는 우리의 권력 애호적 성향에 대해서뿐 아니라, 권력에 알레르기 반응을 보이며 책임을 지려는 우리의 태도에도 작용하는 해독제다.
제임스 스미스 캘빈 대학교 철학 교수, 『왕을 기다리며』 저자

이 책은 내 마음을 갈아엎어 우상의 파편들을 산산이 흩어 버렸다. 기독교계에서 문화에 대해 가장 설득력 있는 비전가 중 한 사람인 앤디 크라우치는 권력(파워)에 대해서 그리고 우리가 권력을 인간의 번영과 하나님의 영광을 위해 사용할 수 있는 방법에 대해서 살핀다. 이 책은 독자가 가진 가정들을 재고하게 하고 우선순위를 다시 세우게 할 것이다. 그것이야말로 올바른 의미에서의 '파워풀한' 읽기다.
러셀 무어 『왜 우리는 유혹을 이길 수 없는가』 저자

앤디 크라우치는 우리가 지닌 형상의 주인이신 분에 대해 진지하게 생각하도록 도전함으로써 다시 한번 문제의 핵심을 찌른다. 이 책은 번영을 가능하게 하는 권력의 청지기가 되라는 분명하고 감동적인 부름이다.
게이브 라이언 『좋은 신앙』 공저자

생사를 가르는 긴박한 결과를 만들어 내는 문제들 중에 아마도 우리 시대 그리스도인들에게 권력을 관리하는 문제보다 더 이해도가 낮은 것은 없을 것이다. 그러나 앤디 크라우치는 한 세대에 한 번 나옴직한, 이 신학적·사회학적으로 포괄적이며 깊이 있는 책을 통해 이 문제를 멋지고도 분명하게 제시하고 있다. 이 책은 신선하고 열정적이고 깊은 통찰을 제공하며 읽는 즐거움마저 준다.
게리 하우겐 국제정의선교회 대표, 『정의를 위한 용기』 저자

권력과 우상 숭배는 어떤 관계인가? 우리의 비즈니스 문화에서 파워를 가진, 스티브 잡스 같은 이들로부터 우리는 무엇을 배울 수 있는가? 그리스도인은 어떻게 좋은 청지기가 되어 세상의 불의를 해결하는 일에 자신이 가진 파워를 사용할 수 있는가? 저자의 심층적 연구를 담은 이 책에서 독자는 찬찬히 숙고할 가치가 있는 이와 같은 질문들을 훨씬 더 많이 만날 것이다.
「퍼블리셔스 위클리」

사람의 권력
하나님의 권력

IVP(InterVarsity Press)는
캠퍼스와 세상 속의 하나님 나라 운동을 지향하는
IVF(InterVarsity Christian Fellowship)의 출판부로
생각하는 그리스도인을 위한 문서 운동을 실천합니다.

Originally published by InterVarsity Press
as *Playing God* by Andy Crouch
ⓒ 2011 by Andy Crouch
Translated and printed by permission of InterVarsity Press,
P. O. Box 1400, Downers Grove, IL 60515, USA.
www.ivpress.com

Korean edition ⓒ 2022 by Korea InterVarsity Press
156-10 Donggyo-ro, Mapo-gu, Seoul 04031, Republic of Korea.

PLAYING GOD

Redeeming the Gift of Power

사람의 권력 하나님의 권력

부패하지 않는 권력은 가능한가

앤디 크라우치 | 김명윤 옮김

Ivp

예술가, 전사, 친구였던
데이비드 색스에게
1968-2013

차례

서문 11
1장 파워의 발견 19

1부 파워라는 선물 본래는 그렇지 아니하니라 37
　성경연구 창세기 1-2장 — 원래의 파워 38
　2장 파워는 선물이다 50
　3장 우상숭배 74
　4장 불의 95
　　덧붙여 | 복음 전도와 사회 참여 112
　5장 성상 121
　성경연구 요한복음 2장 — 혼인 잔치의 포도주 151

2부 파워의 이해 너희 중에는 그렇지 않을지니 163
　성경연구 출애굽기 20장 — 열 가지 말씀 164
　6장 숨겨진 파워 175
　7장 힘, 강요, 폭력 191
　8장 특권의 유혹 213
　성경연구 요한복음 13장 — 예수님, 파워, 특권 231

3부 제도와 창조적 파워 한 세대에서 다음 세대로   241
  9장 제도라는 선물   242
  10장 통치자들과 권세들 그리고 망가진 제도들   270
  11장 청지기 되기   295
  성경연구 빌레몬서 — 독특한 제도   315

4부 파워의 목적 우리가 즐거워하는 것이 마땅하니라   331
  12장 파워의 훈련   332
  13장 안식의 사다리   352
  14장 파워의 종말   382
  성경연구 누가복음 15장 — 아낌없는 파워   395

  감사의 글   402
  주   404

서문

권력♦은 선물이다. 논란의 여지는 있지만 이것이 이 책의 중심 사상이다.

여러분에게는 이 사상이 논란거리가 아닐 수도 있다. 그렇다면 행복하게 이 서론을 건너뛰어 바로 이 책의 본론으로 들어가도 좋다. 그러나 내 생각에 대부분의 사람들은 권력이 선물이라는 것을 믿기가 쉽지 않을 것이다.

선물은 좋은 것이지만, 많은 사람이 권력을 좋은 것으로 생각하기 어려워한다. 얼마 전에 지혜롭고 통찰력이 뛰어나서 내가 매우 존경하는 여성과 같이 어느 모임에 패널로 참석한 적이 있다. 토론 중에 권력이라는 주제가 등장했다. 그녀는 별로 내켜하지 않으며 말했다. "권력이 현실이라는

♦ 원문의 Power는 주로 권력을 의미하지만 맥락에 따라 힘, 전기, 능력 등 다양한 의미로도 쓰인다. 이 책에서는 의미가 명백하거나 널리 통용되는 관용구의 경우에는 어울리는 번역어를 사용하되 일반적으로는 음역어인 '파워'를 주로 사용하였다. 단, 서문에서는 이 책이 권력의 문제를 다루고 있음을 드러내기 위해 '권력'으로 옮겼다—편집자.

것은 압니다. 그러나 우리가 권력을 억제하고, 권력이 초래하는 피해를 제한할 수는 있다고 생각합니다." 그녀가 생각하기에 권력이란 언제나 피해를 입히는 것이었다. 그러나 그 여성은 대학 교수라는 자신의 직업을 통해 용의주도하게 큰 권력을 행사하고 있다.

선물에는 주는 이가 필요하다. 우리가 권력을 주시는 분과 바른 관계를 회복하는 길을 찾지 않으면 권력을 사용하는 것은 언제나 무질서하고 파괴적이어서 우상숭배나 불의를 낳을 것이다. 대부분의 기독교 사상은 권력을, 사도 바울이 다른 맥락에서 사용한 표현을 빌리자면 "육신을 따라"(from a worldly point of view) 생각한다. 권력이 어떤 면에서는 가장 세속적인 것이지만 단지 세상의 관점으로만 권력을 이해한다면 우리는 권력이 주는 약속을 놓치고 권력의 위험에 대해서도 잘못된 판단을 내릴 것이다. 진정으로 권력이 주는 선물과 위험 모두를 바르게 이해하기 위해서는 권력을 기독교 이야기의 맥락 속에 되돌려 놓아야 한다. 우리가 안다고 생각하는 이 세상의 진정한 시작과 종말에 대한, 그 이야기의 과감한 주장들과 함께. 그 이야기를 다시 찾아가 보면 우리가 생각했던 것보다 권력에 대해 훨씬 더 많이 말하고 있으며 그 많은 이야기가 우리가 기대했던 것과는 다름을 발견할 것이다.

물론 많은 사람들은 아예 권력에 대해 생각하고 싶지 않을 수 있고, 때로는 권력에 대해 생각하기를 피하려고 기독교 이야기에서 빌려 온 언어를 사용할 수도 있다. 한 친구가 교인이 수천 명인 대형 교회를 담임하고 있는, 기독교 복음주의권에서는 이름만 대면 누군지 금방 알 수 있는 한 목사와 대화를 나누었다. "목사님은 담임목사 역할에 따르는 권력을 어떻게 다루십니까?"라고 내 친구가 물었다. "아, 우리 교회에서는 권력이 전혀 문제가 되지 않습니다"라는 대답이 돌아왔다. "여기서 우리는 모두 섬기는 지도자들이기 때문이지요." 나는 이 대답이 진실하다고 믿고 섬김의 리더십에 대한 그 지도자의 헌신이 진정성 있다고 생각한다. 그러나 내가 있던 방에 그 목사가 들어오는 것을 몇 번 경험했는데 그때마다 분위기가 확연히 바뀌는 것을 느낄 수 있었다. 마치 누가 갑자기 난방을 끄거나 배경 음악을 끈 것처럼 말이다. 그는 진정으로 섬기는 지도자였겠지만 또한 그는 권력을 가진 사람이었다.

우리는 권력이라는 말에 불편함을 느끼기 때문에 좀더 편안하게 느껴지는 가까운 유의어들을 다양하게 차용한다. 그래서 리더십, 영향력 혹은 권위라는 표현을 사용한다. 이것들은 모두 권력을 나타내는 중요하고 유용한 형태들이다. 그러나 이러한 단어들은 무엇이 문제인지를 가려 버릴 수 있다. 아무리 불편하다고 해도 가장 정확한 표현은 **권력**이다.

더 논의를 진행하기 전에 먼저, 거의 권력 이야기만 하는 부류의 사람들이 있다는 것을 지적해야 하겠다. 지난 세대에 학문의 영역, 특히 인문학은 인간의 삶과 제도에 작용하는 권력의 역학에 새롭게 주목하면서 형성되다시피 했다. 최근에는 미셸 푸코(Michel Foucault)와, 아마 가장 깊게는 프리드리히 니체(Friedrich Nietzsche)의 영향을 받아, 인문학 전 분야가 인간 활동에 숨어 있는 권력을 찾아내는 것을 중심으로 위치를 재정비했다.

나는 권력이 어디에나 있다는 푸코주의자들의 생각에 동의한다. 그러나 이 책에서는 이러한 현실을 바라보는 다른 방법을 개략적으로 제안하고자 한다. 권력에 대한 학문적 매력의 밑바탕에는 대부분, 권력이 본질적으로 강압이라는 전제가 깔려 있는 듯하다. 권력이 창조적이고 생명을 주는 것처럼 보일 때조차 사실은 폭력적인 주먹을 창조적인 장갑 안에 감추고 있다는 것이다. 오히려 나는 정확히 그 반대라고 생각한다. 실제로는 권력의 가장 깊이 있는 형태가 창조이고, 권력이 강요와 폭력의 형태로 나타나는 것은 그것의 본래 의도된 바에 대한 축소와 왜곡이라고 믿는다. 폭력은 그저 잘 위장한 강압일 뿐인 창조가 아니라, 창조가 잘못된 곳에 놓이고 잘못된 방향으로 이끌렸을 때 가장 눈에 띄는 결과인 것이다.

나는 푸코만큼 깊이 있고 영향력 있는 사람이 될 것이라고는 전혀 생각하지 않는다. 나는 철학자도 아니고 어떤 전문 분야에 속한 학자도 아니다. 나는 저널리스트이며 저널리스트로서 내 과업은 다른 분야에 있는 사람들을 위해서 복잡한 사물들을 분명하게 금방 이해할 수 있도록 만드는 것이다. 철학적으로 깊은 성찰을 기대하는 독자들은 내가 이 주제에 관심을 두게 만들었던 다른 책들을 찾아보는 것이 좋을 것이다. 존 밀뱅크(John Milbank)가 쓴 지독히 어려운 책인 『신학과 사회이론』(*Theology and Social Theory*, 새물결플러스) 같은 책 말이다(이 책을 읽는 독자들이 무사히 여정을 마칠 수 있기를). 올리버 오도노반(Oliver O'Donovan)의 평생의 과업들, 특히 『부활과 도덕적 질서』(*Resurrection and Moral Order*, IVP 역간 예정)와 『열방의 욕망』(*The Desire of the Nations*) 같은 책은 권력을 창조적 사랑으로 보려는 입장이 가진 정치적 함의에 대해 깊이 생각하기를 원하는 사람에게는 선물과도 같은 책이다. 더 오래전에 내게 다른 차원에서 영향을 주었던 책은 매릴린 프렌치(Marilyn French)가 쓴, 페미니스트 관점의 선언문이라 할 수 있는 『권력 너머에』(*Beyond Power*)다. 이 책은 철없던 한 남자 대학생에게 권력과 성의 상호작용에 대한 관심을 일깨워 주었지만 또한 저자가 바라는 방식으로 '권력 너머에' 이를 수 있다는 생각에 대한 뭐라 표현하기 힘든 불만도 촉발시켰다. 내가 진지하게 이 주제를 탐구하기 시작했을 때 재닛 해그버그(Janet Hagberg)의 지혜롭고도 실제적인 책인 『진정한 권력』(*Real Power*)이 프렌치의 책보다는 훨씬 더 도움이 되었다. 이 모든 영향들에 내가 여기서 말하고자 하는 바에 대한 책임을 떠넘

길 수는 없다. 그러나 내가 받은 영향들은 나에게 다음과 같은 질문의 씨앗을 심어 주었다. "니체 이래의(아니면 밀뱅크가 말하듯이 막스 베버를 거쳐 고대 그리스인들까지 거슬러 올라갈 수도 있다) 서구 지적 전통이 권력에 대해 오해하고 있지는 않은가? 다른 길이 있지는 않을까? 만일 복음이 진정으로 모든 피조물에게 기쁜 소식이라면 복음은 권력에 대해서도 기쁜 소식일 수는 없을까?"

우리는 권력에 대해 어느 책 한 권이 제시해 줄 수 있는 것보다 훨씬 더 기독교적이고 진지한 대화가 필요하다. 나는 이 책이 그저 우리에게, 권력에 대한 이야기를 시작하도록, 그 이야기를 새로운 방식으로 시작하도록 해 주기를 바랄 뿐이다. 그 새로운 방식이란 복음의 기쁜 소식과 홀로 선하신 분의 중심으로 들어가는 길이다.

이 책은 4부로 나뉜다. 각 부는 성경 연구로 마무리되는데 창세기, 요한복음, 빌레몬서, 요한계시록의 성경 본문에서 권력이라는 주제를 살펴본다. 성경은 놀라운 책이다. 어떤 진지한 질문을 품고 성경을 읽으며 귀를 기울이든지 간에, 우리는 성경 증인들의 이야기와 시, 기도, 탄식, 예언 속에서 그 질문을 어떻게 바라보아야 하는지에 대한 풍부한 질감의, 여전히 도전적인 방식을 발견하기 때문이다. '권력에 대한 성서신학'을 다루는 책은 이 책과는 달리 더 두꺼워질 것이다. 그러나 여기에 실린 성경 본문에 대한 연구는 적어도 마치 지질학자들이 새롭게 발견한 지층에 탐사구를 굴착하듯, 우리가 권력에 대한 상상을 형성하기 위해 성경에 질문을 던지기 시작할 때 얼마나 풍요로운 보화들이 그 안에 있는지 우리에게 보여 줄 것이다.

1부는 권력이 선물이라는 주제를 제시한다. 아무리 죄에 의해 축소되고 왜곡되었다 해도 선물은 선물이다. 권력은 창조세계에 뿌리내리고 있다. 무로부터 불러내신 부르심 속에, 이 놀라운 세상의 열매 맺고 번성하는 풍요로움 속에 뿌리내리고 있는 것이다. 권력은 그분의 형상을 지니는 것(image bearing), 곧 인간이 창조세계 안에서 우주의 창조주를 대표하는 독특한 역할과 밀접한 관련이 있다.

그러나 인간이 하나님의 형상을 지닌다는 성경의 이야기는 거짓 형상들에 대한 언급을 빼놓고는 이야기할 수 없다. 권력이 어떻게 잘못되어 갔는지의 이야기는 하나님의 형상을 지닌 사람들이 창조력이라는 선물을 어떻게 잘못 사용했는지에 대한 이야기다. 그들은 보이지 않는 하나님의 참된 형상을 만질 수 있는 대체물의 형상으로, 즉 폄하와 실망밖에 주지 못하는 거짓 신들로 바꾸어 버렸다. 형상을 지니도록 하신 하나님의 선물을 오용하고 거부하는 것은 우상숭배와 불의라는 형태로 나타나며 이것은 하나님이 가장 미워하시는 두 가지다. 하나님의 형상을 지니는 것의 이 두 가지 왜곡이 어떻게 서로 연결되는지를 이해하는 것은 권력이라는 선물에서 무엇이 그렇게 비극적으로 잘못됐는지를 이해하는 열쇠다. 하나님의 형상을 진정으로 지니신 분이 오실 때에야 우리는 우리의 우상숭배와 불의에 대한 이야기가 어떻게 온갖 악조건에도 불구하고 가장 행복한 결말에 이르는지 보기 시작한다.

2부는 우상숭배와 불의가 우리가 권력을 사용하는 데 어떻게 교묘하게 숨어드는지, 매우 구체적인 방식들에 대한 것으로, 우리가 거짓 신 행세를 하도록 유혹받는 방식들이기도 하다. 선악과를 먹은 후 동산의 남자와 여자의 경우를 보면, 심히 좋았던 창조세계에서 분명하게 드러나 보였던 권력이 이제 숨어서 눈에 띄지 않으려 한다. 그것은 우리 발밑 땅속으로 내려가서 우리를 넘어뜨리고 우리를 잘못된 꿈, 어리석고 무모한 길로 유혹한다. 권력이 다시 모습을 드러낼 때, 그것은 강압과 폭력의 형태를 취한다. 강압과 폭력은 권력이 취할 수 있는 가장 가시적이면서도 가장 심한 왜곡의 형태다. 그러나 여기서조차 우리는 더 나은 길을 가늠해 볼 수 있다.

3부에서 우리는 권력이 시간과 공간을 통해 제도의 형태로 매개되는 것을 살펴볼 것이다. 오늘날 제도권에 대한 반감이 확산하고 있다. 전 세계적으로 사람들은 기존 제도들에 대한, 그리고 제도권 지도자들에 대한 신뢰를 잃고 있다. 수상이든지 회사 사장이든지 교황이든지 말이다. 그러나 가까이서 살펴보면 제도 그 자체는 인간의 번영에 있어서 그리고 하나님 형상을 지니게 하신 하나님의 의도를 성취하는 데 있어서 불가결한 선물이다. 제도들은 권력이라는 선물을 진정으로 깊이 있게 표현하기 때문에 한번 잘못되면 가장 눈에 띄고 두려운 방식으로 문제를 일으키고 미약한 인간의 실존을 뛰어넘는 "통치자들과 권세들"이 되어 하늘의 궁창에서 하나님과 싸움을 벌이는 영적 세력에 가담하게 된다. 그러나 하나님의 구원 이야기는 제도들에도 기쁜 소식이 되며 우리에게 제도를 길들이고 제도를 번영하게 하는 역할을 주신다.

마지막으로 많은 선물을 지녔지만 또한 우리를 여러 방식으로 장악하는 이 권력을 어떻게 다시 궁극적으로 모든 무릎이 꿇게 되는 그분의 주권 아래로 돌려놓을 수 있을 것인가에 대해 살펴볼 것이다. 그것은 권력을 지닌 사람들(바로 우리들!)이 자기 자리를 감당하는 훈련을 통해서다. 고전적인 영성 훈련은 설거지와 같은 작은 훈련들을 통해서도 우리를 겸손하게 하고 은혜 앞에 열려 있게 한다. 그 훈련들은 우리를 진정한 권력의 생명이신 하나님의 형상을 지니는 영광의 무게를 진정으로 감당하도록 만들 수 있다. 권력의 손아귀를 빠져나가는 길이 있다. 권력을 바람직한 목적 앞에 데려가는 안식과 예배의 실천을 통해서다.

왜 권력이 선물인가? 권력은 번영을 위한 것이기 때문이다. 권력이 잘 사용되면 사람들과 온 우주가 본래 의도된 모습을 더 생생하게 드러낸다. 그러므로 번영은 권력이 바르게 사용되는지를 보여 주는 시험대. 책을 쓰는 것도 모든 창조의 행위가 그러하듯이 위험과 불확실성을 지닌 창조적 권력의 행위다. 책을 읽는 것도 시간과 관심과 희망과 사랑을 투자하는, 또는 손실 위험을 감내하는, 창조적 권력을 스스로 행사하는 것이다. 나는 여러분이 이 책을 손에 들었다는 것에 감사한다. 그리고 여러분이 이 책을 내려놓을 때에는 여러분이 지음 받은 목적인 번영에 한 걸음 더 다가서 있기를, 그리고 온 피조세계가 하나님의 자녀들이 나타나기를 고대하고 있으므로 우리가 함께 세상을 변화시켜서 이 우주가 덜 신음하고 더 노래하게 되기를 기도한다.

1장
파워의 발견

지난 밤 우리 동네에 전기(power)가 나갔다. 뭐, 그냥 단 몇 분간이었다. 침실의 선풍기는 전기가 끊어지자 관성에 따라 잠시 돌다 멈추었겠지만 곧 다시 작동을 시작했다. 정전 때문에 잠을 깰 상황은 아니었다. 그러나 디지털시계를 망쳐 놓을 정도는 되어서 아침에 일어났을 때 집에 있는 시계 중 세 개가 정신없이 깜빡거리고 있었고 우리 집 컴퓨터도 흔들어 놔서 화면은 먹통이고 아무 반응이 없어서 재부팅을 해야 했다. 이 정도로도 우리 집과 우리 동네, 우리 마을과 이 나라 전체를 관통하는 파워가 거의 항상 끊임없이 흐르고 있음을 일깨우기에는 충분하다. 거의 매일 아침 시계는 몇 시인지 알려 주었고 컴퓨터는 밤새 백업을 마쳤고 냉장고 안의 우유는 시원했고 샤워기에서 나오는 물은 따뜻했다.

나는 전력이라는 파워에 둘러싸여 살아간다. 그리고 그것이 나를 거의 죽일 뻔한 적도 있다.

지금 살고 있는 집으로 이사한 후 맞은 첫 여름, 차고 문을 열고 닫을 때마다 들리는 이상한 '펑' 소리가 신경 쓰이기 시작했다. 어쩐 일인지 나는 몇 주 동안이나 이 소리와 우리 집 에어컨의 문제를 연결 짓지 못했다. 에어컨 차단기가 갑자기 떨어지곤 했는데 그러면 우리는 창고에 가서 차단기를 올렸고 에어컨은 다시 작동했다. 더운 여름날 별다른 수고 없이 누리는 쾌적함 역시 전력이라는 파워가 주는 또 하나의 선물 아니겠는가.

어느 날 아침, 꽤 장거리를 달리고 와서 자전거를 차고에 넣었다. 차고 문을 닫는데 갑자기 '펑' 소리가 다시 들렸다. 이번에는 내 시야의 한 구석에 번쩍하는 불빛도 들어왔다.

다시 차고 문을 열었다. 또 '펑' 소리가 들렸고 타는 듯 밝은 빛줄기에 차고 안쪽이 환해졌다. 이렇게 밝은 빛을 만드는 것은 단 하나다. 고압 전류의 불똥이 튀어서는 안 되는 쪽으로 튄 것이다. 나는 놀라서 뒤로 펄쩍 뛰어 물러섰다가, 반쯤 열린 문 아래로 조심스레 기어들어가 차고 안을 살피기 시작했다.

우리 집 차고 문은 대부분 그렇듯이 홈을 따라 움직이게 되어 있고 쉽게 올리고 내릴 수 있도록 양쪽에 굵은 스프링이 달려 있다. 우리가 이사 오기 전에 차고 바깥에 에어컨 설비를 설치하러 왔던 전기 기술자가 차단기에서 에어컨 컴프레서로 이어지는 전선을 이 굵은 금속 스프링 바로 옆으로 지나가게 빼놓은 것이다. 이것은 말하자면 안전 규정에 어긋나는 작업이었다. 지난 몇 달 동안 스프링이 앞뒤로 움직이면서 서서히 전선의 피복이 벗겨졌고, 별일 없이 차고 문이 열리고 닫힐 때마다 조금씩 더 피복이 패여 갔다. 벗겨진 구리선은 무언가 닿기만을 기다리고 있었고, 접촉이 있을 때마다 합선이 생겨 차단기를 떨어뜨리고 '펑' 소리와 불꽃을 만들어 냈다. 오늘도 몇 밀리미터만 가까웠다면 문에 대고 있는 내 손을 따라 전기가 땅으로 흘렀을 것이다. 내가 아침 라이딩의 마무리로

4,800와트의 전기를 맞지 않은 것은 순전히 운이 좋았기 때문이라고 말할 수밖에 없다.

다른 전기 기술자가 와서 처음에 작업해 놓은 것을 보고는 욕을 중얼거리더니, 벗겨진 전선을 차고 문에서 멀리 떨어진 곳으로 돌려서 고정해 두었고 안전하게 피복도 입혔다.

나는 아직도 차고 문을 조심스럽게 연다. 나는 이렇게 파워에 둘러싸여 살고 있다.

세상을 만드는 일

거의 중단되는 일 없이 우리 집을 흐르는 전류처럼, 파워는 삶의 근본적 특징이다. 그리고 전기가 그렇듯이, 파워를 별 제약 없이 사용하는 사람들은 그 파워가 갑자기 사라지거나 폭력적인 형태로 모습을 드러내지 않는 한 그 사실에 대해 거의 생각하지 않는다. 그렇다고 해서 파워가 중요하지 않거나 위험하지 않거나 가치가 없는 것은 아니다. 파워는 중요하고, 위험하고, 가치 있다. 그것은 우리 삶 속에 흐르고 있다. 바르게 사용된다면 우리를 진정한 인간으로 만들어 주는 많은 것들을 가능하게 해 준다. 그러나 잘못 사용되면 우리 모두를 극심한 위험에 빠뜨린다. 나니아의 아슬란처럼, 선하다고 해서 결코 위험하지 않은 것은 아니다. 그리고 아슬란과 달리, 파워는 항상 선하지도 않다.

그러면 파워란 무엇인가? 지나치게 단순한 정의를 내려 보자면 파워는 세상을 만드는 능력이다. 나는 이 정의를 염치없게도 앞서 저술한 책에서와 마찬가지로 저널리스트 켄 마이어스(Ken Myers)에게서 빌려 왔다. 문화에 대한 그의 단순하면서도 심오한 정의는 우리에게 매우 유용할 것이다. 문화란 인간이 세상을 만드는 것인데, 두 가지 해석이 모두 해당된다. 우리가 자연의 원재료를 가지고 만들어 내는 사물뿐 아니라, 우리가 만들어 내는 의미 또한 가리킨다. 이것이 우리의 기본 과제이자 전제이며 우리가 추구하는 바다. 즉 첨부된 설명서가 없는 이 세상, 그러나 거의 모든 인간에게 의미 있게 약동하는 듯 보이는 이 세상을 새롭게 만드는 것이다.

파워는 단순하(지만 또 그리 단순하지도 않)게 말하자면, 인간의 가장 특징적 행위인 무언가를 만들어 내고 의미를 생산하는 과정에 참여하는 능력이다.

물론 우리가 파워를 이렇게 정의할 때, 인간이 세상에 뭔가를 만들어 내는 유일한 존재는 아니라는 것을 인정해야 한다. 침팬지도 그렇게 할 수 있고 (더 단순하고 더 많은 메탄가스를 뒤로 방출하기는 하지만) 젖소도 할 수 있다. 기초적인 차원에서 모든 생명체는 파워를 지니고 있고 그 파워로 주변 환경을 변화시킨다. 그리고 모든 생명체는 파워가 필요하다. 밀가루 반죽을 빵으로 변화시키는 이스트도 열을 받아야 하고 밀가루 반죽의 탄수화물에 저장된 에너지가 필요하다. 봄철에 새로 난 푸른 잎으로 우리 집을 그늘지게 하고 가을철에는 노란 낙엽으로 잔디밭을 뒤덮는 뒤뜰의 나무도 태양으로부터 파워를 끌어온다. 이 태양은 우리 인간 또는 피조세계의 다른 어느 부분이 거둬들이는 법을 터득하게 될 거의 모든 파워의 궁극적 근원이다. 이 동일한 태양이 까마득한 옛날의 생명체들을 비추었고 그 생명체들이 땅속 깊이 묻혀 서서히 분해되어 우리의 삶을 수많은 방식으로 편안하고 안락하게 만들어 주는 석탄과 가스와 석유가 되었다. 이 모든 과정, 곧 느리거나 빠르게, 지역적으로나 전 지구적으로 일어나는 이 모든 과정에서 파워는 생명이 있는 곳이면 어디든지 고동치고 있다. 대양의 가장 어두운 밑바닥이나 또는 죽기 전 마지막 순간처럼, 파워가 사라지면 세상을 만드는 것 또한 끝나고, 우리는 조금 전까지만 해도 변화시킬 수 있었던 지구의 먼지로 돌아간다.

그러므로 세상을 만드는 것이라는 가장 넓은 의미에서 파워란 산호초부터 첼로 연주자까지 모든 생명체가 지닌 보편적 자질이다. 그러나 오직 인간만이, 마이어스가 우리의 주의를 요청한 두 번째 의미에서의 파워를 행사한다. 즉 사물을 만들어 내는 것뿐 아니라 의미를 만들어 낸다. 우리가 만들어 낸 것에 의미를 부여하고 이 세상을, 단지 헤쳐 나가는 것만 아니라 또한 해석하는 것은 인간만이 가진 독특한 파워다. 우리 인간의 파워만이 이 세상을 정원과 도시로 만들고, 댐으로 수량이 조절되는 강과 핵폭탄으로 인한 버섯구름을 만들어 낸다. 게다가 다음 세대로 의미를 전달하는 인간만의 능력은 이 세상이 어떤 곳인가 그리고 **무엇을 위한** 곳이어야 하는가를 해석함으로써 가능성의 지평선을 형성한다.

그러면 파워의 상실이란 무엇인가? 그것은 앞에서 말한 두 가지 방식으로 세상을 만들지 못하게 되는 것이다. 죽음으로 인한 파워의 상실은 세상이 우리에게 영향을 줄 수 있지만 우리는 다시 세상에 영향을 주지 못한다는 의미다. 이러한 파워의 상실은 파워와 마찬가지로 인간 실존의 근본적 특징이자, 우리가 인생의 전성기를 구가할 때에도 가능한 한 염두에 둬야 할 현실이다. 우리는 불과 얼마 전에, 세상을 조금이라도 만드는 것이 거의 불가능했던 존재로 삶을 시작했고, 머지않아 우리가 진정으로 이해하기도 전에 다시 한번 우리를 붙들어 주는 다른 사람들의 파워에 의존하게 될 것이다. 그렇게 조금만 지나면, 이 세상에서 우리는 완전히 자취를 감출 것이다. 우리가 잠시 누리는 파워의 간주곡은 무한히 긴, 파워가 없는 두 시기 사이에 놓여 있다. '장애인'(disabled) 단체 등에서 현재

신체적 기능을 자기 의지대로 사용할 수 있는 사람들을 가리킬 때 사용하는 '일시적 비장애인'(temporarily abled)이라는 표현은 반박할 수 없는 실증적 진리다.

세상을 만드는 것이 단지 사물을 만들어 내는 것 이상이듯이, 파워의 상실도 단지 세상에 손에 잡히는 변화를 가져오지 못하게 되는 것 이상이다. 파워의 상실이 더 근본적으로 약화된 형태는 **의미**를 만들지 못하게 되는 것이다. 이 세상 곳곳에는, 무언가를 만들어 내는 신체적 능력에 부족함이 없는(사실, 수십 년을 컴퓨터 화면 앞에서 일하며 보낸 나 같은 사람들에 비해 '부족함이 훨씬 덜한'이라고 해야 할 것이다) 비장애 신체를 가졌지만 세상에 자기 자신의 의미를 부여할 기회조차 거부당한 사람들이 있다. 아마도 그들은 인간이 문화의 궁극적 과업인 의미 생산에 참여하기 위해 문화적 유창성을 얻는 과정인 교육에서 배제되었기 때문에 그 기회를 거부당했을 것이다. 아마도 그들은 이 세상에서 누가 중요한 사람인가에 대한 뿌리 깊은 편견 때문에, 즉 그들의 피부색이나 성(性) 또는 그들이 사용하는 사투리 때문에 의미 생산 집단에서 배제됨으로써 그 기회를 거부당했을 것이다. 의미를 가려내고 중요성을 부여하며 진실한 이야기를 들려주고자 하는 그들의 시도는 무시되고 조롱당하거나 더 심한 일도 당한다. 아이러니하게도, 그러한 수백만의 사람들이 만들어 내는 것은 우리가 의미 생산 활동에 관여할 수 있게 해 주는 문화적 공산품, 예를 들어 지금 이 글을 쓰는 내 주변에서는 스마트폰, 노트북 컴퓨터, 전자책 단말기, 대화면 모니터 등이며, 이것들은 내가 가장 깊은 의미에서 세상을 만들도록 해 주는 필수적 도구들이다. 그런데 이 도구들을 만든 사람들의 목소리와 그들의 이야기는 들리지 않고 언급되지 않은 채로, 그들이 제조한 상품들은 사람 손이 닿았던 자국을 애써 제거하여 초자연적으로 깔끔한 플라스틱으로 포장되어 우리의 상점과 가정에 도착한다.

이렇게 되어서는 안 된다. 확실히, 파워의 상실이 모두 나쁜 것은 아니다. 우리가 가진 한계들 중 어떤 것은 그 자체로 선물이다. 인간의 몸이 할 수 없는 것이 우리가 할 수 있는 것보다 훨씬 더 많다. 세상을 이해하려는 우리의 능력은 세상의 불가해한 신비들과 충돌한다. 이러한 한계들은 종종 우리에게 도움이 된다. 그러나 파워의 상실이 파워를 행사한 결과라면, 즉 한 사람 또는 한 집단이 다른 사람 또는 집단의 파워를 빼앗는 경우, 그리고 특히 이러한 배제가 여러 세대에 걸쳐 지속되는 경우라면 무언가 심각하게 잘못된 것이며 이는 단지 직접 무력화의 고통을 당한 이들에게만 해당하는 말이 아니다. 세상을 만들 수 있는 능력은 진정한 의미에서 인간 복지의 근원이고 참된 파워는 능력과 부를 배가시키기 때문에, 그 누구라도 벗어날 수 없는 무력한 상태에서 살아가고 있다면 그것은 우리 모두의 빈곤이다.

현대의 노예들

오늘날 세계에는 2,100만 명의 노예가 있다. 우리 세상에서 파워가 뒤틀려 있음을 이보다 더 생생하게 일깨워 주는 통계 수치는 없을 것이다. 그들은 벽돌을 만들고 커피를 수확하고 시가를 말고 가사 노동에 시달린다. 그들은 달아날 수 없다. 탈출을 시도하면 잔인하게 얻어맞는다. 수백만 명이 사창가에서 지속적으로 강간을 당하며(어리게는 아홉 살 나이부터), 성 산업에 예속되지 않은 이들도 주인의 기분에 따라 성적으로 착취당하기 쉽다. 그들은 간신히 연명할 수 있는 수준 이상의 보수를 받지 못하고, 그들 자신이나 부모의 빚을 갚겠다는 목표가 있지만 사실상 살인적인 이자

율 아래서 신음하고 있기에 그 빚은 결코 변제될 수 없다.

어느 여름날 아침 나는 이러한 현대판 노예 몇 사람을 만나기 위해 기차를 탔다. 기차는 인도 남동부 첸나이의 소란스러운 역사를 출발해 수많은 사람들이 곡식을 심고 거두고 경작하고 일하는 무성한 들판을 지나 서쪽으로 달려갔다. 내가 첸나이에 간 것은 인도주의 국제구호단체인 월드비전의 인도 지부장 자야쿠마르 크리스티안을 만나기 위해서였다. 내가 그에게 인터뷰를 위해 몇 시간 내줄 것을 요청했고 우리는 월드비전 본부에서 만나기로 했었다. 그런데 내가 도착하기 몇 주 전에 자야쿠마르가 이메일을 보내서 기차 여행을 할 것이라고 알려 주었다. "제가 선생님을 구디야탐에 모시고 가겠습니다." 그가 말했다. 이제 막 새벽을 지났을 뿐인데도 벌써부터 숨 막히게 더운 아침이었다. "제가 오늘 그곳에서 진행되는 우리 사역 현장을 방문해야 하는데 함께 가시지요."

이번 방문으로부터 9년 전, 구디야탐 지역은 아동 노예노동이 만연해 있었다. 주민 200명 정도 되는 작은 마을에서 초등학생 연령대 어린이 스무 명이 노예 생활을 하고 있었다. 프라부는 지저분한 오토바이 가게에서 일했고 부발란은 하루 종일 베틀 앞에 앉아 옷감을 짰고 간티는 담배를 말았고 수레시는 성냥을 만들었다. 학교에 다니는 아이는 아무도 없었다. 그들이 갚아야 하는 빚은 이론적으로 2,000-4,000루피 정도였는데 미국 달러로는 50-100달러에 해당하는 돈이었다. 그러나 이 빚을 결코 갚을 수 없으리라는 것을 모두가 알고 있었다.

이 적은 금액은 전 세계 노예노동의 새로운 측면을 보여 주는 중요한 지표다. 대서양에서 영국과 미국이 주도하던 노예무역 시대에는 노예 한 사람을 구매하는 데 수천 달러를 지불해야 했다. 대서양 무역을 통해 얻은 노예는 (이 표현을 쓰는 것조차 혐오스럽지만) 말이나 노새처럼 가치 있는 재산이었다. 오늘날 100달러로 노예를 살 수 있는 곳이 인도만은 아니다. 저널리스트 벤저민 스키너(Benjamin Skinner)는 2008년에 출간한 『보이지 않는 사람들』(A Crime So Monstrous, 난장이)에서, 노동과 섹스를 위해 열두 살 소녀를 총 50달러에 구매하려고 흥정하는 아이티의 장면을 묘사한다. 〈노예제의 종말에서〉(At the End of Slavery)라는 다큐멘터리 영화에서 마크 래건(Mark Lagon) 대사는 이에 대해 현대의 노예들이 사실상 "스티로폼 컵처럼" 한번 쓰고 버리는 일회용임을 의미한다고 말한다.

이러한 노예제는 이 세상 모든 나라에서 불법이며, 정부 관리들은 자신들의 감시 아래 이런 일이 일어나고 있음을 인정하려 하지 않는다. 그러나 이 일들은 관리들의 방임과 때로는 공모 때문에 일어난다. (인도 경찰은 아이들이 노예노동을 하고 있는 벽돌 가마로 와 달라는 요청을 받는 일이 종종 있다. 가마 주인들은 경찰을 불러 아이들을 때리게 하고 그럼으로써 또한 아이들에게 공권력이 그들을 돌봐 주리라는 어떤 희망도 버리게 하려는 것이다.) 영국 의회에 의해 대서양 노예무역이 폐지된 지 두 세기가 지났고, 미국의 남북전쟁이 북부의 승리로 끝난 지 150년이 지났어도, 노예를 재산으로 여긴 200년 동안 대서양을 가로질러 일어났던 인신매매보다 더 많은 사람들이 오늘날 노예로 살고 있다는 것은 잔혹한 아이러니다.

파워의 위험을 이해하고자 한다면 노예 문제가 유리하다. 파워가 부패할 때 일어나는 일을 생생하고 완전하게 보여 준다는 면에서다. 한 사람이 다른 사람에게 아무런 제약 없이 파워를 행사하는데, 여기서 파워의 행사는 노예 소유주의 파워를 신과 같은 수준까지 끌어올릴 뿐 아니라 노예의 파워를 박멸해야 한다. 어떤 주인들은 상대적으로 더 자비롭다(미국 노예제가 허용되던 시절에 일부 노예주가 그랬듯이. 물론 그들 자신의 입장이지만). 그러나 주인과 노예의 관계는 전형적 지배권의 하나로, 소유주가 노예의 목숨을 포함한 모든 것을 취할 권리가 있다는 주장에 근거한다. 궁극적으로 소유주가 모든 것을 소유하고, 노예는 아무것도 소유하지 못한다.

절대적 파워―우리가 곧 살펴볼 파워와는 전혀 다른―의 부패라는 이 경우에 파워는 유한한 자원으로서 철저히 비축된다. 노예가 파워를 갖게 되면 주인은 파워를 잃어야 하는데, 이는 완전한 노예제가 노예의 자녀들에 대한 권리까지 포함하는 이유이기도 하다. 그래서 오늘날 동남아시아 일부 지역에서는 한 사람의 소유주에게 여러 세대가 노예로 속박되어 있는 경우가 여전히 흔하다. 노예 소유주는 노예가 자신의 통제 밖에서 무언가 만드는 것을 결코 허락할 수 없다. 자녀를 만드는 것도 마찬가지다. 부패한 파워의 관계에서는 모든 파워가 파워를 가진 사람에게만 집약되어야 한다.

"우리는 노예들을 풀어 줍니다"

아주 오랜 세월 동안, 이것이 구디야탐의 현실이었다. 그러나 내가 프라부, 부발란, 간티, 수레시를 만났을 때 그들은 더 이상 노예가 아니었다. 지난 9년간 월드비전의 사역자들은 이 지역에서 인내심을 가지고 꾸준히 사역해 왔다. 그들은 여성들이 금융 기본 지식을 익히고 공동 자금을 형성하도록 부녀회를 시작했다. 부녀회 회원들은 자야쿠마르에게, 불과 몇 달 전만 해도 지역 은행에 걸어 들어간다는 것은 "이전에 엄두조차 못 냈던" 일인데 이제는 계좌에 모인 상당액의 예금 덕분에 은행 직원들이 자신들을 정중하게 대하는 것이 느껴진다고 자랑스럽게 말했다. 월드비전은 판차야트라고 불리는 지방 의회와 함께 협력하여 주거환경을 개선하고 일자리 훈련 프로그램을 개발했다. 월드비전은 이전에 '불가촉천민'으로 불리던 사람들을 위한 시민 교육 프로그램을 시작했다. 그들은 자신이 시민의 권리를 가졌다고는 전혀 생각해 보지 못한 사람들이었다. (내가 방문하기 몇 주 전에, 이 지역의 힌두교 근본주의자들이 시민 교육 프로그램은 명백하게 개종을 위한 것이라고 주장하며 월드비전 사무실을 공격한 일이 있었다. 다행히도 마을 지도자들이 함께 모여서 지역 경찰에게 이 프로그램이 전적으로 합법적임을 납득시켜서 군중의 폭력 기도를 좌절시켰다.) 모든 과정에서 월드비전은 지역 공동체에 인도의 법이 채무 상환을 위한 담보 노동을 금지한다는 것과 아이들이 학교 교육을 받을 권리가 있음을 가르쳤다.

점심시간이 되자 중학생 또래 아이들 열두 명이 수줍게 줄지어 서서 월드비전 사무실로 들어왔다. 그들은 모두 깨끗한 교복을 입고 자야쿠마르와 나에게 자신들의 이야기를 들려주었다. 열두 살쯤 되었을 간티는 자야쿠마르의 질문을 기다렸다는 듯 곧바로 입을 열어, 2년 전만 해도 미래에 대한 희망을 포기했었다고 우리에게 이야기했다. 지금 간티는 학교에 다니고 있다. 공부를 다 마치면 무엇을 하고 싶으냐고 자야쿠마르가 물었다. "저는 의사가 되어서 우리 마을로 돌아올 거예요." 소녀는 눈을 반짝이며 주저 없이 대답했다. 자야쿠마르는 아직도 그 지역에 아동 노예노동이 남아 있는지 물었다. "아직도 빚 때문에 담보 노동을 하는 아이들이 몇 명 있어요. 하지만 우리는 노예 주인한테 가서 이렇게 말해요. '이런 짓을 그만두지 않으면 감옥에 가게 될 거예요!'" 나는 내가 제대로 들은 것인지 내 귀를 의심했다. 지금 예전에 노예였던 아이가 노예 주인에게 맞섰다고 말하는 것인가? "네, 그리고 우리는 그 아이들에게 떠날 권리가 있다고 이야기해 줘요. 우리는 이번 달에도 아이들 세 명을 풀어 줬어요."

아마도 그 방문에서 가장 놀라운 순간은 '어린이 판차야트'였을 것이다. 매주 열리는 이 모임에서 아이들은 시민 생활에 필요한 기술들을 연습하고 그들이 어른이 되면 맡게 될 역할들을 미리 준비할 수 있다. 단지 흉내만 내는 것이 아니었다. 작은 공터에 바나나잎을 깔고 앉은 50명의 소년소녀들은 기쁨과 자부심을 느끼며 우리에게 자신들이 어떻게 그 지역에서 노예노동을 끝내고 있는지 우리에게 들려주었다. 그들은 존경을 표현하는 향기로운 화환을 자야쿠마르와 나에게 걸어 주었고(나는 받을 자격이 전혀 안 된다고 느꼈지만) 우리를 위해 그 지역 민요를 불러 주고 그들 마을의 삶이 어떻게 달라지고 있는지 이야기해 주었다. 그리고 자야쿠마르에게 한마디 해 달라고 요청했다.

자야쿠마르는 적절한 어휘로 간단명료하게 표현하는 사람이었다. "여러분이 커서 어른이 됐을 때 꼭 기억했으면 하는 것이 세 가지 있어요. 하나님을 기억하고, 여러분의 부모님을 기억하고, 여러분의 마을을 기억하세요." 이렇게 말하는 그의 얼굴은 땀과 자부심으로 빛났다. 그의 말이 내게는 충격적이었다. 그는 아이들에게, 그들을 노예 주인에게 넘긴 부모를 기억하고 또 존경하라고, 그런 상황에서 그들 인생의 많은 환경이 하나님의 부재 또는 무관심을 입증하는 것처럼 보일 때에도 하나님을 기억하라고, 그리고 여러 해 동안 가장 지독한 불의를 묵인했던 마을 공동체에 계속 헌신하라고 요청하고 있었다.

그러나 자야쿠마르의 단순하고 온화한 표현을 들으면서 나는 뭔가 본질적인 것이 그 아이들에게 회복되고 있다는 것을 느꼈다. 아이들의 집중하는 표정을 보니 그들도 같은 것을 느끼는 것 같았다. 이 지역에서 일어난 해방은 월드비전 지역 사무실의 벽에 붙어 있는 이름들이 알려 주듯 개개인이 속박에서 풀려난 것만을 의미하지 않았다. 공동체와 가족과 신앙이라는 서로 연결된 관계들, 한때 착취에 의해 균열이 졌던 그 관계들이 함께 치유되고 있었다. 가난과 파워의 상실이 빼앗아 간 것을 자야쿠마르의 동료들이 서서히, 주의 깊게 회복시키고 있었다. 아니, 사실상 이미 회복되어 있었다.

그 아이들이나 그들 부모들의 몸가짐과 태도에서 그들이 가난하다거나 파워를 상실한 사람이라고 생각하게 할 만한 것은 없었다. 그들은 자신감과 자부심을, 심지어 겸손과 관대함마저도 보여 주고 있었다. 열 살 먹은 소녀 한 명이 나에게 코코넛을 건넸다. 안에 있는 시원하고 달콤한 주스를 마실 수 있도록 방금 윗부분을 잘라 낸 것이었다. 그 소녀가 주인이었고 나는 손님이었다. 그 소녀가 전문가였고 나는 학생이었다. 그 소녀는 오랜 세월 이어져 온 환대의 전통에 따라 방문객을 존중하는 행동을 보여 주는 것을 명예롭게 여겼다. 나는 지금도 그때의 코코넛 주스 맛을 기억한다. 달콤하고 향기로운 샬롬의 맛이었다.

첸나이로 돌아오는 기차 안에서 나는 자야쿠마르에게 말했다. "참 이상합니다. 이 사람들은 아직도 물질적으로는 가난한데, 가난한 사람처럼 **행동하지 않는군요**."

그가 활짝 웃어 보이며 말했다. "월드비전이 이 지역을 떠날 때가 됐다는 뜻이지요. 우리 역할은 거의 끝났거든요."

다른 종류의 파워

자야쿠마르 크리스티안은 파워를 가진 사람이다. 미국 대학에서 박사 학위를 받았고 세계에서 가장 큰 국제기구 중 하나에서 일한다. 그는 인도 전역에서 직원 8천 명을 책임지고 있으며 인도 정부와 재계, 종교계의 고위 인사들과 인맥이 닿아 있다. "가난은 연결의 부재, 다른 사람들과의 관계가 부재한 것입니다." 자야쿠마르가 내게 한 말이다. 이 기준대로라면 자야쿠마르는 가난의 정반대편에 있는 사람이다.

그러나 자야쿠마르가 나를 첸나이로 불렀을 때 그는 다른 사람들처럼 거칠게 짠 옷감으로 만든 아주 단순하고 긴 쿠르타 셔츠를 입고 있었는데 내 친구들의 말에 따르면 그는 늘 그 옷을 입는다고 한다. 우리의 하루짜리 여행을 위해 그가 가져간 것은 작은 휴대전화와 지폐 몇 장 외에는 없었다. 자야쿠마르와 비슷한 지위에 있는 지도자들은 대부분 수시로 걸려 오는 전화를 받고 틈날 때마다 이메일과 문자 메시지에 답장을 보내는데, 그날 자야쿠마르의 전화기는 단 한 번 울렸다. 그다음 날 내가 월드비전 인도 본부의 사무실로 그를 방문했을 때 작고 소박한 사무실에 있는 그의 책상은 완전히 비어 있었다. 자야쿠마르는 완전히 의도적으로 단순한 삶을 살았다. 한 번에 한 장소, 한 사람에게만 전적으로 집중할 수 있는 삶, 소작농이든 수상이든 똑같이 그에게 접근할 수 있는 삶이었다.

구디야탐에 있는 자야쿠마르의 직원들은 가식 없는 애정과 흥분으로 그를 맞이했다. 몇 주 전에 그들은 힌두교 근본주의자들에게 한밤중의 습격을 당했다. 자야쿠마르가 이번 여행을 계획한 동기는 서구의 한 저널리스트에게 성공적인 프로젝트를 보여 주려는 것보다는 끔찍한 경험을 했고 여전히 위협 가운데 있는 그의 팀원들을 격려하기 위한 것이 훨씬 컸다. 그들 중 다수가 구디야탐에서 십 년 가까이 지냈고 고향에서 멀리 떨어진 이 지역에서 가정을 꾸려 살고 있었다. 그들은 그 지역에서 파워가 작동하는 방식을 거슬러 일하고 있었지만(아마도 이것이 폭도들이 그들의 사무실을 공격한 또 다른 이유일 것이다) 또한 끈질긴 아동 노동이 지속되는 방식을 기꺼이 인식하고 그것을 끝내기 위해 노력하는 현지 공무원들과 나란히 함께 일하고 있었다.

여러 세대에 걸쳐 파워가 오용되어 온 곳에서 자야쿠마르와 그의 직원들은 매우 다른 종류의 파워를 보여 주었다. 이 파워는 생명을 옥죄는 것이 아니라 생명을 살리는 것이었다. 내가 만난 모든 아이들, 여성들, 마을 지도자들은 그들의 마을 저축 조합이나 어린이 판차야트를 해산할 생각이 전혀 없는 것만큼이나, 월드비전의 직원들이 그 파워를 포기하기를 바라는 사람도 전혀 없는 듯했다. 이 파워는 노예 소유주들의 힘과는 달랐다. 그것은 독점해야 하는 한정된 자원이 아니라 그 자체로 생명처럼 증식하는 자원이었다. 마을 아이들이 파워를 얻었을 때 그것은 자야쿠마르나 그의 동료들이 그만큼 파워를 잃었다는 의미가 아니었다. 그들의 편에 선 간티 덕분에 그들은 이전보다 더 나아가고 있었다.

최선의 파워

우리가 파워에 대해 알아야 할 것은 이것이다. 파워는 우리가 상상하는 것보다 더 선하기도 하고 더 악하기도 하다. 가장 선한 파워는 월드비전의 자야쿠마르와 그의 동료들이 사용하는 파워다. 그리고 아마도, 열두 살 소녀 간티가 용감하게 노예 소유주들과 맞서고 의사가 되기로 계획할 때 사용한 파워는 그보다 더 선할 것이다. 그것은 손님에게 대접하려고 무거운 마체테 칼을 능숙하게 사용해서 코코넛 뚜껑을 딸 때 사용하는 파워와 같은 파워다. 그 파워는 원기를 회복시키고 웃음과 기쁨과 생명을 주는 원천이며, 더 많은 파워의 근원이다. 파워를 제거하는 것은 삶을 잘라 내는 것이고 이 풍요롭고도 다루기 힘든 세상에서 새롭고 더 나은 무언가를 지어낼 가능성을 잘라 내는 것이다. 생명은 파워이고, 파워는 생명이다. 그래서 번영하는 파워는 번영하는 삶으로 인도한다.

물론 삶 그 자체처럼 파워도 사랑이 없으면 아무것도 아니다. 아니, 그보다 더 나쁘다. 그러나 사랑도 파워가 없으면 본래의 의미를 이루지 못한다. 세상을 만들 능력이 없는 사랑, 사랑하는 사람의 번영을 위해 응답하고 자리를 내어 줄 수 없는 사랑은 좌절된 사랑이다.

기독교 이야기의 핵심 특징인 사랑, 곧 성자를 향한 그리고 성자를 통해 세상을 향한 성부의 사랑이 단지 감상적 느낌이나 낯설고 공허한 신학적 진리가 아니라, 그 아들의 부활이라는 역사상 가장 대담한 진짜 파워의 행사로 완전히 확정된 이유가 바로 이것이다. 최선의 파워는 삶을 충만하게 하고 인간성을 완성시키는 부활이다. 인간이 본연의 모습이 될 때, 죽음조차 자신의 포로들을 더 이상 가두어 놓지 못할 때에는 우리가 파워에 대해 확실히 말할 수 있다.

그러나 우리가 최선의 상태일 때 우리를 충만한 인간으로 만들어 주는 바로 그것이 우리가 최악의 상태일 때는 우리를 진정으로 망가뜨린다는 것이 우리 세상의 방식이다. 가장 악하게 사용될 때 파워는 인간성을 해체한다. 파워를 휘두르는 사람의 마음속에 비인간성을 자라게 하고 파워 아래에서 고통당하는 이들의 인간성을 부정하고 비난하기 때문이다. 이것은 고리대금업자와 그를 묵인하거나 보호하는 경찰과 그를 못 본 척하는 관리들이 행사하는 파워다. 궁극적으로 이 파워는 다른 이들의 삶을 풍성하게 하기보다는 주위의 모든 것을 죽음에 이르게 할 것이다. 이것은 또한 고의의 혹은 강요된 무지이며, 안락한 자신의 작은 영토 안에서 자기만족에 머무르는 파워다. 파워는 사랑의 가장 진실한 시종이지만 또한 사랑의 가장 철천지원수가 될 수 있다.

이 책의 주제를 듣고 많은 사람들이 내게 '파워'보다 덜 투박하고 덜 불편한 단어를 선택하라고 강력히 권했다. '권위'나 '영향력' 아니면 '리더십'은 어떤가? 그러나 이런 말들은 너무 안전하고 너무 한편에 치우쳐 있고 너무나 순진하다. **파워**라는 단어는 우리를 감전시켜 깨우는 전기력을 지녔다. 파워는 최악의 상황에서는 우리를 불편하게 하며 우리에게 충격을 준다. 그러나 최선의 상태에서 파워는 이렇게 안전한 단어들이 담을 수 있는 것보다 더 많은 것을 의미한다. 그것은 삶에 흐르는 전류다. 그것은 위태롭게 선하다.

나는 이 책이 구디야탐 지역에서 돌아오는 기차 안에서 시작되었다고 생각한다. 문자 그대로의 노예 생활과 진정한 자유를 모두 직접 경험한 아이들의 눈을 들여다본 후, 기차 안 자야쿠마르의 옆자리에 앉아 있을 때였다. 자야쿠마르는 그의 직원들과 그들의 공동체와 그 지역 이웃들의 이야기를 듣고 사랑을 베풀며 보낸 길고 꽉 찬 하루로 인해 꾸벅꾸벅 졸고 있었다. 내 옆에 성인(聖人)이 앉아 있구나 하고 생각했던 것이 기억난다.

이것이 내 삶을 형성한 순간들이다. 이 세상이 보이는 것보다 끝없이 더 악하고 끝없이 더 선하다는 것을 알게 된 순간들이다. 그리고 그것은 내가 파워에 대해 믿게 된 바이기도 하다.

1부

파워라는 선물

본래는 그렇지 아니하니라

| 성경 연구 |

창세기 1-2장 — 원래의 파워

우리는 누구나 성경 안에 또 하나의 실용 성경을 가지고 있다. 성경 중에서도 우리가 읽고 되새기고 기억하는 부분들을 말하는 것이다. 기독교의 성경처럼 내용이 포괄적이고 복잡한 책들의 모음집인 경우에 우리가 다른 내용보다 더 주의를 기울이는 부분들이 있는 것은 불가피하고 어쩌면 필요하기도 하다. 그러나 나는 너무 많은 그리스도인들이 편의적으로 사용하는 성경에서 네 장이 빠져 있다는 결론을 내렸다. 누락된 이 네 장은 모호한 전례 문서나 왕실 연대기의 먼지 쌓인 구석이 아니라 말 그대로 성경의 시작과 끝인 창세기의 첫 두 장과 요한계시록의 마지막 두 장이다.

창조에 대한 두 장과 새 창조에 대한 두 장을 빠뜨리는 것은 성경 이야기 전체의 요점을 놓치는 것이다. 이 네 장이 우리의 실용 성경에 들지 못하면 문화와 파워와 구원에 대한 우리의 이해 자체가 심각하게 약화된다.

물론 이 장들이 실제로 우리 성경에 누락되어 있는 것은 아니다. 그러나 창세기와 요한계시록 모두 교회사 내내 다소 엇나간 관심의 주제가 되어 왔다. 요한계시록은 분명히 예수님이 제자들에게 자신도 제자들도 알 수 없다고 단언하셨던 바로 그것, 즉 세상 종말의 정확한 시점에 대한 실마리를 찾기 위해 파헤쳐졌다. 한편 창세기는 근래 역사에서, 다신교적 이방인의 무질서한 우주론에 맞서 하나님의 창조를 결정적으로 드러내는 계시적 기록으로 읽히기보다 자연 세계의 발전에 대해 우리가 우주학과 고생물학과 생물학의 발견들을 통해 **알 수 있는** 것들을 무너뜨리기 위해 사용되었다.

그러나 오해와 오용의 가능성이 있다고 해서 이 중요한 장들이 지닌 권위를 인정하지 않을 수는 없다. 시작과 끝이란 중요한 것이다. 만일 우리가 첫 장과 마지막 장이 찢겨 나간 소설책을 읽어야 한다면 이 소설을 즐기기 위해서, 아니 이해라도 하기 위해서 주인공과 악당의 기원과 최종 운명에 대해 최대한 추측하여 사라진 페이지들의 내용을 채워 넣어야 할 것이다. 우리의 추측은 저자의 의도와 같을 수도 있고 완전히 빗나갈 수도 있지만 추측인 것은 마찬가지다. 그리고 만일 첫 장과 마지막 장에 핵심 정보나 결정적 반전이 담겨 있다면 우리는 처음과 끝 사이의 책 전체 내용을 완전히 오독할 것이다.

만일 우리가 창세기 1-2장과 요한계시록 21-22장의 메시지를 제대로 소화하지 못했다면 우리 자신의 성경 이야기에 어떻게든 시작과 끝을 지어내야 할 것이다. 실제로 최근의 기독교 운동들은 성경의 시작과 끝 자리에 들어갈 대안들을 만들어 냈으며, 그 대안들에 따라 그 사조를 분류할 수 있다. 지난 세기에 일부 개신교 자유주의자들은 요한계시록의 내용이 다소 황당하다고 생각하여 인간 역사의 순조로운 과정이 더 위대한 조화에 이르는 진보적 종말론을 채택하였다. 이것은 요한이 그려 낸 극적인 대격변의 비전과는 별 상관이 없지만 기독교가 이 세상에 완전히 안주하기를 원하는 시대에는 잘 맞아떨어진다.

개신교 복음주의는 그들보다는 이 세상을 덜 편하게 여기기에(또는 세상을 편히 여긴다는 것을 기꺼이 인정하지 않으려 하기에) 다른 방식으로 접근한다. 복음주의가 성경 이야기를 들려주는 많은 방식들, 특히 복음적 메시지를 전하려고 고안된 이야기들은 효율적으로 창세기 3장, 인간의 타락으로 시작한다. 그리고 요한계시록 20장에서 사탄과 그가 행한 모든 것이 불 못에 던져지는 데서 끝난다. 이렇게 이해할 때 복음이란 최초의 원죄에서 최후의 심판까지에 대한 요약이 된다. 태초의 선한 창조와 새 창조의 영광이란 나중에 덧붙인 이야기밖에 되지 않는다.

이렇게 축소된 이야기도 어느 정도 진실을 담고 있다. 물론 우리는 인간이 끈질기게 하나님으로부터의 독립을 선언하는 저주 아래 살고 있고 다가오는 심판이라는 현실 아래 살고 있다. 그러나 성경의 이야기를 이렇게 앞뒤가 잘린 채로 이해하는 데는 심각한 문제가 있다. 첫째 문제는 이 이야기가 별로 좋은 소식(good news)을 전해 주지 않는다는 것이다. 죄로 시작해서 심판으로 끝나는 이야기는 나쁜 소식으로 시작해서 나쁜 소식으로 끝나는 이야기다. 이 이야기에서 좋은 소식은 어디에 있는가? 너무나 많은 성경 관련 이야기들에서 좋은 소식이란 단지 예수를 믿으면 이런 식의 전체 이야기에서 벗어날 수 있다는 것, 즉 하나님의 갈고리에 낚여서 이 세상의 저주받은 이야기 바깥 영원한 생명으로 건짐을 받는다는 메시지에 불과하다. 그러나 이 세상 자체에 대해서는, 특히 이 세상의 아름다움과 놀라움에 대해서는 창세기 3장부터 요한계시록 20장까지만 있는 이 앞뒤 잘린 이야기가 들려줄 말이 별로 없다.

창세기 3장부터 요한계시록 20장까지 이어지는 복음에는 더 깊은 차원의 문제가 있다. 이런 '복음'은 사실 세상이 아직 모르는 이야기, 새롭게 들려줄 이야기를 갖고 있지 않다. 원죄는 라인홀드 니버(Reinhold Niebuhr)가 즐겨 말했듯 경험적으로 증명할 수 있는 유일한 기독교 교리다. 우리 이웃들이 타락의 교리를 믿지는 않을지도 모른다. 그러나 그들도 인간의 이야기에서 뭔가 심각하게 뒤틀려 있다는 것을 부정할 수는 없다. 역사의 종말에 대해 현대 과학은 '진보'가 단지 역사적 환상만이 아니라 물리적으로도 불가능하다는 것을 밝혀냈다. 열역학 제2법칙에 따르면, 우주의 전체 무질서도는 증가하고 있고 어느 먼 훗날 우주에 축적된 광대한 정보, 에너지, 질서는 마지막 큰 한숨 속에 흩어질 것이며 영원한 침묵만이 남을 것이다. 이 우주적 이야기는 불길 속이 아니라 차가운 얼음장 속에서 끝난다(어떤 가설들은 우주가 모든 것을 소멸시키는 최후의 불타는 폭발로 자체 붕괴할 가능성을 열어 두고 있다). 그러나 모든 것이 궁극적으로 소멸된다는 데는 의문의 여지가 없다. 유황불이 모든 것을 집어삼키는 불 못에 대한 환상은 지금 우리가 아는 세상 속에서는 확실해 보이는 역사와 의미가 마침내는 뿌리째 뽑힐 것에 대한 소름 끼칠 정도로 적절한 비유다. 종말은 상상할 수 없을 정도로 먼 이야기일지 모르지만 우리 각 사람의 죽음처럼 가차 없이 확실하게 다가오고 있다.

그러므로 죄로 시작해서 심판으로 끝나는 이야기는 단지 '좋은 소식'이 아닐 뿐 아니라 아예 '소식'(news)이 될 수 없다. 우리 이웃들에게 그들이 스스로 생각해 낼 수 없는 어떤 것도 들려주지 않기 때문이다. 그러나 성경의 이야기는 좋은 소식을 전해 주는 이야기다. 선하고(good) **또한** 새로운(news) 이야기이며, 뜻밖의 이야기이자 뜻밖에도 희망적인 이야기다. 이 이야기는 종말에 대한 좋은 소식이다. 이 세상이 잊히거나 스스로 퇴락하도록 버려지는 것이 아니라, 구출되고 새롭게 만들어질 것이라는 놀라운 주장을 담고 있기 때문이다. 이 이야기는 시작에 대한 좋은 소식이다. 이 세상이 바빌론의 고대 서사시 '에누마 엘리시'에 나오는 우주적 갈등이라든지 다원주의적 경쟁이 말하는 격렬한 투쟁 같은 원초적 갈등에서 기원한 것이 아니라 풍성함과 기쁨에서 기원한 것이라고 말해 주기 때문이다. 그리고 이 이야기는 파워에 대한 좋은 소식이다.

"그렇게 해"에서 "그렇게 될지어다"로

창세기 첫 장은 창조적 파워의 선함과 선한 결과로 가득하다. 창세기는 폭력이 아니라 생기와 말씀으로 시작한다. 창조주 하나님은 혼돈에서 벗어나기 위해 애쓰실 필요가 없다. 그 대신 단지 "그렇게 될지어다"라고 가만히 말씀하신다. 이 말씀은 직접 명령이 아니라, 문법학자들이 '간접명령'(jussive)이라고 부르는 형태다. 직접명령보다 더 강력하고 덜 강압적이다.

우리는 파워에 대해 흔히 명령법으로 생각한다. 나는 "스타트렉: 넥스트 제너레이션"(Star Trek: The Next Generation) 시리즈를 보며 자란 세대인데 그 텔레비전 드라마에서 패트릭 스튜어트의 명연기로 기억에 남는 USS 엔터프라이즈호 선장 장 뤽 피카드는 손가락을 들어 올리는 유명한 제스처를 하면서 명령한다. "그렇게 해"(Make it so). 명령법은 지휘하는 데 적합하다. 명령법은 부하들에게 개인적인 생각이나 행동의 여지를 거의 남겨 놓지 않는다. 더군다나 적대적인 외계 종족 로뮬란의 우주 전함과 대결하는 긴박한 순간에 가장 피해야 할 일은 우유부단한 선장이 철학적 사고를 가진 선원들에게 여러 해석의 여지가 있는 모호한 제안을 하는 것이다. 위기의 순간에 분명한 명령법의 사용은 삶과 죽음이라는 차이를 만들어 낼 수 있다. 이것은 갓난아이를 돌보는 부모에게나 우주 전함의 선장에게나 모두 마찬가지다.

그러나 창세기 1장의 창조는 위기의 결과가 아니다. 그러므로 비상경계를 취하는 장교들처럼 대기하는 원소들에게 명령하기보다 하나님은 "그렇게 될지어다"라고 말씀하신다. 이것은 여러 면에서 "그렇게 해"라는 말보다 훨씬 더 강력한 것이다.

"그렇게 될지어다"(let there be)라는 말은 파워를 행사할 필요 없이, 파워를 그냥 손에 쥐고 있다. 이 말은 타인에게 파워를 가할 필요 없이, 파워 안에 머물러 있다. 그러나 고압적인 "그렇게 해"에서는 찾아볼 수 없는 파워의 증식을 제안한다. "그렇게 해"는 엄격하게 제한된 그리고 제한하는 명령이다. 명령받은 대로 그렇게 하는 부하들에게는 그것 **외에** 다른 것을 기대하지 않는다. 그들의 일은 함교에서 내려온 정확한 결정을 그대로 실행하는 것이지 그 이상도 그 이하도 아니다. 그러나 "그렇게 될지어다"라는 말이 우주를 울릴 때 그 말은 문자 그대로 그 말이 표현하는 바를 성취한다. 즉 이전에 아무것도 없던 곳에 **존재**를 창조하는 것이다. 새로운 존재가 등장한다. 각각 저마다의 능력과 잠재력과 영향력을 지닌 존재가 존재하게 된다. "그렇게 될지어다"라는 말은 이렇게 타자에게 파워를 부여하여 더 많은 파워가 생겨날 자리를 마련한다.

"그렇게 될지어다"라고 말씀하심으로 창조주 하나님은 더 많은 존재, 더 많은 행위자를 위한 공간을 만드셔서 그들 또한 "그렇게 될지어다"라고 말할 수 있게 하신다. 그러한 하나님의 간접명령에 대한 응답으로, 그들은 하나님의 창조적 파워가 열어 놓은 공간 안에서 활동하며 그들 자신의 창조 행위에 참여한다. 창세기 이야기의 이어지는 날들에서, 그렇게 파워를 부여받은 피조물들은 씨를 만들고 열매를 맺고 낮과 밤을 주관하고 공중을 날고 생육하고 번성하며 기어 다니고 땅을 충만하게 채운다.

그리고 그들은 몰려다닐 것이다.

하나님이 이르시되 "물들은 생물을 [몰려다니게] 하라. 땅 위 하늘의 궁창에는 새가 날으라" 하시고 하나님이 큰 바다 짐승들과 물에서 [몰려다니며] 움직이는 모든 생물을 그 종류대로, 날개 있는 모든 새를 그 종류대로 창조하시니 하나님이 보시기에 좋았더라. 하나님이 그들에게 복을 주시며 이르시되 "생육하고 번성하여 여러 바닷물에 충만하라. 새들도 땅에 번성하라" 하시니라. 저녁이 되고 아침이 되니 이는 다섯째 날이니라.

(창 1:20-23)◆

하나님의 창조 행위는 질서정연하게 대오를 갖춘 생물 집단이 아니라 '몰려다니는' 생물들 떼를 만들어 낸다. '떼로 몰려다니는 것'은 명령법에는 잘 들어맞지 않는다. 꿀벌 떼에 아주 가까이 가 봤거나 떼 지어 다니는 물고기들 사이에서 스쿠버 다이빙을 해 봤거나 해질 무렵 참새 떼가 곡식밭 위를 선회하는 것을 본 사람이라면 떼로 몰려다닌다는 것이 얼마나 엄청나게 예측하기 어려운지 알 것이다. 다른 번역에서는 창세기의 다섯째 날 창조된 동물들에 대해 '우글거린다'(teeming)는 표현을 사용하는데 이 말은 셀 수 없고 측량할 수 없는 풍성함에 대한 또 다른 표현이다. 창조주는 하나하나 길들여져 인간 주인에게 집중하도록 훈련받은 애완동물들로 가득한 세상을 추구하지 않으신다. 그분은 야성을 기뻐하신다. 몰려다니고 우글거리는 것은 세상을 좋아 보이게 만드는 것의 일부로서, 생명이 흘러넘치고 충만한 것이다. 이 모든 것은 실제로 하나님께 더 큰 영광을 돌린다. 그분은 세심하게 가꾼 뒤뜰이 아니라 이 피조물들이 우글거릴 수

◆ 개역개정 성경은 영어 성경에서 multiply와 swarm으로 구분하여 사용된 단어들을 모두 '번성하다'로 옮겼으나, 여기서는 저자의 의도를 살리기 위해 swarm에 해당하는 단어를 '몰려다니다'로 수정하였다—편집자.

있는 광대한 공간으로서 땅, 하늘, 바다를 존재하게 하셨기 때문이다. 창조주는 우글거림을 사랑하신다.

"그렇게 될지어다"에서 "우리가 만들자"로

그러고 나서 하나님의 음성이 더 친밀하게 바뀌는 중요한 변화가 일어난다. 다른 피조물들은 "그렇게 될지어다"라는 간접명령을 통해 존재하게 되었지만 여섯째 날 하나님은 예기치 않게 '청유형' 복수(plural)로 "우리의 형상을 따라 우리의 모양대로 우리가 사람을 만들자"라고 말씀하신다. 이제 하나님은 수고스럽게 직접 개입하신다. 이것은 멀리 떨어진 곳에서 들리는 주권자의 칙령이 아니라, 하나님 형상을 지닌 존재들을 지으심으로써 창조세계를 친히 완성시키시려는 매우 인격적인 결정이다. 그들은 그들을 지으신 분이 갖고 계신 이 세상에 대한 생산적 통치권을 함께 나누도록 초대받을 것이다.

　이 인격적 결정 후에 우리가 듣게 되는 것은 하나님 형상을 지닌 자들에게 주시는 명령이다. 그 명령은 무엇인가? 그들은 그들이 지닌 파워를 개발하라는 명령을 받았다. "생육하고 번성하여 땅에 충만하라. 땅을 정복하라. 바다의 물고기와 하늘의 새와 땅에 움직이는 모든 생물을 다스리라"(창 1:28). 그 명령은 우글거리라는, 그리고 우글거리게 하라는 것이다. 하나님의 형상을 지닌 자들은 그들 스스로 "그렇게 될지어다"와 "우리가 만들자"를 말할 수 있는 인격체가 될 것이다. 천상 지휘부의 명령과 통제를 따르는 단순한 대리인이나 직원이 아니라 점점 더 많은 파워를 창조하도록 설계된 우주에서 창조성의 행위자가 되라는 것이다.

　문법은 특별히 실용적인 과목이라고 생각되지 않을 수도 있지만, 인간이 자신의 파워를 창조적으로 사용하려고 할 때마다 거의 항상 이와 같은 동사의 변화가 일어난다. 모든 창조적인 작업은 "그렇게 될지어다"라는 간접명령으로 시작한다. 내가 이 장의 초안을 쓰고 있을 때 나는 또한 대표에게 제출할 새로운 프로젝트의 제안서를 작성하고 있었다. 내가 해야 하는 일은 문화적 환경과 사업 여건에 대한 정확한 밑그림을 그리는 것뿐 아니라 실제로 글을 쓰거나 비디오를 촬영하기 훨씬 전에 어떤 결과물이 나와야 하고 나올 수 있는지에 대해 구상해 내는 것이었다. 모든 제안서, 모든 사업 계획서, 그리고 그와 관련된 모든 건축 설계도, 요리 레시피, 어린이 야구팀 명단 등은 "그렇게 될지어다"라고 말하는 행위다. 아무것도 없는 곳에 무언가 있게 될 것이다. 현실이 이 가능성을 포함하는 데까지 확장될 것이며, 무엇이 있고 무엇이 가능한지를 바라보는 이 새로운 방식에 세상이 눈뜨게 될 것이다. 창조성은 간접명령법으로 시작한다.

그러나 "그렇게 될지어다"로 시작한 창조성은 곧 청유형의 "우리가 만들자"로 옮겨 간다. 하나님의 창조에도 공동체가 필요했다면 인간의 창조에는 더더욱 한 개인의 명령보다 더 많은 것이 필요하다. 우리는 동역자들과 함께 모여서 초안을 구체화하고, 그것을 개선하고, 또 많은 경우에 훨씬 더 향상시킨다. 창조의 정점, 곧 하나님 형상을 지닌 존재가 세상에 등장하는 사건이 하나님의 공동체라는 상황에서만 일어나듯, 우리 자신의 창조적 비전도 우리가 그 과정에 다른 사람들을 참여시키지 않으면 그 비전의 온전한 잠재력에 도달할 수 없다. 이것이 프로젝트의 다음 단계가 회의의 연속인 이유다. 이 회의들은 프로젝트를 추진하는 핵심 집단이 그들의 창조성을 형상화하기 시작하고 그 창조성을 적용하여 처음의 구상이 최종적·궁극적으로 어떻게 구현될지를 질문하는 과정이다. 다시 말하자면, 우리는 번영을 위한 우리의 집단적 노력을 적용할 것이다. 여기서 번영이란 초기의 구상과 형태로부터 가능한 최상의 결과를 끌어오는 것이다. 이런 대화들을 거침으로써 최초의 제안서에서 구상했던 것보다 더 생산적이고 창의적이고 놀랍고 생생한 결과를 얻을 수 있다는 것은 거의 확실하다.

간접명령이 청유형에 길을 내주고 하나님 형상을 지닌 사람들이 함께 "우리가 만들자"라고 말한 후에야 우리는 비로소 명령법을 사용하게 되지만 그때에도 "그렇게 해"와 같은 날선 지시를 내리는 것은 삼가게 된다. 대부분 우리는 우리가 고용하여 일하도록 파워를 부여한 사람들에게 "열매 맺고 번성하라"고 말한다. 우리의 초기 구상으로 창조된 공간을 당신 자신의 창조성으로 채워라. 만일 우리가 역할을 잘 수행했다면 놀랍게도 이제 우리가 할 일은 별로 남아 있지 않을 것이다. 왜냐하면 다른 사람들이 저마다 자신의 창조적 과업을 감당할 것이기 때문이다. 그리고 만일 그들이 그 과업을 잘 수행한다면 창조는 더 풍성해지고 더 유용해지고 더 아름다워지고 더 깊은 창조성을 위한 여지를 더 많이 갖게 될 것이다. 이것이 원래 의도된 파워다.

파워는 번영을 위한 것이다

그러므로 성경의 맨 첫 장부터 파워와 번영과 하나님 형상을 지니는 것은 서로 연결되어 있다. 파워는 번영을 위한 것이다. 즉 우글거리고 생육하고 번성하는 풍요로움을 위한 것이다. 파워는 피조물들이 번영할 수 있는 환경을 창조하고 형성한다. 그 안에는 산호초와 열대림과 같이 다채로움, 다양성, 예측 불가성을 위한 공간뿐 아니라, 고지대 사막과 심해와 같이 놀라운 생물학적 풍성함을 위한 자리도 마련된다. 그리고 하나님 형상을 지니는 것은 파워를 위한 것이다. 왜냐하면 창조주가 바라시는 것은 우글거리는 피조물들을 그들을 지으신 분과 마찬가지로 기쁘게 다스릴 대리인들로 땅을 충만하게 채우는 것이기 때문이다. 그렇다면 하나님 형상을 지닌다는 것은 곧 번영을 위한 것이라는 의미다. 하나님 형상을 지닌 자들은 그들 자신의 번영만을 위해서가 아니라 온 창조세계를 그 완성형으로 이끌기 위해 존재한다.

창세기가 기록된 지 수천 년이 지난 오늘날 우리는, 창세기의 첫 독자들은 결코 상상할 수 없었던 방식으로, 하나님 형상을 지닌 인간들이 땅을 충만히 채우기 위해 얼마나 대단한 역량을 지녔는지, 그들에게 궁극적으로 어느 만큼의 파워가 주어져 있는지를 볼 수 있다. 그것은 물리적 원소들의 화학 결합과 핵 결합 안에 감춰져 있으며, 믿기 어려울 정도로 복잡한 인간 마음과 비옥한 인간 문화에서 출현한다. 그러나 우리는 또한 우리 성경의 바로 다음 장에서 이 이야기가 비극적으로 뒤틀린다는 것도 알고 있다. 최초로 하나님 형상을 지녔던 자들은 동산에서 그들의 자유를 과시하면서 그들이 받은 최초의 소명을 저버렸다. 그 결과로 그들 자신과 모든 창조세계의 질서가 번영이 아닌 쇠락의 길을 가게 되었다. 다스림과 기쁨은 지배와 착취로 변질되었다. 여기서도 오늘날 우리는, 창세기의 첫 독자들은 다행히도 알 수 없었던 다양한 차원과 큰 규모로 이 이야기가 펼쳐지면서 낳는 형언할 수 없는 공포를 본다. 하나님의 형상을 지니는 것은 창조주 외에는 그 누구도 상상할 수 없었던, 훨씬 더 선하고 훨씬 더 악한 결과를 만들어 냈다.

그러나 그리스도인으로서 우리는 이 이야기를 가장 결정적인 장면의 관점으로 읽을 수 있다는 엄청난 특권을 지녔으며, 그래서 우리가 전부 다 잃은 것은 아님을 안다. 때가 찼을 때 하나님 형상을 지닌 자 두 사람이 "그렇게 될지어다"라는 말을 창조주께 돌려드렸다. 자신을 주의 여종이라고 칭한 한 젊은 여인은 "말씀대로 내게 이루어지이다"(눅 1:38)라고 말함으로써, 보이지 않는 하나님의 진정한 형상을 지닌 분이 눈에 보이는 육신을 입을 수 있도록 자리를 마련했다. 그리고 그녀의 아들은 죽음을 맞이하기 전날 밤 동산에서 "그러나 내 원대로 마시옵고 아버지의 원대로 되기를 원하나이다"(눅 22:42)라고 기도했다. 그들은 간접명령의 겸손한 파워로 돌아갔고 그곳, 역사의 전환점에서 진정한 하나님 형상, 진정한 번영, 진정한 파워의 약속이 회복되었다.

2장
파워는 선물이다

　권력은 번영을 위한 것이다. 이 말은 권력이 요청하고 추구할 가치가 있는 선물이며, 받은 다음에는 잘 관리해야 한다는 뜻이다.

　이것이 우리가 권력에 관해 알아야 하는 전부는 아니다. 우리는 또한 권력이 어떻게 잘못될 수 있는지, 어떻게 **잘못되어 왔는지** 알아야 한다. 그러나 우리가 꼭 여기서 시작해야 하는 것은 아니다. 법조계에는 "극단적인 사건들이 악법을 만든다"라는 격언이 있다. 권력과 관련된 극단적 사건들은 수없이 많다. 때때로 권력의 역사 전체가 왜곡과 배신의 긴 이야기처럼 보일 수 있음을 인정한다. 사실 내가 예수 그리스도를 따르는 사람이 아니었다면 이것이 권력에 대한 가장 근본적인 진실이라고 믿었을지 모른다. 니체와 푸코 그리고 그들의 근대와 탈근대의 제자들을 따라, 인간의 모든 이야기를 권력을 둘러싼 투쟁으로 보면서 냉소주의의 심연으로 들어갔을지 모른다.

　그러나 나는 권력의 남용을 이해하는 유일한 길이 권력의 적절한 사용에서 시작하는 것이라고 믿게 되었다. 우리가 가장 선한 종류의 권력을 살펴보는 것으로 시작한다면 가장 예리한 비판가들에게서도 결코 배울 수 없는 중요한 진리들을 배우게 된다. 무엇보다 비판이 결코 가르쳐 줄 수 없는 것을 배우는데, 그것은 무엇을 희망해야 하는가이다. 희망은 두려움보다 강하다. 권력이 위험한 것이라면(실제로 위험하다), 희망으로 다져진 마음만이 권력의 위험에 가장 잘 저항할 수 있을 것이다.

이것이 내가 첼로를 배우기 시작한 이유다.

일만 시간의 법칙

내 아내 캐서린은 어려서부터 바이올린을 연주해 왔다. 우리 딸 에이미는 아내의 뒤를 따르고 있다. 트럼펫을 잠깐 배웠던 티모시는 비올라가 자기에게 맞는 악기라고 주장하고는 매주 수많은 시간을 음조와 음색, 음감을 가다듬느라 보내더니 이제는 내 아들이 연주한다고 믿기 어려운 음악이 그 방에서 흘러나오는 것을 듣게 되었다. 우리 가족이 딱 첼로 하나가 부족한 현악사중주단이라는 사실을 부인할 수 없었다.

그래서 나는 용기를 내어 데인 앤더슨의 집을 찾아갔다. 데인은 현악기를 만들고 수리하는 일로 주로 생계를 꾸렸다. 그는 초등학생들이 바이올린에 낼 수 있는 온갖 손상을 다 목격한 사람이었다. 그러나 또한 그는 훌륭한 첼리스트였고 소문에 따르면 나같이 마흔 살이나 먹은 문외한도 학생으로 받아들일 용의가 있는 사람이었다.

"첼로를 가르쳐 주실 수 있겠습니까?"라고 내가 말했다. "현악기는 한 번도 만져 본 적 없지만 열심히 연습하겠습니다."

"한번 해 봅시다." 그가 말했다. 그는 수리를 맡겼을 때 빌려주는 첼로 하나를 온갖 크기의 케이스들이 가득 들어찬 보관실에서 꺼내 왔다. 그는 이 악기를 어떻게 간수해야 하는지 무뚝뚝하게 설명했다(데인에게 첼로를 빌리는 것은 자동차 정비업자에게 페라리를 빌리는 것과 같다. 그의 머릿속에는 빌려준 물건이 망가질 수 있는 모든 경우의 수가 펼쳐지고 있을 것이다). 그가 나에게 활을 다루는 기본 방법을 보여 주었고, 다음 주 레슨 시간을 함께 정한 다음 나는 그의 집에서 나왔다.

4년이 지났지만 나는 여전히 초보자 수준에 머물러 있다. 데인에게 한 약속은 지켜 왔다. 여행 중이 아니라면 하루에 한 시간씩 연습을 한다. 집에 있는 날이면 매주 목요일 아침에 첼로를 끌고 레슨을 받으러 데인의 집으로 간다. 내가 자리에 앉아 연습을 시작하면 데인은 내 앞에 서서 내가 음계를 오르내리거나 간단한 연습곡을 연주하느라 애쓰는 것을 세심하게 관찰한다.

내가 누군가에게 뭔가 배워 본 지는 상당히 오래되었다. 최소 15년은 지났다. 매번 첼로를 가지고 데인의 집 현관 계단을 오를 때면 나는 늘 약간의 불안함을 느낀다. 결국 또 한 시간 동안 허우적거리는 실패자가 된다. 중년의 사내가 첼로를 배우려 끙끙대는 것은 관련된 모든 이들에게 시끄럽고 곤란한 일이다.

파워를 갖는다는 것은 다른 무엇보다도 자신의 몸을 통제하는 것이다. 그래서 수치스럽지 않고 명예로운 방식으로 파워를 다룰 수 있게 되는 것이다. 첼로 레슨 시간에 내 몸은 자주 맥없이 비협조적으로 변하고 원치 않는 관심의 대상이 된다. 어느 날 아침 우리가 왼손의 확장 운지법을 연습하고 있을 때 나는 검지를 지판 위에서 뻗어 올렸다가 다시 제자리로 와야 했는데 데인은 (피아니스트로서는 자부심의 근거였던) 내 긴 손가락들을 의아하게 쳐다보면서 인내심이 다한 듯한 표정으로 말했다. "그거 참 이상하네." 내 손은 모든 첼리스트가 손을 움직이는 방향으로 움직이지 않으려 했다.

데인은 내 뒤로 다가와서 그의 손을 내 손 위에 얹고는 잘못된 방향으로 자꾸만 쳐지는 내 손목의 위치를 바로잡아 주었다. 우리는 조용히 협조하며 내 손과 싸우고 있었다. 적어도 나는 협조하려고 **노력했**다. 내 왼손은 고집스럽게도 자기 역할을 하려고 하지 않았다. 여러 번 헛된 노력을 한 후에 그는 웃음을 터뜨리며 말했다. "자, 뭐가 문제인지 생각해 봅시다."

그는 다시 몇 발짝 떨어진 의자로 돌아가 앉았고, 평소의 거리감이 다시 자리를 잡았다. 우리는 다시 시작했지만 오랫동안 우스꽝스러운 투쟁이 계속되었다. 나는 사춘기가 지난 후 잊었던 감정, 자세가 완전히 잘못되어 있고 에너지를 엉뚱한 데 쓰고 있다는 느낌이 되살아나는 것을 느꼈다. 그리고 데인이라면 아무 생각 없이 할 수 있는 그런 단순한 것을 나는 제대로 해내지 못한다는 좌절감에 얼굴을 붉히면서도, 한편으로는 참으로 이상하게도 한 사람의 손이 내 위에 있어서 교정하고 지도해 줄 때 느끼는 스승과 제자 간의 물리적 친밀감을 느꼈다.

마흔한 살에 첼로를 배우는 것이 돈키호테같이 무모한 짓이라는 것은 부정할 수 없다. 저널리스트 말콤 글래드웰(Malcolm Gladwell)은 안데르스 에릭손(Anders Ericsson)의 연구를 요약하면서 대부분의 영역에서 인위적으로 성취를 이루는 데는 일만 시간의 연습이 필요하다고 추정했다. 하루에 한 시간, 일주일에 6일, 일 년에 50주로 계산하면 대략 33년이 걸린다. 내가 74세가 되어도 세계적 첼리스트 요요마에게 상대가 될 수 있을지는 의문이다.

나는 이미 일만 시간을 연습한 다른 악기가 있다. 바로 피아노다. 나는 피아노 연주로 보수를 받을 정도는 된다. 게다가 내 피아노 연주 기술을 사용하여 수천 명의 사람들이 최고의 음악이 요구하고 선사하는 마음과 뜻과 영혼과 용기의 융합을 경험하며 노래를 부르도록 도울 수도 있다. 하지만 첼로를 가지고는 그런 결과를 만들 수 있을 것 같지 않다. 첼로를 연습하는 지금의 시간들은 나의 경제력이나 문화 자본이나 호감도를 높이는 능력에는 아무 보탬이 되지 않을 것이다. 첼로 연습으로 만들어 낼 수 있는 결과 중에 유일하게 의미 있는 문화 창조라면, 일요일 오후에 우리 식구들이 각자의 방에서 나와 악보대 위에 모차르트의 "작은 밤의 음악"(Eine kleine Nachtmusik)이나 찬송가의 악보를 펼쳐 놓고 함께 연주하는 것이다. 이 오후의 가족 음악회는 그다지 오래 지속되지 못할 것이다. 앞으로 10년 후면 우리 아이들은 대학에 진학하고 각자의 길을 갈 것이다. 음악이란 예술 장르 중에서도 가장 실체가 없는 것이므로 우리가 연주했던 음악은 다른 모든 음악들처럼 허공에 흩어지고 시간이 지남에 따라 기억 저편으로 희미하게 사라져 버릴 것이다. 이 모든 레슨, 이 모든 돈, 이 모든 시간, 쉽게 소멸되는 이 모든 것들은 대체 무엇을 위한 것인가?

내가 끌어모을 수 있는 최선의 대답은, 도대체 쓸모없는 이 일만 시간의 목적이 번영에 있다는 것이다.

나는 아버지로서 번영하기 위해, 그래서 내 가족이 번영하기 위해 첼로를 배운다. 나는 배우고 성장하고 뻗어 나가고(이 고집스러운 왼손은 문자 그대로 뻗어나가고 있지만) 내 몸과 마음이 이전에는 창조하지 못했던 것을 창조할 수 있도록 훈련하면서 이 모습을 우리 아이들이 듣고 보기를 원한다. 나는 우리 가족이 함께 소비할 뿐 아니라 함께 창조하기를 바란다.

나는 그리스도의 제자로서, 그리스도를 따르는 사람으로서 번영을 추구한다. 모든 만물이 그분을 통해 창조되었고 그분이 모든 만물을 함께 붙들고 계시기 때문이다. 그분의 무한히 풍성한 창조의 또 한 영역을 탐색하는 것, 이것이 내가 첼로 연습에서 발견하는 다른 측면이다. 이 다른 측면에서만 나는 단지 첼로의 부드러운 울림을 감상할 뿐 아니라 내 마음과 뜻과 힘을 다하여 그것을 환기시킬 수 있다. 첼로를 배우는 것은 또한 내가 겸손히 나를 낮추고, 기본으로 돌아가고, 내가 실제로 알고 경험한 것이 얼마나 적은지 상기할 것을 요구한다. 지속적으로 나 자신의 능력을 넘어서는 새로운 시도를 하지 않는다면 나는 위험스럽게도 나 자신을 점점 더 확신하게 될 것이다. 이상하지만 실제로, 첼로는 내게 찬양과 기도에 대해 가르쳐 주고 있다. 이 찬양과 기도는 우리 자신이 작아지는 것을 스스로 허용할 때 시작된다.

나는 또한 나 자신이 파워와 성취에서 벗어나 배우는 사람의 자세로, 새로운 것을 일구고 창조하는 사람의 자세로 돌아가기 위해 첼로를 연습한다. 바로 어린아이와 같이 되는 것이다. 사소한 성공에도 너무 쉽게 인정받고 특권을 누리려고 하는 태도의 독소를 제거하고 다시 놀라움과 새로움에 열려 있게 되는 것이다. 아이들이 어른으로 자라면서 번영하듯이, 어른들은 아이 같은 태도를 개발하고 경험과 숙련에서 오는 영혼의 경화를 피하면서 번영하게 된다.

간단히 말해서 나는 진정한 파워를 습득하기 위해 첼로를 배우고 있다.

파워의 증식

첼로를 배우는 것은, 진정한 파워는 나누어질 때 증식한다는 것을 매주 상기하는 것이다.

데인과 나의 관계에서 파워는 비대칭적이다. 데인은 파워를 가지고 있고 나는 그렇지 못하다. 첼로를 연주하는 파워에 있어서 그렇다. 물론 나도 파워를 가지고 있다. 그가 나를 위해 수고한 시간에 대해 공정한 비용을 치르는 능력이다. 그러나 데인은 나를 학생으로 받아들이기 전에도 생활에 지장이 없었다. 나는 그의 지도에 전적으로 의지하고 있지만 그는 내가 내는 사례비에 그만큼 의존하고 있지 않다.

사실 첼로 레슨에서 돈이 오가는 것은 파워가 돈과 얼마나 다른지를 보여 주는 완벽한 예다. 매번 첼로 레슨이 끝날 때마다 나는 데인에게 50달러를 준다. 내가 그의 연습실로 들어갈 때 나는 주머니에 50달러를 갖고 있지만, 연습실에서 나온 후에 나는 50달러가 줄고 그는 50달러가 늘어 있다. 이것이 게임 이론가들이 말하는 제로섬 거래(zero-sum transaction)다. 내 부가 줄어드는 딱 그만큼 데인의 부는 늘어난다. 우리의 작은 미시경제 체계에서 돈의 총합은 같다. 단지 분배가 달라질 뿐이다.

그러나 파워의 경우는 다르다. 레슨을 시작할 때 데인은 첼로를 연주하는 파워를 상당량 가지고 있고, 나는 적은 양만 가지고 있다. 그런데 레슨을 통해 나는 첼로를 연주하는 파워를 조금 더 얻게 된다. 그리고 내 파워의 증가는 데인의 파워에 아무런 손해를 끼치지 않는다. 이것은 게임 이론에서 말하는 양(陽)의 합 거래(positive-sum transaction)다. 레슨이 끝나면 이 세상에서 첼로를 연주하는 파워의 총량은 증가한다.

우리의 사제 관계가 계속되면 우리 사이의 비대칭성은 감소할 것이다. 나는 점점 더 능숙해지고 데인에게 덜 의존하게 될 것이다. 그러나 내 파워가 증가한다고 해도 데인의 파워에는 전혀 손해를 끼치지 않는다. 오히려 그 반대다. "직접 할 줄 모르는 사람들이 가르친다"라는 오래된 유언비어가 있다. 그러나 대부분의 영역에서 이 말은 전혀 사실이 아니다. 다른 사람을 가르치고 그들의 파워를 키워 주는 것은 자신의 파워를 개발하는 중요한 과정 중 하나다. 가장 탁월한 성취를 보인 의사들은 대부분 의학대학교 교수진이며 그들은 핵심 이론과 최신 기술을 함께 새로운 세대에게 훈련시킨다(가르치는 것은 최고 수준의 의료진에게 매우 중요하기 때문에 하버드 의학대학에는 매년 165만명만 입학하고 10,884명의 의사들이 교수로 참여하고 있다). 마찬가지로 내 자동차를 고쳐 주는 정비소장은 번영하는 사업체를 성실하게 운영하는 대단한 기술의 소유자인데 늘 곁에 견습생으로 젊은 이들을 데리고 있다.

이런 유의 문화 분야에서 탁월함에 이르기 위해서는 단지 능력의 한계까지 밀어붙이는 시도만이 아니라 지속적으로 기본에 집중하는 것도 필요하다. 즉 자신의 기술을 최고 수준으로 유지하기 위해 해당 영역의 가장 기초적인 측면으로 자주 돌아가는 것이다. 그래서 데인이 인내심을 가지고 의아한 표정으로 음계를 연주하는 나의 가련한 노력을 들어 주고 있을 때 그는 그 자신도 매일 연습해야 하는 기본기들을 상기하고 있었던 것이다. 그뿐 아니라 내가 연주하는 법을 새로 배우고 익히는 동안 그는 가르치는 법을 새로 배우고 익히면서, 선생으로서의 파워도 커지고 있다.

이 파워가 양의 합—세상에 파워의 총량을 더 많아지도록 만드는—이라고 해서 그것이 쉽거나 거저 이루어진다는 뜻은 전혀 아니다. 창조적 파워의 선순환에 들어가기 위해 치러야 하는 고통이 있고, 이 고통은 학생과 선생 모두에게 요구된다. 나는 그냥 집에 있으면서 첼로 레슨을 받지 않고 이웃에게 우스꽝스러운 모습을 보일 일도 없이 지낼 수 있다. 파워를 상실한 취약한 모습으로 자발적으로 돌아가는 대신 내가 갖고 있는 다른 형태의 파워 안에 안전하게 머무를 수 있다. 선생으로서 데인도 감당해야 하는 고난이 있는데 그것은 인내로의 부름이다. 그는 매주 나를 자신의 연습실로 맞이해서 (특히 처음 몇 년간) 고통스러울 정도로 형편없는 첼로 연주를 기꺼이 들어 주어야 했다. 물론 인간 고통의 거대한 규모에 비하면 그리 대단한 것은 아니지만, 데인이 얼마나 탁월한 첼리스트인지 그리고 내가 그때나 지금이나 얼마나 엉터리인지 생각해 보면 이것도 생각보다 힘든 상황일 수 있다. 많은 위대한 연주자들이 훌륭한 선생은 아닌 이유가 있다. 그들은 꼬맹이들을 만나는 고통을 감내하려 하지 않는다. 우리에게 허락된 진정한 파워, 파워를 증식시키는 파워의 뒷면에는 우리 자신의 파워를 비워야 하는 선택이 놓여 있다.

데인은 우리의 레슨을 위해 비워 놓은 시간에 그냥 혼자 앉아서 스스로 첼로를 연주하면서 훨씬 더 즐겁게 보낼 수도 있었다. 나는 그냥 집에서 요요마의 음악을 내 아이팟에 담고 버튼을 눌러서 그가 연주하도록 명령할 수 있었다. 한순간에 나는 아무 노력 없이 훌륭한 첼로 음악에 둘러싸였을 것이다. 이것은 소비문화에서 우리가 제공받는 파워다. 다른 사람의 창조성을 전유하고 우리 자신이 그것을 구매하는 양식 있는 사람이라고 규정하는 파워다. 이런 유의 파워(이 책 뒷부분에서 우리는 용어를 가다듬어 이것을 **특권**이라고 부를 것이다)에는 어떠한 수치심도, 견습 기간도, 위험도 없다. 이것은 완벽하게 안전하다. 그러나 또한 나의 진정한, 체화된 존재와는 완전히 분리되어 있는 전적으로 불활성 상태의 파워다.

내가 재생 버튼을 누를 때마다 요요마가 연주한다. 매번 그 음악은 동일하다. 같은 음조와 표현과 박자를 갖추고 있다. 내가 완전히 집중해서 듣고 있든지 집중하지 않고 다른 생각을 하든지 늘 같은 음악이다. 디지털의 성실함 덕에, 녹음된 요요마의 연주는 요요마와 내가 아무리 나이가 들고 결국 죽는다 해도 조금도 변질되지 않을 것이다. 이 연주는 언제나 매력적이고 흥미롭다. 나와 달리 요요마는 반복되는 연습 소리로 온 집안을 가득 채우며 식구들의 인내를 시험하지 않는다. 요요마의 음반은 사랑스럽고 가치 있지만 내 삶의 진정한 특징들과는 동떨어져 있고, 나의 첼로 연주와는 완전히 다르다. 내 연주는 내가 피곤할 때는 엉망이 되고 날씨가 춥거나 건조하면 음정이 맞지 않고 가끔씩만 진정 만족스러운 음악으로 내게 보상해 준다.

이렇게 저 세상에 속한 듯 변화하지 않는 아름다움을 그에 상응하는 노력 없이 불러올 수 있는 파워, 이것을 우리는 한때 **마법**이라고 불렀다. 마법의 꿈은 파워를 갖는 것이다. 그 파워는 고통 없이, 관계를 맺거나 위험을 감내함 없이 세상을 만들어 내는 능력이며 이는 마법을 일컫는 다른 말들이다. 우리 현대인들은 마법을 전근대적이고 미신적이며 이질적인 것이라고 생각한다. 그러나 사실 기술의 시대는 마법에 헌신하는 시대다. 우리는 이전에 있었던 가장 '원시적인' 사회보다도 겉보기에 노력 없이 얻는 파워에 훨씬 더 많이 의존한다. 요요마도 이런 종류의 가장된 파워에 굴복한 적이 있다. 2009년 1월 20일 버락 오바마 대통령의 취임식을 위해 특별히 작곡한 존 윌리엄스의 사중주를 연주하는 모습을 보였을 때다('모습을 보였다'는 표현은 여기서 두 가지 의미 모두 해당한다). 내 아들과 나는 생방송으로 그 장면을 보면서 텔레비전을 보고 있는 수백만 명의 다른 사람들과 함께 이 추운 날 야외에서 감히 연주하는 이 음악가의 고집과 기교에 놀랐다. 그런데 며칠 후에 「뉴욕 타임스」는 그 연주가 며칠 전에 이미 스튜디오에서 녹음된 것이었다고 밝혔다(이 사치는 명백히 해병대 군악대의 브라스 밴드에게는 허용되지 않았지만 어쨌든 그들은 해병대가 아닌가). 그 연주는 마법처럼 환상적이었다. 그러나 현실은 아니었다.

내 첼로 레슨은 마법처럼 환상적이지는 않지만 현실이다. 그리고 진정한 파워로 이끈다. 데인도 나도, 한 시간짜리 레슨들을 통해 창조하는 능력이 조금 더 많아지고, 우리가 만들어 내야 하는 탁월성을 조금 더 추구할 수 있게 된다. 요즘은 레슨이 우리 둘 다에게 그다지 고통스럽지는 않다. 나는 바흐의 무반주 첼로 모음곡 1번을 당당히 마쳤고 2번을 연습하고 있다. 언젠가는 내 첼로에서 진정한 아름다움이 흘러나올 것이다. 그러나 레슨에서 좌절을 경험할 때도, 내 활이 삐걱대고 내 왼손이 고집스럽게 음정을 잘못 짚었을 때도 우리는 거의 항상 웃으며 끝마쳤다. 우리 둘 다 레슨 전보다 더 많은 파워를 가지고 헤어지는 것이었기 때문이다.

부패하지 않는 권력

이것이 정말로 가능한가? 번영으로 이끄는, 더 많은 파워로 이끄는 그런 파워가 존재하는가? 만약 사실이라면 이것은 좋은 소식이 될 수 있다. 진정으로 좋고(good) 진정으로 새롭기(news) 때문이다. 이것은 우리가 파워에 대해 생각하도록 훈련된 방식이 아니다. 사람들이 파워에 대해 안다고 생각할 때가 있다면 그것은 액튼 경(Lord Acton)의 유명한 경구인 "권력은 부패하는 경향이 있고 절대 권력은 절대적으로 부패한다"(Power tends to corrupt and absolute power corrupts absolutely)라는 말일 것이다(이 말은 내가 파워에 대한 책을 쓴다는 것을 알게 된 사람들이 가장 자주 해 준 말이다). 파워가 좋은 것이 될 수 있다는 주장은, 냉소주의의 고착된 편견까지는 아니더라도 강한 의혹의 대상이 된다.

 액튼 경의 경구가 뭔가 중요하고 사실적인 것을 담고 있지 않다면 격언의 지위를 얻을 수 없었을 것이다. 그러나 만일 이것이 모든 종류의 절대 권력을 포함하여 모든 종류의 파워에 대해 무조건적으로 사실이라면 이 말을 읽을 사람도 없을 것이다. 왜냐하면 한때 우리는 모두 다른 사람의 절대 권력, 즉 우리가 아무리 저항해도 제어할 수 없는 파워에 종속되어 있었기 때문이다.

우리는 누구나 한때 아기였기 때문이다.

성인은 아기에 대해 어마어마한 권력을 가지고 있다. 문화권에 따라 빈도의 차이는 있지만, 원하지 않는 아기를 유기(遺棄)하거나 태어나기 전에 낙태시키는 수천 년 된 관습은 인간이 다른 인간의 생명을 빼앗는 가장 일상적인 방식이었고 오늘날에도 확실히 그러하다. 합법적 낙태를 옹호하는 앨런 구트마커 연구소(Alan Guttmacher Institute)에 따르면 최근 전 세계 통계 자료가 수집된 해인 2003년에 4,200만 건의 인공유산이 이루어졌다. 이는 2차 세계대전의 총 사망자 수인 5,000만 명에 근접하는 숫자다.

아기들이 유기되거나 유산되는 것은 아기들이 실질적으로 저항할 수 없기 때문이다. 아기에 대한 성인의 파워는 그에 맞서는 실질적인 파워가 없다는 이런 의미에서 절대적이다. (낙태를 하는 많은 어머니들은 분명 그 선택을 하지 않기를 간절히 바랐겠지만 파워를 가진 다른 사람들과 사회 구조 등의 압력에 저항할 수 없었을 것이다.)

그러나 부모가 자녀들에 대해 그들 인생의 처음 며칠, 몇 달 동안 절대 권력을 가지고 있음에도 불구하고 부모들 중 압도적 다수는 그 권력 때문에 부패하지 **않으며**, 당연히 절대적으로 부패하지도 않는다. 어떤 아기도 풍부한 관심과 공급과 사랑이 없이는 첫 5년을 버텨 낼 수 없다. 사실 부모가 이 새로운 인간에게 행사하는 절대 권력에 의해 절대적으로 부패하기는커녕, 많은 부모들이 자신에게 이전에는 알지 못했던 탄력성과 헌신과 섬김이라는 새로운 능력이 있다는 것을 깨닫는다.

이 능력은 바로 아기들에 의해 놀랍도록 넉넉히 계발된다. 왜냐하면 아기들은 무력하지만(helpless) **파워가 없는 것**(powerless)은 아니기 때문이다. 그들의 파워는 숨 쉬고 먹고 우는 힘만이 아니다. 아기와 한방에 있어 본 사람이라면 알겠지만, 아기들은 잠들어 있을 때도 주의를 기울이게 만든다. 아기들은 우리에게 작용하는 강렬한 파워가 있어서 우리 안에 깊이 뿌리내려 있는 능력들, 즐거워하고 감탄하고 돌보고 웃음을 터뜨리고 돌보는 등 하나님의 형상을 가장 잘 반영하는 능력들을 활성화시킨다. 엄마와 아빠 모두로부터 우리가 가진 파워의 더 나은 관리자가 되겠다는 격렬한 헌신을 불러일으키는, 이 갓 태어난 하나님 형상 보유자가 부모에게 얼마나 전적으로 의존하고 있는지 깨닫는 것은 참으로 대단한 일이다.

왜 대부분의 부모들은 그들이 가진 막대한 권력에 의해 부패하지 않는가? 그들이 사랑에 사로잡혀 있기 때문이다. 그들은 자신이 타인에게 뼛속 깊이 헌신했음을 발견한다. 내 아들이 태어난 첫해에 나는 자기 방에서 놀고 있는 아들을 바라보다가 만일 이 아이가 거리에서 버스 앞으로 달려 나가면 어떡하나 하는 생각에 가슴이 철렁했던 적이 있다. 그러고는 이 아이를 구할 방법이 내가 버스 앞에 몸을 던져서 아이를 밀쳐 내는 것뿐이라고 해도 나는 아무 고민 없이 순식간에 그렇게 할 것 같다고 느꼈다. 아들을 향한 내 사랑은 너무나 깊고 너무나 본능적이며 너무나 전적인 것이어서, 아이를 살릴 수 있고 아이가 잘될 수만 있다면 내가 가진 모든 권력을 포기할 수도 있었다. 거의 모든 부모가, 특히 자녀가 거의 전적으로 부모에게 의존하는 어린 시절에는 다들 그럴 것이다.

이는 액튼 경의 관찰에 정면으로 반대된다. 우리가 우리 자녀에 대해 갖고 있는 권력이 많으면 많을수록, 우리는 더욱 기꺼이 자녀를 위해 희생하고자 한다. 사랑이 권력을 변화시키며, 절대 사랑은 절대 권력을 변화시킨다. 그리고 사랑으로 변화된 권력은 세상을 만들고 구원하는 권력이다.

우리 모두에게 충분히 크다

프리드리히 니체보다 권력에 대한 냉소적 관점을 더 영향력 있게 표현한 사람은 없었다. 총명하면서도 고통 속에서 살았던 이 인물은 기독교적 도덕을 허물고 이교적인 강자의 도덕을 진전시키려는 야심찬 계획을 완수하려는 의지를 가지고 있었지만 정신질환으로 그 의지가 훼손되었고 그가 남긴 노트들은 사후에 그의 누이동생이 모아서 『권력 의지』(*Will to Power*, 부글북스)라는 단행본으로 출간했다. 비록 전통적으로 니체가 철학자로 불리긴 하지만 『권력 의지』를 읽은 사람들은 다행히도 니체의 저술이 이전이나 이후의 대부분의 철학과는 다르다는 것을 발견한다. 세부 사항을 공들여 기술하고 엄밀한 논쟁을 전개하기보다 니체는 이 세계가 작동하는 방식에 대해 수사학적 폭탄을 하나씩 던진다. 그의 글에는 조소와 풍자가 흘러넘친다.

니체의 접근법이 대부분의 다른 서구 철학과 매우 다를지라도 그는 서구 철학의 전통에 대한 탁월한 지식을 갖추고 있었을 뿐 아니라 철학자들이 시도하고자 했던 바로 그것을 해냈다. 존재와 의미 같은, 우리가 당연하다고 받아들이는 문제들의 핵심으로 들어가는 것 말이다. 그리고 니체에게 존재의 의미는 권력이었다.

> 내가 생각하는 바는 각각의 특수한 실체는 모든 공간의 지배자가 되어 그 세력을(그 권력 의지를) 확장하며 그 확장에 저항하는 모든 것을 되찌르고자 노력한다는 점이다. 그러나 모든 실체는 다른 실체의 동등한 노력에 부단히 충돌하며 이윽고는 자신과 충분히 닮은 데가 있는 다른 실체와 화해하기(합체하기)에 이른다. 이리하여 이들 실체는 공모하여 함께 권력을

추구하는 것이다. 그리고 이 과정은 계속된다.

니체의 구상에 따르면 "각각의 특수한 실체"인 우리 모두는 "모든 공간의 지배자"가 되는 능력인 전능함을 추구한다. 우리는 모두 여러 신들 중 하나가 아니라 승리한 신적 존재로서 단수형 신이 되고자 한다. 유일한 문제는 바로 "다른 실체들", 정확히 같은 목표를 추구하는 각각의 다른 실체들이다.

니체는 서부 영화가 유행하는 것을 보지 못하고 1900년에 죽었는데 초기 서부 영화가 니체의 세계관을 그대로 그려 내고 있다는 면에서 이것은 참으로 애석한 일이다. 1932년 작품인 〈서부의 법칙〉(The Western Code)은 텍사스주의 카라비나스라는 작은 마을을 배경으로 하는데, 이 영화의 한 장면에서 악당인 목장 관리인 닉 그린델이 주인공인 보안관 팀 바렛(이 역할은 팀 맥코이가 연기했는데 그는 1930년대에 팀이라는 이름의 텍사스 보안관으로 50회 이상 출연했다)에게 이렇게 선언한다. "나는 자네가 자꾸 끼어드는 데 신물이 나네. 이 마을은 우리 둘 다 있기에는 너무 좁아. 24시간 안에 이 마을에서 꺼져 버려. 만약 내일 이 시간에 카라비나스에서 자네를 또 보게 된다면 그때는 자네 아니면 나 둘 중 하나는 끝이야." 여기서 니체의 사상은 "자네 아니면 나"라는 생생한 언어로 간단명료하게 표현된다. 그린델의 도전에 이 보안관은 "내일 이 시간에 보지"라고 짧게 응수한다. 그리고 피할 수 없는 결정적인 총싸움이 이어진다.

서부 영화의 세계는 기존 도덕의 지평선 너머에 있는 세계다. 동부 해안의 문명화된 지역에서는 당연하게 여겨지는 법의 지배 바깥에 있는 이 작은 텍사스 마을에서 유일한 정의(正義)의 기준은 강력(might)이다. 다행히도 이 팀이라는 이름의 텍사스 보안관은 제시간에 도착해서 악당의 비

도덕적인 완력에 대해 그의 도덕적인 완력을 행사한다. 그러나 착각은 금물이다. 이 세계에서 중요한 것은 완력이지 선의가 아니다. 가장 빨리 총을 뽑는 능력이 파워다. 우리가 보안관 팀을 응원하는 것은 그가 선하기 때문이지 그가 파워가 있기 때문은 아니다. 그러나 팀은 선하기 때문이 아니라 파워가 있기 때문에 싸움에서 승리한다.

서부 영화의 전제는 『파리대왕』(Lord of the Flies, 민음사)에서 『헝거 게임』(The Hunger Games, 북폴리오)에 이르는 니체류의 문학 작품들의 전제와 마찬가지로, 문명의 덫을 벗어 버리면 모든 공간을 차지하려는 경쟁 속에 있는 실체들의 노골적이고 원초적인 갈등을 보게 된다는 것이다. 모든 선한 사람들과 선 그 자체가 의지할 수 있는 것은 선한 초인(超人, Übermensch, Superman)이 악한 초인에 대해 승리하기 위해 제시간에 도착할 것이라는 희망이다. 니체가 말하는 '초인'은 소시민의 도덕이라는 사소한 제약을 넘어선 존재다(서부 영화에서는 국법에도 구애받지 않는 존재로 그려진다). 그러나 이 경쟁은 니체의 또 다른 유명한 문구를 빌리자면 사실 "선과 악 너머"에 있다. 이것은 도덕의 경쟁이 아니라 의지의 경쟁이다. 그리고 니체의 글을 주의 깊게 읽는다면 '선'과 '악'이 고정된 절대적 범주가 아니라 서로 "충분히 닮은 데가 있는" 다른 실체들 사이에서 "공모하여 함께 권력을 추구하는" 편의상의 동맹을 정당화하기 위한 명칭에 불과하다는 것을 알게 될 것이다.

니체에게는 가장 동정적이고 도덕적으로 보이는 공동체들도 표면 아래로는 임시방편의 동맹체로서, 이 동맹은 모든 시공간을 지배하고자 하는 "다른 실체들"을 물리치기 위해 당분간 함께 노력하는 것을 정당화할 만큼의 유사성에 근거하고 있다. 그러나 이 "합체"는 사실 다른 실체들의 위협이 해소될 때까지만 존재하는, 마치 착륙을 기다리며 선회하는 비행기들처럼 일시적인 동맹에 지나지 않는다. 한 "실체"가 기회를 발견하는 순간, 이전의 동맹을 해체하고 자신과 가장 가까운 관계의 실체에게서조차 그 기회를 빼앗으려 든다. 궁극적으로, 대중문화의 유사 니체적 표현을 빌리자면, 지배를 위한 이 투쟁에서 이기고자 하는 신 같은 존재들에게 "이 세계로는 충분치 않다." 그들은 자신의 지배력을 점점 더 확장하여 결국 그들 자신의 절대적 패권 외에는 아무것도 남지 않을 때까지 멈추지 않는 신들과 같다.

초인을 기다리며

인간 경험의 핵심에는 일종의 신비 혹은 모순이 있다. 이 세상에서 폭력과 아름다움, 멸종과 번영, 배신과 관용은 혼란스럽게 뒤섞여 있기 때문이다. 궁극적으로 우리는 모두 이 신비 혹은 모순을 어떻게 해결할 것인지 선택해야만 한다. 이 세계에 대한 가장 심오한 진리는 무엇인가? 장악과 지배를 위한 투쟁인가? 아니면 궁극적으로 사랑에 이르는 협력과 협동인가? 니체 이래로 이 문제에 대한 논의의 장은 전적으로 두 번째 답에 대해 반대하는 입장으로만 채워져 왔다. 세계에 대한 궁극적 진리가 사랑이라는 제안은 우스꽝스럽고 위험하리만치 순진하게 들린다. 반면에 세계가 지배를 위한 치열한 전쟁터라는 제안은 존중받을 만큼 성숙하고 정교하며 무엇보다도 현실적으로 들린다.

 문학과 문화 연구자의 거의 전 세대가 니체의 지적 후계자인 미셸 푸코의 영향 아래, 이전에는 권력 의지로부터의 도피처를 대표한다고 생각됐던 바로 그 영역들 즉 예술과 건축, 가족과 우정, 심지어 종교에서까지 은밀한 니체적 지배를 폭로하는 데 어마어마한 지적 에너지를 바쳤다. 이 모든 영역에서 그들은 적나라한 지배의 추구와 그것을 방해하는 어떤 실체도 파괴하려는 의지를 발견했다고 주장했다.

니체의 비전을 받아들인 것은 전적인 허무주의자들뿐만이 아니다. 21세기 초 미국에서 사회 문제에 대한 예리한 감각과 정당한 불만으로 일어난 극적인 두 정치 운동도 그들의 활동에서 니체적 특징을 분명히 보여주었다. 그중 하나는 점거 운동(Occupy)이다. 점거 운동은 2008-2009년 금융 위기의 영향으로 도심에서, 특히 맨해튼의 주코티 공원에서 등장한 여러 시위대의 느슨한 연합이다. 이 운동의 핵심 전략은 재정 권력의 핵심부 인근의 상징적인 공공장소에 반영구적으로 진을 치고 이를 차지하는 것인데 이것은 니체가 묘사한 바로 그 방식으로 '공간을 지배'하도록 고안된 것이다. 그럼으로써 미국의 재계와 금융계라는 공간을 장악한 것처럼 보이는 이들을 그들이 자리 잡고 있는 인근 고층 건물의 횃대로부터 몰아내고자 하는 것이다. 점거 운동은 행진이나 다른 종류의 시위 방법도 사용하기는 하지만 공간을 '점거'하는 실천과 중심 이론은 언제나 니체의 사상과 깊이 연관되어 있다.

공원을 점거하는 것은 거리를 행진하는 것과는 매우 다르다. 행진은 목적지와 목표가 있어서 공간과 시간을 통과해 지나가고 해산하여 이전과 이후의 공간에 다른 사람들이 들어올 수 있도록 비워 준다. 그리고 행진은 공간과 시간을 통해 흘러가기 때문에 더 많은 사람을 행렬에 참가시켜서 규모를 키울 수 있다. 행진은 서서히 잦아들면서 그들이 지나가는 공간의 형태와 수용 능력에 맞게 조정될 수 있고 (기회주의적이거나 의도적인 폭력에 의해 침해되지 않는다면) '점거'와는 달리 공간을 다른 용도로 사용하는 것과 공존할 수 있다. 공간을 '점거'하는 것은 그 공간의 사용을 완전히 지배하고 장악하는 것이고, 그 공간의 고정된 수용 능력 이상으로 규모를 쉽사리 키우거나 조정할 수 없다. 물론 점거 운동의 핵심가치는 이런 방식의 점거가 바로 월 스트리트에서 특권적 지위를 가진 사람들이 해왔던 것임을 드러내는 데 있다. 저항의 방법이 그 저항의 대상인 현실의 모습을 그대로 반영하는 것이다. 정당하지 않은 지배자들에게 '점거된' 제한된 공간이라는 현실이다. 이런 경합은 제로섬 게임이다. 행진의 경우와는 달리 두 사람 혹은 두 집단은 같은 공간을 함께 '점거'할 수 없다. 행진하는 것은 희망을 구현하는 것이다. 다른 사람들도 함께 참여할 것이라는 희망, 지금의 시위가 지속적인 변화로 이끌 것이라는 희망, 우리가 상징적인 목표를 향해 나아가고 있다는 희망이다. 점거하는 것은 반대편의 완강한 세력들에 대해 확고하고 안정적으로 저항하는 훨씬 더 단호한 태도를 취하는 것이며, 타자들을 몰아내면서 일종의 전이(轉移, metastasis)로서 자신의 명분이 승리하리라고 희망하는 것이다.

그러나 점거 운동이 정치의 중심에서 벌어지는 격렬한 대립을 특징으로 하는 유일한 정치 운동은 아니다. 점거 운동은 이념적 거울상을 가지고 있는데 미국 연방정부의 재정 지출 축소와 권한 제한을 요구하는 티파티(Tea Party) 운동이 바로 그것이다. 티파티 운동의 참여자들은 지속적 점거보다는 간헐적 저항에 더 많이 의존하지만 그들의 정치적 비전도 비슷하게 니체적이다. 억압으로부터 자유를 얻기 위해 상품을 파괴한 첫 번째 티파티 운동◆은 현존 권력에 대한 심야의 전복 사건이었다. 대법관 존 마셜은 1819년에 "세금을 부과하는 권력은 파괴하는 권력을 포함한다"고 말했는데 이 말은 최초의 티파티와 21세기 티파티 모두의 모토라고 할 수

◆ "보스턴 차 사건"(Boston Tea Party)을 말한다. 티파티 운동의 명칭 자체가 1773년 영국 식민지 시절, 무리한 세금 징수에 분노한 보스턴 시민들이 수입되려던 홍차를 모두 바다에 던진 이 사건에서 따온 것이다—옮긴이. 이하 모든 각주는 옮긴이 주다.

있다. 이런 모토는 정부 권력에 대한 깊은 니체적 평가를 반영하는 것으로 여기서 정부가 부과하는 세금은 생명과 자유를 제한하는 권력의 억압적 확장이다.

티파티 운동은 선거 정치를 정면으로 겨냥하기 때문에 거의 불가피하게 권력의 제로섬 게임에 헌신했다. 미국과 같은 다수결 체제에서 선거는 제로섬 게임이기 때문이다. 한 선거에서 한 사람의 후보자와 하나의 정당만이 승리하고(아무리 근소한 차이로 승리했든지 간에) 적어도 다음 선거까지는 그들의 반대편을 권력에서 제거하게 된다. 다소간 성공과 실패의 과정을 겪었지만, 공화당 예비 경선에서 티파티 운동은 이전에 상당히 보수적이라고 여겨졌던 후보들까지도 밀어내고 자신들의 후보로 권력의 좌석을 '점거하는 것'을 목표로 삼았다. 티파티는 정치 조직의 기존 체계와 위계질서에 대한 확고한 반대를 표명하기 때문에 지도자를 지명하거나 정당 체계 안에서 일하는 것을 거부하는데 이것은 구조나 개인들이 지나치게 많은 권력을 획득하는 것에 대한 그들의 의구심을 보여 주는 표지였다. 누구든지 현재 지도적 위치를 '점거'하고 있는 사람은 평범한 사람들을 희생시켜 그들의 영향력을 확장하려고 추구하기 쉽다.

점거 운동이나 티파티 운동 같은 극단적인 운동과 스스로를 동일시하지 않는 사람들도 기본적으로 니체적 비전을 품을 수 있다. 이 관점에서 볼 때 우리 사회는 구식 서부 영화에 나오는 텍사스의 작은 마을과 같다. 경건하고 선량한 사람들의 유일한 희망은 누군가 결정적인 파워를 행사하는 사람이 와서 무질서한 세력들을 몰아내는 것이기 때문이다. 니체적 세계관은, 강력이야말로 정의로운 사람들의 유일한 희망이고 진리의 편에서 세상을 평정할 만큼 충분히 강한 누군가에게 우리의 희망을 두어야 한다는 뿌리 깊은 도덕적 신념들과 쉽게 공존할 수 있다. 니체적인 세계에서 우리는 모두 그저 초인을 기다리거나 또는 어쩌면 우리에게 저항하는 모든 것을 물리치기에 충분한 파워를 우리 자신이 얻어서 선의 승리를 위해 필요하다고 생각하는 지배권을 획득하는 것이 전부라고 생각하게 된다.

파워의 또 다른 가능성

"본래는 그렇지 아니하니라"(마 19:8). 결혼에 대해 이렇게 말씀하시며 예수님은 하나님의 형상을 지닌 남자와 여자가 서로 굳게 결합하여 언약적 사랑의 파워를 보여 주도록 창조되었음을 상기시키시고, 이혼을 가볍게 생각하거나 관습적으로 용인하는 것을 꾸짖으셨다. 예수님의 말씀은 파워에 대한 니체의 관점에 굴복하려는 유혹에 끌려가는 우리를 멈춰 세운다. 니체의 비관적 관점은 솔직히 말하자면 정신 이상을 조장한다. 이 관점이 그렇게 영향력을 갖게 된 것은 이 타락한 세상에서는 그럴싸해 보이기 때문이다. 그러나 예수님은 다른 가능성을 주장하신다. 창세기에 기록된 태초의 이야기가 에덴의 동편에서도 여전히 유효하다는 주장이다. 창세기 1-2장에 나타난 창조적 파워가 이 세상에서도 여전히 실제적이고 살아 있고 작동 가능할까? 경쟁하는 실체들이라는 니체의 어두운 관점에 대한 대안을 그려 본다면 어떤 모습이 될까?

내 생각은 다음과 같다.

모든 진정한 존재는 더 많은 존재를 위한 공간을 창조하고 다양성과 생명을 위해 번영하는 환경을 창조하기 위해 그 파워를 확장하며 진정한 존재를 제한하는 혼돈을 되찌르고자 노력한다. 그렇게 하는 가운데 다른 실체들을 창조하고 그들을 세상의 상호적 창조와 돌봄으로 초대한다. 이는 아무것도 없던 곳에 관계들을 세워 나가는 일이다. 그래서 그들은 더 많은 창조를 위한 더 많은 파워를 창조하기 위해 함께 협력한다. 그리고 이 과정은 계속된다.

이 문단을 쓰면서 나는 니체의 표현을 몰아내고 덮어쓰기 위해 사실상 니체의 "특수한 실체들"과 매우 비슷한 표현을 사용했음을 인정한다(그럼에도 그의 글은 이 책의 몇 페이지 앞에 여전히 실려 있어서 그 냉소적 분위기를 전해 주고 있다). 나는 궁극적 실체에 대한 매우 다른 관점을 가지고 니체의 '사상'을 조목조목 반박할 수 있음을 논증하고 싶다.

모든 실체들이 모든 공간의 지배자가 되기 위해 노력하는가? 공간은 실제로 유한한 자원인가? 그렇지 않다. 공간을 공유하는 것을 기뻐하는 존재가 있으며, 더 많은 존재를 위한 필요 이상의 충분한 공간을 창조할 수 있는 더 깊고 더 진실한 존재가 있다.

파워는 기본적으로 반대를 되찌르기 위한 것인가? 그렇지 않다. 더 많은 존재들이 존재하고 번창할 수 있는 환경을 실제로 창조하는 더 깊고 더 선한 파워가 있다.

다른 존재들은 감수해야 하는 문젯거리로서 궁극적으로는 지배를 통해 해결해야 하는가? 그렇지 않다. 사실상 '다른 실체들'은 모든 진정한 실체 또는 존재가 가장 깊이 열망하는 것이다.

실체들 간의 협력은 그들 중 하나가 모든 파워를 장악하면 끝나는 일시적·편의적 공모인가? 그렇지 않다. 존재들은 항상 가꾸고 창조하기 위해 서로 협력해 왔다. 한 존재가 바랄 수 있는 최악의 운명은 자신의 파워를 지닌 채 홀로 남는 것이다. 왜냐하면 그 존재와 함께 세상을 가꾸고 형성할 수 있는 동반자가 아무도 없을 것이기 때문이다.

협력은 서로에게 얻을 것이 있는 "충분히 닮은 데가 있는" 존재들 사이에서만 가능한가? 그렇지 않다. 서로 가장 다르게 보이는 존재들도 서로 조화를 이루게 하는 파워가 세상에서 실제로 작동하고 있다.

협력의 결과는 파워를 장악하는 것인가? 그렇지 않다. 협력은 신비하게도 이전보다 더 많은 파워를 창조하여 우리가 함께 일할수록 더 많은 파워를 발견할 수 있다.

우리가 사는 세상에서는 니체의 말이 잔혹한 진리로 울려 퍼지는 것이 사실이다. 그러나 **본래는 그렇지 않았다**. 우글거림을 기뻐하셨던 창조주 하나님이 창조하신 심히 좋은 세상에서 '좋지 않은 것'이 하나 있었다. "사람이 혼자 사는 것이 좋지 아니하니"(창 2:18). 하나의 실체는 충분하지 않다. 존재는 그 자체로 존재하도록 의도되지 않았다. 진정한 존재는 더 많은 존재를 추구하며, 관계와 유대감과 상호 의존을 추구한다. 사랑하는 권력, 그리고 사랑함으로 함께 창조하는 권력은 세상의 중심에서 울리는 진정한 파워다. 음모를 꾸미고 지배하고 결국에는 하나뿐인 고립되고 외로운 신이 되려는 권력은 생명이 없고 궁극적으로 파워가 없다. 진정한 권력은 니체적 권력이 소멸시키고자 하는 바로 그 창조력과 사랑으로부터 나온다.

권세들에 대한 승리

기독교에 대한 니체의 신랄한 비판에 우리는 정면으로 대응해야 한다. 초인이 되려는 추구는 현실을 지배하기에 적합한 강함을 생산하지 **않는다**. 오히려 훼손한다. 왜냐하면 모든 공간과 다른 모든 존재들을 마치 신처럼 지배하는 권력에 매달리면서 니체는 가장 기본적인 인간적 오류를 범하기 때문이다. 성경은 그것을 우상숭배라고 부른다. 뒤에서 살펴보겠지만 우상숭배는 효과가 있는 것처럼 보일 때에도 근본적으로 불안정하다. 우상들은 즉시 실패하지는 않더라도 대개 생각보다 빨리 실패한다. 우상들은 그 숭배자들을 실망시키고 우상숭배에서 흘러나오는 불의는 궁극적으로 그 피해자들뿐 아니라 그 가해자들을 망친다.

그래서 구약과 신약은 권력의 언어로 가득 채워져 있다. 이스라엘과, 놀라운 마음으로 예수님을 따랐던 소수의 사람들은 비교할 수 없는 권력을 경험했다. 진정한 권력은 단지 수동성과 공격성의 공존이 아니라 역사의 새 장을 열고 가난한 사람들을 구원하고 잃어버린 사람들을 화해시키고 죽은 자들을 일으킨다. 예수님이 지옥의 손아귀에서 사람들을 구출하시는 것을 목격한 증인들인 예수님의 제자들은 그분이 "권세들"(powers)을 정복했다고 말할 수 있었다. 그 권세들은 모든 우상과 불의의 견고한 체계로서, 마치 세상에 대한 진리를 알려 주고 세상을 정복할 유일한 길을 제공하는 양 목소리를 높인다. 예수님의 부활로, 창조적 사랑이라는 원래의 파워가 죄와 죽음을 대체했다. 오직 죄와 죽음만이 궁극적으로 니체적 의미에서 완전히 패배하고 파괴될 것들로 판명 났다. 죄와 죽음은 우글거리고 번영하는 창조적 사랑의 세계와 함께할 수 없는 두 가지다.

니체적 승리 외에는 어떤 것도 용납하지 못하는 그러한 왜곡된 권력은 오직 니체적 패배를 당할 뿐이다. 죄와 죽음과 이것들이 만들어 내는 쌍둥이 체계인 우상숭배와 불의는 이미 가면이 벗겨졌고 결정적 전투에서 패배했다. 창조적 사랑은 항상 더 강하고 더 현실적이었으며, 부활을 경험한 공동체에서 예수님의 제자들은 처음부터 오늘날까지 이 현실이 우리 안에 살아 숨 쉬며 강력하게 역사하고 있음을 발견한다. 우리는 이 세상 속에서 "본래는 그렇지 아니하니라"라고 선포하며 모든 우상과 불의가 무너지고 잊히며 진정한 파워가 번성할 마지막 날을 기대한다.

3장

우상숭배

파워에 대한 진짜 뉴스 즉 우리가 아예 들은 적 없거나 거의 잊어버린 새로운 소식은 파워가 좋은 것이라는 소식이다. 파워는 하나님 형상을 지닌 자들을 위한 것이었고 하나님 형상을 지니는 것은 번영을 위한 것이었다. 그러나 이 소식이 얼마나 좋은 것인지 이해하기 위해서는 파워의 왜곡에 대한 오래되고 슬픈 소식 또한 이해해야 한다.

왜곡되고 해로운 파워에 대해 생각하면 가장 먼저 떠오르는 것은 파워가 가장 냉혹한 형태로 남용되었던 사례들이다. 이는 너무나 자주 고통스러운 개인적 경험을 통해 만나는 것으로, 강자가 의도적으로 또는 무심결에 폭력과 착취의 행위에 기대어 자신의 의지를 약자에게 강요하는 것이다. 우리가 이것을 최악 상태의 파워라고 생각할 이유는 충분하다. 그리고 우리는 니체와 마찬가지로, 최악 상태의 파워가 파워의 진정한 얼굴이며 외견상 더 순진해 보이는 형태의 파워도 단순히 니체적 지배 추구를 당분간 벨벳 장갑 안에 감춰 두었을 뿐이라고 생각하고 싶어진다.

그러나 성경과 기독교 전통을 깊이 연구하면 이보다 더 깊이 들어가게 된다. 창세기는 창조적 파워가 가장 깊은 형태의 파워라고 제안한다. "그렇게 될지어다"라는 간접명령형 파워는 관계적이고 공동체적인 기쁨 안에서 "우리가 만들자"라는 청유형 파워에 이른다. "그렇게 해"라는 명령형 파워는 그보다 앞선 창조성과 관계성에 항상 의존하는 일종의 삼차 파생물이다.

하지만 만일 이것이 참이라면 파워에 대한 나쁜 소식을 이해하는 우리의 방식 역시 변화되어야 한다. 파워의 최고·최선의 이용만이 창조적이고 관계적인 것은 아니다. 최악의 왜곡된 파워도 방식은 왜곡되었지만 창조적이고 관계적이다. 폭력과 지배는 흔히 파워의 최악의 남용이라고 생각되지만 궁극적으로는 파워가 남용될 때 나타나는 실제적 증상들일 뿐이다. 이것들은 더 깊은 병의 표지로서, 우리 안에 창조된 가장 깊은 선함을 손상시키는 질병이 있음을 드러낸다. 그 질병을 이르는 성경 용어는 **우상숭배**와 **불의**다.

우상숭배

우상숭배는 창조적 파워에 대한 인간의 수용 능력이 미쳐 돌아가는 것을 부르는 성경의 표현이다. 인간은 세상을 만드는 능력을 창조주로부터 부여받아서 창조세계의 풍성한 재료를 가지고 구체적 작품들을 만들어 내며 또한 창조세계의 의미를 표현해 낸다. 이것들이 우리의 문화적 소명에 따른 '사물'(stuff)과 '의미'(sense)다. 무언가를 만드는 모든 인간적 활동은 사물과 의미 모두를 만드는 데 관여한다. 물질적인 문화적 산물 중에 의미를 생산하는 작업에 참여하지 않는 것은 없으며 의미를 생산하는 인간의 도전 중에 물질적인 것을 창조하고 유지시키는 결과로 이어지지 않는 것은 없다. 이 모든 것은 이 세상에서 하나님의 형상을 지닌 사람들의 매우 선한 소명이다. 우리의 가장 근본적인 과제는 세상의 풍부한 가능성들과 깊은 유의미성을 펼치는 것, 즉 세상을 가꾸고 창조함으로써 참 하나님이 누구신지와 그분의 방법들이 알려지고 찬양받도록 하는 것이다.

그러나 세상을 만들어 내는 이 능력은 우상숭배 때문에 길을 잃는다. 우상이란 세상의 궁극적 의미에 대한 거짓 주장을 형상화한 문화 인공물이다. 여기서 '궁극적'이라는 말이 중요하다. 문화적 산물은 어떤 종류이든 세계의 진정한 의미에 대한 오해를 반영할 수 있다. 예를 들어 거머리를 이용해서 피를 뽑는 사혈 치료는 질병과 건강에 대한 잘못된 이해에 근거한 초기 '의학'의 관습이었다. 피를 뽑는 것은 거의 또는 아무 효과도 없을 뿐 아니라 아마도 많이 해롭지만, 이것은 세계에 대한 궁극적 신념을 형상화한 것이 아니다. 다소 피상적인 방식으로 잘못 행한 것이었다.

우상은 인간의 창조물 중에 특별한 경우로, 단지 피상적인 방식으로 잘못된 것이 아니다. 오히려 궁극적으로 잘못된 현실의 궁극적 성격에 대한 주장을 제기한다. 그리고 창조주 하나님이 세계의 궁극적 의미이시므로 우상은 거짓 신을 대표한다. 암시적으로든 명시적으로든 모든 우상은 진정한 창조주 하나님이 누구시고 어떤 분이신지에 대한 도전과 반박을 나타낸다. 에덴동산의 뱀처럼 우상들은 창조주 하나님의 진실하심과 선하심에 의문을 제기하고 은근히 혹은 직접적으로 창조주 하나님이 진실하지도 선하지도 않다고 주장한다.

우상들의 궁극적 주장은 무엇인가? 우상숭배에는 분명한 양상이 있다. 사실 우상들이 세상을 왜곡하여 전달하는 방식은 우울할 정도로 일관되다. 뒤틀린 창조성은 지루할 정도로 비창조적이다. 모든 우상이 처음에는 매우 작은 대가로 대단한 것을 제공한다. 그리고 나서 모든 우상이 처음의 약속을 이행하는 데 점점 더 실패하면서도 처음에는 꽤 합리적으로 보였던 숭배와 희생에 대한 요구를 점점 더 늘려 간다. 마침내는 엄청난 요구를 하면서도 약속을 지키는 데는 완전히 실패한다. 정신의학자 제프리 새티노버(Jeffrey Satinover)의 잊지 못할 표현을 빌리자면 우상들은 점점 더 많이 요구하면서 점점 더 적게 주다가 결국에는 모든 것을 요구하고도 아무것도 주지 않는다.

좋은 것에서 위대한 것으로

문화 인공물이 우상의 기능을 하기 위해 굳이 신의 형상을 지닌 조각상일 필요는 없다. 단지 초월적 혜택을 제안하고 궁극적 충성을 요구하면 된다. 현대 세속 사회에서 우상숭배의 가장 분명한 예는 우리가 중독이라고 부르는 현상이다. 중독은 본질적으로 선하게 창조된 사물로 시작된다. 중독성 약물로 사용되는 화학물질들도 하나님의 선하신 창조의 일부이고 올바른 맥락에서 사용되면 유용한 경우도 많다. 그러나 중독에 빠져 있을 때 우리는 이 피조물에 초월적 기대를 건다. 그것은 신처럼 되게 해 준다는 약속을 하기 시작한다. 필로폰과 같은 가장 강력한 중독 물질은 신과 같은 자유와 자신감과 충만함, 즉 다른 말로 하면 파워를 가장 극적으로 느끼게 해 주는 것들이다. 도박과 같은 행위는 자연의 우연적 힘(random force)을 지배한다는 느낌과 무로부터 무언가를 끌어내는 능력, 일하지 않고 부를 창조하는 능력을 주겠다고 약속한다. 포르노는 위험을 감수하거나 헌신하지 않고도, 그리고 우리의 어설프고 취약한 몸이 가진 한계에도 상관없이 친밀감을 누릴 수 있다는 약속을 한다.

모든 우상숭배의 첫 단계는 좋은 것에서 위대한 것으로 나아가는 것이다. 더 정확하게는, 창조된 좋음에서 비현실적 위대함으로 옮겨 가는 것이다. 처음에는 좋은 피조물로 시작하지만, 우리는 그것이 위대해지기를 요구한다. 우리는 창조된 것이 지닌 고유의 좋음을 그 적절한 한계 안에서 즐기려 하지 않고, 그것이 우리를 제약에서 자유롭게 하고 고양된 삶으로 안내하도록 한다. 그것에 우리의 가장 깊은 희망을 두고, 그것에 의지하여 우리의 가장 깊은 두려움을 해결하기를 기대한다.

처음에는 모든 우상이 바로 이 단순한 좋음에서 초월적인 위대함으로의 탈출을 가져다주는 듯이 보인다. 날씨를 생각해 보라. 현대 과학의 기술적 성취 가운데 살고 있는 이 시대에 우리는 날씨에 대한 경외심과 무력하게 의존하던 감각을 잃었다. 그러나 하늘의 신을 속여서 비를 내리게 하려고 열광적이고 절박한 춤을 추었던 옛날 사람들이 한 시간 후 혹은 하루 뒤에 예기치 않았던 폭우로 보상을 받았을 때 느꼈을 압도적인 지배의 감각과 두려움을 상상해 보라. 또는 땅에 술을 부어 바쳐서 풍성한 수확을 얻은 듯이 보였을 때 그들이 느꼈을 두려운 감사와 새로운 파워의 감각들을 상상해 보라. 이런 순간들이 없었다면 어떻게 그러한 의식들이 신빙성을 얻을 수 있었겠는가?

원시 우상숭배의 중심에는, 그리고 우리 시대의 가장 강력한 중독들 대부분의 중심에는 우리가 이 세계의 까다롭고 예측 불가능한 부분을 우리의 통제 아래에 두는 방법을 찾았다는 믿음이 놓여 있다. 의미를 추구하는 존재인 우리 인간들이 단지 우상이 작용하는 듯 보여서 천진난만하게 속아 넘어갔을까? 성경적 세계관은 그렇게 순진하지 않다. 우상숭배가 '작용하는' 이면에서 성경 시대 사람들은 고대의 초자연적 투쟁을 엿보았다. 이 투쟁은 하나님의 파워를 복제하여 하나님 형상을 지닌 사람들을 속이고 파괴하려는 악마적 파워의 작용이었다. 예수님 자신도 사막에서 그러한 유혹자를 만났다. 그는 예수님이 배고픔으로 쇠약해져 있는 가장 인간적인 순간에 등장해서 자신을 숭배하는 대가로 마술적인 결과를 약속하는 악한 인격체였다.

이런 우상들의 악마적 속임수를 간파하고 물리치기는커녕 우리는 이 우상들을 우리 헌신의 대상, 연구하고 주목할 대상으로 삼는다. 단기적으로는 특별한 결과를 얻는다. 우리가 속수무책이고 무력하다고 느꼈던 영역들, 이를테면 고대인에게는 비를 기다리는 것이나 현대인에게는 사랑을 간구하는 것 같은 영역에서 갑자기 능력을 얻고 우리 마음대로 할 수 있게 되었다고 느낀다. 춤과 술, 비와 추수는 그때나 지금이나 좋은 것들이고 심지어 매우 좋은 것들이다. 그러나 이것들이 사제들과 사람들을 고양시켜 위대함과 특별하고 초월적인 파워의 환상에 빠뜨릴 때 이것들은 우상이 된다. 우리 시대의 중독도 마찬가지다. 술, 운에 따르는 게임, 관능적 사랑과 육체에 대한 시각적 묘사 등도 모두 매우 좋은 세상의 일부분이다. 그러나 우리는 매우 좋은 것으로는 만족하지 못한다. 우리가 이것들을 연료로 사용하여 위대함에 이르려고 할 때 이것들은 우리의 우상이 된다.

그리고 얼마 동안은 우상과 중독이 약속한 바를 그대로 이루어 준다. 실로, 가장 강력한 우상들은 상당히 오랫동안 효과가 있는 것처럼 보인다. 우상숭배로 이어질 가능성의 크기를 생각할 때, 필로폰의 경우는 대단히 파괴적인 파워를 가지고 있지만 상당히 작은 신(神)에 속한다. 필로폰이 가진 파워란 마약에 취했을 때 총명함을 손상시키는 것뿐이고 필로폰의 해로운 영향은 아주 빨리 나타난다. 더 효과적인 우상들은 더 절제된 효과를 나타낸다. 우상숭배의 '성공 단계'에서는 우상숭배자에게 그의 중독이 아무 소용 없는 것이라고 확신시킬 수 없다. 소용이 있기 때문이다. 우상은 그를 인간의 취약함에서 건져내고 견고한 황홀경의 맛을 보여주어 도취시킨다.

그러나 빨리 진행되든 천천히 진행되든, 모든 우상은 그 효력이 점점 기대에 비해 떨어지기 시작한다. 비를 관장하는 신을 확실히 움직이는 것 같았던 춤은 이제 간헐적으로만 효과가 나타난다. 복권 당첨 번호를 정확하게 예측했던 시스템은 삐거덕거리기 시작한다. 우상숭배에 대한 보상이 불확실해지는 바로 이 중간 단계에서 우상은 그들의 숭배자에 대한 통제를 강화한다. 심리학자들이 말하는 간헐 강화(intermittent reinforcement)는 습관을 가장 강력하게 형성시키는 보상 체계다. 쥐가 레버를 누를 때마다 맛있는 먹이를 주면 쥐는 결국 배가 불러 흥미를 잃는다. 그러나 쥐가 레버를 눌러도 아무런 규칙이나 이유가 없이 실험자가 내키는 대로 **가끔씩만** 먹이를 주면 쥐는 배가 고프든 안 고프든 계속해서 레버를 눌러 댄다. 간헐 강화의 규칙이 충분히 깊게 확립되면 쥐들은 아무 보상 없이도 지쳐 쓰러질 때까지 레버를 눌러 댄다.

마찬가지로 우상들은 일관된 효력을 보이지 않을 때, 즉 우리가 처음에 기대했던 위대한 희망을 꺼뜨리지 않을 정도로만 가끔씩 효력을 나타낼 때 흡인력을 얻는다. 우상은 한 줌의 백색 가루처럼 사소할 수도 있고 지구적 사유 체계와 같이 거대할 수도 있다. 경제학자 도널드 맥클로스키(Donald McCloskey)는 1992년에 출간한 얇지만 재치 넘치는 책인 『당신이 충분히 똑똑하다면: 경제학 전문지식의 내러티브』(*If You're So Smart: The Narrative of Economic Expertise*)에서 대부분의 경제학이 과학보다는 마법에 더 가깝다고 제안했다. 우상숭배의 가까운 사촌인 마법은 올바른 주문만 알면 숨겨진 힘(force)들을 다스리는 위대한 통제력을 가질 수 있다고 약속한다. 마법이 통하지 않으면 마법이 아니라 **당신**이 문제라고 믿게 만드는 이야기가 늘 준비되어 있다. 주문을 제대로 말하지 않았거나 사제가 제대로 정결하게 준비되지 않았거나 아니면 달의 위상(phase of the moon)이 잘못되어 있었다고 말한다. 작동하지 않은 마법을 변명할 방법은 언제나 있어서 마법의 약속을 살아남게 만든다. 물론 이런 방식의 정당화는 마법사와 고객들에게 점점 더 많은 짐을 지워서, 마법이 이루어 주는 것이 점점 적어지는데도 점점 더 많은 것을 요구한다.

맥클로스키는 바로 이것이 경제학자들이 사용하는 방법이라고 제안한다. 골치 아프리만큼 복잡한 인간의 거래 행위에 대한 파워를 약속하지만 대부분은 왜 그들의 공식이 지난번에는 적용되지 못했지만 다음번에는 확실하게 작동할 것인지를 설명하느라 바쁘다. 문제는 경제학이나 경제학자들이나 창의성과 교환에 근거한 인간의 경제행위 자체가 아니다. 사실 이것들은 모두 매우 좋은 것들이다. 문제는 이것들에게 궁극적인 것을 기대하는 데 있다. 이것들이 우리에게 신과 같은 통제력을 부여해 준다고 기대하는 것이다. 그러나 경제학자들까지 포함하여 우리는 모두, 우리가 알 수 없는 것은 알 수 없는, 하나님의 형상을 지닌 매우 좋은 사람들 그 이상은 결코 될 수 없고 슬프게도 가끔은 그보다 못한 존재일 뿐이다. '훌륭한' 경제학은 합리적 행위자와 순수한 수학적 모델을 가정한다. '매우 좋은' 경제학은 인간의 실수와 오류 가능성과 연약함의 광대한 잠재적 범위를 인정한다. 우리가 운이 좋다면 21세기는 행동주의 경제학이라고 불리는 '매우 좋은' 경제학의 시대가 될 수 있다. 이 경제학은 더 온건한 파워를 주장하고 인간 본성에 대한 더 많은 경험적 이해를 가지고 있다. 우리가 그만큼 운이 좋지 않다면 전능한 중앙은행가들이라는 우상은 신과 같았던 이전의 소련 경제계획가들이라는 우상처럼, 결국은 상업의 신전에서 넘어져 납작 엎드리게 되겠지만 그때까지 숭배자들에게 상당한 요구를 할 것이다. 우상들은 탈퇴 비용을 뽑아내기 전까지는 결코 그들의 파워를 포기하지 않는다.

하나님의 형상을 지닌 사람 그리고 우상

애플(Apple)의 공동창업자이며 2011년 세상을 떠날 때까지 최고경영자로 있었던 스티브 잡스(Steve Jobs)는 하나님의 형상을 지닌 사람이었고 어떤 면에서 하나님 형상을 지닌 사람을 대표하는 우리 시대의 아이콘(icon)이었다. 그는 20세기 말과 21세기 초의 가장 혁신적인 두 영리기업에서 중심 역할을 담당했다. 애플과 더불어 영화사인 픽사(Pixar)가 바로 그것이다. 수천 명의 창업가와 수만 명의 최고경영자가 있지만 스티브 잡스가 유난히 파워 있는 인물이 될 수 있었던 것은 이 두 회사의 제품들이 하나님의 형상을 나타내는 인간성이라는 자질에 깊이 반응하는 방식 덕분이었다.

잡스는 대부분 애플 때문에 기억되지만 픽사도 동등하게 비범한 문화적 성취였다. 픽사가 만들어 낸 이야기들은 거의 예외 없이(〈카 2〉 팬들에게는 미안하지만) 우정과 가정이라는 배경 속에 놓인 관계적 존재로서 인간이란 무엇인가에 대한 가장 깊이 있는 질문을 탐구한다. 〈월-E〉와 〈라따뚜이〉에서 인간이 아닌 주인공들은 이 세상을 신실하고 탁월하게 가꾸고 창조해야 하는 우리 인간의 사명을 비추어 준다. 〈니모를 찾아서〉는 아버지의 치열하고 끈질긴 사랑 이야기이고 〈인크레더블〉은 독립적인 슈퍼히어로가 아닌 서로가 가진 은사를 통해 연합하여 악을 극복하는 한 가정의 이야기를 그린다. 〈업〉은 결혼과 세대 간의 우정에 대해 이야기하고 〈토이 스토리 3〉의 클라이맥스 장면은 지옥의 문 앞에서도 서로의 손을 놓지 않는 친구들의 공동체를 보여 준다.

픽사는 다른 애니메이션 회사에 자사의 렌더맨(RenderMan)이라는 소프트웨어를 판매하는 전문 기술회사로 시작했지만 잡스의 헌신으로 이 기술적인 능력이 곧 세계에서 가장 훌륭한 이야기꾼들의 손에 들려졌다. 훌륭한 이야기꾼들은 픽사에서 일하면서 이전보다 더 좋은 작품을 만들어 내기 시작했다. 마이클 아른트(Michael Arndt)는 픽사와 일하기 전에 〈미스 리틀 선샤인〉 같은 멋지고 재미있는 각본을 썼는데 이 작품은 상업 영화의 평균적 수준보다 훨씬 뛰어났다. 하지만 그가 픽사에 참여하여 만들어 낸 첫 번째 각본은 이보다 훨씬 더 강력하면서도 여전히 멋지고 재미있는 〈토이 스토리 3〉였다.

픽사와 애플의 공통점은 컴퓨터로 만들어 낸 이미지와 컴퓨터 그 자체라는 기술을 활용해서 그것을 관계와 아름다움을 향한 인간의 추구라는 더 중요한 목적을 위해 사용하는 탁월한 능력에 있다. 픽사가 만들어 내는 작품들은 하나하나가 매번 그 장르의 이전 한계를 뛰어넘어 진정으로 감동적이면서 다차원적인 인간 번영의 비전을 제시해 왔다. 픽사가 이전에 2차원 장르였던 어린이 영화 영역에서 이루어 낸 것을 애플은 전자기기의 영역에서 이루어 냈다. 1980년대의 개인용 컴퓨터와 2000년대의 휴대폰은 유용하기는 했지만 평범한 기계치인 사람들의 필요와 본능에 응답하는 면에서는 답답하기 그지없었다. 그러나 애플은 알파벳을 배울 때 처음 접하는 "A is for Apple"을 연상시키는 단순한 회사명으로 출발하여 단지 마법 같은 첨단 기술이 아니라 그보다 더 깊은 갈증에 응답하는 제품들을 만들어 냈다. 사실 애플은 기술적인 기반 구조를 최대한 다 숨기려고 노력했는데 이것은 많은 기술 마니아에게 당혹스러운 일이었다. 애플의 기기들은 사용자가 기기에 적응하도록 만드는 것이 아니라 인간의 몸이 가진 가능성과 한계에 맞춰 정교하게 설계되었고 인간이 가장 감동을 느끼는 것들 즉 음악, 시각적 아름다움, 다른 사람들과 연결되어 있다는 느낌에 최적화되어 있는 경우가 많았다.

물론 픽사와 애플의 성공이 전적으로 스티브 잡스의 공은 아니다. 그러나 잡스 외에, 인간 경험에 대한 반응성과 탁월성을 최우선시하도록(잡스는 한 인터뷰에서 이를 기술과 인문학의 결혼이라고 표현했다) 두 기업에 영감을 불어넣은 다른 인물을 상상하기란 어렵다. 잡스는 하나님의 형상을 지닌 사람으로서 다른 사람들을 위한 수많은 번영의 기회를 창조했다. 그는 잘 알려진 대로 관대하지 못하고 변덕이 심한 지도자여서 가장 나쁜 의미에서 신 행세(god playing)를 할 자질이 충분한 사람이었다. 만약 하나님 형상을 비축해 둔 광대한 저장고가 없었다면 그의 지배적이고 변덕스러운 경영 스타일만으로는 픽사와 애플에서 1990년대와 2000년대에 등장한 것과 같은 탁월성을 생산할 기회를 결코 가질 수 없었을 것이다.

그리고 놀랍게도, 잡스는 자신의 신 행세를 완화해 줄 지도자들을 고용할 필요가 있음을 본능적으로 인식했던 듯하다. 그는 완벽주의를 추구하는 인내심 없는 사람이었지만 그의 최고의 조력자들은 현저히 인내심이 많으면서 열정적인 사람들이었고 그중 최고는 그의 뒤를 이을 애플 최고경영자로 지목된 팀 쿡(Tim Cook)이었다. 세속적인 캘리포니아 북부에 자리 잡은 두 회사의 위치는 물론이고 잡스의 동양적 영성과 현세적 사고를 고려할 때 더 놀라운 것은 픽사와 애플의 중역들이 기독교 신앙을 가진 경우가 상당히 많았다는 사실이다. 확실히 픽사는 〈니모를 찾아서〉와 〈월-E〉의 작가 겸 감독인 앤드루 스탠턴(Andrew Stanton) 같은 그리스도인들이 지속적으로 많은 창조적 책임을 맡았던 유일한 영화 스튜디오다. 스티브 잡스는 탁월성을 추구하기 위해서 기질과 신앙이 자신과 전혀 다른 지도자들에게 파워를 부여했다.

이렇게 여러 방면에서 스티브 잡스는 하나님의 형상을 지닌 사람의 본보기였다.

그러나 그에게도 우상이 있었다.

쓰라린 열매

신기하게도 기술은 잡스의 우상이 아니었다. 디자인과 마케팅 분야에서 잡스의 천재성은 꽤 많은 사람들이 애플의 기기들을 거의 숭배하는 지경에 이르게 하는 데 기여했겠지만 월터 아이작슨(Walter Isaacson)이 쓴 공식 전기를 자세히 읽어 보면 잡스는 기술에 대해서 평균적인 스타벅스 단골보다도 훨씬 더 건강한 관계를 유지했다.

그 대신 잡스의 우상은 음식이었다.

이것은 아마도 격찬을 받은 아이작슨의 전기가 밝혀낸 가장 놀랍고도 당혹스러운 사실일 것이다. 생애 초기부터 스티브 잡스는 여러 방식으로 음식에 집착했고 이런 집착은 점점 더 그의 관심을 지배하고 그의 관계를 왜곡하고 그의 결정에 영향을 미쳤다. 십대 시절에 잡스는 동양 영성에 대한 더 넓은 탐색의 일환으로 특이한 식단을 실험했다. 한번은 잡스가 그의 친구와 두 주 동안 사과만 먹으며 지내기도 했다(과일은 잡스의 인생에서 여러 번 핵심 역할을 한 것으로 알려져 있다). 아이작슨에 따르면 잡스는 종종 비조리 로푸드(raw food)를 기본으로 하고 거의 항상 채식주의나 비건(vegan)을 유지하는 다양한 식단에서 에너지와 자기 통제의 고양되고 황홀한 느낌을 느꼈다. 이러한 식습관은 잡스의 전 생애에 걸쳐 지속되었다. 잡스의 전기 도처에 여러 사례가 기록되어 있는데 그는 주방장이 준비한 음식을 먹기를 거부하고, 음식점으로 달려갔다가 바로 다시 뛰쳐나오기도 하고, 가족들과의 식사를 빼먹기도 했다.

요컨대, 잡스는 섭식장애가 있었다. 아이작슨은 이 표현을 사용하기를 주저하지 않았다. 아마도 잡스는 인생의 여러 시점에 몇 가지 섭식장애를 겪었던 것 같다. 모든 우상이 그렇듯이 음식에 대한 그의 집착은 처음에는 유용하게 작동했다. 음식에 대한 집착은 잡스가 그의 환경과 다른 사람들에 대한 초인적 통제력을 얻고자 하는 더 큰 프로젝트의 일환이었고 삶의 다른 영역에 대한 그의 완벽주의와도 밀접하게 연결되어 있었다.

그러나 아이작슨이 쓴 전기에서 드러나는 그림은 중독 증상을 보여준다. 잡스가 느끼는 효용은 점점 더 줄어들었지만 중독은 점점 더 많은 것을 요구했고, 가족과의 관계 및 그 자신의 건강까지 소모시켰다. 음식에 대한 잡스의 우상숭배적 관계는 그의 생명까지 요구했다고 할 수 있다.

2003년 10월 정기 정밀 검사에서 잡스의 췌장에 암으로 의심되는 병변이 발견되었을 때, 잡스를 진단한 의사들은 최악의 상황까지 예상할 이유가 충분하다고 보았다. 췌장암은 어떤 나이에 발병하든지 간에 보통은 거의 신속한 사형선고나 마찬가지다. 그러나 의사들은 첫 조직검사의 결과를 받아보고 기쁨의 눈물을 흘렸다. 잡스의 병명은 도세포 암(islet cell cancer)이었는데 진행 속도가 느리고 따라서 신속한 췌장 제거 수술로 거의 항상 치료될 수 있는, 췌장암 중에서도 희귀한 경우였기 때문이다.

그런데 이 순간에 잡스의 우상이며 통제력을 얻는 수단이었던 음식이 그를 무너뜨렸다. 아이작슨은 다음과 같이 기록했다.

잡스의 친구들과 아내는 종양 제거 수술을 받지 않겠다는 잡스의 결정에 경악하지 않을 수 없었다. 수술은 유일하게 인정받는 의료적 접근법이었다. "그들이 내 몸을 여는 게 싫었어요. 그래서 다른 방법들이 효과가 있는지 알아보려 했지요." 훗날 그는 회한이 담긴 어조로 내게 말했다. 구체적으로 그는 주로 신선한 당근과 과일 주스로 구성된 엄격한 채식 위주의 식단을 고수했다. 여기에 침술과 다양한 약초 요법을 병행했고 가끔 인터넷이나 전국 각지의 사람들과의 상담을 통해 알아낸 민간요법을 몇 가지 사용하기도 했다. 심령술도 거기에 속했다. 한동안은 캘리포니아 남부에서 자연치료 클리닉을 운영하며 유기농 약초 복용과 주스 단식요법, 빈번한 장세척, 물 요법, 모든 부정적인 감정 표출 등을 강조하는 의사에게 치료를 맡기기도 했다.

그의 친구들과 가족들이 9개월 동안이나 수술을 받으라고 간청했지만 잡스는 듣지 않았다. 그다음 해 7월이 되어서야 그는 췌장의 일부분을 제거하는 '변형 휘플 수술'을 받는 데 동의했다. 수술을 하면서 의사들은 암이 간에까지 전이된 것을 발견했다. 잡스는 그 후 다시는 암에서 자유롭지 못했고 불과 8년 후에 56세의 나이로 세상을 떠났다.

아이작슨은 잡스가 딘 오니시(Dean Ornish) 같은 식이요법 전문가의 충고조차도 거부하고 수술에 즉각적으로 동의하지 못한 이유를 "현실 왜곡장이 가진 어두운 측면" 즉 원하지 않는 가혹한 현실에 관여하지 않으려는 태도 탓으로 돌린다. 하지만 이렇게 말하는 것은 이상한 일이다. 아이작슨 자신이 잡스가 자신의 치료에 깊이 관여하고 있었고 기이한 '요법'들을 추구했다고 열거하고 있기 때문이다. 잡스는 마지막 단계에 와 있었다. 암에서가 아니라 우상숭배에서의 마지막 단계였다. 그래서 우상은 구원해 주기를 전적으로 멈추고 대신 양보 없는 완전한 숭배를 강력히 요구했다. 아이작슨에 따르면 잡스는 수술을 받은 후에도 그의 식단에 필요한 양의 단백질을 포함하도록 바꾸려 하지 않아서 회복에 필요한 화학 요법의 효과를 완전히 꼬이게 만들었다. 잡스가 점점 쇠약해진다는 것을 일반 대중이 알아차렸을 때 논객들은 잡스의 병이 심각하게 재발했을 것이라고 당연히 의심했다. 그러나 그의 수척한 외모가 암과 치료법 때문만이 아니라 잡스 자신이 음식을 통해 통제하는 데 의존하기 때문이라는 것을 알아채거나 그렇게 의심한 사람은 거의 없었다.

만일 잡스가 2003년 10월에 즉시 수술을 받았더라면 그는 암에서 해방되어 오래 살 수 있었을까? 아무도 확실히 알 수는 없을 것이다. 우리가 아는 것은 그가 가족과 친구, 의료진의 모든 조언에도 불구하고 자기 삶의 핵심적인 집착에 빠져서 성공적인 회복의 기회를 상당히 감소시켰다는 사실이다. 또 우리가 아는 것은 그가 성경에서 말하는 70세의 수명보다 훨씬 일찍 떠나면서 하나님의 형상을 감당하는 그의 능력이 중단되었고 그 결과 그의 자녀들은 아버지를 잃었고 더 넓은 세계는 그의 창조적 파워를 상실했다는 것이다.

모든 우상의 약속

모든 우상은 단순하면서도 화려한 두 가지 약속을 한다.

"너희가 결코 죽지 아니하리라."

"너희가 하나님과 같이 되리라."

이 두 가지 약속은, 교활한 적대자가 적당한 순간에 속삭인다면 인간의 마음에 교묘히 파고들어 어떤 피조물에든 묶어 버릴 수 있다. 이 약속들은 창세기 3장에서 에덴동산의 뱀이 여자와 남자에게 먹지 말라고 금지된 유일한 과실을 베어 물도록 유혹할 때 사용했던 말이다. 창세기의 맥락에서 "너희가 결코 죽지 아니하리라"라는 유혹은 인간이라는 피조물의 죽을 수밖에 없는 필멸의 운명만을 겨냥한 것이 아니다. 창세기의 이야기에서, 그리고 성경 전체에 걸쳐서 '불멸하는' 피조물이나 영원히 존재하는 영혼 등의 개념은 등장하지 않는다는 것을 기억하는 것이 항상 중요하다. 피조물이라는 것은 죽을 수밖에 없다는 것이고 남자와 여자도 하나님의 형상을 지닌 존재이기는 하지만 다른 피조물들처럼 흙으로 만들어졌다.

그러나 에덴동산 이야기에서 이 지점까지는, 물질로 만들어졌기 때문에 죽을 수밖에 없는 운명이 생명의 나무라는 선물 덕에 저지되고 있었다. 이 선물에는 경고가 함께 주어졌는데, 만일 하나님의 형상을 지닌 사람들이 그들의 창조주를 거역하고 금지된 나무(선악을 알게 하는 나무)의 열매를 먹으면 생명의 선물은 철회될 것이라는 내용이다. 뱀은 이 경고가 거짓이라는 암시를 던졌다. 하나님의 형상을 지닌 사람들은 그들이 믿게 된 것처럼 하나님께 의존하는 존재가 아니라는 것이다. "너희가 결코 죽지 아니하리라"라는 말은 삶을 유지하기 위해 하나님과의 관계가 필요하지 않은 삶, **하나님을 떠난 삶**에 대한 약속이다.

모든 우상은 하나님을 떠난 삶이 우리가 팔만 뻗으면 손에 쥘 수 있는 가까운 곳에 있고 우리가 그 삶을 통제할 수 있다고 넌지시 알린다. 이것은 파워에 대한 첫 번째 거짓말이며, 참으로 아이러니하게도 우리가 이런 환상에 빠져들 수 있는 이유는 하나님이 지속적인 선물로 파워를, 즉 매 순간 하나님의 창조적인 성령에 의해 유지되는 생명과 호흡을 주시기 때문이다. 그리고 하나님이 지속적으로 그분 자신의 능력을 절제해서 그분이 지으신 피조물들이 우글거리며 번영할 여지를 만들어 주시기 때문이다.

우상숭배는 사실상 파워와 파워 없음의 흥미로운 혼합의 결과다. 한편으로 우상숭배는 하나님의 형상을 지닌 존재들이 가진 독특한 능력 때문에 가능하다. 다른 피조물들은 이 유혹에 굴복하지도 않을 것이고 그렇게 대담하면서도 부적절한 상상을 이행할 수도 없을 것이다. 다른 한편, 우상숭배는 하나님의 형상을 지닌 존재들이 느끼는 보기 드문 취약성, 즉 무력함 또는 무력감에서 생겨난다. 창조 기사에서 다른 피조물들은 우글거리고 번영하도록 내버려 두시지만 하나님의 형상대로 지음 받은 남자와 여자는 에덴동산이라는, 그들의 번영을 위해 준비된 특별한 자원들이 갖춰진 안전한 환경에 두셨다.

에덴동산이 없으면, 생명 나무에 자유롭게 접근할 수 없으면, 남자와 여자는 그들의 피조물 됨에 쉽게 굴복당한다. 신적 형상을 지니고 반영하며 이 창조세계에 투영하는 독특한 능력을 하나님께 부여받은 이 피조물은 여러 면에서 모든 피조물 중에 가장 연약하다. 다른 어떤 피조물도 인간처럼 생존에 부적합한 조건으로 세상에 태어나지 않는다. 다른 모든 피조물은 저마다 적응해야 하는 생태적 지위가 있고 그에 매우 정교하게 적응하는 경우가 많다. 그러나 인간의 자연적 적응력은 가장 보잘것없다고 말할 수 있다. 가장 빠른 포식자에 비해 한없이 느리고 수많은 다른 동물들보다 시력과 청력이 더 둔하고 뭐 하나 제대로 소화시키지 못하는 소화계를 가지고 있다(인간의 소화기관에는 다른 동물들은 물론 인간과 진화적으로 가까운 종들도 타고나는 다양하고 유용한 효소들이 없다). 호모사피엔스는 한 가지를 제외하면 자연선택의 대재앙이라고 생각될 수 있다. 그 한 가지는 우리가 생물학적으로가 아니라 **문화적**으로 적응할 수 있다는 것이다. 우리는 협력과 창의성을 통해 우리가 존재하는 거의 모든 환경에 적응할 수 있다. 하나님은 이렇게 문화적으로는 민첩하지만 생물학적으로는 연약한 독특한 피조물에 당신의 영을 불어넣으셨다. 그리고 인간은 이 연약함과 의존성 때문에, 바로 그 영의 선물인 그들의 창조적 능력을 "너희가 결코 죽지 아니"하리라는 불가능한 약속에 기대어 하나님의 형상을 대체하는 다른 형상들을 만드는 일에 쏟았다.

한낮, 에덴동산의 풍요로움이 인간을 보호하듯 둘러 있고 동산지기는 보이지 않을 때, 뱀은 인간의 번영에 연약함과 의존성은 필요 없다고 슬그머니 속삭일 수 있었다. 게다가 "너희가 하나님과 같이 되리라"라는 말은 여자와 남자가 피조물로서 그들이 지닌 연약함에서 구원받을 뿐 아니라 피조물 됨을 뛰어넘을 수 있다는 뜻이었다. 첫 번째 약속이 연약한 피조물의 불안을 노린 것이라면, 두 번째 약속은 하나님의 형상을 지닌 사람들의 열망을 노린 것이었다. 하나님의 형상을 지닌 존재들 외에 '하나님같이 되려는' 야망을 지닌 피조물은 이 세상에 없다. 다음에 동물원에 가게 되면 코끼리나 치타, 악어에게 다가가서 "너희도 하나님과 같이 될 수 있다"고 속삭여 보라. 그들은 당신을 무관심하게(또는 어쩌면 약간 입맛을 다시며) 대할 것이고, 당신은 웃음을 터뜨리고 말 것이다. 세상의 피조물들은 그들이 지닌 위엄과 파워에도 불구하고 현재의 자기 모습 그대로 잘 먹고 잘 사는 것 외에 다른 것을 더 바란다는 어떤 기색도 내비치지 않는다. (부분적 예외도 있다는 것을 인정해야겠다. 바로 고양이들이다. 그러나 고양이는 이미 자신을 하나님과 동등하게 여긴다는 것을 한껏 티 내고 다니기 때문에, 야망 같은 옹졸한 인간적 특성과는 고상하고 품위 있게 거리를 둔다.)

그러나 인간의 귀에 "너희가 하나님과 같이 되리라"라고 속삭이면, 왜인지는 몰라도 이것이 바로 우리가 지음 받은 이유라는 자각이 누구나 내면에서 불가피하게 솟구친다. 이렇게 미약하고 연약한 피조물로서는 터무니없게도 우리는 삶이 지속되리라는 약속과 하나님같이 되리라는 약속에 모두 공명한다. 터무니없지만, 그러나 또한 어울린다. 연약한 존재가 지배력을 행사할 것이고 썩을 것이 썩지 않을 것을 입을 것이다. 가장 엄격한 의미에서 우상은 우리에게 안 맞는 것을 약속하지는 않는다.

그러나 우상의 약속은 조화로운 공명에 불협화음의 단계를 끌어들인다. 우리가 **하나님을 떠나** 생명을 누리고 하나님과 같이 될 것이라고 말하기 때문이다. 모든 우상은 창조주와 분리되고 달라지기를 요구한다. 에덴동산은 창조주가 주신 우글거리고 번영하는 환경의 본보기로서, 그 속에서 당신의 형상을 지닌 사람들이 다른 피조물들과 창조주와 함께 더불어 충만하게 살 수 있는 곳이었다. 그러나 뱀은 니체의 제로섬 경쟁을 끌어들인다. 우상들은 공존하는 법을 모른다. 우글거림이나 번영에 대해서도 아는 것이 없다. 그 대신 그들이 아는 것은 정복과 교체다. 하나님을 떠나 생명을 취하고 하나님을 떠나 하나님과 같이 되고자 하는 남자와 여자는 하나님을 멀리하고 하나님을 다른 것으로 바꾸어야 한다. 뱀의 세상에서 생명을 누리고 하나님같이 되기 위해서는 하나님과 함께, 하나님을 향해 살아서는 안 된다. 오직 하나님 없이, 하나님에 대적해 살아야 한다.

우상숭배의 종말

결국 우상들은 완전히 실패한다. 우상들은 처음에 약속한 하나님같이 되는 것과 불멸성을 이루어 주는 데 실패할 뿐 아니라 그 숭배자들에게서 최소한의 인간적 존엄과 주체적 역량까지도 강탈한다. 우상에 대한 성경 예언자들의 비난 중에 가장 큰 저주는 이것이다. "그것들을 만드는 자들은 다 그것들과 같이 되리라." 하나님의 대체물을 만들 수 있게 한 바로 그 인간 창조성이 우상숭배에 의해 훼손되고 결국은 완전히 사라진다. 우상을 만드는 사람은 원래 하나님 형상을 지닌 존재였으나, 조각상처럼 생기 없고 침묵하는 존재가 되어 더 이상 움직이지도, 느끼지도, 돌보거나 사랑하지도 못하게 된다. 우상은 처음에 파워에 대한 인간의 모든 희망을 받아 안았으나, 결국 인간에게서 모든 파워를 강탈한다.

그리고 마침내 우상숭배는 창조의 절정인 하나님 형상을 지닌 존재들로부터 그들의 존엄을 강탈할 뿐 아니라 창조세계 전체로부터 그것이 지닌 선함을 강탈한다. 술은 창조세계의 매우 선한 일부이고 자연적 과정과 문화적 과정의 황홀한 혼합물로서 한없는 복합성과 아름다움을 만들어낸다. 그러나 술을 우상으로 숭배하는 사람에게 이 모든 선함은 사라진다. 술은 오직 그 약물적 성분 때문에 소중히 여겨진다. 이런 의미에서 '알코올 중독'은 완벽한 표현이다. 왜냐하면 알코올 중독자에게 술은 없고 오직 알코올만 존재하기 때문이다. 알코올은 하나님같이 되는 것의 대용품에 이르는 수단으로서, 효과를 내기 위해 점점 더 높은 용량을 요구한다. 포도주를 사랑하는 사람은 고급 포도주 한 잔을 몇 시간이고 홀짝이며 그 향과 맛이 펼쳐지는 방식과 그것이 모든 감각에 주는 기쁨을 소중히 여긴다. 그러나 알코올중독자에게는 그것이 단지 약물일 뿐이다. 모든 선한 것은 신이 될 수 있기 때문에 알코올 중독자가 되지 않는 사람도 포도주의 아름다움을 우상으로 만들 수 있다. 그래서 끝없이 더 비싸고 더 특별한 포도주를 맛보는 경험 속에서 초월성을 추구한다. 이 우상도 많은 재물을 탕진시키고 창조성을 고갈시키며 궁극적으로 그 숭배자가 진정하고 바르게 질서 잡힌 사랑을 잃게 만든다. 그러한 모든 신은 궁극적으로 원래의 의도보다 보잘것없는 것이 되며 하나님의 형상을 지닌 자들을 실망감의 시궁창으로 끌어내린다.

파워는 곧 하나님의 형상을 지니는 것이다. 세상을 지으신 분의 창조적 파워를 반영하고 이 선한 창조세계에 투영하는 것이다. 그리고 하나님의 형상을 지니는 것은 번영을 위해서다. 그러나 우상숭배는 세계를 잘못된 형상으로 채우고 그 잘못된 형상들이 확산되면 하나님의 형상을 지닌 존재들은 진정한 형상을 지니는 능력을 잃는다. 하나님의 형상을 지닌 존재들이 이 능력을 더 많이 잃을수록 창조세계는 점점 더 손상되어, 끝내 쓰라린 최후를 가져오는 실용적 도구로 전락해 버린다. 우상숭배는 파워의 진정한 실패다.

4장 •

불의

 이 책의 첫 장에서 나는 월드비전의 인도 지부장 자야쿠마르 크리스티안과 함께 기차를 타고 고질적인 아동 노예노동이 여러 세대 동안 만연했던 인도 남부의 한 지역으로 짧은 여행을 다녀왔다는 이야기를 했다. 아동 노예노동을 좀더 기술적이고 좀 덜 추악한 용어로 '담보 노동'(bonded labor)이라고도 한다. 그 여행에서 자야쿠마르가 들려준 이야기는 내가 파워와 가난을 바라보던 방식을 바꾸어 놓았고 더 나아가 내가 성경을 읽고 파워에 대해 생각하는 방식을 완전히 변화시켜 주었다.

 자야쿠마르는 나에게 이렇게 말했다. "가난한 사람들이 가난한 이유는, 다른 누군가가 그들의 삶에서 신 행세를 하려고 하기 때문입니다."

 자야쿠마르가 보기에 가난의 뿌리는 돈이 없거나 잘못 분배되었기 때문이 아니었다. 세상을 만드는 능력인 파워가 없거나 잘못 분배되었기 때문도 아니다. 물론 자야쿠마르는 누구보다도 먼저 이 두 가지가 실제적이고 긴박한 문제라고 말할 사람이지만 그는 이 문제들이 더 깊고 근본적인 무언가가 있다는 것을 보여 주는 증상이라고 보았다. 가난과 끈질긴 불의는 어떤 개인이나 집단이 다른 개인이나 집단의 삶에서 신 행세를 하고 있음을 나타내는 표지였다.

신 행세라는 말은 듣는 사람을 불편하게 만드는 표현이지만 자야쿠마르는 불편하기를 바라서 이 표현을 사용했다. 내가 담보 노동이라는 기이한 제도(peculiar institution)✦에 대해 알게 될수록 이 말이 참으로 적합한 묘사로 보였다. 돈을 빌려주는 대금업자는 너무 가난해서 빚을 갚지 못하는 가정들의 삶에서 신 행세를 했다. 그는 일종의 지역 신처럼 다른 데서는 얻을 수 없는 혜택을 주는데, 그 혜택이란 자기 수중에 있는 돈 중에 얼마 되지 않는 적은 금액을 주는 것이다. 이 혜택에는 물론 대가가 따르며, 그 대가는 단지 금전적인 것뿐 아니라 이 잘난 사람의 지위에 공손히 굴종하는 것까지 포함한다. 그렇지만 혜택은 급박하고 계약 조건은 무난해 보인다. 정말로 필요했던 현금을, 가난한 가정으로서는 상상할 수 없을 정도로 많이 쌓인 돈더미를 가진 사람에게서 미리 빌리면서 일정량의 이자를 내기로 하는데, 우리가 듣기에 지나치게 높은 이자는 급박한 필요에 비하면 사소해 보인다.

시간이 지나면서 대금업자가 제공한 혜택은 순식간에 증발해 버리고 요구사항은 점점 더 커져 간다. 빌린 돈은 생필품을 사느라 금방 소진되거나 일부 사람들의 경우는 쓸데없는 데 허비된다. 어떤 경우든지 빌린 돈은 완전히 사라져 버린다. 그리고 곧 대금업자의 하수인들이 문을 두드리고 이자와 함께 빚을 갚을 것을 요구한다. 처음에 무난해 보였던 이자는 제때를 넘길 때마다 원금에 부가된다. 얼마 지나지 않아 기하급수적으

✦ 이 표현에 관해서는 성경 연구 | 빌레몬서(p. 315)를 참고하라.

로 늘어나는 빚을 결코 갚을 수 없다는 것이 이 가족에게도 분명해진다. 그때 이 가족에게 제시되는 요구가 바로 대금업자가 승승장구하는 진짜 비결이다. 대금업자의 하수인들은 이미 방구석에서 놀고 있는 어린아이를 눈여겨보고 있었던 것이다.

    이 빚은 누군가 매일 일해야만 갚을 수 있다. 저 여자아이는 충분히 일할 만큼 튼튼하지만 가사에 기여하는 바가 무엇인가? 이제 저 아이가 밥값을 할 때다. 아이는 대금업자의 뒤뜰로 보내져서 그를 위해 실로 많은 돈을 벌어 주지만 계속해서 늘어나는 이자를 감당하기에는 결코 충분치 않다. 그러는 동안 모두가 짐작하듯이 이 아이는 그저 대금업자의 피고용인만이 아니라 그의 노예가 되어 아무 의지할 곳 없이 그에게 이용당하고 학대당하며, 학교를 그만두게 되고, 계속 폭력의 위협에 노출된 채 상상할 수 없는 방법으로 착취당하며, 항상 작업 현장의 먼지와 때로 범벅이 되어 있다.

    이 우울한 전개 가운데 두 형상이 달라진다. 이 사건이 아니라면 다소 성공한 소규모 사업자였을 대금업자의 형상은 점점 부풀려지고 강화된다. 그는 파워가 있고 통제권을 쥐고 있으며 고유한 자원을 소유하고 있다. 그뿐 아니라 자신이 시혜자로 인정받기를 요구한다. 그의 지위는 그에게 붙어사는 부하들과 공범들에 의해 주의 깊게 보호되어 마침내 그는 명백하게 법 위의 존재가 된다. 정부보다 훨씬 더 존경스러운 형상을 지닌 사람을 지방 관리들이 따르는 것은 당연하다. 그가 쥐고 흔드는 이 작은 세계에서 대금업자는 선하지 않다. 그는 위대한 존재이고 대단히 두려워해야 할 대상이다. 그는 성공적으로 신 행세를 하고 있다.

    그러나 달라진 것은 대금업자의 형상만이 아니다. 일련의 거래에 의해 그의 형상이 부풀려지고 거대해지는 반면에 다른 형상들은 알아볼 수 없을 정도로 손상된다. 신 행세를 하는 사람에게 착취당하는 부모들은 그 일이 없었더라면 가난하기는 해도 마을에서 존중받는 주민이었겠지만 이제는 자신들의 형상이 격하되고 훼손되기 시작하는 것을 본다. 그들은 자신의 주체적 역량과 파워에 대한 감각을 상실하고, 그들이 대출을 요청한 원래의 빚을 훨씬 초과하는 곤궁의 소용돌이에 끌려들어 가고 있다는 것을 알게 된다. 이제 그들은 가난할 뿐 아니라 절망적이다. 그들은 자신의 처지를 어찌해 볼 어떤 실제적 능력이 그들에게 있다고 믿기를 중단하여, 속수무책이 된다. 그리고 모든 사회 작용에서 자신이 주변으로 밀려난 조롱거리라는 것을 점점 더 상기하게 된다. 더 이상 이웃들의 눈을 쳐다보지 못한다. 수치심을 나타내는 모든 가시적 표지들을 짊어지고 다닌다. 그들의 아이에게는 모든 것이 더 심하다. 그 아이는 자신에게 이름과 정체성을 주었던 가정에서 분리되어 다른 사람의 돈을 벌어 주는 기계의 톱니바퀴가 되고 그 변덕스러운 사람의 희생양이 된다. 이 마을 사람 중 과연 누가, 이 아이와 그 부모가 창조주에게 큰 기쁨의 이유이며 하나님의 풍성하심을 이 세상에 드러낼 무한한 가치를 지닌 사람들이라고 생각할 수 있겠는가? 그들 안에 있는 하나님의 형상은 완전히 지워지지는 않았더라도 알아볼 수 없을 지경이 되었다.

 이 마을에서 신 행세를 하는 것의 역학은 하나의 미시경제 거래를 훨씬 넘어서는 것이다. 여기에는 신 행세의 역사 전체가 그대로 담겨 있다. 신 행세를 하는 특권을 장악했거나 부여받은 특정 가족, 가문, 민족 집단들의 역사다. 한쪽에 대해서는 장황한 찬사들만 늘어놓고 다른 쪽에 대해서는 굴욕적인 이야기들뿐이다. 그리고 그것을 종종 정당화하는 깊이 뿌리박힌 신념들이 있다. 이 신념들은 한쪽은 신과 같은 능력을 가졌고 다른 쪽은 너무나 절박하고 비참해서 사람 같지도 않아 보인다는 경험적 현실에 의해 정당화되는 듯하다.

이것은 남아시아 몇몇 마을의 경우만은 아니다. 우리가 바라보는 모든 곳에서, 누군가는 너무나 성공적으로 신 행세를 하고 있고 누군가는 불의의 발꿈치에 짓밟혀 자신에게나 다른 사람들에게나 하나님 형상을 지닌 존재로 여겨지기는커녕 사람대접조차 받기 힘들어진 모습을 발견한다. 이 이야기는 조금씩 차이는 있겠지만 인간의 모든 깨어진 공동체에 관한 이야기다. 또는 우리가 알아 온 모든 인간 공동체의 이야기다.

불의 = 우상숭배

너무도 현실적인 이 불의의 광경 속에서 어떤 일이 벌어지고 있는지 당신은 이미 깨달았을 것이다. 이것은 우상숭배와 진배없다. 대금업자는 점점 더 많은 것을 요구하면서 점점 혜택을 덜 베풀다가 결국은 아무것도 주지 않으면서 모든 것을 요구한다는 점에서 일종의 거짓 신이다. 거짓 신 행세를 하는 사람이 요구하는 존경은 종종 숭배에 가까워지지만 그 희생자들이 문자 그대로 그를 숭배하는 것은 아닐 것이다. 그러나 희생자들은 궁극적으로 그에게 사로잡혀 있다. 신을 만드는 것(god making)과 신 행세를 하는 것(god playing)은 같은 것이다.

성경에 하나님의 사랑, 신실하심, 인내, 자비하심 등 하나님에 대한 많은 선포가 있지만 그중에서도 하나님이 미워하신다고 반복적으로 말씀하시는 두 가지, 하나님의 진노와 하나님의 이름으로 발언하는 선지자들의 분노를 초래하는 두 가지가 있다. 바로 우상숭배와 불의다. 히브리 선지자들이 이 두 가지 주제 중 하나에서 다른 하나로 동전 뒤집듯 바로 옮겨 가는 것이 우리의 현대적인 감각으로는 이상해 보이기도 한다. 불의는 정치적 문제, 우상숭배는 종교적 문제가 아닌가? 고대 이스라엘인들은 정치와 종교를 세속 서구 사회들이 하듯이 명확히 구분하지 않았다고 말하는 것은 맞는 말이긴 하지만 적합하지는 않다. 표면적으로는 정확한 서술이지만, 이스라엘의 선지자들과 제사장들이 **왜** 그 둘을 서로 깊이 관련지었는지를 설명해 주지는 못한다. 우상숭배와 불의는 어떤 이유에서 선지자들이 강렬한 확신을 가지고 거듭 돌아오는 두 가지 주제가 되었을까?

달리 말하자면, 하나님은 내가 감초와 방울양배추를 싫어하는 것과 같은 방식으로 불의와 우상숭배를 싫어하시는가? 내가 이 두 가지 음식을 싫어하는 것은 각각 다른 이유에서다. 하나님은 그저 사람들이 서로를 괴롭히는 것을 싫어하시고 또 사람들이 거짓 신들을 만들어 내는 것을 싫어하시는 것인가?

아니다. 하나님이 불의와 우상숭배를 싫어하시는 것은 **그 둘이 같은 것이기 때문이다**. 즉 하나님이 지으신 매우 선한 세상에 거짓 형상이 들어와서, 이 세상에 하나님의 성품을 선포하고 하나님을 찬양하라고 하나님이 직접 세상 속에 두신 진정한 형상들을 파괴하는 것이다. 거짓 신을 만드는 것(우상숭배)이든 거짓 신 행세를 하는 것(불의)이든 결과는 마찬가지다. 하나님의 진정한 형상이 상실된다. 상실될 뿐 아니라, 실재에 대한 궁극적 진실을 대변한다고 (종종 매우 설득력 있게) 주장하는 다른 무언가로 대체되어 버린다. 하나님에 대한 진실과 하나님이 지으신 매우 선한 세계에 대한 진실이 거짓말로 뒤바뀐다. 신 만들기를 통해서든 신 행세하기를 통해서든 이 일은 똑같은 방식으로 일어난다. 이것이 참되신 하나님이 신을 만드는 것과 신 행세를 하는 것을 똑같은 방식으로 싫어하시는 이유다. 하나님이 미워하시는 것은 하나님 형상을 지닌 존재들로 가득차야 할 이 세상에서 하나님 형상이 제거되는 것이다.

제6일에 창조주 하나님이 만드신 창조의 면류관이라 할 수 있는 피조물을 '그분의 형상을 따라'(창 1:26) 지으셨다고 할 때 사용된 히브리어 단어가 우리가 다른 곳에서 "우상"('첼렘', *tselem*)이라고 번역하는 단어라는 사실은 매우 놀랍다. 우리 귀에는 굉장히 이상하게 들리지만 하나님의 뜻은 줄곧 이 세상이 우상들로, 즉 형상들로 가득 차는 것이었다. 더 정확하게 말하자면 이 세상은 그것을 만드신 분을 나타내는 존재들로 가득 차야 했다. 그리고 창조주를 나타내기에 적합한 존재는 생명 없는 형상들이 아니라 오직 **하나님의 형상을 지닌 사람들**뿐이다. 오직 사람만이 관계적이고 인격적이신 창조주의 형상을 적절하게 반영할 수 있기 때문이다. 우상 숭배의 특징적 실패 한 가지는 인격체만이 지닐 수 있는 자질들을 조각상이나 토템, 약물이나 스마트 기기 같은 비인격적인 것에 부여한다는 것으로, 이 때문에 선지자들은 우상들이 스스로 말하거나 움직일 능력이 없다고 조롱하는 것이다. 새겨서 만든 형상은 진정한 형상을 온전히 나타내지 못한다. 오직 하나님의 형상을 **지니는** 자들만이 할 수 있다.

그러나 불의로 인한 형상의 상실도 그와 마찬가지로 치명적이다. 한편으로 신 행세를 하는 사람들이 지닌 형상은 더 이상 참되신 창조주 하나님을 닮지 않고 거짓 증언을 지니기 시작한다. 이 거짓 형상은 이 세상에서 진정한 파워를 나타낸다는 자신의 주장을 정당화하기 위해 폭력과 지배의 행위를 동반하기 때문에 훨씬 더 치명적이다. 그러나 이 비대해진 거짓 형상보다 더 심각한 것은 자신이 어떤 형상을 지니고 있다고 믿기를 중단한 가난한 사람들에게서 하나님의 형상을 지니는 능력 자체를 지워 버리거나 아예 제거해 버리는 데 있다. 적어도 신 행세를 하는 사람은 비록 왜곡되기는 했어도 주체적 역량과 활동 능력을 행사하는 데 비해 동등한 가치의 하나님 형상을 지닌 가난한 사람들은 자신에게 아무런 능력이 없다고 믿게 된다. 그들이 하나님의 형상을 지닌 존재로서 맡은 이 세상에 대한 고유한 기여, 저마다 대체될 수 없는 방식으로 진정한 형상을 반영하는 각 개인의 존엄성은 거들먹거리는 거짓 형상들에 잠식되어 세상에서 사라진다.

궁극적으로 하나님이 싫어하시는 것은 하나님의 형상을 지닌 사람들만 담을 수 있는 진정한 형상이 상실되는 것이다. 하나님은, 우상숭배가 하나님의 형상을 지니는 인간의 능력을 손상시켜서 결국 "그것을 만드는 자가 다 그것과 같으리로다"가 되는 것, 하나님의 선물이자 창조의 계획으로서 인간의 것이었던 인격적 파워의 자질들을 잃어버리고 마는 것을 싫어하신다. 하나님은, 각자 하나님의 형상을 지닌 존재로서 무한한 가치를 가진 가난한 사람들이 그 가치를 박탈당하고 상품화되어서 신 행세를 하는 자들이 자신을 부풀리기 위해 만들어 놓은 체계에 볼모 잡혀 살아가는 것을 싫어하신다. 그리고 하나님은 망가진 형상들의 세계만 남는 것을 싫어하신다. 그 세계에서는 점점 더 많이 요구하고 점점 더 적게 내놓아서 결국에는 완전한 파워를 얻고 행사하는 절대적 승자가 모든 것을 독식하고 아무것도 내놓지 않아도 되는 것이 곧 지배이며 최후의 진리라고 믿기가 쉽다. 이것이 우상숭배이고 이것이 불의이며, 하나님이 이것들을 싫어하시는 이유는 이 둘이 같은 것이기 때문이다.

자비로운 신들

자야쿠마르의 말에 암시된 더 깊은 통찰이 있다. 불의에 대해 생각할 때 우리는 대금업자같이 가난한 사람들의 삶에서 악의를 가지고 탐욕스럽게 존재하며 신 행세를 하는 사람을 떠올린다. 그러나 신 행세를 하는 다른 방법이 있는데 이것은 악의적이지 않고 호의적으로 가난한 사람들을 돕는다는 명분으로 이루어진다.

구디야탐에서 집으로 돌아오는 기차 안에서 자야쿠마르와 나는 우리가 본 것들에 대해 이야기를 나누었다. "내가 가장 두려워하는 것은 하나님 행세를 하려는 인간적 관습을 깨뜨리는 과정에서 나 자신이 하나님 행세를 할 수 있다는 것입니다." 그는 이렇게 말했다. "가난한 사람들도 변화되어야 하지만 월드비전도 진정한 변화가 절실히 필요합니다. 파워에 대한 우리의 이해, 하나님 행세를 하려는 우리의 경향, 굉장한 '구원자'가 되고자 하는 우리의 성향에서 말이죠. 우리는 이 엄연한 사실들을 지속적으로 직면할 필요가 있습니다."

이것은 내가 생각지 못했던, 미묘하고 위험한 종류의 신 행세다. 나쁜 의도가 아니라 선한 의도를 가진 신 행세 말이다. 명백한 학대와 폭력으로 이루어지는 신 행세가 아니라 공급과 보호라는 방식으로 이루어지는 신 행세다. 자야쿠마르의 말을 곰곰이 생각할수록 나는 자비로운 신 행세가 악의적인 신 행세보다 오히려 더 파괴적일 수 있다는 확신을 점점 더 갖게 되었다.

자비로운 신 행세는 가난한 사람들의 필요를 사용해서 우리 자신의 동기가 선한 것에서 위대한 것으로 옮겨 가려고 할 때, 우리가 가진 기술의 우수한 파워와 기꺼이 돕고자 하는 우리의 도덕적 탁월성에 도취될 때 일어난다. 자비로운 신 행세는 우리를 섬기는 사람이 아니라 이야기의 주인공으로 만들어 버린다. 이런 현상은 기술적·재정적 자원들이 그렇듯 압도적으로 투입되면서도 진정한 신뢰 형성이나 관계는 거의 이루어지지 않아서 우리가 우리 관대함의 수혜자들과 안전한 거리를 유지할 때 일어난다.

우리 시대의 매우 자비로운 신 행세 사업 중 하나인 물질적 빈곤 인구와 정치적 약자들을 대상으로 한 구호 개발 사역에서 어떻게 이런 상황이 전개될 수 있는지 생각해 보라. 이런 종류의 선의는 거의 지당한 것으로 여겨진다. 우리 시대는 유명인사를 통한 기금 조성과 진정성 있는 독지가들과 미디어를 통한 자선에 익숙하기 때문이다. 그러나 자야쿠마르가 마음에 새겼을 "엄연한 사실들" 가운데에는 국제 구호 사역이 편재, 전지, 전능이라는 신성의 고전적 특징들을 취하는 방식도 포함된다.

편재(遍在, omnipresence): 항공 여행과 사륜구동 SUV 같은 자동차들은 우리를 냉난방이 되는 편안한 좌석에 앉은 채로 한 장소에서 다른 장소로 엄청난 속도로 이동시켜 준다. 이 경험은 한 세기 전까지 어떤 인간에게도 불가능했지만 오늘날 우리가 섬기고 있다고 생각하는 사람들 대부분에게도 여전히 먼 이야기다. 우리는 화석 연료와 엔진을 이용해서 마치 날개 달린 전차를 타고 하늘의 이 끝에서 저 끝까지 날아가는 태양신처럼 이동하지만 그들은 한 장소에서 다른 장소로 이동하기 위해 여전히 그들의 두 발에 의존해야 한다. 또한 놀랍게도 우리는 원격 통신 수단들과 인터넷을 사용해서 우리의 형상과 목소리를 우리가 물리적으로 존재하지 않는 곳에도 나타나게 투사할 수 있다.

이 모든 것은 **전지**(全知, omniscience)를 모방하는 상황을 만들어 낸다. 나는 다른 사람들에 대해 대단히 많은 것을 알 수 있으면서도 그들이 나에 대해서는 거의 알지 못하게 할 수 있다. 나는 내 집에 들어앉아 비극적인 재앙으로 엄청난 곤궁 가운데 있는 사람들을 관찰할 수 있지만 그들은 서구 기자들이 들고 있는 카메라의 렌즈 외에는 아무것도 볼 수 없다. 나는 2010년 1월 아이티에서 대지진이 일어난 직후에 상영된 짧은 영상을 잊을 수 없다. 지진 발생 후 몇 시간 동안은 그 영상이 아이티 현장에 대한 거의 유일한 영상이었기 때문에, 생생한 이미지가 필요한 텔레비전의 특성상 그 영상이 무한히 반복 송출되었고 미국의 스튜디오에서는 앵커들이 현재 상황에 대해 이미 알려진 얼마 되지 않는 지식을 반복해서 전했다. 그 영상은 속옷 차림의 젊은 어머니가 우는 아이를 꼭 붙들고 폐허가 된 거리를 방황하는 모습을 보여 주었다.

이 장면은 그날 벌어진 수많은 비극 중 하나였다. 호기심 많은 카메라가 비탄과 당혹과 혼란에 빠져 있는 이 여성을 포착했을 뿐이다. 그녀는 내가 아무 생각 없이 옷도 거의 걸치지 않고 늘어져 있는 모습을 결코 볼 수 없었다. 그랬다. 그녀는 결코 **나를** 볼 수 없었다. 그러나 나와 수백만의 다른 사람들은 그녀와 그녀의 아이의 삶에 벌어진 가장 참담한 순간에 신적인 능력으로 접근해서, 인간이라면 누구라도 남에게 보이고 싶지 않을 상태에 있는 그녀를 볼 수 있었다.

편재와 전지함만으로는 부족하다는 듯, 내가 속한 사회의 기업들과 정부가 지닌 기술적 자원들은 우리에게 **전능**(全能, omnipotence)의 감각을 줄 수 있다. 물질적으로 가난한 사람들과 비교하면 우리는 초자연적 수준에 이르는 능력과 효율성을 가지고 문제를 해결할 수 있는 것처럼 보인다. 우리의 기계들은 어떤 피조물보다도 많은 일을 할 수 있고 우리의 기술들은 대규모 활동을 조직화할 수 있다. 우리는 이 곤궁한 세상에서 유일하게 결여된 것은 우리 자신의 의지뿐이라고 믿기 시작한다. 그래서 우리가 결정하기만 하면 빈곤을 종식시키고 물을 공급하고 노예제를 폐지하고 병을 고칠 수 있다고 믿는다. 세상을 바꾸는 우리의 능력을 당연하게 여기는 이 전능한 세상에서 자선은 마케팅의 문제가 된다. 그저 파워 있는 사람들을 설득하여 그들의 신적인 파워를 선한 일을 위해 사용하게 만들면 되는 것이다.

이 모든 신 행세는 가장 선한 의도를 가지고, 도움이 되기를 바라는 마음으로 일어나며, 실제 '결과들'을 만들어 낸다. 우물을 파고 건물을 짓고 어린이들에게 예방접종을 하고 가해자들을 체포한다. 그리고 물질적으로 가난한 사람들은 자비로운 신 행세를 하는 사람들이 제공한 든든한 원조에 감사하고 악의적인 신 행세를 하는 사람들의 손아귀에서 벗어난 것을 기뻐할 것이다. 그러나 이런 신 행세는 아무리 최선의 경우라 해도 가난의 가장 기초적인 현실을 변화시키기는커녕 별다른 차이를 만들어 내지 못한다. 그 현실이란 가난한 이들의 삶에서 거부할 수 없이 강력한 힘을 발휘하는 신 대체물의 존재다. 그 신 대체물이 악의적이든 호의적이든 그것은 생각보다 큰 차이를 만들어 내지 못한다. 그 존재는 가난한 사람들이 스스로 자신이 하나님의 형상을 지닐 수 있는 가능성, 그들 스스로 변화의 주체가 될 수 있는 가능성에 자리를 내주지 않는다. 그러한 신 행세는 호의를 베푸는 그 사람 자신의 마음에도 영향을 미치지 못한다. 우리는 여전히 우리 자신의 능력을 과장하고 우리 자신의 어리석음은 축소하는 경향이 있으며 우리 자신의 취약함이 노출되는 것을 감추고 보호하기 위해 우리의 파워를 사용한다. 자비로운 신 행세는 불의의 가장 분명한 증상들을 치료할 수는 있겠지만 그 밑에 놓인 질병 자체에는 손을 대지 못한다.

단기 신들

자비로운 신 행세의 가장 좋은 사례는 단기 선교 현상이라고 할 수 있다. 부유한 나라의 자원봉사자들이 동정심에서 세계의 궁핍한 지역으로 한 주나 두 주짜리 모험 여행을 가는 것 말이다. 미국만 해도 매년 2백만 명의 단기 '선교사'들을 해외에 보낸다(이는 국내에서 유사한 여행을 하는 더 많은 수의 사람들은 포함하지 않은 수치다). 거의 대부분의 개발도상국, 특히 상대적으로 온화한 기후와 서구의 관문 공항까지 편리한 항공편이 있는 나라를 방문하면 종종 단체 티를 맞춰 입고 이런 여행을 하고 있거나 돌아오는 단체들을 쉽게 볼 수 있다.

단기 선교는 가장 나쁜 종류의 신 행세를 할 기회로 가득 차 있다. 가끔은 명백하게 기독교적인데, 라틴아메리카의 신학자인 루스 빠디야 드 보르스트(Ruth Padilla DeBorst)는 온두라스인 친구와 함께 테구치갈파 공항에 도착하는 승객을 마중 나갔다가 본 일에 대해 내게 이야기해 주었다. 그들의 친구가 세관과 입국 심사를 마치고 나오기 전에 떠들썩한 미국인 한 무리가 "예수님을 온두라스에 모셔 오자"(Bringing Jesus to Honduras)라고 (영어로) 선포하는 티셔츠를 입고 문밖으로 쏟아져 나왔다. 루스의 친구가 그녀를 돌아보며 낙담한 표정으로 물었다. "저 사람들은 예수님이 아직 여기 안 계신다고 생각하는 건가?"

마치 우리의 터질 듯한 배낭에 카메라와 다른 소지품들과 함께 하나님의 아들을 넣어 올 수 있다는 듯이, 우리의 티셔츠가 하나님의 아들을 한 나라에 '모셔 올' 수 있는 우리의 능력을 선포하지 않는다고 해도, 이런 짧은 방문은 방문객들의 신과 같은 파워를 강화할 뿐이다. 대단히 풍요로운 삶을 사는 사람이 아니고서는 일상적인 삶을 중단하고 먼 곳으로 한두 주 동안이나 여행할 능력이 있겠는가? 그 여행 기간에 그들이 마주칠 하나님의 형상을 지닌 사람들과 어떤 상호작용이, 때때로 즐겁고 기억에 남는 상호작용이 일어날지는 사실 미지수다. 일정이 빠듯하기 때문에 이런 단체들은 짧은 방문 기간 동안 살아가는 데 필요한 자원들을 모두 가지고 자족적인 상태로 도착한다. 여기에는 그들의 이름을 알고 그들의 언어를 말하고 그들의 필요를 이해하는 현지의 인간관계라는 사회적 자원도 포함된다.

한때 서구 선교사들은 그들이 섬기는 사람들의 언어를 배우기 위해 노력했다. 이것은 그 지역의 지식에 의존하고 그 지역 문화의 가치를 발견하는 과정이다. 라민 사네(Lamin Sanneh)와 같은 선교 역사가들은 서구 선교사들이 토착 문화와 언어를 보존하는 데 가장 중요한 역할을 맡았던 사람들 가운데 속한다고 주장한다. 그들은 여러 해 동안, 혹은 수십 년 동안 머물렀기에(어떤 이들은 목적지로 갈 때 소지품들을 관에 넣어 가지고 갔다는 유명한 이야기도 있다) 그들은 평생을 함께할 새로운 이웃들과 어느 정도의 관계성을 유지하고 그들에게 의존하며 생활해야 했다. 그들은 수십 명의 집단으로 간 것이 아니라 개인으로 혹은 한 가정으로 그곳에 갔다.

물론 서구의 장기 선교사들의 역사에도 (봉사와 헌신의 탁월한 행위들과 함께) 신 행세의 사례는 가득하고, 오늘날에도 개발도상국에 장기로 거주하면서 본국에서는 결코 할 수 없었을 방식으로 자신을 의지하는 사람들 위에 군림하며 작은 봉토 안에서 신 행세를 하는 서구인들을 만날 수 있다. 반면 어떤 단기 여행은 진정한 상호성과 동역 관계와 신뢰를 구축한 장기적인 관계 안에서 진행된다. 장기적인 관계는 이렇게 특별한 혜택을 입은 단기 사역자들에게 거대한 불평등의 세계 속에서 벌어지는 심각한 우상숭배와 불의의 현장에 대한 직접적인 경험을 얻게 하고, 동시에 잘 드러나지 않고 잊히기 쉬운 현지 지도자들에게 힘을 북돋우고 격려한다. 자야쿠마르와 함께했던 구디야탐으로의 당일 여행이 바로 그러했다. 그러나 용의주도한 계획이 없으면 대규모 단체의 단기 여행은 이미 그곳에 존재하는 신 행세의 양상을 강화하기 쉽다.

인류학자 브라이언 하웰(Brian Howell)이 그의 매력적인 민족지(民族誌,

ethnography) 『단기 선교』(*Short-Term Mission*)에서 묘사한 바와 같이 단기 여행은 거의 항상 고정된 패턴으로 빠지게 된다. 여행 전의 지배적 관심은 '가진 것이 매우 적은 사람들'에게 구체적으로 봉사할 준비를 하는 데 있다. 여행 후 참여자들은 일관되게 "우리는 섬기러 갔는데 우리가 준 것보다 훨씬 많은 것을 받았습니다"라는 발견과, 그들이 만난 사람들이 "가진 것은 매우 적었지만 매우 기쁘게 살아가고 있었습니다"라는 놀라움을 보고한다. 표면적으로는, 많은 참가자들이 자신의 삶을 변화시킨 경험으로 기억하는 이런 여행이 파워를 가진 북미인들이 가난한 사람들을 바라보는 방식에 실제적 차이를 만들어 낸 것처럼 보일 수 있다. 그러나 이 여행들이 진정으로 그렇게 변혁적이라면, 20년간의 단기 여행들을 통해 이제는 그 레퍼토리가 바뀌기 시작했어야 할 것이다. 우리는 우리 자신을 활동가나 선교사가 아니라 순례자와 증인으로 여기기 시작했어야 한다. 우리는 돕고 고치기보다는 이해하고 파워를 부여하기 위해 가야 한다. 그러나 그러기 위해서는 더 심각한 질문들을 할 수 있어야 한다. 왜 가난은 뿌리 깊게 남아 있는가, 서구의 군사적·상업적·농업적 정책들은 단기 방문자들이 마주치는 상황들을 만들어 내는 데 어떤 역할을 했는가, 해외에서 그런 극단적 형태로 관찰되는 역학 관계가 우리가 사는 지역에서는 어떻게 작동하고 있는가와 같은 질문들이다. 하웰의 관찰에 따르면 단기 선교들은 이런 질문들을 탐구하도록 설계되는 경우는 거의 없는 듯하다. 아마도 그렇기 때문에 사회학자 커트 베어 비크(Kurt Ver Beek)의 연구들이 발견한 것처럼 참여자들이 아무리 단기 여행을 '삶을 변화시키는' 경험이라고 강조한다 한들, 여행 후 1년이 지났을 때 재정 기부나 자원봉사 등에서 통계적으로 의미 있는 효과는 없다.

이것은 자선이라는 명분으로 우리가 행세했던 신들이 진정한 창조주 하나님이 아니라는 한 가지 표지다. 진정한 하나님이 역사 속에서 일하실 때 어떤 사람도, 그 어떤 것도 변하지 않은 채 남아 있지 못한다. 그러나 거짓 신들은 잠깐 동안 감정적으로나 영적으로 고양된 느낌을 주어 우리를 우쭐거리게 만든다 해도 결국은 모든 것을 그대로 두거나 악화시킬 뿐이다. 진정한 하나님은 작은 봉헌물을 받으시고도 풍성한 결과를 만들어 내신다. 거짓 신들은 엄청난 돈, 시간, 에너지, 재능의 봉헌물을 받고도 거의 아무것도 되돌려 주지 않는다. 서구 그리스도인들이 단기 선교에 사용하는 수십억 달러만큼 이 세상에서 하나님의 형상이 번영하고 있는가? 만일 그렇지 않다면 그것은 우리가 아무리 선한 의도를 가지고 있었다 해도 우리가 하나님의 진정한 형상을 가난한 사람들의 얼굴에서 숨겨지게 만드는 우상숭배와 불의에 도전하는 데 실패했다는 증거다.

이 사람을 보라

또 다른 길이 있다. 참으로 하나님의 형상을 지니신 분이 우상숭배와 불의를 결정적으로 해결하기 위해 역사 속으로 들어오셨다. 그러나 그는 눈에 띄는 신성의 표시는 전혀 지니고 오지 않으셨다. 그는 하나님의 형상을 지닌 모든 인간과 같은 방식으로, 즉 전적으로 의존해야 하는 아이의 모습으로 세상에 도착하셨다. 이미지에 민감한 오늘날의 관점에서는 그의 실제 외모에 대한 정보가 단 한 조각도 없다는 것이 당혹스러운 일이다. 우리가 보기에 흠모할 만한 아름다운 것이 없다는 예언이 전부다. 그의 파워가 나타난 가장 주목할 만한 사건들은 가까운 몇몇 친구 이외의 다른 사람들에게는 숨겨졌다. 그의 비범한 지식과 통찰은 비유들과 질문들, 그리고 한 번 이상의 침묵 속에 감춰져 있었다. 전 세계를 날아다니기는커녕 그는 거의 전 생애 동안 사람이 걷는 속도로 여행하셨다(몇 번은 배와 나귀를 타시기도 했다). 불의와의 최후 결전에서 한 친구에게 배반당하고 거짓 증언자들에게 고발당하고 종교적·정치적으로 신 행세를 하는 사람들에게 정죄당한 그는 확실히 패배한 것 같았다.

그러나 사실은 성육신과 십자가와 부활로 하나님의 형상을 지니는 것이 참으로 회복되기 시작했다. 요한은 막달라 마리아가 동산의 열린 무덤가에서 만난 부활하신 예수님을 동산지기로 착각한 이야기를 통해 성경에서 가장 아름다운 오인(誤認)의 순간 중 하나를 전해 준다. 물론 그녀는 틀렸다. 그러나 또한 그녀는 옳았다. 여기 이 동산에서 우리는 다시 한번 한 여자와 남자가 역사의 새로운 장을 시작하는 것을 본다. 그러나 이번에는 엄숙하고 슬픈 형상의 상실이 아니라 형상의 기쁜 회복과 복원 이야기다.

그러나 잠깐, 죽음을 이기는 하나님의 파워가 분명하게 나타나는 바로 그 순간에 그 파워를 감당해 낸 그분이 평범한 한 사람으로 오인될 수 있었음을 관찰해 보라. 우리가 진정한 하나님의 역할을 하고자 한다면, 우리는 영광스럽고 평범하게 우리 자신이 되어야 할 것이다.

덧붙여 | **복음 전도와 사회 참여**

언제부터인가 우상숭배와 불의 사이의 이 밀접한 연계가 사라졌다. 우리는 하나는 '종교적' 문제이고 다른 하나는 '정치적' 문제라고 믿기 시작했다. 그리고 기독교 세계는 서로를 향해 열을 올리는 두 진영으로 나누어지기 시작했다. 한편은 '복음 전도'를 강조하고 한편은 '사회 참여'를 강조한다. 한편은 종교적 회심을 추구하고 다른 한편은 사회정의를 추구한다.

혹은, 영향력 있는 복음주의 목회자 존 파이퍼(John Piper)가 2010년 케이프타운 대회에서 사용한 표현을 빌리자면, 한 그룹은 현재의 고통에 관심이 있고 다른 그룹은 '영원한 고통'에 관심이 있다.

오늘날 두 진영 간의 경계는 개신교 근대주의자들이 전적으로 '사회복음'에 대해서만 말하고 개신교 근본주의자들이 '영혼 구원'에만 헌신하던 때에 비하면 그렇게 견고하지 않다. 오늘날 어떤 전통에 속해 있든지 간에 복음 전도 없이 정의(justice)에만 일방적으로 집중해야 한다고 주장하거나 정의 없이 복음 전도에만 집중해야 한다고 주장하는 그리스도인은 거의 없다. 물론 양측의 강조와 선호는 여전하다. '현재의 고통'과 '영원한 고통'의 무게를 동등하게 생각하기는 어렵다. 무한한 기간과 깊이를 지닌 영원한 고통은 지금 생에서의 고통보다 훨씬 더 심각하게 들리기 때문에 이 표현은 교회의 에너지가 어느 쪽으로 기울어야 하는지에 대한 분명한 의도를 담고 있다. 그러나 이렇게 한편으로 치우친 용어조차도 그리스도인이 지금 여기에서 고통을 덜어 주는 데 관심을 가져야 한다는 것을 긍정하는 맥락에서 사용되고 있다. 이전에는 아무리 복음주의적으로 열정적인 설교가라 할지라도 이런 긍정을 표현했다가는 사회 복음을 지지

한다는 의혹을 살 수 있었다.

　가난하고 억눌린 사람을 돌보는 것과 예수를 통한 구원의 복음을 선포하는 것이 모두 성경의 본질적 주제라는 것을 양측 모두 점차적으로, 때로는 마지못해서라도 인정하게 되었다. 그러나 사회 참여와 복음 전도가 어떻게 연결되어 있는가 하는 근본 문제는 놀라우리만큼 불확실하게 남아 있다. 아마도 가장 큰 두 가지 계명인 하나님 사랑과 이웃 사랑을 인용해서 근거를 제시하는 것이 가장 자주 사용되는 방법일 것이다. 그러나 왜 하나님을 사랑하는 것과 우리의 이웃을 사랑하는 것이 왜 그저 우리가 지켜야 할 두 가지 계명을 느슨하게 연결한 것 이상이어야 하는지는 의문으로 남아 있다. 왜 예수님은 가장 큰 계명 한 가지가 무엇인지, 단수로 대답하시기를 기대하는 질문에 이 두 가지 계명을 골라서 말씀하셨는가? 왜 성경의 저자들은 창세기에서 요한계시록까지 정의와 경배, 불의와 우상숭배, 선포와 실천을 함께 엮어 놓은 듯이 보이는가?

　그러나 전체 이야기가 하나님의 형상을 회복하는 이야기라면, 세상을 지으신 창조주를 대신하여 이 세상을 돌보고 창조하는 하나님 형상을 지닌 존재들이 풍성한 생산력을 갖고 이 세상에 가득해지는 이야기라면, 우상숭배와 불의가 분리되지 않듯이 복음 전도와 정의를 행하는 것도 전혀 분리되지 않는다. 하나가 없으면 다른 하나도 진지한 의미에서 존재할 수 없다. 두 가지 모두 형상의 회복에 관한 것이기 때문이다.

　복음 전도는 그 자체가 목적이 아니다. 목적을 위한 수단일 뿐이다. 진정한 창조주 하나님의 이름이 불리고 그분이 알려지고 찬양을 받으시는 곳에서는 하나님의 형상을 지닌 사람들의 관계 및 경배를 위한 능력이 회복된다. 복음 전도는 우리에게 우리를 만드신 하나님과, 우리를 속량하신 성자와, 성자의 형상 안에서 중생하도록 우리에게 능력을 주시는 성령의 이름을 준다. 복음 전도가 없이는 에덴동산 이후의 하와와 아담의 후손들이 결코 전체 이야기를 알 수 없을 것이고 진정한 하나님의 형상을 지니신 분에 대해서도 결코 알지 못할 것이다. 그만큼 중요한 것으로, 우리를 속량하고 능력 주시는 구원의 선물이 없이는 그들 스스로의 힘으로 온전하게 하나님의 형상을 결코 지닐 수 없을 것이다. 그들은 풍성히 주시고 약속을 이루시기 위해 자신을 내어 주시는 진정한 하나님을 알고 닮아 가기보다는, 우상 곧 약속한 바를 절대로 이행할 수 없는 거짓 신에게 사로잡혀 살아갈 것이다.

정의를 행하는 것도 마찬가지로 목적을 위한 수단이다. 그 목적은 샬롬(*shalom*)이다. 평화를 뜻하는 샬롬은 풍부한 의미를 가진 히브리어로, 모든 피조물이 충분하고 참되고 영광스럽게 자기 자신이 될 수 있는 상태를 묘사하는 말이자 무엇보다도 하나님의 형상을 지닌 존재들이 그 형상의 충만함과 다양성과 능력을 온전히 감당하는 상태를 가리키는 말이다. 정의의 역할은 하나님 형상을 지니는 것이 가능한 여건을 다시 회복하는 것이다. 정의가 없이는, 존엄하고 기쁘게 하나님 형상을 감당하는 길을 다시 열어 주는 회복이 없이는, 진정한 하나님 형상을 지니신 분에 대한 복음을 선포한다고 해도 아무도 믿지 못할 것이다. 아담과 하와의 자녀들이 하나님 형상이 회복된 이야기를 듣고 믿는다 해도 정의의 사역이 없이는 거기에 참여할 수 없을 것이다. 그들은 그들이 지음 받은 사명인 이 세상의 통치와 보살핌에서 배제될 것이다. 그리고 이 세상은, 또 하나님 형상을 지닌 동료 인간들은, 이 세상을 지으신 하나님의 뜻과 어긋나게 계속해서 착취와 왜소화 아래 신음할 것이다.

진정한 복음 전도와 진정한 정의 실천의 결과는 모두 유일하게 참되신 하나님의 형상을 세상 속에 회복하는 것이다. 하나님의 형상은 유일하신 창조주 참 하나님의 이름을 부르고 그분의 이야기를 말하지 않고는 회복될 수 없기에, 정의를 향한 모든 진지한 노력은 반드시 복음 전도와 연결되어야 한다. 또한 하나님의 형상은 하나님의 형상을 지닌 사람들이 그들의 진정한 정체성과 소명을 발견하고 그 소명을 완수할 능력을 갖지 않고서는 회복될 수 없기에 모든 복음 전도는 하나님 형상을 지닌 모든 사람이 완전한 존엄과 주체적 역량을 경험할 수 있는 여건을 창조하려는 노력과 반드시 연결되어야 한다.

복음 전도를 강조하는 어떤 사람들은 이렇게 묻는다. 이 세상은 예수님이 다시 오실 때까지는 언제나 깨어지고 불완전한 체제들로 가득할 것이 아닌가? 어떤 인간의 노력도 불완전하다는 것을 안다면 이 세상에서 정의와 샬롬을 위해 일한다는 것이 무슨 소용이 있는가? 우리는 사라져 버릴 이 세상의 여건들을 향상시키려고 애쓰기보다는 결코 사라지지 않을 영원한 나라의 소망을 사람들에게 심어 주기 위해 헌신하는 데 가장 큰 노력을 기울여야 하지 않겠는가?

물론 이런 신실한 복음주의자들은 오직 일부의 사람들만 회개하고 그리스도께 돌아올 것을 알면서도 사람들에게 복음을 전하는 데 어떤 문제도 느끼지 않는다. 우리는 마찬가지로 이렇게 물을 수 있다. 오직 일부 사람들만 믿게 될 텐데 복음을 전하는 것이 무슨 소용이 있는가? 여기에 대한 대답은 분명한데, 첫째는 누가 듣고 응답할 것인지 미리 알 수 없다는 것이고 둘째는 소수의 사람들만이 구원에 이른다 해도 그들의 가치는 무한하다는 것이고 셋째는 복음에 응답하지 않을 사람들도 하나님이 이렇게 그들을 사랑하신다는 것을 들어야 마땅하다는 것이고 넷째는 오직 하나님만이 우리가 추구하는 열매를 주실 수 있으므로 우리는 결과에 대해 궁극적 책임이 없으며 다만 우리의 신실함에 대해서는 책임이 있다는 것이다.

그러나 이 모든 대답들은, 새 예루살렘이 오기까지는 완전한 샬롬을 보지 못할 것을 알면서도 우리가 정의를 위해 일해야 하는 이유이기도 하다. 우리는 하나님의 형상을 지닐 수 있는 여건을 회복하려는 가운데 어떤 노력이 놀라운 열매를 맺을지 미리 알 수 없다. 내가 살아온 세월 동안 우리는 갑작스러우면서도 평화롭게 남아프리카공화국에서 아파르트헤이트가 종식되는 것과 소련의 전체주의가 붕괴하는 것, 그리고 가깝게는 내 고국에서 아프리카계 미국인이 이 나라 최고위직에 선출되는 것을 보았다. 이 모든 일이 일어나기 한 세대 전만 해도 이 일들은 합리적으로 예견될 수 있는 일이 아니었다. 각각의 사건은 하나님의 형상을 지니는 것이 회복되기 위한 하나의 승리였다. 확실히, 아직 불의가 지배하는 수많은 영역들이 있고 그 각각의 상황에서 승리는 기껏해야 부분적이다. 그러나 이런 어려운 현실 때문에 정의를 위해 일하지 않는 것은 누군가는 믿지 않을 것이기 때문에 복음 전하기를 거부하는 것만큼이나 이상한 일이다.

왜 우리가 지나가 버릴 세상 속에서 정의를 위해 일해야 하는가라는 질문에 대해 생각해 보자. 맞다, 이 세상은 **지금도** 지나가고 있다. 영생의 복음을 선포하는 것이 예수님을 마음에 모셔 들인 사람은 결코 죽음을 경험하지 않는다는 생각에 근거해서는 안 되는 것과 마찬가지로, 정의를 위한 우리의 수고도 인류가 어떻게든 자신의 가치를 입증하며 유토피아로 진보할 것이라는 생각에 근거해서는 안 된다. 기독교의 소망은 젊음의 샘에 있지 않은 것과 마찬가지로, 이 세상의 점진적 개선에도 있지 않다. 그러나 기독교의 소망은 이 세상 가운데서 절망과 부패의 힘을 극복하며 다가오는 하나님 나라를 미리 맛보게 한다. 그 나라에서, 어린양의 희생을 받아들이는 사람은 누구나 생명으로 일으킴 받고 열방의 영광과 존귀는 만왕의 왕께 봉헌물로 드려질 것이다. 이생 이후의 삶에 대한 소망, 이 불의한 세상 너머에 있는 샬롬의 세계에 대한 소망은 지금 여기에서 정의를 위해 수고하는 데 가장 큰 자원이 된다. 이 세상이 새로워질 것이라는 기독교의 소망은 정의 실천을 대체할 대안이 아니라 정의 실천을 위한 가장 귀중한 자원이다.

그러나 내가 주제에서 벗어난 이 짧은 글을 쓰게 만든 진짜 이유를 밝히자면, 요즘 나는 정의를 실천할 필요성에 의문을 느끼며 복음 전도에 열정적인 그리스도인을 만나기가 쉽지 않다. 복음 전도의 필요성에 의문을 느끼고 정의에 대해 열정적인 그리스도인을 만날 가능성이 훨씬 더 많다.

가난한 사람들의 물질적 필요를 채우는 것은 교회를 지켜보는 세상 사람들에게서 관심과 인정을 받는다. 거짓 신들에게 사로잡힌 이 세상의 영적 가난을 폭로하는 것은 신이 있다는 것조차 믿지 않는 사람들의 경계심과 조롱을 불러일으킨다. 재난 구호와 경제개발은 사람들을 한데 묶어 주는 실현 가능한 목표처럼 보이지만 참되신 한 분 하나님을 알아야 한다는 종교적 주장은 사람들을 서로 갈라지게 만들어 분열을 조장하는 이해할 수 없는 이야기처럼 들린다. 세상의 우리 이웃들은 인간의 곤궁을 구제하는 문제에 관해 이전과 달리 많은 사람이 신경을 쓰지만, 예수님이 길이요 진리요 생명이며 인간의 가장 깊은 곤궁을 해결하시는 분이라는 생각에 대해서는 이전 어느 때보다도 더 많은 사람이 무관심하거나 적대적이다.

요약하자면 정의를 위해 일하는 것은 멋진 일이지만 복음을 선포하는 것은 그렇지 않다.

필연적으로, 그리스도인들이 정의를 위한 소명을 회복하고 이 세상 너머의 세상을 믿지 않는 이웃들에게 인정을 받게 되면서 우리는 복음 전도가 정말로 필요한 것인지 의심하기 시작한다. 달리 말해 보자면 '정의'

에 대한 우리의 비전은, 창조주 하나님이 그가 지으신 사람들과 관계를 회복하시려는 열망을 보여 주는 이야기와 함께 엮여 있는 샬롬이라는 풍부한 의미를 가진 성경적 개념에 점점 덜 의존한다. 정의에 대한 우리의 비전은 인권과 국제적 박애를 위한 노력과 같은 긴요하지만 얄팍한 언어에 점점 더 맞춰져 간다. 정의는 단순히, 때로 매우 피상적이기도 한 특정 사회적 여건들을 개선하는 것을 가리키는 말이 되고 그 여건들의 뿌리를 깊이 탐구하는 일은 없다.

요약하자면 우리는 열방의 신들이 우상이라는 것을 진정으로 믿지 않는다. 정의에 대한 우리의 비전은 세속화되어 왔다. 우리는 하나님만이 홀로 선하시다는 성경적 확신을 잃어버렸다. 어떤 면에서 존 파이퍼는 정의라는 주제 아래 '고통'의 문제를 다루는 저서의 개정판에서 이렇게 얄팍해진 정의의 개념을 잘 포착해 냈다. 당신은 고통을 경감하기 위해 창조주 하나님을 믿을 필요가 없다. 그러나 정의는 고통을 덜어 주는 것보다 훨씬 더 큰 개념이다. 정의는 인간 번영의 비전에 대한 것이다. 그리고 성경은 번영에 기여하는 것처럼 보이는 선한 것도 우리의 궁극적인 목적이 되면 우상이 된다고 대담하게 주장한다. 경제개발, 정치적 자유, 인권 같은 칭송받을 만한 목표들도 그 자체보다 더 궁극적인 목적의 맥락 안에 놓일 때에만 궁극적으로 선하다. 우리가 참되신 하나님을 경배하는 것과 분리해서 정의를 세우고자 하면, 자야쿠마르가 나에게 상기시켜 준 것처럼, 기껏해야 우리는 단순히 신 역할을 맡은 사람들을 다른 사람들로 교체하는 정도에 머물 수밖에 없다. 이 얄팍하고 세속적인 정의 개념으로는 하나님의 형상을 온전히 감당하는 인간 능력의 회복이라는 정의에 대한 성경적 이해의 핵심을 결코 다룰 수 없다.

그렇다고 그리스도인들이 세속 사회에서 이 상대적으로 제한된 형태의 정의를 위해 일해서는 안 된다는 의미는 아니다. 우리는 물론 세속 사회가 제공하는 종교 자유와 다양성의 가치를 소중히 여길 수 있다. 하나님의 형상을 지니는 것은 창세기 2장의 에덴동산에서 처음 시작될 때부터 창조주를 등질 수 있는 능력까지도 포함하였다. 어떤 신비한 방식으로 하나님의 명백한 부재는 하나님이 아담과 하와에게 허락하신 존엄성의 일부였다. 그들을 지으신 분은 "날이 서늘할 때에"만♦ 동산을 거니시고 다른 때에는 그들을 그들의 성향대로, 그들의 유혹에 따르도록 놔두셨다. 우리 이웃이 다른 신을 섬길 권리 또는 아무 신도 믿지 않는다고 확신할 권리(인간의 마음이 어찌할 수 없이 신 만들기와 신 행세하기를 지향한다는 것을 너무 잘 아는 우리는 그들이 아무 신도 믿지 않는다는 데 정말로 동의하지는 않을 것이다)를 우리가 보장해 준다면 우리는 하나님의 형상을 지닌 자들의 근본적 자유 중 하나를 실제로 보장하고 있는 것이다.

그러나 진정으로 정의를 추구하기 원하는 그리스도인들은 '정의'가 우리 이웃들과 합의할 수 있는 최소 공통분모로 축소되도록 두어서는 안 된다. 그렇게 하는 것은 진짜 신이 아닌 신에게 굴복하는 것이고, 하나님과의 관계 없이도 우리가 선과 악을 알아 하나님과 같이 될 수 있다는 뱀의 약속에 동의하는 것이 될 수 있기 때문이다. 우리는 서로 다른 이유를 가지고 같은 목표를 위해 일할 수 있다. 우리는 우리의 모든 이웃이 하나님과의 관계는 깨어져 있을지언정 여전히 하나님의 형상을 지닌 사람들이라고 믿기 때문에 정의와 자유를 위해 일할 더 많은 공통의 기반을 찾아낼 수 있을 것이다. 우리 이웃들이 추구하는 것은 선한 것이다. 다만 궁극적으로 선한 것이 아닐 뿐이다. 우리는 유일하게 선하신 분을 경배하면

♦ 창 3:8, 개역한글.

서 그들과 함께 선을 위해 일할 수 있다.

궁극적으로 복음 전도 사역과 정의 사역은 둘 다 현재적 고통이든 영원한 고통이든 그 고통을 덜어 주기 위한 것이 아니다. 이 세상에서 하나님의 진정한 형상을 회복하는 것이다. 그 형상은 하나님의 진정한 형상 자체이시며 성상(Icon)이신 예수 그리스도 안에서 알려졌고, 그분의 죽으심과 부활로 자유를 얻어 자신의 진정한 소명을 되찾고 풍성한 열매를 맺는 하나님 형상을 지닌 자들 안에 투영되고 반영되었다. 우리의 사명은 현재의 고통과 영원한 고통 중 어느 것을 덜어 주는 것이 더 긴급한가를 계산함으로써 추진되는 것이 아니다. 우리의 사명은 이 세상에 진리를 담은 형상들이 가득한 새로운 나라로 우리를 부르시는 영광스러운 약속들의 열매다. 하나님의 형상을 지닌 존재는 자신이 하나님의 진정한 형상을 지니신 분께 구원받고 속량되었음을 발견해야만 자신의 진정한 소명으로 온전히 돌아갈 수 있다. 그러므로 이 세상에서 그리스도인들의 진지한 증언은 예수님과 그분이 우리에게 알려 주시는 진정한 하나님을 신뢰하도록 사람들을 초청하는 것이 될 수밖에 없다. 그리고 정의에 대한 풍성한 성경적 개념 안에 정리되어 있는 번영을 위한 여건이 갖춰지지 않고는 하나님 형상을 지닌 어떤 존재도 창조주의 영광을 온전히 증언할 수 없다. "축복을 흐르게 하시려고 그가 오시네. 저주가 있는 곳 그 어디에나."[♦] 우상숭배와 불의가 저주가 낳은 쌍둥이 열매들이기 때문에 복음 전도 사역과 정의 사역은 하나다.

♦ "He comes to make his blessing flow/ far as the curse is found." 새찬송가 115장 "기쁘다 구주 오셨네"의 3절 가사 원문의 일부.

5장
성상

우리가 알기로 예수님은 딱 한 번 하나님의 형상에 대해 구체적으로 말씀하신 적이 있는데 바로 파워에 대한 질문을 받으셨을 때다.

바리새인과 헤롯 당원들이 예수님을 책잡으려고 궁극적 충성을 어디에 바쳐야 하는지의 문제를 들고 온 사건을 마가와 마태와 누가 모두가 기록하고 있다. 바리새인과 헤롯 당원들의 말은 정확하지만 철저히 가식적이다. "선생님이여, 우리가 아노니 당신은 참되시고 아무도 꺼리는 일이 없으시니 이는 사람을 외모로 보지 않고 오직 진리로써 하나님의 도를 가르치심이니이다. 가이사에게 세금을 바치는 것이 옳으니이까, 옳지 아니하니이까?" 예수님은 로마제국에서 유통되는 데나리온 동전을 가져오라고 말씀하신다. "데나리온 하나를 가져다가 내게 보이라." 이 말씀은 예수님이 직접 황제의 돈을 다루지 않으실 뿐 아니라 어떻게 생겼는지도 기억하지 못하신다는 것을 은근히 암시하시는 것이었다. 누군가 동전을 가져왔을 때 그 동전을 살펴보아야 하는 것은 예수님이 아니라 질문을 던진 사람들이었다. "이 형상과 이 글이 누구의 것이냐?" "가이사의 것이니이다." "가이사의 것은 가이사에게, 하나님의 것은 하나님께 바치라"(막 12:13-17).

예수님의 대적들과 예수님 모두, 이 대화가 돈에 대한 것이 아님을 알고 있었다. 예수님의 대적들에게 이 대화는 파워에 대한 것이었다. 그들이 던진 질문의 '덫'은 제로섬 경쟁 안에 갇혀 있는 두 파워 사이에 놓여 있었다. 억압받는 자들과 억압하는 자들, 예수님을 따르는 이스라엘 사람들과 그들의 지배자인 로마인들, 그리고 로마의 통치와 타협하려는 헤롯 당원들과 로마의 통치에 얽혀들지 않으려는 바리새인들이 바로 그 두 파워였다. 이쪽 편 아니면 저쪽 편을 분노하게 만들 수밖에 없는 결정을 내리도록 예수님을 압박함으로써 그들은 예수님의 파워를 훼손하고 자신들의 파워를 증대시키고자 하였다.

그러나 예수님은 여기서 실제로 경합하는 것이 (두 파워가 아니라) 두 형상임을 아셨다. 예수님 시대에는 우리 시대와는 달리 그림이 흔하지 않았다. 인간의 형상은 드물었고 큰 파워를 가진 것이었다. 그중에서도 로마 황제의 통치를 강화하고 당시 알려진 세계의 구석구석까지 그의 상징적인 임재를 나타내기 위해 그의 형상을 담아 제국 전역에서 유통된 고액 주화만큼 강력한 것은 없었다. 그리고 그 통치에 수반되는 요구사항이 있었으니, 모든 상업 거래에서 한 몫을 떼어 머나먼 제국의 수도에 있는 이 신격화된 인물에게 바치라는 것이었다. 로마제국의 통치가 번영을 가져다주기보다는 거의 예속만을 의미하는 변방 지역이라 할지라도 마찬가지였다. 우리 세계의 모든 유명인사, 독재자, 중앙은행장의 파워가 모두 단 한 사람에게 집중된다고 상상해 보면 황제의 형상이 무엇을 의미하는지 어느 정도 이해할 수 있을 것이다.

로마제국에서는 이전과 이후의 제국들과 마찬가지로, 형상을 만드는 것과 신 행세를 하는 것이 엄청난 규모로 함께 이루어졌다. 여러 세대에 걸쳐 점점 더 신적 지위에 가까이 오른 로마의 통치자들은(이는 그들의 통치로 인한 혜택이 줄어들 때에도 마찬가지였다) 우상숭배로 불의를 정당화했고 우상숭배를 함으로써 불의에 이끌렸다. 권력자들이 통화에 자신의 형상을 넣어 모든 거래에 대한 자신의 몫을 요구하는 관행은 그 후에도 계속되었다. 오늘날 국가들의 정치적 건전함을 평가할 수 있는 한 가지 기준은 그 나라 통화에 얼마나 다양한 형상이 실려 있느냐 하는 것이다. 많을수록 더 건전하다. 만일 모든 동전과 지폐가 항상 같은 얼굴만을 보여 준다면 그리고 그 얼굴의 형상들이 모든 사무실과 상점에 걸려 있도록 법으로 강제된다면 당신은 그 사회에서 신 행세가 어떻게 이루어지는지 감을 잡을 수 있을 것이다. 로마 황제의 제국에는 궁극적으로 단 하나의 형상만이 있었고 그 외의 모든 사람은 그 앞에 엎드려야 했다. 이것이 "가이사가 주님이다"라는 말의 의미였다.

이 광대하고 우상숭배적인 제국에 대한 예수님의 대답은 그 대적자들의 가식적인 찬사 곧 "아무도 꺼리는 일이 없으시니 이는 사람을 외모로 보지 않으신다"는 말에 담긴 진실을 드러내 준다. 예수님은 황제의 강력한 형상을 '돌려주다'라는 의미의 헬라어 '아포도테'(*apodote*)로 물리치셨다. 황제가 이 형상을 새겨 넣었다. 이것을 그에게 돌려주어라. 예수님의 대답은 충격적이었다. 황제가 모든 파워를 가진 존재로 숭배되는 세상에서 황제에게 대한 가장 급진적인 반응은 무관심, 즉 간단히 '보낸 사람에게 반송' 처리하는 것으로 황제의 동전을 일축하고 황제를 단순히 또 하나의 인간으로 취급하는 무관심이다.

예수님에게 중요한 것은 황제가 자신의 인장을 새겨 넣은 이 생명 없는 동전이 아니라 살아 있는 존재들에 담긴 하나님의 형상이었다. 하나님의 형상은 사람들 안에 담겨 있기에 황제의 진정한 악마적 파워는 동전이 아니라 사람을, 돈이 아니라 생명을 바칠 것을 요구하는 데 있다. 하나님 형상을 지닌 자들은 창조주의 자리를 찬탈한 인간에게가 아니라 창조주 하나님께만 충성과 경배로 자신을 드려야 한다.

예수님의 말씀을 그 자리에서 들은 사람들도 어느 정도는 이해했을 것이다. 그러나 복음서의 독자들만이 예수님이 하신 말씀의 더 깊은 의미를 이해할 수 있는 자리에 있다. 왜냐하면 바리새인들과 헤롯당이 덫을 놓아 잡으려 하는 이분은 또 한 사람의 골칫거리 선생이 아니라 유일하고 참된 하나님 형상, 우상들의 세계 속에서 잃어버린 신적 형상을 회복하기 위해 이 세상에 오신 분이시기 때문이다. 그들 자신의 제로섬 게임으로 예수님을 책잡는 데 실패하자 그들은 예수님을 황제에게 넘겨준다. 창조주의 대리자로 기름 부음 받은 분이자 세상의 진정한 주님을, 황제의 대리인이자 황제가 주님이라는 주장을 강요하는 로마 총독에게 내준 것이다. 제국의 세금과 관계된 이 사소한 문제는 그들이 하나님의 아들을 우상숭배와 불의의 파워들에게 넘겨주어 희생 제물로 만들려고 하는 최악의 행동에 비하면 아무것도 아니었다.

부활하신 형상

앞으로 몇 페이지는 상당히 신학적인 내용을 담게 되겠지만 독자들이 계속 필자의 논지에 집중해 주기를 부탁한다. 여기서는 정치에 전문적 식견을 가졌던 그 당시 사람들이 예수님을 유혹하여 정치적으로 민감한 문제에 대해 판단을 내리시도록 하려던 때 정확히 무슨 일이 벌어졌는가를 살펴본다. 만일 예수님이 세금 문제를 하나님 형상에 대한 대화로 바꾸실 수 있었다면 이는 우리도 파워라는 선물을 진정으로 이해하고자 할 때 이전과는 달리 새롭고 더 깊이 생각할 수 있어야 한다는 의미다. 우리는 수천 년간의 우상숭배와 불의로 왜곡된 우리의 상상력을 다시 거룩하게 회복해야 한다.

우리는 성금요일, 부활, 승천, 성령 강림으로 연달아 충격을 받은 초기 교회의 사상 세계에 합류해야 한다.

초기 교회의 성도들이 믿게 된 것을 우리도 믿지 않고서는 파워라는 선물을 이해할 가망이 전혀 없을 것이다. 우리는 하나님의 형상을 지닌 존재로 창조되었지만 그러나 우리는 하나님의 은혜로 성상이 될 것이다.

히브리 성경 저자들에게, 문제는 이 세상에 우상들 곧 신적 형상들이 있을 것인지 여부가 아니었다. 이 세상은 이러저러한 형상들로 가득 찰 것이었다. 문제는 인간이, 숨을 불어넣으셔서 이 창조세계를 존재하게 하신 살아 계신 하나님의 살아 있고 숨 쉬는 대리자의 역할을 감당할 수 있을 것인가, 아니면 그 참되신 하나님에 대한 생명 없는 모방물들 꽁무니만 숨 가쁘게 쫓아다니다가 그들의 본래 소명을 이루지 못할 것인가의 문제였다.

신약성경의 저자들에게, 기쁜 소식은 하나님의 택하신 백성을 포함한 인간들이 거짓 신을 만들고 신 행세를 하는 길을 택하였지만 그리스도께서 "보이지 아니하는 하나님의 형상"(골 1:15)으로 오셨다는 것이다. 여기서 형상은 헬라어로 에이콘(*eikōn*)인데 예수님이 헤롯당과 바리새인들과 논쟁하실 때 사용한 단어로서 형상이나 닮은꼴을 말하는 일반적인 단어다. 그런데 이 단어가 영어로 와서 icon(성상)이라는 단어가 되었다. 그런데 성상은 평범한 형상이 아니다. 성상은 신적 의미를 지닌 형상이면서도 우상이 아니다. 우상처럼 성상도 궁극적 진리를 나타낸다고 주장하는 형상이다. 그러나 우상과 달리 성상은 궁극적 실체에 대한 진리를 말해 준다. 그리고 우상과 달리 성상은 신뢰할 수 있다. 성상은 신뢰할 가치가 있는 형상이다.

예수님은 하나님의 성상(the Icon), 신뢰할 수 있는 하나님 형상을 지닌 분이셨다. 모든 거짓된 형상들과 달리, 예수님은 그분이 행하시고 말씀하신 모든 것과 살고 죽으신 방식 자체를 통해서 진정한 하나님이 어떤 분인지 보여 주셨다. 진정한 하나님은 열방의 거짓 신들과 같지 않으시며 스스로 주(lord)라고 주장하는 로마 황제와도 같지 않으시다. 그리고 이 진정한 하나님의 형상이신 분이 인간의 역사에 들어오셨을 때 그분은 다양한 모습을 한 우상숭배와 불의의 세력들에게 분노를 불러일으키셨을 뿐 아니라 모든 우상의 최후 무기인 죽음을 당하시고도 승리하셨다. 기쁜 소식은 하나님의 형상이신 분이 로마 황제에게 넘겨졌을 때조차 황제는 주(主, Lord)가 될 수 없었다는 것이다. 예수님은 로마 황제가 만든 십자가에서 죽기까지 자기를 낮추시며 황제가 가할 수 있는 최악의 고난을 당하셨기 때문에,

> 하나님이 그를 지극히 높여
>   모든 이름 위에 뛰어난 이름을 주사
> 하늘에 있는 자들과 땅에 있는 자들과 땅 아래에 있는 자들로
>   모든 무릎을 예수의 이름에 꿇게 하시고
> 모든 입으로 예수 그리스도를 주라 시인하여
>   하나님 아버지께 영광을 돌리게 하셨느니라. (빌 2:9-11)

예수님은 진정한 주되심이 무엇인지 보여 주시기 위해, 그리고 우상들과 불의가 쓰고 있던 파워의 가면을 영원히 벗기기 위해 죽으시고 부활하시고 영광을 받으셨다.

부활은 예수님의 가르침 중에 가장 믿기 어렵지만 피할 수 없는 부분, 즉 예수님 자신에 대한 가르침을 확실하게 입증하였다. 유일신교인 유대교의 역사에서 그 누구도 하나님을 아버지라고 당당하게 부른 사람은 없었고 '인자'(Son of Man)라는 메시아의 칭호를 주장하거나 감히 자기 자신을 '주'(the Lord)라고 언급한 사람은 없었다. 그러나 예수님의 부활 이후에 최초의 그리스도인들은 이 고귀한 친밀감과 권위가 예수님에게 마땅한 것이었음을 확신하게 되었다. 예수님과 하나님의 관계를 정당하게 이해하는 유일한 길은 예수님이 독생자로서 하나님의 본질을 공유하신다는 것을 인정하는 것이었다. 그분은 완전한 하나님이며 완전한 사람이셨고 하나님 형상을 완전히 지닌 자이며 보이지 아니하는 하나님의 성상이었다.

그러나 초기 그리스도인들은 예수님에 대한 이 비범한 주장이 예수님만이 아니라 모든 인간에게도 해당된다는 것을 곧 깨달았다. 부활이라는 지진 후에 두 번의 여진과 같은 사건이 발생했는데 이 두 사건은 진정한 인간됨의 의미가 무엇인지에 대한 그리스도인들의 시각을 영원히 바꾸어 놓았다. 첫 번째 사건은 승천으로, 지극히 높아지셨지만 여전히 완전한 인간의 몸을 가지신 예수님이 신비하고도 확실한 방식으로 하늘로 올라가신 사건을 말하며, 여기서의 '하늘'(heaven)은 당시에나 오늘날의 사려 깊은 기독교 사상가들에게나 '우리 위에 보이는 하늘'(up in the sky)이 아니라 하나님의 무한하신 존재와 권능의 영역으로 이해된다. 어떤 피조물보다 먼저 계셨던 말씀은, 니케아 신경에서 사용된 표현에 따르자면 참 하나님으로부터 오신 참 하나님(very God of very God)이시고 이제는 **참 인간**(very human)이신 나사렛 예수의 몸으로 창조주 하나님 곁에 계신다. 인간됨 그 자체가 삼위일체의 천상 생명으로 인도된 것이다.

그러나 이 여진으로부터 며칠 뒤에 마찬가지로 비범한 사건이 일어나면서, 오순절을 맞아 예루살렘에 함께 모여 있던 너무나 인간적인 예수님의 제자들은 예수님이 승천하실 때 약속하셨던 것을 받았다. "오직 성령이 너희에게 임하시면 너희가 권능(power)을 받고 예루살렘과 온 유대와 사마리아와 땅끝까지 이르러 내 증인이 되리라"(행 1:8). 오순절 전까지 예수님의 제자들과 친구들은 이 비범한 인자가 파워의 사역을 행하시고 마지막 고난의 길을 가시고 예기치 않게 충만한 생명으로 돌아오시는 동안 그저 구경꾼으로서 가끔 용감하고 대부분 갈팡질팡하는 모습을 보여 주었다. 그러나 오순절에 이르러, 120명의 첫 제자들은 예수님이 약속하신 대로 권능을 받았다. 그들이 받은 권능은 무엇이었는가? 그것은 (예수님을 따르던 많은 이들이 기대했던) 군사적 파워가 아니었고 경제적이거나 심지어 문화적인 파워도 아니었다. 그것은 회복된 하나님 형상을 지닌 자들의 파워였다. 오순절에, 우상숭배와 불의가 가져온 좌절의 절정이었던 바벨탑의 저주는 극적으로 뒤집혔다. 오순절에 부어진 것은 진정한 하나님 형상을 지니는 파워로, 베드로가 사도행전 2장의 설교에서 분명하게 표현했듯이 하나님의 영이 "모든 육체에" 부어지는 오래 기다려 온 사건이었다. 젊은이와 늙은이, 남자와 여자, 종과 자유인 등등 하나님 형상이 변색되고 희미해진 모든 사람에게 하나님의 주체적 역량이 전달되었다.

부활과 승천과 오순절 이후에 교회는 이스라엘의 가장 경건하고 희망적인 사람들에게조차도 허구적으로 보일 만한 희망을 키워 가기 시작했다. 예수님은 인간의 죄와 반역의 최악의 결과를 씻어 내려고 오셨을 뿐 아니라 인간됨 자체를 더 크고 위대한 부르심으로 이끌려고 오신 것이 아닐까? 하나님의 형상을 지닌 사람들이 언젠가 하나님의 영광을 희미한 거울이 비추듯 반사하는 것이 아니라 그 영광에 실제로 참여하게 되는 것은 아닐까? 이것이 바로 첫 그리스도인들이 부활 사건에서 그리고 강력하게 권능을 부어 주시는 성령을 직접 경험한 사건에서 분명하게 나타난 하나님의 파워로 충만해졌을 때 믿기 시작한 것이었다. 주후 60년대 중반에 바울은 고린도 교회 성도들에게, 그들이 전에도 여러 번 들어 잘 알고 있음을 강하게 암시하는 표현을 사용하여 물었다. "우리가 천사를 판단할 것을 너희가 알지 못하느냐?"(고전 6:3) 바울은 수십 년 후에 디모데후서에서 "내가 택함 받은 자들을 위하여 모든 것을 참음은 그들도 그리스도 예수 안에 있는 구원을 영원한 영광과 함께 받게 하려 함이라"(딤후 2:10)고 말했다. 우리를 기다리고 있는 것은 구원, 즉 죄로부터의 구출만이 아니라 또한 영광이다. 그는 당시에 확고히 성립되어 잘 알려진 전승을 인용하여 이렇게 이어 간다.

> 미쁘다, 이 말이여.
> 우리가 주와 함께 죽었으면 또한 함께 살 것이요,
> 참으면 또한 함께 왕 노릇 할 것이요. (딤후 2:11-12)

이 본문과 다른 많은 신약성경 본문들은 최초의 그리스도인들이 그들이 목격하고 경험한 바의 완전한 의미를 차차 이해하면서 가졌던 놀라움을 그대로 반영한 것일 수 있다. 즉 그리스도 안에서 인간들은 창조세계를 돌보는 본래의 역할을 회복했을 뿐 아니라 그것을 넘어서 창조하시는 말씀이신 바로 그분의 권위와 파워로 인도된다는 것이다.

아마도 가장 충격적인 표현은 베드로후서 1:3-4일 것이다.

> 그의 신기한 능력으로 생명과 경건에 속한 모든 것을 우리에게 주셨으니 이는 자기의 영광과 덕으로써 우리를 부르신 이를 앎으로 말미암음이라. 이로써 그 보배롭고 지극히 큰 약속을 우리에게 주사 이 약속으로 말미암아 너희가 정욕 때문에 세상에서 썩어질 것을 피하여 신성한 성품에 참여하는 자가 되게 하려 하셨느니라.

신성한 성품에 참여하는 자, 이것이 하나님의 영광과 선하심을 통해 부어진 "신기한 능력"(divine power)의 궁극적 목적이다.

생생하게 살아 있는 인간

초기 기독교 감독이었던 이레나이우스는 "글로리아 데이 비벤스 호모"(Gloria dei vivens homo)라는 놀라운 표현을 남겼다. 오늘날 이 문장은 "하나님의 영광은 생생하게 살아 있는 인간이다"(The glory of God is a human being fully alive)라고 번역된다. 문자적으로 이 문장은 그저 "하나님의 영광은 살아 있는 인간이다"(The glory of God is a living human being)라는 뜻이다. "생생하게 살아 있는"은 어느 정도 윤색된 것이다. 여기서 이레나이우스는 일반적인 인간에 대한 이야기는 거의 하지 않는다. 이레나이우스 또는 1세기 교회의 누구라도, '비벤스 호모'라는 말로 바로 그 살아 계신 사람의 아들 외에 다른 어떤 것을 의미할 수 있었겠는가? 이 문장의 원래 맥락인 이레나이우스의 저술 『이단 논박』(Against Heresies)에서 이레나이우스는 하나님은 보이지도 않고 알 수도 없다는 이단 사상을 반박하고 있다. 물론 하나님은 보이지 않으시고 우리의 이해를 넘어서신다고 이레나이우스는 대답한다. 그러나 보이지 않으시고 알 수도 없는 성부 곁에는 항상 말씀 곧 그로 말미암아 만물을 창조하신 하나님의 지혜가 계셨고 창조세계의 전체 목적은 그분의 형상을 지닌 자들을 통해 하나님이 알려지게 하는 것이다.

그러나 이레나이우스는 다음과 같은 (좀 길게 이어지는) 글에서 더 깊이 나아간다.

> 이 마지막 때에 하나님은 그의 말씀이신 우리 주 예수 그리스도를 사람들 가운데 사람이 되게 하셔서 종말을 태초와, 즉 사람을 하나님과 연결하셨다. 선지자들이 바로 이 말씀으로부터 예언의 은사를 받아서 그분이 육체로 강림하실 것을 선포했고 이렇게 하여 아버지의 기쁘신 뜻대로 하나님과 사람의 어울림과 교제가 일어나게 되었는데 하나님의 말씀은 태초부터 미리 말씀하시기를, 하나님이 사람들에게 보이실 것이고 그들과 땅에서 이야기하시며 그들과 상의하실 것이고 그분 자신이 지으신 세계와 함께하시며 이 세계를 구원하셔서 하나님을 지각할 수 있게 하시고 우리를 미워하는 모든 것 즉 모든 사악한 영들의 손에서 우리를 자유하게 하시고 우리의 모든 날들에 거룩함과 의로움으로 그분을 섬기게 하시는 것은 하나님의 영을 품은 사람이 아버지의 영광에 들어가게 하시기 위함이라고 하셨다.

이레나이우스는 가슴 벅찬 언어를 사용하여 우리가(그리고 이단들이) 핵심을 놓치지 않도록 다양한 방법으로 설명하였다. 말씀이 육신이 되신 것의 핵심은 "종말을 태초와, 즉 사람을 하나님과 연결"하는 것이고 성육신의 결과는 "하나님과 사람의 어울림과 교제"였다. 이 모든 것은 "사람이 아버지의 영광에 들어가게 하시기 위함"이다.

그래서 이레나이우스가 두 문단 뒤에 '비벤스 호모' 즉 살아 있는 사람에 대해 말할 때, 그는 인간의 삶에 대한 이 확장된 비전을 염두에 두고 있었다. 참 사람이신 분의 부활하고 승천하신 삶, 이제 우리 위에 그의 영을 부어 주셨고 우리를 하나님의 영광과 같은 영광으로 초대하시는 분의 삶 말이다. 사실, 이레나이우스의 이 놀라운 문장 앞부분을 열정적으로 인용하는 사람들은 종종 이 문장에 두 번째 부분이 있다는 것을 깨닫지 못한다. 이 두 번째 부분에서 그는 생생하게 살아 있다는 것이 어떤 의미인지 정의한다. '비타 아우템 호미니스 비시오 데이'(*vita autem hominis visio dei*), "게다가 사람의 삶은 하나님을 보는 데에 있다"(moreover, the life of man consists in beholding God). 이레나이우스에게 '생생하게 살아 있다'는 것은 **지금** 생생하게 살아 계신 유일하신 분, 즉 영원히 살아 계신 창조주, 다시 삶으로 부활하신 그의 아들, 그리고 생명을 주시는 성령의 완전한 임재 속에서만 가능하다. 이레나이우스의 관점에서 우리가 살아 있을 수 있는 유일한 이유는 하나님이 이미 창조세계를 통해 자신을 계시하셨고 지금도 성령이 이 창조세계를 보전하고 계시기 때문이다. 성령 없이는 이 세계가 한순간에 사라질 수 있다. 그러나 그리스도인의 소망은, 지금은 우리가 그분이 지으신 세계와 피조물들이라는 거울을 통해서만 희미하게 바라보는 그분의 분명하고 온전한 현존 안에서 훨씬 더 포괄적인 삶을 바라본다.

우리는 더 깊이 나아갈 수 있다. 이 세계가 풍요롭고 살아 있는 것은 십계명의 두 번째 계명이 인간에게 금지하는 바로 그것을 하나님이 태초에 과감히(혹은 기꺼이) 행하셨기 때문이다. 즉 하나님의 형상을 만드신 것이다. 하나님의 형상을 지닌 존재들이 없을 때에도 이 세계는 좋았다. 그러나 심히 좋지는 않았다. 그리고 초기 교회는 창조의 완성이 심히 좋았던 만큼 새 창조는 더 좋을 것이라고 믿기 시작했다. 창조세계를 향한 하나님의 최종 계획은 **단지** 하나님의 형상을 회복하는 것이나 그저 창조주의 영광을 정확하고 완전하게 반영하는 것이 아니었다. 그 대신 이레나이우스와 같은 지도자들은 창조세계의 목표를 형상들이 "아버지의 영광에 들어가"는 것, 아버지의 우편에 앉아 계신 부활하신 그리스도에 의해 이미 알려진 그 존귀한 삶에 참여하는 것이라고 가르치기 시작했다. 첫 창조에서 그러했듯이 새 창조에서도 그러할 것이다. 인간들이 결코 해서는 안 되는 것, 즉 피조물들을 신적 존재로 대우하는 바로 그것을 하나님의 사랑이 하기 원하신다.

    이 모든 이야기가 말도 안 되게 난해해 보일 수도 있다. 인간이 하나님의 영광에 참여하는 것에 대한 이러한 성찰이, 우리가 일상적으로 내 파워를 사용하고 남의 파워에 반응하는 것과 무슨 상관이 있겠는가? 영광과 존귀에 대한 이 거창한 말들에 어떤 실제적 의미라는 것이 조금이라도 있는가? 사실 초기 교회의 교부와 교모들의 글을 읽다 보면 그들이 책을 펴내는 우선순위가 오늘날 대부분의 개신교회 지도자들과는 좀 달랐다는 생각이 든다. 리더십이나 탁월성에 대한 책도 없고 경건한 삶의 실제적 방법론에 대한 책도 없다. 이레나이우스가 하나님의 비가시성의 진정한 의미에 대한 논고보다는 탁월한 조직의 다섯 가지 특징에 대한 책을 썼더라면 더 좋지 않았을까?

    이런 질문들에 대해 유일하게 가능한 기독교적 대답은 이렇게 난해하고 종말론적으로 보이는 가르침들이 매우 실제적이고 사실 세상에서 가장 실제적이라는 것이다. 이 가르침들은 부활하신 예수님의 몸이 실제적인 것과 똑같은 방식으로 실제적이다. 알아보기도 쉽지 않고 통제할 수도 없고 고난에 의해 드러나지만, 그러나 형언할 수 없이 영화롭고 단언코 창조세계 전체에서 가장 현실적이다.

로마제국을 이끌거나 제국의 세금을 걷거나 예루살렘과 인근 지역의 종교 생활을 관장하던 실제적인 사람들이 보기에 십자가형과 무덤을 지키는 것은 사회적 문제들을 억누르는 데 대단히 실제적이고 겉보기에 성공적인 해결책이었다. 제시된 모든 증거, 심지어 부활한 육체도 1세기 로마나 그 근방의 유대 지도자들에게 잠깐의 불편함은 있었지만 별 대단한 관심을 불러일으키지는 못했다. 그들에게는 실제적인 문제들이 훨씬 더 가까웠다. 그러나 이 실제적인 사람들이 확보하고자 했던 불안한 휴전은 한 세대 안에 깨어져 반란과 진압의 큰 불이 타올랐고 또 한 세대 후에 예루살렘은 예수님이 이 도시의 거주민과 지도자들이 평화에 관한 일을 모른다고 눈물을 흘리며 예언하셨던 대로 불타 버린 껍데기 도시가 되었다.

그러나 몇 세대가 더 지난 후에 예수님의 부활에 대한 소식은 초기에 데살로니가에서 사람들이 놀라서 보고했던 것처럼(행 17:6) 진정으로 "세상을 뒤집었다."♦ 진정으로 하나님 형상을 지닌 분이 사셨었고, 우상숭배와 불의의 파워들에 굴복당하지 않으시고 그들 위에 승리로 부활하셨으며, 이제 그의 영을 육체에 부어 주셨다는 선포는 역사의 중심축이자 전체 이야기의 전환이 일어나는 경첩임이 드러났다. 인간은 부질없는 우상들이나 로마 황제처럼 신 행세를 하는 자들에게 억압당하는 운명을 타고난 것이 아니라 다스리는 권세를 받았고 신의 성품에 참여하도록 인도받

♦ 원문은 "turned the world upside down", 개역개정판에서는 "천하를 어지럽게 하던"으로 번역된 표현이다.

을 것이라는 약속은 역사상 가장 광범한 사회 운동을 촉발시켰다. 신약성경의 저자들이 예수님과 마찬가지로 당시의 파워들에 대한 혁명이나 급진적 저항에는 거의 관심을 가지고 있지 않았음에도 신약성경이 파워에 대한 이야기로 가득 차 있는 것은 우연이 아니다. 그들의 시선은 훨씬 더 영광스럽고 낯설고 그러면서도 단순히 정치적이기만 한 어떤 운동보다 더 실제적인 중요성을 가진 것에 이미 고정되어 있었다. 그들은 하나님이 주신 진정한 파워라는 선물을 발견했던 것이다.

우리는 하나님의 성상이 될 수 있다

지난 20년간 내 기억에서 떠나지 않는 성상화가 하나 있다. 나는 이십대 초반에 에게해 파트모스섬에 있는 성 요한 수도원을 찾아간 적이 있다. 그 수도원의 어두침침하고 소박한 전시실에서 특이하게 생긴 성상화가 내 눈을 사로잡았다. 대부분의 성상화는 직사각형이나 정사각형인데 이 성상화는 타원형이었다. 대부분의 성상화는 한 명의 성인을 담고 있지만 이 성상화는 성 베드로와 바울, 두 사람을 담고 있었다. 그리고 그들은 서로 포옹하고 있었다. 사실 거의 입을 맞추고 있었다. 그들의 얼굴이 서로에게 눌려 있는 것이 아마도 바울이 그의 서신서들에서 말한 "거룩한 입맞춤" 같은 친밀한 인사를 나누는 것 같았다. 그들의 머리 뒤에 그려진 원형의 후광이 서로 겹쳐져서 일종의 하트 모양을 이루고 있었다. 이 성상화는 꼭대기부터 바닥까지 대칭의 연속이었다. 그들의 후광, 서로의 어깨와 팔뚝에 얹은 손, 서로 겹쳐진 진녹색, 자색, 청색, 금색의 의복 등 모든 것이 균형 있으면서도 역동적인 조화를 이루며 결합되어 있었다.

나는 파트모스섬에 머무르는 몇 주간 이 성상화에 담긴 조화로운 아름다움과 이 성상화가 묘사하는 복잡한 역사적 순간의 긴장에 이끌려 여러 번 이 성상화를 찾았다. 어느 날 전시실의 건조하고 서늘한 공기 속에 함께 있었던 다른 방문객은 그리스인 학자였는데 그가 서툰 영어로 애를 써 가며 내게 설명해 준 바에 따르면 이 성상화는 베드로와 바울이 처음 만난 순간을 묘사한 것이었다. "'쉬나스피스모스'(Synaspismos)지요."라고 그는 열정적으로 말했다. "그렇군요, 쉬나스피스모스군요." 나는 4년 동안 고전 헬라어를 배운 것이 헛되지 않았다는 표정을 지으며 대답했다. 여러 해 동안 나는 그가 내게 이 성상화의 제목을 말해 주었다고 생각했다. 나중에야 이 단어가 서로 방패를 겹친 채 진군하는 고대의 전투 방법을 말하는 것임을 알았다. 이 성상화 속의 두 성인도 서로 인사하는 순간에 바로 그렇게 몸이 서로 겹쳐졌다. 그것은 힘과 동지애와 동반자 의식을 공유하는 것을 뜻하는 단어였다. 즉 베드로와 바울이 로마제국 전역에서 복음의 대사로서 각자의 소명을 완수할 수 있게 해 주는 파워의 공유를 뜻했다.

그러나 베드로와 바울이 동료 전사들 간에 서로 힘을 주고 축복을 나누는 거룩한 입맞춤으로 서로에게 인사하고 있음에도, 그 성상화를 오래 들여다보면 볼수록 나는 이 만남에 대한 베드로와 바울의 감정이 꽤 복잡했으리라는 의혹이 짙어졌다. 그들 각자의 표정은 침울하고 심지어 약간 미심쩍어 하는 듯도 하다. 사실 눈에 띌 정도로 그들은 서로 포옹하면서도 내가 오랫동안 못 만난 친구를 만났을 때 하는 방식으로 서로의 눈을 바라보지 않는다. 그들의 시선은 서로 엇갈린 방향으로 그림 밖을 향하여 상대편을 넘어선 어딘가를 바라보고 있다. 이들은 오랜 여정 후에 다시 만난 옛 친구들이 아니다. 그들은 사실 교회의 박해자였던 바울이 열정적으로 예수 그리스도의 도를 수호하는 삶으로 회심한 직후에 만난, 최근까지는 서로 적이었던 사람들이다. 그리고 한동안은 초기 교회에 닥쳤던 가장 기본적인 문제들에 대해 서로 경쟁적인 입장에 서면서 바울이 갈라디아서에 기록한 것과 같은 공개 논쟁까지 벌어질 것이었다.

베드로와 바울은 어떤 면에서는 서로 비슷하다. 둘 다 담대했고, 복음 전도자였고, 마가나 디모데 같은 젊은 지도자들을 발굴해서 훈련시키는 직감을 가지고 있었다. 그러나 그들은 또한 부인할 수 없을 만큼 달랐다. 바울은 세계시민적인 바리새인이었고 가말리엘의 제자였다. 베드로는 갈릴리 사투리를 쓰는 어부였다. 희한하게도 이 갈릴리라는 변방 출신은 예루살렘 교회의 지도적 인물이 되었고 마침내는 유대인을 위한 사도가 되었다. 반면에 유대 사회의 중심부에 있었던 이 바리새인은 이방인에 대한 사명을 맡아 기독교 역사에 길이 남는 기여를 하였다. 쉬나스피스모스를 보여 주는 이 성상은 서로 포옹하며 함께 있지만 그들의 차이점을 부각시킨다. 베드로는 전통적으로 알려진 대로 더벅머리이고 바울은 얼굴빛이 더 검고 이미 머리가 벗어져 있다(성상화를 그린 사람은 그의 머리 정수리 부분에 머리카락을 조금 그려 넣는 배려를 하고 있다. 머리카락을 옆으로 빗어 넘기는 것은 다행히 후대의 고안인 것 같다.) 이 성상화는 두 사람의 나이 차이를 과장까지는 아니더라도 꽤 강조하고 있다. 베드로가 회색빛 머리와 수염을 가진 것으로 그려지고 있어서 바울은 머리가 일찍 벗어지기는 했어도 더 젊은 사람처럼 보인다.

그래서 쉬나스피스모스 성상화는 내게 유대감, 동료애, 공동체를 의미하면서 또한 차이, 거리감, 곤란함을 의미한다. 결국 이 모든 것은 같은 것의 부분이다. 이 성상화는 아마도 사랑이란 가슴의 충동만이 아니라 의지적 행위이기도 하다는 현실을 가장 잘 묘사한 듯하다. 이 쉬나스피스모스에서 우리는 두 명의 강력한 지도자가 상대방이 가진 은사를 포용하면서 서로 연합하여 방패를 서로 겹치고 공동의 사명을 위해 서로에게 순종하는 모습을 본다. 이 성상화는 베드로와 바울에 관한 것이면서 또한 베드로와 바울보다 훨씬 더 위대한 것에 관한 것이다. 바로 그들의 차이 때문에, 이 성상화에 묘사된 차이들과 우리가 신약성경으로부터 알고 있는 차이들 때문에, 이 성상화는 무엇이 두 사람을 이렇게 함께하게 했는가에 대해 숙고하게 한다. 무엇이 혹은 누가, 이들을 그 숨길 수 없는 불편함에도 불구하고 이 인사를 나누게 할 만큼 파워가 있었는가?

성상화는 그 자체를 보라고 그린 것이 아니다. 그 너머에 있는 것을 보도록 그려진 것이다. 쉬나스피스모스 성상화는 그 자체로 어느 정도 흥미로운 점이 있다. 그러나 그 자체만으로는 매혹적인 작품도 아니고 그렇게 의도된 것도 아니다. 이 성상화의 황금빛 바탕은 전면의 꽤 평면적이고 양식화된 인물들 뒤에서 은은히 빛나면서 비할 바 없이 더 위대한 실재를 상기시킨다. 이 성상화의 진정한 목적은 우리가 이 성상화 자체나 이 성상화에 그려진 사람들을 경배하게 하려는 것은 당연히 아니거니와 묵상하게 하려는 것도 아니고, 베드로와 바울을 함께 있게 하고 그들의 다름에도 불구하고 유대감으로 그들을 묶어 그들을 통해 하나의 거룩하고 보편적이며 사도적인 교회를 세우기 시작하신 분과의 관계로 우리를 초대하는 것이다. 이 성상화는 단지 인간들 간의 포옹에 대한 그림이 아니다. 이 성상화는 우리와 똑같은 그러나 너무나 다른 분이 우리를 영접하시고 환영하실 것이라는 화해의 신비에 대해 숙고하도록 초대한다. 그리고 궁극적으로 우리가 하나님의 위대한 신비에 대해 생각하도록 요청한다. 하나님은 홀로 계신 분이 아니라 서로 구분되는 세 위격의 연합이면서 그러나 완전히 하나이시므로 이때 서로 간의 차이는 극복해야 하는 과제가 아니라 사랑의 본질적 조건이 된다. 이 모든 것이 가능한 것은 베드로와 바울이 그들 각자의 삶의 이야기와, 때때로 까탈스러운 성격과 인간적인 약점들에도 불구하고 하나님의 형상을 지닌 사람들이었기 때문이다. 그들은 성상으로서, 우리도 하나님의 성상이 될 수 있고 하나님의 은혜로 우리가 이미 그렇게 되었음을 가리키고 있다.

정교회 성당에는 성상화가 가득하지만 세상에는 더 많은 성상들이 있다. 세상 속에서 활동하시는 예수님의 영께 감사하게도, 우리가 어디를 바라보든지 비록 희미하게나마 진정으로 하나님 형상을 지닌 자들, 진정한 하나님 역할을 하는 이들을 발견할 수 있다. 우상숭배와 거짓 신 행세가 가장 뿌리 깊게 자리 잡은 체제의 복판에서도, 아니 어쩌면 특히 그런 곳일수록 우리는 그런 사람들을 발견한다. 국가사회주의라는 거대하고 오만한 우상숭배의 복판에서 우리는 디트리히 본회퍼와 오스카 쉰들러를 찾을 수 있다. 스탈린 시대의 강제 노동 수용소에는 알렉산드르 이사예비치 솔제니친이 있었다. 아파르트헤이트의 혹독하고 처절한 폭력의 현장에 넬슨 만델라와 데즈먼드 투투가 있었다. 짐크로법이 가장 완고한 바로 그 주(州)에서 로자 파크스는 자리에 앉아 있었고 마틴 루터 킹 주니어는 분연히 일어났다.◆ 이런 각각의 현장에서 저 유명한 인물들이 등장해 승리할 수 있었던 것은, 유명인사도 아니고 그 이름도 우리가 기억하지 못하는 하나님 형상을 지닌 수많은 이들이 자신의 시대에 자신의 지역에서 하나님의 진정한 형상을 생생하게 살아 있도록 나타냈기 때문이다.

◆ 짐크로(Jim Crow)법은 1880년대 만들어진 미국의 인종 차별법으로 1964년까지 미국 남부 11개 주에서 식당, 화장실, 극장, 버스 등 공공시설에서 흑인과 백인을 분리하도록 명시했다. 1955년 12월 앨라배마주 몽고메리시의 한 버스에서 로자 파크스가 백인에게 버스 좌석을 양보하라는 백인 운전사의 요구를 거부한 사건을 계기로 흑인들의 버스 승차 거부 운동이 일어났고, 마틴 루터 킹 주니어 목사의 지도로 미국 전역에 퍼져 나가 짐크로법의 폐지를 이끌어 냈다.

위에 나열한 인물들이 분명히 보여 주듯이 그 형상을 지닌 자들이 진정한 하나님의 역할을 하기 위해 예수 그리스도의 이름을 증거해야 하는 것은 아니다. 왜냐하면 하나님의 형상을 지니는 것, 진정한 하나님의 역할을 하는 것은 그리스도인들만의 소명이 아니기 때문이다. 그것은 모든 인간의 소명이며, 한 사람이 창조주 하나님의 진정한 성품 중 일부를 세상에 투영시킬 때마다, 비록 그것이 불완전하고 많이 미흡하다 할지라도, 우리 그리스도인들은 그 속에서 창조세계에 주신 하나님의 본래적 은혜와, 엇나간 세상에서 선함을 보존하시는 그분의 지속적 은혜와, 우주 만물을 향한 그분의 궁극적 의도를 가리키는 틀림없는 표지들을 알아볼 수 있다. 이 세상에 거짓 형상들이 가득하다는 것보다 더 놀라운 것은 이 세상이 오랜 세월의 죄와 반역에도 불구하고 여전히 진정한 형상을 언뜻언뜻 보여 준다는 것이다.

그러므로 문제는 우리가 하나님의 역할을 하고 있느냐에 있지 않다. 우리는 분명히 **어떤** 신의 역할을 하고 있다. 문제는 우리가 어느 신의 역할을 하느냐다. 더 뻔뻔하게 말한다면, 문제는 우리가 우상숭배에 참여하느냐가 아니라고 덧붙일 수 있을 것이다. 문제는 우리가 우상을 **만들고 있느냐**, 즉 피조된 대상에게 궁극적 중요성을 부여하고 있느냐 아니면 우리가 창세기 1:26의 의미에서, 즉 세상에 대한 궁극적 진리의 형상과 표지라는 의미에서 '우상'이 **되고 있느냐**다. 우리는 우상을 만드는 존재인가 아니면 성상인가.

내 영광을 다른 자에게 주지 아니하리라

단지 피조물일 뿐인 우리가 이레나이우스의 말처럼 마침내 "아버지의 영광에 들어가게" 된다고 믿는 것은 좀 위험한 것 아닌가? 하나님은 이사야 42:8에서 "나는 여호와이니 이는 내 이름이라. 나는 내 영광을 다른 자에게…주지 아니하리라"고 말씀하시지 않았는가? 그러나 이 질문은 파워와 영광에 대한 우리의 이해가 얼마나 제로섬의 개념에 사로잡혀 있는지를 보여 준다.

문맥을 벗어나서 이사야서의 하나님 말씀을 읽으면 하나님이 위협 당하는 희소 자원처럼 보이는 영광을 빼앗기지 않으려고 비축하고 계신 것처럼 보인다. 우리는 그분의 영광에 대한 하나님의 열정을 말하면서 마치 '그분의'(his own)가 우리가 '내 소유의'(my own)라고 말할 때의 의미인 것처럼 착각할 수 있다. 즉 하나님께만 배타적으로 속한 것을 하나님의 유익만을 위해 사적 소유물로 간직하시는 것을 의미한다고 생각하는 함정에 빠지는 것이다. 물론 '…만'(alone)이라는 말은 하나님의 영광만을 위해, 하나님만을 위해라고 말하는 데서 나타나듯이 특정 기독교 용어의 시금석이 되는 표현이다. 이는 하나님을 우리의 필요를 채워 주는 친절한 치료사로 여기거나 대단히 흥미로운 우리 자신의 개인적 드라마의 조연으로, 혹은 우리 개인 소유의 마법 우상쯤으로 여기려는, 너무나 흔한 경향에 대한 유용한 경고가 될 수 있다.

그러나 하나님의 형상을 지닌 위대한 시편 중 하나인 시편 8편에서, 우리는 하나님과 그 형상을 지닌 존재들 간의 관계에 대한 근본적으로 다른 그림을 만나게 된다. 이 시편은 하나님의 영광에 대한 분명한 진술로 시작한다. "주의 이름이 온 땅에 어찌 그리 아름다운지요. 주의 영광이 하늘을 덮었나이다." 이 하나님은 의무적으로 예배를 드리는 사람들이 정기적으로 바치는 예물로 하나님의 영광을 공급받으실 필요가 없다. 하나님의 위엄은 확고하기 때문에 "어린아이들과 젖먹이들"의 찬양만으로도 원수들을 대적할 수 있다. 공동체의 가장 작은 일원들도 "원수들과 보복자들을 잠잠하게" 하기에 충분한 찬양을 하나님께 드리기 때문이다.

그러나 그다음에 시인은 결정적인 질문으로 넘어간다. 만일 창조주 하나님이 거짓 신들과는 달리 당신의 영광을 유지하기 위해 인간의 노력과 희생을 요구하지 않으신다면 왜 이 영화로우신 하나님이 연약한 인간들에 마음을 쓰셔야 하는가? 우리의 우상들이 주는 기쁨은 무엇보다도 우리가 이 세상에서 핵심적인 역할을 한다고 확신시켜 주는 것이다. 모든 우상숭배와 모든 불의는 누군가를 그저 좋은 존재에서 위대한 존재로 높이는 데서 시작되고 우상숭배와 불의 모두 희생과 복종을 요구함으로 유지된다. 그러나 우리에게서 아무것도 요구하지 않으시는, 하늘 너머의 무한히 위대하신 하나님에 대해서는 무엇이라고 말할 수 있을 것인가? 어떻게 이 하나님이 우주 만물의 광대함 앞에서 우리 자신에 대해 어떤 확신을 갖게 해 주실 수 있겠는가? "사람이 무엇이기에 주께서 그를 생각하시나이까?"

그러나 바로 이것이 시인이 경축하는 것이다. "그를 하나님보다 조금 못하게 하시고 영화와 존귀로 관을 씌우셨나이다." 그리고 하나님은 그의 형상을 지닌 존재들에게 "주의 손으로 만드신 것"을 다스리는 책임을 맡기셨다. 이는 창세기 1장의 창조 이야기를 직접적으로 연상시킨다.

> 만물을 그의 발아래 두셨으니
> 곧 모든 소와 양과 들짐승이며
> 공중의 새와 바다의 물고기와
> 바닷길에 다니는 것이니이다. (시 8:6-8)

본문의 맥락에서 이 말씀은 일상적 의미에서의 지배를 뜻할 수 없다. 어떻게 하늘의 새들과 바닷길을 헤엄치는 피조물들이 고대인의 발아래 놓일 수 있겠는가? 이 말씀은 하나님의 영광이 '하늘을 덮었다'는 이미지처럼 하나의 비유다. 이 말씀은 우글거리는 세상에 대한 물리적 혹은 기술적 통제가 아니라 하나님이 행사하시는 것과 같은 통치를 나타낸다. 이 통치는 저항하는 세상으로부터 자원을 무섭게 갈취해 갈 필요가 없는 존재, 창조세계의 가장 작은 부분까지 마음에 둘 수 있는 존재, 전 창조세계를 세심히 돌보고 지킴으로써 그 위엄을 세워 주는 존재 들의 통치다.

이 시편은 "사람이 무엇이기에 주께서 그를 생각하시…나이까?"라는 핵심적인 질문에 답하지 않는다. 이 질문에 대답할 수 없다는 것이 바로 경배하도록 만드는 지점이다. 흙으로 지음 받은 피조물에게 위엄을 이렇게 아낌없이 부어 주시는 것에 대한 아무 설명도 없다. 지속적으로 희생을 바치며 경배하도록 하기 위해 인간의 창조를 명령하는 바빌론 신화의 신들과 달리, 어떤 이면의 동기나 이유도 없다. 영화와 존귀를 주시는 것은, 파워와 지배권을 주시는 것처럼, 더 적은 존재가 아니라 더 많은 존재를 항상 추구하시는 창조주 하나님의 성품을 그대로 반영하는 것이다. 그분은 영광을 지키고 쌓아 두시는 것이 아니라 증식시키고 나누어 주심으로 영광을 받으시는 분이다.

그러면 하나님이 이사야 42:8에서 "내 영광을 다른 자에게…주지 아니하리라"고 말씀하신 것은 무엇을 의미하는가? 그 답은 병렬구로 되어 있는 다음 구절에 있다. "내 찬송을 우상에게 주지 아니하리라." 하나님은 당신의 영광을 **신이 되고자 하는 다른 존재들**에게 주기를 기뻐하지 않으신다. 창조주 하나님을 질투하게 만드는 것은 바로 그들의 영광을 조금도 나누지 않는 거짓 신들이다. 그들은 하나님 형상을 지닌 자들에게 부여된 영광과 하나님의 심히 좋은 세상을 다스리는 지배권을 빼앗으며, 하나님의 형상을 지닌 자들을 자신들의 형상으로 다시 만들고, 우리를 스스로 영화롭게 되려는 저주받은 프로젝트를 위해 서로와 전체 창조세계를 탐욕스럽게 착취하는 자들로 바꾸어 버린다. 진정한 창조주 하나님은 태초부터 그분의 형상을 지닌 자들에게 영화와 존귀를 부어 주시기로 작정하셨으나 이 거짓 신들은 전혀 다르다. 사실 진정한 하나님을 모든 우상과 구별하는 것은 바로 이렇게 영광을 관대하게 부어 주신다는 데 있다. 왜냐하면 이 창조주는 이 땅이 하나님의 형상을 지닌 자들의 지배를 통해 투과되는 영광으로 가득 차서, 그 어느 곳도 진정한 하나님이 알려지지 않은 곳이 없을 때까지 열매 맺고 번성하기를 바라시기 때문이다.

황제의 새 옷

아마도 창세기의 창조 기사에서 하나님의 형상을 지니는 것의 연약함과 위엄을 가장 잘 포착하는 것은 "아담과 그의 아내 두 사람이 벌거벗었으나 부끄러워하지 아니하니라"(창 2:25)라는 말씀일 것이다. **벌거벗었다**(naked)는 것은 매혹적인 단어다(벌거벗은 것 자체가 매혹적이라고 생각하기 때문은 아니다). 이 말은 인간에게만 적용된다. 다른 어떤 피조물도 이 세상에 벌거벗은 채 태어나지 않는다. 예수님이 관찰하신 것처럼 하나님은 들의 백합화를 입히신다. 그러므로 우리들도 입히실 것이다. 그러나 들의 백합은 싹이 트는 날부터 죽는 날까지 늘 의복을 입고 있지만 우리는 정기적으로, 대부분은 매일, '우리가 태어나던 날처럼 벌거벗고' 옷을 입지 않은 상태로 돌아간다. 오직 인간만이 옷이 필요하다. 왜냐하면 인간만이 벌거벗을 수 있기 때문이다.

벌거벗음은 파워에 대한 가장 유명한 민속 우화 중 하나인 한스 크리스티안 안데르센의 동화 "황제의 새 옷"의 주제이기도 하다.✦ 한 허영심 많은 황제에게 두 명의 '재단사'가 찾아와서, 그들의 옷감은 더할 나위 없이 아름다울 뿐만 아니라 "그 천으로 지은 옷은 자신의 직위에 맞지 않거나 대단히 어리석은 사람에게는 보이지 않는 놀라운 능력이 있다"고 비밀스러운 이야기를 전했다. 새로운 옷 한 벌을 얻으면서 동시에 그의 백성들과 신하들 중에 누가 부적격자인지 찾아낼 수 있는 기회라고 생각한 황제는 이 사기꾼들에게 화려한 의복을 만들라고 주문했다. 황제는 작업이 얼마나 진척되었는지 확인하기 위해 "정직하고 나이 많은 신하"를 먼저 보내고, 그다음에는 가장 신뢰하는 고문부터 차례차례 신하들을 보내다가 나중에는 자신이 직접 재단사들을 방문했다. 그들은 베틀 위에서 아무것도 보지 못했지만 옷을 못 보았다고 인정하면 자신이 어리석고 자리에 맞지 않는 인물로 드러날 것이라는 생각에 겁이 나서 모두가, 황제 자신까지도 옷감이 보이는 척 시늉을 했고 결국 논리적이면서도 우스꽝스러운 결론에 도달했다.

그때 공식 행렬의 진행을 맡은 신하가 들어와서 알렸다. "폐하의 차양이 밖에 대기 중입니다."

"나도 준비가 다 되었나." 황제는 이렇게 말하며 마지막으로 한 번 더 거울에 모습을 비춰 보았다. "놀랍게도 딱 맞는구나!"

기다리던 군중들 역시 이 어처구니없는 상황에 곧 어울렸지만 마침내

✦ 우리나라에서는 "벌거벗은 임금님"으로 알려졌다.

한 꼬마가 말했다. "하지만 폐하는 아무것도 입지 않았잖아요!" 곧 온 마을 사람들이 외쳤다. "폐하는 아무것도 입지 않으셨다!" 대중의 기억에는, 혹은 적어도 내가 가장 자주 들어 왔던 대로는, 꼬마가 불편한 진실을 말하자 이 어리석은 행렬도 끝이 난다. 그러나 안데르센의 원본에서는 결말이 좀 다르다.

> 그들이 옳다는 생각이 들자 황제는 온몸이 부르르 떨렸다. 하지만 그는 이렇게 생각했다. '이 행렬을 끝까지 마쳐야 해.' 그래서 그는 전보다 더 당당하게 걸었고 시종들은 있지도 않은 옷자락을 받쳐 들고서 따라 걸었다.

안데르센의 이야기에는 파워와 인간의 조건에 대한 통찰들이 모두 담겨 있다. 모든 파워는(황제의 절대적 파워까지도) 평범한 인간에게 부여된(invested) 것이다('invested'라는 단어는 의복을 뜻하는 라틴어에서 유래했다). 그들은 아무리 화려한 치장을 하고, 이 경우 아무리 무시무시한 첨단 기술로 무장을 했어도 그 치장과 무장 아래로는 그저 벌거벗은 몸뚱이인 평범한 인간들이다. 그러므로 파워를 유지하기 위해서는 그 파워를 가진 사람의 특별한 자질이 필요한 것이 아니라 주위에 있는 사람들의 동의와 지속적인 재확인이 필요하다. 이 확인은 부서지기 쉬워서 (최소한 동화의 세계에서는) 단 한 꼬마의 목소리에도 무너진다.

더 깊은 차원에서 이 이야기는 우리 모두가 파워에 얼마나 안 맞는가에 관한 것이다. 황제뿐 아니라 그의 모든 신하와 백성들이 사기꾼의 마법 옷감에 의해 '부적합'하고 '어리석은' 것으로 드러났다. 사실 그들은 모두 자신의 역할을 맡을 자격이 없으며 자신의 부적합함과 어리석음이 드러날까 봐 근심에 싸여 있다. "놀랍게도 딱 맞는구나!"라는 말은 완벽한 묘사였다. 이 어리석은 모든 사람에게 진정으로 어울리는 유일한 파워의 의복은 보이지 않는 것, 그래서 그를 그리고 우리를 있는 그대로 보여 주는 것이기 때문이다. 그러나 우리는 벌거벗었다는 것이 드러날까 봐 근심에 싸인 나머지, 우리들 자신의 허영을 직면하기보다는 스스로를 속이는 일에 가담하여 우리 자신을 사기꾼에게 송두리째 맡겨 버린다.

황제는 신과 같이 되려는 자신의 욕망 때문에 망했다. 신하들과 백성들의 내면을 보는 마법의 능력을 얻어서 누가 자격이 있고 누가 자격이 없는지 분별하겠다는 어리석은 열망이 바로 신과 같이 되려는 욕망이기 때문이다. 여기에는 인과응보의 사상이 담겨 있다. 감추어진 것을 보고 싶어 하는 사람 자신의 발가벗은 모습이 다른 모든 사람에게 드러나 버렸기 때문이다. 또한 여기에는 우상숭배와 불의의 음(陰)의 합(negative-sum) 결과들도 있다. 관련된 모든 사람이 이전보다 더 나빠졌기 때문이다. 황제는 전지적 능력을 쉽게 얻으려다가 오히려 신뢰를 깨뜨렸고 두 명의 교활한 사기꾼의 지갑을 제국의 화폐로 가득 채워 보내는 결과를 낳았을 뿐이다. 그리고 이야기는 안데르센의 무덤덤한 방식으로 끝이 난다. 관련된 모든 사람이 "전보다 더 당당하게" 행렬을 계속하기로 더욱 작정하는 것이다. 이야기의 끝에서 우리는 과연 이 황제가 누가 틀리고 누가 맞는지, 누가 어리석고 누가 섬기기에 적합한지 진정으로 깨닫는 지혜를 얻었을지 알 수 없다. 그 지혜를 향한 이 신 행세의 게임이 하나님의 진정한 형상을 지니는 것으로 끝나기에는 너무 많은 것이 여기에 의존하고 있다.

하나님의 형상을 지닌 사람들이 벌거벗었다는 것은 모순처럼 보인다. 하나님께 의존하는 연약함은 하나님과 같이 되어 지배하고 다스릴 것이라는 약속과 전혀 어울리지 않고 부끄러움에 대한 두려움은 존귀함이라는 선물과 배치된다. 이 모순은 우리가 하나님의 형상을 지니는 것 대신

다른 형상을 만들고 신 행세를 하는 것을 택하려는 유혹을 느끼는 핵심적 이유가 된다. 원래는 그렇지 않았다. 창조주와의 깨어지지 않은 관계 안에서 인간이 복을 받던 원초적인 순간에, 창조세계의 대리 통치자들은 그들의 벌거벗음을 부끄러워하지 않았다. 연약함과 존귀함, 의존과 지배는 서로 반대되지 않았다.

그러나 우리의 초기 상태가 우리의 최종 상태를 뜻하는 것은 아닐 수도 있다. 벗음과 입음이라는 표현은 신약성경 속에서 놀라운 전환을 맞이한다. 바울은 풍부한 비유를 가득 담아서 그리스도인의 부활의 소망에 대해 다음과 같이 쓴다.

> 만일 땅에 있는 우리의 장막 집이 무너지면 하나님께서 지으신 집 곧 손으로 지은 것이 아니요 하늘에 있는 영원한 집이 우리에게 있는 줄 아느니라. 참으로 우리가 여기 있어 탄식하며 하늘로부터 오는 우리 처소로 덧입기를 간절히 사모하노라. 이렇게 입음은 우리가 벗은 자들로 발견되지 않으려 함이라. 참으로 이 장막에 있는 우리가 짐 진 것같이 탄식하는 것은 벗고자 함이 아니요 오히려 덧입고자 함이니 죽을 것이 생명에 삼킨 바 되게 하려 함이라. (고후 5:1-4)

초기 교회에서 바울이 사용한 벗음과 입음의 이미지는 즉각적으로 이해되었을 것이다. 회심자들은 세례를 받을 때 종종 벌거벗었고—세례는 죽음이자 탄생이므로 그들이 태어난 날처럼, 그리고 죽는 날처럼 벌거벗었다—그들이 물에서 나올 때 흰 옷을 입혀 주었다. 세례는 죽음이자 탄생이기 때문이다. 그리고 그들은 물에서 나올 때 흰옷을 입었다. 바울은 우리의 운명이 육신을 '벗은' 영혼의 삶이 아니라 육신을 입은 인격체의 삶이라는 것을 고린도 교회 성도들이 이해하기를 원했으며, 또한 부활이란 우리가 에덴동산의 벌거벗음으로 돌아가는 것이 아니라 요한계시록에 따르면 다스림과 파워의 상징인 흰옷을 입은 새 예루살렘성의 순교자들의 더 충만한 삶으로 나아가는 것임을 암시한다.

한번은 신약학자인 톰 라이트(N. T. Wright)가 의복과 복식의 본질은 우리의 운명을 알리는 것이라고 (즉석에서) 말하는 것을 들었다. 부활한 몸은 현재의 "장막 집"을 훨씬 뛰어넘는 아름다움과 파워와 영광을 얻을 것이다. 우리는 **벗고자 함이 아니요 오히려 덧입고자** 하는 기대를 가지고 우리 자신을 꾸민다. 태초의 우상숭배 직후에 남자와 여자는 그들을 보호하기 위해 완전히 부적절한 것을 사용했지만 그들을 지으신 분은 은혜롭게도 에덴의 동쪽에서 살아가기에 더 적합한 의복을 그들에게 주셨다. 그러나 언젠가, 있는 그대로의 우리 모습이 드러나고 알려질 것에 대한 우리의 모든 두려움과, 다른 사람들의 비밀은 들추어내면서도 우리 자신은 파워의 의복으로 가리려는 우리의 모든 우상숭배적 욕망은 하나님의 자비로우시며 또한 날카로운 심판대 앞에 서게 될 것이다. 그때 우리는 영원히 낡지 않는 의복을 받을 것이다. 이 죽을 수밖에 없는 부적절한 몸을 벗은 후에 우리는 우리의 가장 깊은 모든 꿈에 적합한 몸을 입을 것이다.

황제의 새 옷이라는 이야기는 우리 모두의 최악의 현실에 대한 진단이면서 또한 우리의 미래에 대한 절묘한 암시이기도 하다. 그러나 또한 이 이야기는 이 세상의 진정한 통치자이며 유일하게 하나님의 진정한 형상을 지니신 분이 모든 옷을 벗겨진 채 자신의 백성 앞에서 행진했지만, 그분이 그 순간에 자신의 주장대로 가장 완전한 왕이었음을 그 누구도 알아보지 못했던 위대한 반전 이야기의 메아리이기도 하다.

그분은 우리를 입히시기 위해 벗김을 당하셨다. 다스리시기에 진정으로 합당한 분이 우리의 부정직함과 다스리기 부적합함을 떠맡으셨다. 그분은 죽음이라는 전적인 의존의 상태에서 불멸의 몸으로 부활하셔서 "더 온전한 옷을 입으셨고"♦ 그리하여 그분의 자비로우신 옷을 입은 우리도 사랑의 온전한 포용 속에서 온전하게 알고 또 온전하게 알려지게 하셨다. 하나님처럼. 우리가 원래 그러했듯이.

♦ "more fully clothed", 개역개정판의 표현을 적용하면 '오히려 덧입으셨고.'

| 성경 연구 |

요한복음 2장 – 혼인 잔치의 포도주

창조의 원대한 전개 양식은 좋음에서 심히 좋음으로 그리고 영광으로 이어진다.

    창조는 보시기 좋았더라는 말씀으로 시작된다. 앞에서 살펴보았듯이 이 말씀은 우리를 둘러싼 세상에서 우리가 경험하는 모든 갈등과 문제들에도 불구하고 이 세상에 대한 창세기 1장의 근본적 주장이다. "본래는 그렇지 아니하니라." 세상에 대한 첫 번째 진리는 그것이 좋았다는 것이다.

    그리고 하나님 형상을 지닌 자들이 창조세계에 등장하자, 바로 그때 세상은 '심히 좋았다'고 선언된다. 하나님 형상을 지닌 자들의 본질적 역할은 주의력과 의도성을 가지고 경작하고 돌보아서 이 세상이 잠재력을 펼칠 수 있도록 가꾸는 것이다.

    자연은 좋다. 인간들이 창조력과 관심을 가지고 자연 세계의 좋은 선물들을 통해 만들어 낸 결과인 문화는 심히 좋다.

    곡식은 좋다. 곡식은 영겁의 세월 동안 이루어진 진화 속에 담긴 하나님의 은혜와 토양 속에 축적된 영양분들과 대양에서 구름으로, 다시 땅으로, 강으로 이어지는 물의 순환에 의해 자라난다. 곡식들은 인간이 있기 전부터 자라나고 있었다. 그러나 이제 인간이 등장하여 곡식을 경작하기 시작한다. 인간은 수확하고 타작하고 단단한 껍데기에서 영양분이 있는 낱알을 분리한다. 그것을 갈아서 물과 효모와 약간의 소금으로 반죽하고 구워서 빵을 만들어 낸다.

곡식은 좋다. 빵은 심히 좋다.

이것이 최선의 상태에 있는 모든 문화의 기본 양식이다. 달걀은 좋지만 오믈렛은 심히 좋다. 나무는 좋지만 아름답게 깎아 만든 나무 의자는 심히 좋다. 소리는 좋지만 음악은 심히 좋다. 인간들이 그들이 창조된 본분을 행할 때 창조세계 속의 잠재적 가능성이 열매를 맺고 인간의 지능과 의도를 적용하기 전에는 존재하지 않았던 세상의 번영하는 실체들이 나타난다. 이것이 하나님의 형상을 지니는 것의 본분이다.

그리고 때때로 인간의 문화가 매우 세심하게 공들여 발전되면 심히 좋은 것 이상의 문화적 창조물이 등장한다. 그것들은 우리가 **영광**이라고 부를 만한 것에 가까워진다. 영광은 진정한 존재의 장엄함이며 현실 속에 풍성하게 드러난 매혹적인 아름다움이어서 우리를 경외감에 빠뜨리고 경배의 자리로 나아가게 한다.

나지막하게 속삭이거나 윙윙거리는 바람의 소리, 귀뚜라미의 울음소리, 시냇물의 졸졸거리는 소리들은 좋다. 모든 인간의 문화에서 찾아볼 수 있는 능숙하게 다듬어지고 조율된 소리가 만들어 내는 음악은 심히 좋다.

그러나 때때로 음악을 들을 때, 이를테면 투바족의 목노래(Tuvan throat singing)나 베토벤의 교향곡, 바흐의 합창곡, 흑인 영가에서 발전한 블랙 가스펠 같은 음악들은 심금을 울리고 완전한 만족감을 주는 동시에 진정한 삶에 대한 전에 없던 갈망을 불러일으킨다. 이것이 영광스러운 음악이다. 최상의 문화는 이러한 수준의 초월적 탁월함이 있어서, 순전히 그 자체이면서도 그보다 훨씬 더 위대한 것에 대해 들려주는 능력이 있다.

포도의 경작만큼 이런 양식을 잘 구현하는 인간의 문화적 성취는 많지 않다. 포도는 좋다. 그러나 수많은 시간의 정성스러운 노동을 거쳐 수확된 포도는 발로 밟거나 압착기로 으깨 통에 넣으면 당분을 내서 효모라고 부르는 작은 생명체를 먹인다. 훌륭한 기술과 감별력을 가진 사람이 이 전체 과정을 감독하면 당신은 포도주를 얻게 된다. (술을 마시지 않는 그리스도인 형제자매들은 다음에 이어지는 이야기들을 포도주스에 적용하면 된다.) 포도주는 여러 겹의 풍미와 색과 향, 처음에 퍼지는 맛과 끝에 지속되는 여운, 포도가 자라난 떼루아♦에 대한 암시, 발포와 당도와 탄닌을 가지고 있다. 포도는 좋다. 포도주는 심히 좋다. 그러면 최상의 포도주는 어떨까? 여러 해 동안 관찰하고 맛보고 스월링하며▲ 준비해 온 사람에게 최고의 포도주는 인간의 시각, 미각, 후각이 경험할 수 있는 가장 영광스러운 경험 중 하나다(모든 영광은, 그것을 완전히 인식하기 위한 준비와 기술을 요구하기 때문이다.) 신기한 진리는, 가장 영광스러운 것은 가장 단순하게 시작된다는 것이다. 제대로 된 품종을 제때 제대로 수확한 포도 한 송이는 그 나라의 영광과 명예가 될 수 있다.

이것이 창조의 양식이다. 좋은 것에서 심히 좋은 것으로 이어서 영광에 가까이 이르는 것 말이다. 최상의 문화는 만물이 새로워지는 때, 여호와의 영광이 물이 바다를 덮음같이 온 땅에 가득할 때를 고대한다.

♦ terroir. 토양, 고도, 날씨, 재배 방식, 관개 방식 등 포도 재배에 영향을 끼치는 제반 조건.
▲ swirling. 와인을 잔에 따른 후 공기와 섞어 향을 발산시키기 위해 잔을 둥글게 돌리는 것.

파워에 대한 비유

창조 이야기가 전개될 때, 때때로 기적이 일어난다. 그리고 기적만큼 파워에 대한 우리의 예상을 뒤엎는 것도 없다. 기적은 그 정의상 세상이 작동하는 방식으로 작동하지 않는다. 기적은 에너지의 보존이라는 물리 법칙도, 적절한 행위자와 적절한 시점에 대한 문화 법칙도 따르지 않는다. 기적은 기대했던 파워의 틀 밖에서 일어나기 때문에 우리가 실제로 무슨 일이 벌어지고 있는지 모른다는 것을 깨닫게 한다. 기적은 선물이지만 경고이기도 하며, 감사해하는 수혜자들만큼이나 불편해하고 불안해하는 방관자들도 충분히 만들어 낼 능력이 있다. 기적은 이상하고 예측할 수 없는 방식으로 일어나기 때문에 관찰자들에게 경외와 불신, 혼란, 심지어 적대감까지도 뒤섞인 감정을 갖게 한다.

성경의 중요한 두 가지 기적인 히브리인들의 출애굽과 예수님의 부활이 바로 그러한 경우다. 신적 파워가 분명하게 나타나기는커녕 출애굽과 부활은 정치적 파워를 가진 사람들(바로와 황제의 대리자들과 산헤드린이 여기에 속한다)에 의해 저항을 받고 의문시되었으며 궁극적으로는 부정되었고, 두 기적 모두 가장 가까운 사람들에게 의심과 혼란, 심지어 불신을 야기했다. 광야에서의 히브리인들과 유월절 이후 혼란스러웠던 한 주 동안 예수님의 제자들이 그러했다. 성경은 기적을 궁극적으로 어떻게 해석하는지, 또는 아예 기적을 볼 수 있는지 여부 자체가 당신이 어느 편에 서 있으며 당신이 어떤 사람인지에 거의 전적으로 달려 있음을 분명하게 이야기한다. 기적은 파워에 대한 비유이며, 기적이 아니면 감추어졌을 것들을 드러내는 논쟁적 사건이다. 예기치 못했던 사람들 사이에서 기대하지 않았던 믿음이 드러나고, 경건한 무리 사이에서 예기치 못한 저항이 일어나며,

전에는 가려져 있던 기득권이 보이고, 부재하시는 듯 보였던, 분명 보이지 않으시는 하나님이 이 세상 가운데 쭉 임재하고 계셨음이 드러난다.

모든 복음서가 예수님의 기적을 중심에 두고 있지만 요한복음은 특히 의도적으로 기적을 사용해서 예수님의 사역의 의미를 풀어낸다. 요한복음의 첫 번째 기적은 파워의 진정한 의미에 대한 통찰로 가득 차 있다. "사흘째 되던 날 갈릴리 가나에 혼례가 있어 예수의 어머니도 거기 계시고 예수와 그 제자들도 혼례에 청함을 받았더니"(요 2:1-2).

이 이야기의 이면에는 1세기 팔레스타인의 삶에서 당연시되던 삶의 양식이 감춰져 있다. 그것은 인간의 선택을 형성하는 의무, 역할, 기대 같은 것이다. 손님을 "예수의 어머니", 예수님 자신, 예수님의 제자들이라는 세 부류로 나누어 설명하는 것을 보면 결혼식을 주최하는 사람의 의무에 가족의 가장 가까운 친구(아마도 예수의 어머니가 여기에 해당할 것이다)뿐 아니라 그 친구의 가족들과, 특히 저명한 랍비의 경우 오늘날로 치면 '수행원'이라고 부를 만한 사람들까지 포함된다는 것을 눈치 챌 수 있다. 몇 년 전에 나는 인도에서 한 저명한 사업가이자 시민 지도자의 딸의 결혼식에 참석하는 특권을 누렸다. 그 결혼식의 손님 명단은 명단이라기보다는 일종의 전화번호부 같아서 동네 친구들, 고객들, 동료들과 그 가족을 존경하는 사람들까지 모두 천 명이 넘는 사람들이 모였다. 이 본문에서도 그와 유사한 상황이 벌어지는 모습을 그려볼 수 있고, 손님의 숫자가 기하급수적으로 증가하면 이 결혼식에 집안이 거덜 날 만큼 많은 비용이 들어갈 것을 금방 가늠할 수 있다. 사전에 준비한 포도주의 양이 처음에는 꽤 넉넉해 보여도 점점 더 많은 손님들이 도착해서 잔치를 즐기기 시작하면 곧 상당히 빈약해 보이리라는 것을 상상하기란 그리 어렵지 않다.

이런 잔치에는 각자에게 부여된 역할이 있다. 하인은 연회장에게 보고하고 연회장은 신랑에게 잔치를 계획대로 실행할 책임을 진다. 이 권위의 계통은 공간의 배치에 그대로 반영된다. 신랑이 잔치의 중심 자리에서 항상 화려한 조명을 받고 연회장은 그 화려한 중심의 가장자리에 있으며 하인들은 보이지 않게 잔치의 가장자리 어두운 곳에 있다. 그리고 이 가장자리에 평범한 물 항아리도 몇 개 놓여 있다.

앞으로 일어나는 곤경과 그 뒤의 기적은 이 익숙한 파워의 계통을 하나도 빠짐없이 뒤죽박죽으로 바꾸어 놓는다(그리고 그에 어울리게, 모든 사람을 얼떨떨하게 만들어 버린다). 파워가 익숙한 자리에 있을 때 포도주는 아무도 알아채지 못하게 흐른다. 잔이 비자마자 하인들이 가서 다시 채우기 때문이다. 그러나 잔치에서는 잔이 비지 않는다는 이 믿음이 흔들리고 있다. 하인들은 점점 늦게 나타나고 포도주 잔은 아직 비어 있다. 잔치의 자연스러운 흐름이 깨지려 한다는 것을 손님들이 느끼기 시작하면서 모두가, 특히 주최 측이 난처한 상황을 맞이한다. 흥겨운 시간을 제공하는 주최 측의 파워와 그것을 즐기는 손님들의 파워가 가장 불쾌한 종말을 맞으며 모든 사람이 당혹스러워질 상황이었다.

그래서 아들이 파워를 가지고 있음을 아는 마리아(요한복음에서 이 이름으로 불린 적은 없지만)는 사회적 재난을 방지하기 위해 그 파워를 (말하자면) 활성화하도록 개입한다. 이 이야기에서 가장 흥미로운 점은 예수님이 행동하시도록 마리아가 나서면서 보여 준 간접적인 방법이다. "저들에게 포도주가 없다"고 말하는 간접적 발언에서 마리아는 부모를 공경하라는 하나님의 명령에 근거하여 어머니로서 자신의 권위를 행사한다. 마리아는 자신과 아들의 파워를 충분히 확신했기에 예수님에게 명령은커녕 요청할 필요도 없었다. 대신 마리아는 요청이나 명령보다 사실상 더 강력한 접근 방법을 취하는데, 바로 사실을 그대로 진술하는 것이다.

이런 배경 속에서 우리는 "여자여, 나와 무슨 상관이 있나이까? 내 때가 아직 이르지 아니하였나이다"(요 2:4)라는 예수님의 퉁명스러운 대답을 더 잘 이해할 수 있을 것이다. 이 몇 마디로 예수님은 파워와 권위에 대한 기존의 가정들이 더 이상 적용되지 않음을 알리셨다. 그분은 어머니에 대한 자녀 된 도리로 행동하지 않으실 것이며 지금 닥친 이 사회적 재앙도 그분을 움직이기에 충분하지 않았다. 예수님은 관습적 권위의 구조를 유지하고 강화하려고 오시지 않았다. 대신 예수님은 다른 더 높은 파워, 즉 예수님에게 유일하게 중요한 사명을 맡기신 분에게 응답하신다.

이 이야기에서 또 하나 기이하고 해학적인 순간은 마리아가 예수님에 대한 응답으로 하인들에게 "너희에게 무슨 말씀을 하시든지 그대로 하라"고 말했다고만 기록되어 있다는 점이다. 그리고 예수님도 "항아리에 물을 채우라" "이제는 떠서 연회장에게 갖다 주라"(요 2:7-8)와 같은 몇 마디 말씀으로 마리아가 처음에 요청한 것을 사실상 그대로 행하셨다. 여기에는 어떤 수리수리마수리 같은 주문도, 번쩍이는 번개나 울리는 천둥소리도 없었다. 마리아와 예수님 모두 여기서 파워를 나타내 보인다. 마리아는 예수님의 지식과 능력에 대해 차분히 신뢰함으로, 예수님은 고요하고 침착하게 그러나 가장 효과적으로 항아리의 물을 변화시키심으로.

그 누구도 기대하지 않았던 곳에서 포도주가 공급되자, 고정되어 있던 파워의 배열에 혼란이 일어났다. 연회장은 잔치의 모든 면면에 대해 능숙한 지식과 권위를 가진 사람이어야 하지만 전혀 아무것도 알지 못한 반면, "물 떠온 하인들"은 실제로 무슨 일이 일어났는지 알았다. 연회장은 이렇게 많은 양의 포도주가 다른 곳에서 왔다고는 상상할 수 없었기 때문에 신랑이 잔치의 끝 무렵에 제공할 훌륭한 포도주를 준비해 놓았다고 생각했다. 손님들이 이렇게 많이 와서 포도주를 엄청나게 마셔대는 것에 대처하는 일반적인 방법은 일종의 속임수를 써서 처음에는 좋은 포도주를 내놓고 손님들이 취하면 싸구려를 가져와서, 주최자는 허리띠를 졸라매기 시작할지라도 겉보기에는 계속 풍요로운 외양을 유지하는 것이다. 이것이 바로 신 대체물들의 방식이다. 처음에는 그럴싸해 보이는 것들로 당신을 안심시키지만, 점차 당신에게 약속했던 유익들을 줄여 나간다. 이것은 사회적으로는 받아들여질지 몰라도 번영이 아니라 교묘한 형태의 쇠퇴다. 연회장은 신랑이 이와는 다른 방법을 택해서 손님들이 식사를 하고 포도주를 마시며 오래 머물수록 더 풍성하게 부어 주는 것을 보고 놀랐다.

그러나 우리는 하인들과 예수님의 제자들과 함께, 이 신랑은 새 포도주와 아무 상관이 없다는 것을 안다. 신바람 난 하인들이 나르고 있는 이 탁월한 포도주를 모두 제공한 것은 오히려 이 잔치에 참석한 다른 신랑, 지금은 잔치의 가장자리에 앉아 계신, 아무도 기대하지 않았던 다른 신랑이었다. 잔치는 계획대로 진행되는 것같이 보였지만 실제로 일어난 일은 일상적 질서가 특별함으로 완전히 뒤바뀌는 것이었고, 그 가운데 물이 포도주로 놀랍게 바뀐 기적은 단지 첫 시작에 지나지 않았다.

문자 그대로 경이로운 이 이야기에서 우리는 파워에 대한 예수님의 방식을 몇 가지 배울 수 있다.

예수님의 파워는 예측할 수 있는 경로를 통해 흘러가지 않는다. 예수님은 물리나 화학 법칙이나 사회적 의무나 관습의 법칙에 매이지 않으신다. 예수님은 그 아버지께서 부여하신 사명에 대한 의무만이 있다. 이 사명은 죽음이라는 궁극적 파워의 상실까지도 견뎌 내야 하는 것이었다. 그러나 여기 가나에서, 그 궁극적 사명의 표지인 예수님의 파워 행사는 결혼, 환대, 축하, 부모 공경과 같은 사회생활의 양식들을 깊이 긍정하시며 실제로 사람들을 취하게 하는 풍성함으로 그것들을 더 강화하신다. 물론 그분 사역의 다른 지점들에서 예수님의 기적과 가르침은 더 극적이고 혁명적인 결과를 가져올 것이다. 군대 귀신의 지배를 깨뜨리고 제사장들과 로마 총독의 안일한 위선을 뒤흔드실 것이다. 그러나 여기 이 "첫 표적"에서 예수님의 파워는 가정과 잔치를 회복시킨다. 예수님의 파워가 '급진적'이라고 말하는 것은 만일 **급진적**이라는 말이 현존하는 모든 사회적 관행과 전통을 전복하는 것을 의미한다면 너무 안이한 생각이다. 오히려 가나에서 예수님의 파워는 본래 선했던 삶의 양식들을 처음의 복된 상태로 되돌리신다. 여기에는 부모에 대한 공경, 손님에 대한 환대, 유서 깊은 포도주 양조 전통부터 심지어 잔치를 관장하는 연회장의 임무까지 포함되어서 이 연회장은 해고될 위기에서 구원되었고 무지의 축복 속에서 새로운 최상의 포도주를 가장 처음 맛볼 수 있었다.

예수님의 파워는 영광을 드러낸다. **영광**이라는 무거운 단어는 이 표적에 대한 요한의 요약이었다. "예수께서 이 첫 표적을 갈릴리 가나에서 행하여 그의 영광을 나타내시매 제자들이 그를 믿으니라"(요 2:11). 이 기적이 예수님의 영광을 드러냈다는 것은 어떤 의미인가? 예수님은 눈부시게 화려한 모습으로 변화되지 않으셨다. 예수님은 집중적 관심을 받지 않으시고 새롭게 활기를 얻은 잔치의 가장자리에 조용히 머물러 계셨다. 그러나 여기서 나타난 영광은 예수님의 진정한 정체성, 진정한 존재의 장엄함이었다. 가나에서 처음 드러난 것은 그분 사명의 궁극적 진리로, 만물을 새롭게 하는 것, 만물을 그들이 창조된 목적인 영광에 이르게 하는 것이다.

영광스러운 포도주 한 잔이 진정, 깊이, 완전히 포도주 그 자체인 것처럼 이 기적도 제자들과 하인들에게 예수님이 진정으로 어떤 분인지를 보여 주었다. 그분은 단지 훌륭한 스승이 아니라 모든 생명을 회복시키시는 분이며 단지 착한 아들이 아니라 성부께 완전히 순종하는 아들이고 우리의 사소한 염려와 어려움들만 고쳐 주시는 분이 아니라 최악의 것을 예상할 수밖에 없는 상황에서도 최상의 포도주를 공급하시는 분이다. 진정한 파워는 영광을 드러내고 피조물들의 풍성한 가능성과 실체를 나타낸다. 이 영광은 결혼식에서 드러났다. 결혼식도 영광의 순간이다. 하나님의 형상으로 보시기에 심히 좋게 창조된 남자와 여자 두 사람이 타락과 죄로 인해 남자와 여자 사이에 벌어졌던 간극을 넘어 다시 연합하여 영광 속에서 장엄한 사랑의 표지인 화려하게 빛나는 혼인 예복을 입는다.

그래서 **예수님의 파워는 흘러넘친다. 풍성하고 탁월하여 번영케 한다.** 예수님이 공급하신 포도주는 필요량을 훨씬 초과한다(각각 80리터에서 120리터 사이의 물을 담는 돌 항아리 여섯 개는 오늘날의 포도주 병으로 750병 이상의 양이 될 것이다). 이것은 예수님의 비유에서 반복되는 주제다. 예수님의 비유는 마지막에 가서야 기대하지 않았던 풍성함이 드러나는 경우가 많다. 거지 나사로는 아브라함의 품 안에서 위로를 받았고 하루가 끝나 갈 때 고용된 일꾼들은 하루치의 품삯을 받았고 용서를 구하기 위해 슬그머니 집으로 돌아온 아들은 아버지의 숨 막히는 포옹을 받았다.

이 이야기에 담긴 파워의 주목할 만한 마지막 특징은 숨겨짐이다. **예수님의 파워는 드러났을 때에도 숨겨져 있다.** 하인들과 제자들 그리고 성경을 읽는 우리들은 비밀을 안다. 그러나 대부분의 손님들, 연회장, 혼인하는 신랑과 신부에게 기적은 눈에 띄지 않았다. 예수님의 영광을 나타낸 이 사건은 하나님의 아들이 잔치에 계셨다는 것을 알지 못하거나 믿지 못하는 사람들에게도 축복을 부어 주었다. 세상에서 작용하고 있는 진정한 파워는 종종 눈에 보이지 않지만 사람들은 그 효과를 보며 기뻐하고 어쩌면 완전히 엉뚱한 곳을 근원으로 여길 수도 있다. 신랑은 신뢰를 얻었고 예수님은 영광을 얻었다. 이 영광은 예수님의 파워가 그렇듯이 드러났을 때에도 숨겨져 있다.

물론 궁극적으로 이 이야기는 물이나 포도주나 결혼에 대한 것이 아니다. 이 이야기는 **표적**에 관한 것이다. 표적이란 그 자체를 넘어 더 깊은 의미의 우물을 가리키는 무엇이다. 그리고 이 표적 이야기는 우리가 놓칠 수 없는 중요한 표시와 함께 시작하는데 그것은 요한복음 2:1 서두에서 시간을 나타내는 기록이다. "**사흘째 되던 날** 갈릴리 가나에 혼례가 있어." 요한과 요한복음의 첫 번째 독자들과 우리에게 "사흘째 되던 날"은 모든 표시 중에서도 가장 위대한 표시다. 예수님의 영광이 나타난 이 첫 번째 기적은 궁극적 기적과 그분 영광의 계시를 암시하고 미리 맛보게 한다. 이 영광스러운 파워가 세상에 흘러들었는데 왜 우리가 그보다 못한 것으로 만족하겠는가?

2부

파워의 이해

너희 중에는 그렇지 않을지니

| 성경 연구 |

출애굽기 20장 – 열 가지 말씀

우리가 십계명이라고 알고 있는 것을 유대인들과 히브리 성경은 '열 가지 말씀들'('아세레트 하데바림', *aseret hadevarim*)이라고 부른다. 이 '말씀들' 중 몇 가지는 "도둑질하지 말라"처럼 직접적인 명령이다. 그러나 대부분은 좀더 복잡하다. 예를 들어 첫 번째 말씀은 명령이 아니라 "나는 너를 애굽 땅, 종 되었던 집에서 인도하여 낸 네 하나님 여호와니라"(출 20:2)라는 선언으로 시작된다.

이 말씀들이 명령이든 좀더 복잡한 것이든 열 가지 말씀 각각은 모두 파워에 대한 것이다.

열 가지 말씀은 하나님의 이름으로 시작해서 **이웃**이라는 단어로 끝남으로써 예수님이 말씀하신 두 가지 큰 계명, 곧 하나님을 사랑하고 이웃을 사랑하라는 계명을 아우른다. 그리고 처음부터 끝까지 이것은 파워에 대한 명령들로, 어떻게 남용을 방지할 것인가뿐 아니라 어떻게 파워의 사용에 바른 질서를 부여할 것인가에 대한 것이다. 이것은 열 가지 말씀의

한가운데에 '하지 말라'는 부정적 표현이 아닌 '하라'는 긍정적 표현의 두 말씀[*]이 있다는 점과 특별히 잘 어울린다. 이 두 말씀은 창조하시고 해방하시는 하나님의 형상을 지닌 존재가 된다는 것의 핵심 의미를 잘 드러내 준다. 이 두 말씀은 하나님의 백성이 질서 있게 파워를 사용하는 데 중심이 되는 실천들을 묘사한다. 즉 일과 휴식, 부모 공경이다. 이것이 하나님을 사랑하고 또 서로 사랑하라는 말씀의 핵심이다.

쉼을 기억함

네 번째 말씀은 "안식일을 기억하여 거룩하게 지키라. 엿새 동안은 힘써 네 모든 일을 행할 것이나 일곱째 날은 네 하나님 여호와의 안식일인즉"이라는 말씀으로 시작된다. 여기에는 긍정 명령이 하나가 아니라 두 개가 담겨 있다. 쉬라는 명령뿐 아니라 일하라는 명령도 있는 것이다. 하나님의 형상을 지닌 존재에게 쉼과 일은 모두 신실한 활동이다. 일하면서 우리는 이 세상을 만드는 데 우리의 에너지를 사용한다. 쉬면서 우리는 "보시기 좋았더라" 하신 하나님의 만족스러운 선언에 공명한다. 그리고 우리가 우리 자신이 아닌 하나님을 의지해야 한다는 것을 인정함으로써 새 힘을 얻는다.

사실 우리는 쉼과 일이 모두 있어야만 신실할 수 있다. 일 없는 쉼은 태만이다. 그리고 쉼 없는 일은 뭐랄까, 적절한 표현을 찾자면 아마도 '바쁨'이겠지만, 바쁨은 좋은 일처럼 들린다. 우리는 일하지 않고 쉬는 것에 대해서는 부정적 표현을 다수 알고 있지만 쉼 없이 일하는 것에 대한 표

---

[*] 제4계명과 제5계명을 말한다.

현은 거의 알지 못한다(최근에 만들어진 **일중독**이라는 어색한 표현을 제외하면 말이다). 쉼 없는 일에 대한 적합한 표현이 없다는 것이 네 번째 말씀이 지적하고자 하는 우상숭배에 대한 단서가 된다.

태만, 게으름, 늘어짐은 인간으로서 우리가 받은 소명의 실패다. 하나님의 형상을 지닌 존재로서, 세상을 만들어야 하는 책임을 다하지 못하는 것이기 때문이다. 그러나 바쁨과 쉼 없음은 더 깊은 유혹이다. 바쁘고 쉬지 않으며 안식하지 않는 사람들은 우상숭배자다. 그들은 일하셨고 또 쉬셨던 창조주 하나님을 집요하게 생산성만을 요구하는 거짓 신으로 바꾸었기 때문에, 즐기거나 경축하거나 (계명의 울림 있는 언어를 사용하면) **기억하기** 위해서 일을 멈출 줄 모른다. 안식일을 기억하지 않으면 우리는 이 세상을 만드시고 좋았다고 말씀하신 창조주 하나님을 기억하지 못하게 된다. 우리를 이집트에서 건지신 분을 기억하지 못하게 된다. 하나님이 죽음을 이기신 안식 후 첫날을 기억하지 못하게 된다. 또한 우리의 미래, 곧 인류 이야기의 마지막이 성취보다는 선물이라는 사실을 기억하지 못하게 된다. 안식일은 우리에게 걸음을 멈추라고, 가만히 서서 우리가 일하지 않고 얻은 무한한 은혜에 주의를 기울이라고 요구한다. 그것이 우리의 기원과 운명이다.

그러므로 안식일을 기억하라는 것이 열 가지 말씀 중 진정한 하나님과 우리의 관계와 거짓 신들을 만들어 내려는 우리의 경향을 직접적으로 다루는 '첫 번째 돌판'의 절정인 것은 매우 적절하다. 안식일 없이 사는 것은 우상숭배. 진정한 하나님의 선하심을 기억하고 즐거워하고 경축하는 대신 우리는 우리 자신을 신으로 만들어서 스스로 만족할 때까지 더 큰 업적을 쌓도록 압박하고 우리의 바쁨이 우리를 집어삼키도록 혹사시켜서 필경은 탈진하여 게으름에 빠진다. 제어되지 않는 모든 우상숭배는 우리를 소모시킨다. 안식일이 없는 삶은 진정한 일도 진정한 쉼도 없이 광적이며 비생산적인 활동으로 이어져 마침내 소파에 파묻혀 기진맥진한 무기력의 상태에 이르게 한다.

그러므로 안식일을 기억하는 것은 파워에 대한 기본 훈련 중 하나다. 안식일을 지키는 사람들만이 하나님의 형상을 지니는 과업을 맡을 수 있다. 그리고 특히 이 말씀은 모든 인간 공동체에 존재하는 파워의 차별에 대해 분명하게 지적한다. (탐욕에 대한 마지막 말씀도 그렇지만 그에 대해서는 나중에 살펴보겠다.) 잠재적으로 안식일을 지키거나 깨뜨릴 수 있는 사람으로 지목되는 것은 당신("너")만이 아니다. 당신은 또한 부모이기도 하고("네 아들이나 네 딸이나") 주인이기도 하며("네 남종이나 네 여종이나") 농장주이기도 하고("네 가축이나") 시민이기도 하다("네 문안에 머무는 객이라도"). 우리가 안식일을 지키는 것 그래서 하나님의 진정한 형상을 지닌 존재가 되는 것은 단지 우리 자신만 하루를 보람 있고 즐겁게 쉴 때가 아니라 우리가 권위를 행사하는 다른 모든 사람과 모든 피조물이 같이 쉼을 누리고 같이 기억할 때다.

안식일을 기억하여 지키는 것은 매우 어려운 일이다. 그것은 단지 우리가 안식일에 대해 거의 잊어버린 사회에서 항상 켜져 있고 항상 연결되어♦ 살아가기 때문만은 아니다. 안식일은 나의 대학 시절부터 신앙 훈련의 핵심이었다. 당시 나는 의무적으로(솔직히 말하자면 어느 정도 율법주의적으로 그리고 교만하게) 일요일에는 시험공부나 보고서 작성을 피했다. 그러나 개인적으로 안식일을 지키는 것은 어렵기도 하고 그대로 실행되는 경

♦ always-on and always-connected. 스마트폰처럼 매번 부팅할 필요 없이 항상 켜져 있고 (대기 상태 포함), 와이파이 또는 LTE 등으로 항상 인터넷 연결이 되는 기능을 말하는 기술 용어다.

우가 별로 없기는 하지만, 그것이 전부는 아니다. 더 중요한 것은 우리가 파워를 행사하는 다른 사람들에게 안식을 위한 여유를 마련해 주느냐 아니냐다.

2003년에 우리 가족은 펜실베이니아로 이사했는데, 켄이라는 도급업자에게 맡겨 이사할 집 전체를 대대적으로 수리했다. 아니, 거의 수리했다. 자주 그렇듯이 일이 일정대로 진행되지 못해서 우리가 매매 계약서에 서명하기 위해 도착했을 때도 아직 일이 끝나지 않았다. 몇 시간 뒤면 이삿짐 트럭이 도착할 것이었다. 집을 한 바퀴 돌아보니 아직 남은 일들이 상당수 눈에 띄었다. 그래서 우리는 부동산 중개업소 사무실에 앉아 계약서에 추가사항으로 작업 완료 일자와 소요 비용을 적어 넣었다.

그곳에 같이 앉아 있을 때 나는 불현듯 "가능한 모든 날에 작업한다는 것을 확실하게 해 주었으면 좋겠습니다"라고 말했다. 부동산 중개업자는 일요일을 포함해서 매일 작업을 계속한다는 내용을 계약서에 적어 넣었고 우리만큼이나 일을 끝마치고 싶어 했던 켄은 아무 불평도 하지 않았다. 나는 자발적으로, 계약서를 가지고 켄에게 안식일을 잊도록 강요한 셈이다. 다시 돌이켜 생각해 보니 내가 일요일에도 일을 하라고 한 것은 단지 어서 짐을 풀고 일꾼들을 집에서 내보내야 한다는 불안함 때문만은 아니었다. 이것은 일종의 파워 행사였다. 그 사무실에 앉아 수십만 달러를 다른 사람의 노동과 재산과 교환하면서 나는 은근슬쩍 내가 통제력을 가졌고 중요한 인물이 되었다는 생각에 도취되어 있었다. (사실 그 돈은 대부분 빌려 온 것이지만 다른 신용카드 사용자들도 그렇듯이 그 돈이 내게 부여한 파워를 느끼는 데 그 사실은 별 장애가 되지 않았다.) 나는 켄과 그의 직원들이 일요일에도 일하도록 요구했지만 그것은 나머지 벽에 페인트칠을 하고 목공을 마무리하느라 며칠 지체되는 것을 참지 못해서가 아니라 내가 그런 주장을 할 수 있었고 그렇게 주장하는 데 별 어려움이 없었기 때문이다.

그래서 며칠 뒤에 나는 겸연쩍은 듯이 켄에게 일요일에는 일하지 말아 달라고 요구했다. 지금도 나는 이 숙련되고 성실한 사람이 일요일에 일해야 했기 때문에 더 기분이 상했는지 아니면 일하지 말라고 했기 때문에 더 기분이 상했는지 잘 모르겠다. 그러나 아직 작업이 끝나지 않은 먼 지구덩이에서 몇 번의 일요일을 보내면서, 파워를 가진 자리에 있을 때 안식일을 잊고자 하는 유혹이 더 크게 찾아온다는 것을 생생하게 느꼈다.

네 부모를 공경하라

그다음 말씀인 제5계명은 분명하게 긍정적인 또 하나의 명령이다. 네 번째 말씀은 의미 있게 일하고 은혜롭고 즐겁게 쉬도록 이끄시는 진정한 하나님 외에 다른 신을 섬기지 않는 삶의 정점이다. 안식일을 기억하는 우리의 책임이 우리가 지배력을 행사하는 창조세계의 모든 영역에까지 확장된다는 것을 강조함으로써 네 번째 말씀은 하나님 형상을 올바르게 지니는 것이 우리가 하나님 형상을 함께 지닌 동료 인간들을 대하는 태도에도 상당한 영향을 끼친다는 사실을 상기시켜 준다. 다섯 번째 말씀은 하나님 형상을 진정으로 지니는 것이 우리가 맺는 관계에 어떤 영향을 미치는가에 대해 진지하게 생각하도록 방향을 전환한다. 그리고 인간이 맺는 모든 권력관계 중에서 가장 분명하게 비대칭적인 관계, 즉 부모와 자녀의 관계에서 시작한다.

부모 됨이란 이미 앞에서 말했듯이 적어도 시작점에 있어서는 절대적 파워의 가장 순수한 예다. 그러나 부모 됨이라는 드라마의 핵심은 파워를 점차적으로 양도한다는 데 있다. 아이들이 스스로의 힘으로 걷기 시작하는 날부터 "남자가 부모를 떠나 그의 아내와 합하여 둘이 한 몸을 [이루는]" 날까지, 자녀들은 성장하며 세상을 만드는 그들 자신의 역량을 갖추어 나간다. 부모의 파워는 영원히 절대적이지 않으며 자녀가 충분히 번영하기 위해 자녀의 파워가 증대됨에 따라 감소한다. 그리고 나이가 들어감에 따라 세상을 만드는 부모의 능력에는 자연적 한계가 찾아오지만 자녀들에게 부여된 자연적 능력은 정점에 이른다. 이삭이 나이가 들어 눈이 보이지 않고 기력이 쇠하여져서 그의 침상에서 아들에게 손을 내밀어 축복하던 장면처럼 우리들 대부분은 인생의 어느 때에는 우리가 아이들을 돌보았던 그 보살핌을 우리 자녀들에게 구하는 의존적인 존재가 될 것이다. 그리고 그때가 이르기 훨씬 전부터 우리는 우리가 양육하는 자녀들보다 점점 약해지기 시작한다. 한때 내가 내 어깨에 목말을 태워 주었던 소년이 이제는 나보다 턱걸이를 두 배나 할 수 있다.

이런 상황이 다섯 번째 말씀이 지닌 복잡한 측면을 설명해 준다. 이 말씀은 부모들에게가 아니라 자녀들에게 선포된다. 왜냐하면 우리가 한때 전적으로 의존했던 분들을 계속해서 존경할 것인가를 선택하는 것은 우리가 성인이 되어 우리 자신의 능력에 대해 완전히 자각할 바로 그때이기 때문이다. 그리고 우리의 부모가 나이 들어 우리에게 깊이 의존하게 되면 우리는 우리가 어렸을 때 우리 부모가 내린 선택과 동일한 선택의 순간을 맞이한다. 즉 우리가 가진 절대적 파워가 우리가 돌보도록 맡겨진 생명에 대한 더 큰 경외심으로 우리를 이끄는 선택이다.

물론 **어떤** 부모들에게는 자녀를 사랑하라고 상기시킬 필요가 있다. (그리고 모든 부모는 자녀를 바르게 사랑해야 한다는 것, 즉 자녀를 우상으로 삼거나 자녀의 삶에서 가짜 신 행세를 하지 말아야 한다는 것을 상기할 필요가 있다.) 그러나 **모든** 자녀에게는 그들의 부모를 공경하라고 상기시킬 필요가 있다. 왜냐하면 누군가의 자녀라는 것은 (나이와 무관하게) 우리의 자존심을 노출시키고 건드리기 때문이다. 자존심은 파워의 비대칭성에 의해 손상되는데, 그 파워가 선물로 주어진 경우에는 더욱 그렇다. 자존심은 선물을 불편해한다. 우리의 부모가 파워 없는 우리를 알아주고 돌보아 준 것은 깊은 감사의 이유가 되기도 하지만 또한 우리의 자존심을 찌르고 갑자기 신 행세를 하도록 부추길 수도 있다. 나중에 파워의 비대칭이 뒤집어져서 우리의 파워 아래 있게 된 분들을 돌볼지 무시할지를 결정할 수 있게 되었을 때만큼 신 행세를 하기에 더 좋은 기회가 있겠는가? 바로 이때, 다섯 번째 말씀이 우리에게 가장 강렬하게 다가온다.

부모를 공경하는 것은 서구 문화의 강점이 아니라고 말할 수 있다. 다른 사회들은 세대 간에 존경까지는 아니더라도 존중하는 관계를 훨씬 더 효과적으로 유지해 왔다. 어떤 문화에서는 서구 문화에서 젊음이나 자아를 우상시하듯이 부모나 조상을 우상시하는 경향이 있기도 하다. 그러나 부모나 자녀 모두, 결코 좋은 신은 되지 못한다. 전적 의존이나 전적 독립 모두, 인간 번영의 핵심은 아니다. 다섯 번째 말씀은 서구 문화의 자율성에 대한 숭배가 더 강력한 유혹임을 분명히 제시한다. 점점 커져 가는 파워를 가지고 자신의 부모에게서 독립하고는 결국은 부모에게 그 파워를 행사하여 부모의 자존심에 무시와 경멸의 멍울을 지게 할 수 있기 때문이다.

이러한 위험은 이론적인 것도, 그저 심리적인 것도 아니다. 역사상 많은 문화에서 부모가 어린 자녀를 버리는 것은 용납되었어도 자녀가 늙은 부모를 버리는 것은 용납되지 않았다. 우리의 서구 문화에서는 두 가지 다 용납되지 않는다. 아직까지는. 그러나 젊음을 중시하는 문화의 파워는, 노쇠해지는데도 수명은 연장시키는 의학의 능력과 결합하여 처음으로 우리 시대에 안락사를 도덕적으로 용인될 가능성의 영역 안에 들여놓았다. 노년층의 안락사는 가장 기본적으로 파워의 문제다. 여기서 작용하는 힘은 파워와 관련한 모든 진정한 문제와 마찬가지로 어떤 처방을 사용하거나 사용하지 않는 직접적 결정에 있는 것이 아니라 그러한 결정 밑에 깔려 있는 더 깊은 전제에 있다. 무엇이 삶을 '살아갈 가치가 있게' 만드는가? 다른 사람의 돌봄으로부터의 독립, 자율, 자유인가? 무엇이 고통스러운 삶을 살 만하게 만드는가? 언젠가는 고통이 사라지리라는 기대인가? 아니면 이생에서는 상황이 더 나아지지 않는다 해도 우리와 함께 고통을 나누는 사랑하는 동반자들인가? 진정한 인생의 번영은 다른 사람이든 우리 자신이든 간에 가능한 한 고통과 엮이지 않는 데 있는가? 아니면 부모들이 자녀를 양육하며 경험하듯이 초인적 강인함을 요구하는, 그러면서도 예기치 않게 은혜를 발견하는 모순적인 상황에 있는가?

부모, 특히 연로하여 쇠약해진 극단적 상황의 부모를 공경하는 것이 제기하는 문제는 우리의 희망이 어디에 있는가를 궁극적으로 질문한다. 그러나 이것은 파워와 관련하여 가장 중대한 질문들에 대해서도 대부분 맞는 말이다. 파워가 진정성 있고 견고한 희망의 맥락 안에서 사용될 때는 대부분 창조적이다. 그러나 우리가 두려움에 사로잡혀 희망이 상실된 가운데 사용될 때 파워는 착취와 폭력의 내리막길로 향한다. 그러므로 다섯째 말씀이 "이로써 네가 잘되고 땅에서 장수하리라"라는 "약속이 있는 첫 계명"인 것은 놀라운 일이 아니다. 부모에게 파워를 바르게 사용하는 것, 곧 장성한 우리의 능력을 사용하여 부모를 공경하고 존경하며 돌보는 것에는 우리의 파워를 그들의 유익을 위해 쏟아붓는다고 해서 우리 자신의 삶에 대한 희망을 빼앗기는 일은 결코 없으리라는 약속이 따라온다. 오히려 반대로, 우리가 부모의 이익을 위해 희생하면 우리는 장수하고 번영할 것이다. 부모와 자녀의 관계라는 가장 친밀하면서도 고민스러운 이 권력 관계에서 다섯 번째 말씀은 파워가 선물이 될 수 있음을 명령하고 또한 약속한다.

처음과 마지막 말씀

우상숭배와 불의는 열 가지 말씀 속에 서로 연결되어 있다. 살인하는 것은 오직 참 하나님만이 주실 수 있고 거두실 수 있는 생명을 내 힘으로 빼앗는 신적 파워를 행사하는 것이다. 간음하는 것은 피조물로서 허용된 책임감 있는 친밀감의 범위를 비웃으며 자기 마음대로 어떤 대상이든지 취하고 관계를 맺는, 성적으로 전능한 존재가 되려는 것이다. 도둑질하는 것은 내가 원하는 것을 하나님의 형상을 지닌 다른 이들과 협상하거나 타협함 없이 자기 것으로 만드는 것이다. 거짓 증언하는 것은 법의 정의와 진리의 충분성을 신뢰하지 않고 법 바깥, 법 위에 서고자 하는 것이다. 이 모든 경우에 나는 나 자신에게 최상급의 위대함을 부여한 과장된 허상을 만들지만, 그 모든 경우에서 내가 연기하는 신은 참 하나님과는 완전히 다르다. 그리고 이 모든 경우에서 내가 만들어 낸 왜곡된 허상은 내 이웃들 안에 있는 참 하나님의 형상을 훼손시킨다. 열 번째 말씀이 분명하게 보여 주듯이 진짜 문제는 죄를 짓는 행동이 아니라 하나님 형싱을 지닌 자로서 거짓 신 행세를 하는 자의 마음을 배양하는 것이다.

열 가지 말씀은 마음의 문제로 시작하고 마친다. 모든 것을 포괄하는 추상적 명령인 "나 외에 다른 신을 네게 있게 말지니라"는 새긴 우상을 만들고 하나님의 이름을 망령되이 일컫고 안식일을 지키지 않는 것에 대한 구체적 계명들보다 먼저 온다. 마찬가지로 두 번째 돌판의 마지막에는 살인, 간음, 도둑질, 거짓 증거와 같은 구체적 행위들이 아니라 전적으로 내면의 성향인 탐욕이 자리한다. 탐내는 것은 단지 무언가를 취하는 것이 아니다. 나에게 맡겨지지 않은 창조세계의 부분들에 대해 신적 지배력을 행사하려는 욕망이다. 첫 번째 말씀이 참 하나님 외에 다른 신을 두지 말라는 말씀이라면 마지막 말씀은 내게 맡겨진 하나님의 형상을 지니는 역할 외에 다른 역할을 맡지 말라는 말씀이다. 열 가지 말씀은 우상숭배로 나아가는 성향을 지적하는 것으로 시작해서, 불의로 나아가는 성향을 지적하는 것으로 마친다. 우상숭배와 불의는 궁극적으로 우리가 무엇을 사랑하며 어떠한 존재가 되기를 바라는가에 대한 것이다. 파워는 최악의 경우에나 최상의 경우에나 마음의 문제다.

6장

숨겨진 파워

배가 아프도록 웃긴 텔레비전 드라마 〈더 오피스〉(The Office)에는 자기인식이 병적으로 결여된 상사(극중 이름은 마이클 스캇, 미국판에서는 스티브 카렐이 연기했다)가 나온다. 아마 어떤 텔레비전 드라마도 비언어적 반응을 이렇게 비중 있게 다룬 적은 없을 것이다. 스캇이 놀랍도록 부적절한 언급을 또 한 번 하거나 자기 딴에는 동기를 부여한답시고 지루한 연설을 시작하면 카메라는 바로 괴로워하는 직원들 몇 명에게로 돌아가서 아무 말도 못하고 입을 딱 벌린 채 당혹스러워하거나 그냥 무시하는 모습을 보여준다. 그러나 스캇은 자기만족에 찬 확신 속에서 자기 책상 위에 있는 의기양양한 관리자 모양의 피규어를 행복하게 만지작거리면서 계속 실수를 저지를 수 있다. 그가 파워를 가진 자리에 있기 때문이다.

스캇이 던더 미플린♦의 동료들에게 대책 없이 따돌림을 당하는 것은

♦ Dunder Miffline, 〈더 오피스〉의 배경이 되는 제지 회사.

〈더 오피스〉 안의 오피스인 그의 사무실에서 외적으로 잘 드러난다. 그의 사무실은 사적인 요새로서 그의 권력을 상징하지만 또한 그의 실패를 보여 주기도 한다. 그 사무실에는 블라인드가 달려 있는데, 블라인드는 마음대로 가릴 수 있는 파워의 상징이지만 스캇의 경우 블라인드는 그 너머 열린 공간의 분위기를 파악하기 위해 몰래 손가락으로 사이를 벌려 훔쳐보는 용도로 더 많이 사용된다. 여기서 블라인드는 스캇이 눈이 멀어 있다는 것(blindness)을 나타낸다. 그는 자기 자신 외에는 어떤 사람의 필요도 진정으로 파악하거나 예측하지 못하기 때문에 그의 방 밖에서 벌어지는 일들을 제대로 이해하지 못한다. 블라인드 너머로 몰래 엿보다가 때가 되었다고 생각하면 밖으로 나가서 격려를 하거나 질문을 던지지만 언제나 불발에 그친다. 예수님은 당시의 파워 있는 사람들에게 이렇게 말씀하셨다. "너희가 맹인이 되었더라면 죄가 없으려니와 본다고 하니 너희 죄가 그대로 있느니라"(요 9:41). 마이클 스캇의 문제는 그가 다른 모든 사람처럼(그리고 다른 모든 관리자처럼!) 제한된 시야와 이해를 갖고 있다는 것이 아니다. 그는 자신이 보지 못한다는 것을 모르기 때문에 유죄다. 우스꽝스러울 정도로 그렇다.

이상하게도 파워라는 것은 개인 사무실과 전용 주차 공간, 망루 달린 성과 전차, 또는 수행원들과 관광버스 같은 것들로 분명하게 드러나 보이기도 하지만, 또한 다른 사람들에게는 눈이 부시도록 분명하게 보이는 이 세상의 특징들을 보지 못하게 우리의 눈을 가리는 경우도 매우 많다. 파워가 있는 사람들은 그들이 가진 파워와 그 영향력을 제대로 보기가 매우 어렵다. 우리는 우리의 파워 행사로 다른 사람들의 삶과 그들의 가능성을 끊어 버리는 것을 보지 못한다. 우리는 다른 사람들이 우리의 파워에 저항하거나 손상을 입히는 방식들을 보지 못한다.

우리 대부분은 물론 자신의 파워와 영향력을 터무니없이 부풀려 생각하는 마이클 스캇과는 다르다. 오히려 우리는 다른 방식으로 눈이 멀어 있다. 우리는 우리가 가진 파워를 터무니없이 낮게 평가하고 우리가 그 파워를 잘 사용할 수 있는 기회들이 얼마나 많은지를 보지 못한다. 그리고 희한하게도 이 맹목성(blindness)은 파워가 없어 보이는 사람들만큼이나 명시적으로 파워가 있는 사람들도 괴롭게 한다.

파워의 지도 그리기

당신이 회사에 들어가기 위해 면접을 본 적이 있다면(던더 미플린보다는 제대로 돌아가는 회사였기를 바란다) 파워에 대해 깨달은 점이 있을 것이다. 당신은 아마도 구두에 광을 내고 주의 깊게 옷을 고르고 기억을 더듬어 예의범절에 관해 부모님에게 배운 것들을 전부 떠올리려 했을 것이다. 당신은 면접 장소에 몇 분 일찍 도착해서 근처를 둘러보았을 것이다. 건물 입구를 향해 걸어가면서 당신은 가벼운 기대감과 완전한 공포 사이의 어떤 감정을 느꼈을 것이다. 기쁘거나 두려웠던 다른 순간들처럼 그 순간은 아마 여러 해가 지난 후에도 여전히 기억날 만한 순간이었을 것이다. 사실 지금 그때의 경험을 떠올리는 것만으로도, 그때 일자리를 얻었든 얻지 못했든 간에 당신의 심장박동 수는 조금이나마 상승할 것이다.

반면, 한두 번은 당신이 면접관이어서 면접하는 날을 달력에 표시해 놓기도 했을지 모른다. 그러나 대부분 당신에게 그날은 별로 중요한 날이 아니었을 것이다. 당신은 평상시와 마찬가지로 옷을 입고 제시간에 혹은 당신의 출근 습관에 따라 회사에 도착했을 것이다. 당신은 면접 결과에 관심이 있었을 것이다. 자리에 딱 맞는 사람을 고용하는 것은 리더의 가장 중요한 책임 중 하나이기 때문이다. 그러나 평소와 다른 특수한 상황이 아닌 한 당신은 특별히 긴장하지 않았을 것이다. 당신의 맥박과 호흡은 편안했을 것이다. 그 응시자가 합격을 했다 해도 몇 해가 지났을 때 당신이 그날을 기억할 것 같지는 않다.

이 만남에서 두 사람 모두 파워를 가지고 있다. 면접관은 당연히 파워가 있다. 합격시킬 것인지 말 것인지를 결정할 능력이 있고 어떤 질문을 하고 언제 면접을 끝낼 것인지를 정할 능력이 있다. 그러나 그녀는 왜 면접을 하고 있는가? 바로, 이 회사가 필요한 모든 파워를 다 갖추지 못했기 때문이다. 빈자리가 있고 파워가 부족한 곳이 있기 때문에 사람을 고용해서 채우려는 것이다. 지금 면접을 보고 있는 사람이 바로 그 사람일 수도 있다. 면접관이 찾는 바로 그 파워를 이 응시자가 가지고 있을지도 모른다(분명 이 응시자도 그러기를 바랄 것이다).

그러나 모든 취업 면접에 잠재적으로 존재하는 파워의 가장 깊은 근원 중 하나는 면접관이나 응시생에게 있지 않다. 그것은 공유될 때 발산되는 창조적 파워다. 어떤 면접에나 파워의 비대칭성이 있다는 것을 부정할 수는 없지만 최상의 면접은 지배와 종속의 의례(儀禮)가 아니라 협력의 가능성을 탐색하는 것이다. 즉 면접관과 응시자가 함께 일할 수 있는 길을 찾을 때 얻을 수 있는 문화적 재화를 같이 그려 보는 것이다.

취업 면접에 존재하는 파워는 단순히 한 종류가 아니다. 파워는 여러 형태를 띠며 각각은 자체의 가능성과 한계를 가진다. 다양한 경관을 가진 지형과 같다. 먼지 나는 길이 잘 경작된 비옥한 땅 옆으로 뻗어 있을 수도 있다. 그 길을 따라 내려가면 고요하게 흐르는 강가를 지나 잘 가꾸어진 잔디밭이나 방풍림 옆의 수풀과 마주칠 수도 있다. 저 멀리에는 아마도 험한 바위 언덕이 자리 잡고 있을 것이다. 지형의 각 부분은 저마다의 특성과 생명을 나눠 주는 저마다의 역량과 저마다의 위험을 가지고 있다.

사람들에게 앞에서 말한 면접과 이와 관련된 상황 속에 나타난 파워(세상을 만드는 능력)의 지형을 지도로 만들어 보라고 부탁한다고 생각해 보자. 인사담당자의 경우 경관의 중요한 부분들에는 다른 사람들이 포함될 것이다. 그녀의 상사, 회사의 성공을 바라는 여러 주주들, 그녀의 자리를 노리는 능력 있는 경쟁자들의 능력 등등이 그것이다. 그녀는 또한 그 회사의 특정 문화에서 어떤 아이디어가 또는 어떤 사람이 무시당하거나 인정받는지를 결정하는 지뢰밭과 기밀 암호들을 그려 낼 수 있을 것이다(어떤 회사에서는 남자다움을 과시하는 마초적 허세가 존경을 받는 데 필수적이지만, 다른 회사에서는 온화하게 협력을 잘해야 인정을 받는다). 그리고 그녀는 회사가 틈새시장을 찾기 위해 애쓰고 있는 더 넓은 업계의 지형 속에서 자신이 속한 조직 앞에 놓인 기회와 위협에 대해 어느 정도 이해하고 있을 것이다. 이런 경관에 대한 지식의 대부분은 마치 농장에 방문한 사람이 그 지역 토양의 성분이나 그곳 농부들이 일하는 방식의 생활 리듬을 이해하는 것이 불가능하듯, 취업 면접을 보러 온 응시자는 접할 수 없는 것들이다.

그런데 파워의 지도에서 인사담당자가 정확하게 표시하기 대단히 어려운 부분이 있다. 바로 자기 자신의 파워다. 면접 날 응시자가 하는 모든 준비들, 곧 심장박동 수의 증가, 구두 광내기, 회사 근처를 배회하는 것 모두를 그녀는 보지 못한다. 아니, 볼 수가 없다. 그녀가 이 모든 것을 볼 수 없는 이유는 응시자가 의도적으로 이것들을 면접관에게 안 보이도록 숨기고, 자신의 최상의 모습만을 보이고자 하기 때문이다.

우리 자신의 파워는 우리가 만드는 파워 지도에 표시되는 경우가 거의 없다. 내 친구는 20년간 사립 재단에서 대표로 일하다가 은퇴해서 컨설턴트로 새롭게 일을 시작했다. 수십 년 만에 처음으로 고용주가 아닌

피고용인이 된 그는 내게 이렇게 말했다. "한번은 내가 고객과 미팅을 하는데 내 생각에는 오늘 할 이야기가 다 끝난 것 같더라고. 그래서 일어섰지. 그랬더니 고객이 하는 말이 '로브, 자리에 앉게. 아직 일이 다 안 끝났네' 하더군. 그제야 지난 20년간 내가 일어서면 미팅이 끝났었다는 걸 알게 됐네."

테라 인코그니타 ◆

내 친구 로브는 이전에는 파워 지도에 나타나지 않았던 영역에 걸려 넘어진 것이다. 그것은 자신이 원할 때 미팅을 시작하고 마치기 위해 비용을 지불하는 사람의 능력이다. 내가 아는 한 로브는 사교적이고 관대한 사람이고 절대로 자신의 파워를 남용해서 일방적으로 대화를 끝낼 사람은 아니다. 그러나 파워가 남용되지 않는다고 해서 그것이 중립적이거나 중요하지 않다는 뜻은 아니다. 세상을 보는 로브의 시야는 그의 지위가 가진 파워에 의해 확대되고 또 제약받는다. 그가 만나야 했던 사람들, 그가 기금 마련을 도왔던 선한 사업들, 그가 전 세계 사역자들과 협력하면서 쌓아 온 따뜻한 인간관계들은 그의 시야를 확대했다. 그러나 또한 지난 20년간 그가 거의 경험하지 못한 매우 기본적인 인간의 현실 한 가지가 그의 시야에 제약을 가했는데, 바로 자신보다 그 관계에서 잃을 것이 더 적은 사람에게 의존하는 감각이다.

그것을 모르고서 로브는 이제 그가 이해해야 하는 바로 그 영역에 대

◆ Terra Incognita. '미지의 땅'을 뜻하는 라틴어. 대항해 시대에 아무도 탐험하지 않아 알려지지 않은 땅을 지도에 표시할 때 쓰였다.

해 눈이 먼 채 돌아다녔다. 전혀 나쁜 의도 없이 그가 미팅을 끝냈을 때 상대편은 창의적인 새로운 아이디어나 중요한 통찰을 말하려는 참이었는지 누가 알겠는가? 지도에 표시되지 않은 파워는 위험한 요소다.

지도에 표시되지 않은 파워는 일반적으로 허비된다. 미팅을 끝낼 수 있는 로브의 파워는 그의 지위에 따른 불가피한 현실이었다. 그러나 그가 그런 파워를 가졌다는 것을 자각하지 못한다면 그는 그 파워를 가지고 아무것도 할 수 없다.

만일 미팅을 끝내는 그의 파워를 그가 마음의 지도에 표시해 두었다면 그는 이렇게 말하면서 다른 사람의 창의력이나 통찰력을 끊어 버리는 위험성을 최소화할 수 있었을 것이다. "내가 보기에는 우리가 이번 미팅에서 다룰 이야기는 다 나눈 것 같네요. 그러나 뭔가 중요한 것이 남아 있다면 당신이 그것을 이야기할 기회도 남아 있다는 것을 확인시켜 드리고 싶군요." 어떤 상황에서는 그의 파워를 분명하게 양도할 수도 있었을 것이다. "우리가 창의적인 결론에 도달했다고 느끼기 전까지는 이 자리에서 일어나지 않겠습니다." (물론 상대방이 재단에 재정 지원을 무상으로 요청하는 상황이라면 이렇게 말하는 것이 위험 부담이 될 수도 있다.) 다른 상황에서는, "내가 이 미팅을 끝낼 수도 있다는 것을 분명히 경고해 두겠습니다"라고 말할 수도 있겠다.

이 모든 상황에서 그는 그의 파워를 당연하게 여기기보다 그가 가진 파워를 적극적으로 사용할 수 있었을 것이다. 그러나 그의 파워가 파워의 지도에 표시되지 않는 한, 그의 파워가 가진 좋은 또는 나쁜 잠재력은 로브 자신에게 알려지지 않은 채로 남는다. 물론 탁자 너머의 상대방에게는 분명하게 인식되고 있을 것이다.

지도에 표시하기

조금 앞에서 나는 오늘날 상당히 일반화되었지만 그래도 아직 충분하지는 않아서 우리들 대부분이 당연하게 받아들이고 있는 숨겨진 파워의 양식을 상기시켜 줄 수 있는 선택을 했다. 가상의 인사담당자를 지칭할 때 영어의 문법상 여성 대명사를 사용하고 면접 응시자에게는 남성 대명사를 사용한 것이다. 이런 설정이 유난히 색다를 것은 없지만 여성 노동자나 여성 리더십을 많이 볼 수 있는 오늘날에도 인사담당자는 남성인 경우가 현저히 더 일반적이며, 특히 남성 구직자를 상대할 때는 더욱 그렇다. (여성은 여전히 전통적인 여성의 영역에서 관리자가 되는 경향이 있다.)

어떤 독자들은 이러한 단어의 선택을 별로 눈치 채지 못하고 지나갔을 수도 있다. 그러나 내 생각에 대부분 독자들은 완전히 인식하지는 못했다 하더라도 글을 읽다가 잠깐은 멈추었을 것이다. 어떤 독자들은 여성 대명사를 사용하는 것을 보고 완전히 딴 길로 새서 앞에서 읽어 오던 생각의 흐름을 벗어나 내가 여성을 배려하는 용어를 사용한 것에 감사를 느끼거나 아니면 나의 정치적 올바름에 짜증이 났을 수도 있다.

당신의 반응이 무엇이든지 바로 그때가 이전에는 보이지 않았던 파워의 양식이 드러나는 순간이다. 방해받지 않는 한, 전형적인 인사담당자는 남성일 것으로 당연하게 받아들여진다. 실제로 한 세대 전만 해도 이는 비즈니스 세계에서 압도적인 현실이었고 작가들이 대명사를 선택할 때는 더더군다나 의문의 여지가 없었다. 언어학자들은 남성 대명사가 '무표성'(unmarked)을 가진다고 말한다. 남성이나 여성을 가리킬 때 모두 사용될 만큼 일반적이라는 뜻이다. 그러나 공공 영역에서 남성과 여성의 리더십 양식의 변화가 나타나고 가속화되면서 많은 독자들과 작가들에게 그

(he)라는 대명사는 인간 일반을 가리키는 것이 아니라 지칭 대상이 남성임을 '표시하게'(marked) 되었다. 그래서 만일 내가 이 책에서 남성 대명사를 처음부터 끝까지 일관되게 사용했다면, 이 독자들에게는 내가 관리자를(또는 일반적으로 사람들을!) 항상 남성으로 설정한 것처럼 보였을 것이다.

우리는 파워의 지형을 살펴볼 때에 어떤 특징은 표시하고 다른 특징들은 무시하는 경향이 있다. 모든 지도는 해당 지역의 어떤 측면만을 표시하고 다른 것들은 표시하지 않는다. 사실 지도가 유용한 것은 특정한 것들만 표시했기 때문이다. 지도는 사진이 아니라 지형의 중요한 특징들에만 초점을 맞추어 제한적으로 주의 깊게 그려 낸 것이다.

예를 들어, 2010년에 구글은 온라인 지도에 '자전거 길 보기'를 도입했다. 레이어에서 자전거를 선택하면 자전거 도로와 자전거로 다니기 좋은 길들이 진한 녹색으로 표시되고 주(州)간 고속도로는 거의 보이지 않게 흐린 회색으로 배경에 표시된다. 일반 지도에서 고속도로는 여러 색깔로 가장 굵게 표시된다. 그러나 자전거 지도에서는 거의 보이지 않는다. 내가 살고 있는 필라델피아의 일반 지도에는 스쿨컬강이 도시의 서쪽으로 굽이굽이 흐르고 스쿨컬 고속도로가 강변을 따라 뻗어 있다. 그러나 이 지도는 자전거나 스케이트를 타는 사람들과 조깅을 하는 사람들을 위한 오솔길도 강변을 따라 35킬로미터나 이어져 있다는 것은 알려 주지 않는다. 오솔길은 항상 그 자리에 있지만 지도에 표시되지 않는다.

어떤 지도에 이러저러한 특징들이 표시되든지 그렇지 않든지 **그것들은 언제나 거기에 항상 있다**. 그리고 그 모든 것이 도시든 시골이든 그곳을 지나는 여행자의 경험을 형성한다. 내비게이션은 내가 가는 길 옆에 펼쳐진 들판에 소 떼가 있는지 알려 주지 않지만 그렇다고 차를 타고 가다가 우리 아이들이 소들을 발견하고 기뻐하면서 몇 마리인지 세어 보는 것을 막지는 않는다. 소들은 운전자에게는 아무 표시도 아닐 수 있지만 열 살짜리 아이들에게는 그렇지 않다. 도시를 계획하는 사람들이 건물 현황을 조사할 때 사용하는 지도는 재개발 예정지에 사는 가족들에 대해 아무것도 보여 주지 못하지만, 지역 개발을 위한 공청회에서 그 가족들은 놀랄 만한 방안들을 제시하며 자신들의 존재를 드러낼 수 있다. 나는 구글 지도에서 지형을 표시하는 선들을 안 보이게 설정할 수 있지만, 내일 자전거 여행에서 70킬로미터를 달리다 보면 그 경로에 있는 언덕들은 자신의 모습을 드러낼 것이다.

물리적 세계의 지도들과 마찬가지로 파워 역시 그렇다. 우리는 각자 어떤 특징이 강하게 표시된 파워를 지닌 다른 사람들과 마주치면서 살아간다. 유럽 이민자의 후손인 연한 피부색의 미국인은 만일 '백인'들로 가득한 방에 있다 해도 그 사실을 알아차리기 어려울 것이다. 반면 그녀가 짙은 피부색을 지닌 아프리카인의 후손인 미국인이라면 그 사실을 알아채지 못하기가 더 어려울 것이다. 어떤 사람에게는 연한 피부색이 특별히 표시되지 않는다. 다른 사람에게는 분명하게 표시된다. 그러나 연한 피부색 자체는 항상 똑같이 거기에 있다. 유일한 차이점을 말하자면 그것이 지도 위에 표시되어 있느냐, 즉 우리가 의식적으로 지각하는 대상에 포함되느냐 아니냐다.

파워의 특징이 표시되느냐 아니냐는 우리가 이 세상을 만드는 것에 그 자체의 고유한 영향을 미친다. (그러한 이유로 나는 이 부분에서 '백인'이라는 단어에 인용 표시를 해서 눈에 띄지 않는 지형이 되지 못하게 했다. 미국인들이 '백'과 '흑'이라는 단어들로 만들어 온 복잡한 이야기는 피부색에 대한 내용을 넘어선다.) 편안한 문화적 환경 안에 있는 '백인'들은 더 자유롭게 웃고 창의력을 발휘하며 자신이 동의하지 않는 것에 별 어려움 없이 반대할 수 있다. 그녀의 지도에 걸림돌은 표시되어 있지 않다.

반면 흑인 여성의 경우 백인들이 모여 있는 방 안에 있다면 심한 압박을 느낄 것이다. 동시에, 그녀의 문화적 배경이 '표시된다는' 바로 그 이유 때문에 지목을 받아 특별히 발언할 권위를 얻을 수도 있다. 예를 들어 이러저러한 이슈에 대해 '흑인들'은 어떻게 생각하는지 포괄적으로 대표해 주리라는 난처한 기대를 받는 것이다.

표시가 되든지 그렇지 않든지 우리의 파워 지도들은 문화 생산(culture making)을 제약하기도 하고 가능하게 하기도 한다. 지도에 나타나든지 그렇지 않든지 파워의 현실은 늘 거기에 있어서 다양한 조합으로 제약을 주기도 하고 자유를 주기도 한다. 우리는 모두 서로 다른 지도를 가지고 같은 지역을 함께 여행한다.

지도는 우리가 지나는 지형의 어떤 특징들을 숨겨 주기 때문에 쓸모가 있다. 그러므로 어떤 환경에서든 파워의 진정한 특징들은 함께 여행하는 많은 사람들 또는 모든 사람들에게 감추어지는데 이는 불가피한 일이며 사실 필요한 일이다. 간단히 예를 들 때를 제외하고, 이 책에서 소통을 가능하게 해 주는 영어 문법 규칙들을 일일이 짚어 설명하느라 지속적으로 흐름을 끊는다면 당신이나 나나 득 될 것이 없을 것이다. 우리는 이 책이 일정한 문법 규칙을 따른다는 표시되지 않은 사실에서 득을 보고 있다. 그러나 영문법의 지도 제작사들 즉 교사, 편집자, 교정자 들이 오랜 시간에 걸쳐서 이 지형을 우리에게 잘 설명해 준 덕택에 우리는 그 지도를 사용하여 이 세계를 최대한 누릴 수 있다. 우리는 때로 지도화되지 않은 언어의 가장자리를 탐험하는 시인들과 예언자들을 통해서도 이득을 본다. 그들은 이전에는 표현될 수 없었던 것에 적절한 표현을 부여하기 위해 화법과 어휘의 경계들을 넘는다.

지도에 나타나지 않은 파워가 위험하고 낭비된다면, 우리는 어떻게 우리들 가운데 있는 파워의 실상을 정확히 지도화할 수 있을까? 특히 파워 있는 사람들에게 감추어져 있는 파워와 파워 없는 사람들에게 감추어져 있는 파워를 포함해서 말이다. 어떤 면에서 그 답은 맥이 풀릴 만큼 단순하다. 우리는 지도 제작자가 한 사람 이상 필요하다. 우리 중 그 누구도 자신의 파워 지도를 스스로 만들 수는 없다. 우리의 지도들을 채우기 위해서는 서로가 필요하다. 그래서 서로서로 우리가 인식하지 못한, 우리가 가진 자원을 짚어 주고, 우리가 가지고 있는 줄도 몰랐던 것을 잘못 사용할 위험에 대해 경고해 주어야 한다.

이러한 지도 제작 과정은 신뢰를 요구한다. 왜냐하면 지도 그리기 자체가 바르게 사용될 수도, 오용될 수도 있는 파워의 행사이기 때문이다. 신뢰는 대립 및 비판과도 공존할 수 있지만, 우리가 서로를 위한다는 확신 곧 우리가 자신의 게임에서 승리하기 위해 우리의 통찰력을 상대의 파워에 사용하기보다는 서로 상대방의 번영과 발전과 창조에 협력한다는 확신이 뒷받침해 줄 때에만 그렇다.

그리고 우리가 서로를 위하는지는 우리가 파워를 선물로 믿는지에, 그리고 우리가 파워를 나눌 때 그것이 늘어날 수 있는지에 매우 많이 달려 있다. 만일 파워가 본질적으로 저주라면 우리 중 누구도 친구에게 그런 일이 일어나기를 바라지 않을 것이고, 우리가 파워를 얼마나 가지고 있는지 아는 것도 아마 원치 않을 것이다. 만일 파워가 본질적으로 한정적이어서 단지 재분배될 뿐이라면, 그래서 내가 더 많은 파워를 갖는 만큼 당신은 파워를 덜 갖게 된다면 우리의 모든 관계는 경쟁이거나 기껏해야 협상의 성격을 띨 수밖에 없을 것이다. 반드시 파워가 근본적으로 선하고 근본적으로 생산적이어야만 우리가 가지고 있고 공유하는 파워의 지도를 정확하고도 풍성하게 채워 나가기 위해 서로를 신뢰할 수 있다.

신뢰 없는 파워

성경의 앞부분에서 우리는 신뢰 없는 파워의 한계에 대한 교훈으로 가득 찬 이야기를 만난다. 인간의 이야기는 창세기에서 흩어지라는 부르심으로 시작한다. 인간의 경작과 창조로 풍성한 열매를 맺어 '땅을 충만하게 채우라는' 부르심이다. 이는 다르게 말하면 파워로의 부르심이다. 즉 하나님이 그분의 형상을 지닌 자들을 두신, 이 놀랍게 다양하고 거칠지만 선한 세상을 탐구하고 관여하는 창조적 사역으로의 부르심인 것이다.

그러나 초기 인류의 어느 집단은 생육하고 번성하라는 이 부르심에 저항한다. 그들은 시날 평지에 정착하여 그들이 신뢰하지 않는 세상의 위협 요소들을 점검한다. "자, 성읍과 탑을 건설하여 그 탑 꼭대기를 하늘에 닿게 하여 우리 이름을 내고 온 지면에 흩어짐을 면하자"(창 11:4). 이들은 바벨의 시민들, 타락 이후의 뒤틀리고 혼란스러운 세상의 상속자들이며, 그들의 선입관은 그들의 파워 개념을 드러내 보여 준다.

한편으로 그들은 본질적인 진리를 일부 파악하고 있다. 파워는 성읍과 탑 같은 건축물을 쌓는 능력만이 아니다. 파워는 '이름을 내는 것'(make a name), 즉 세상을 규명하고 해석하는 능력이다. 그리고 성읍들과 탑들은 이후 역사와 성경 마지막에 약속된 새 성읍의 관점에서 볼 때 생육하고 번성하라는 하나님의 태초 명령 안에 확실히 들어 있는 것이다.

그러나 이런 긍정적인 측면과 함께, 바벨의 업적을 바래게 하는 파워에 대한 더 어두운 신념들도 있다. 바벨의 시민들에게 파워는 이기적 동기로 행사된다. 파워는 희소한 것이기 때문에 퍼뜨리기보다는 비축해야 한다. 동시에 그들이 세운 건축 계획의 규모는 그들이 지닌 기술적 자원과 비교해 볼 때, 그들이 인간의 파워가 실제로 성취할 수 있는 것에 대해 비현실적으로 과장된 견해를 가지고 있었음을 보여 준다. 이는 희소성과 비축의 뒷면인 오만함이다. 이렇게 거대한 계획은 그들이 소멸될지 모른다는 똑같이 거대하고 더 깊은 두려움에 의해 추동된 것이기에, 다른 인간들에 대해서나 다른 신들에 대해서나 공격은 못하더라도 적어도 늘 경계할 것을 요구한다(탑은 인근 평지를 더 잘 살피게 해 주고 또한 하늘의 신성한 영역을 침범한다). 바벨의 성취는 그 밑에 깔려 있는 두려움을 은폐한다. 야심 차 보이는 건축 작업은 사실상 위축된 인간의 야망과 취약성에 대한 점증하는 인식의 결과다.

바벨탑을 건축한 사람들이 사용하는 측량줄은 그들 자신에게 적용된다. 파워에 대한 그들의 비틀리고 두려워하는 관점이 하나님의 심판과 개입을 가져오는 것이다. 바벨 사람들의 야망에 대해 하나님은 파워와 가능성의 언어를 사용하여 평가하신다. "이같이 시작하였으니 이 후로는 그 하고자 하는 일을 막을 수 없으리로다"(창 11:6). 이기심과 희소성, 거대함과 공격성이 이끄는, 제어되지 않은 파워는 하나님의 풍성한 원래 목적에 치명적이다. 그래서 하나님이 개입하신다. 탑을 건축하는 사람들이 두려워하는 폭력적인 방법으로가 아니라 창조성의 발현이라는 방법으로, 건설 현장의 언어를 다양하게 만들어 버리심으로 개입하신다. 갑자기 등장한 언어적 다양성은 창조성과 협력의 기회가 될 수도 있었지만 외부인에 대한 두려움에 중독된 사회에서는 단지 불화와 해체로 이어졌다.

창세기의 초기 독자들은 태고의 바벨을 오늘날 바그다드에서 멀지 않은 메소포타미아 평지의 거대 도시인 후대의 바빌론과 연관 지었을 것이다. 또한 우리 시대에 바그다드는 숨겨진 파워에 대한 끔찍한 교훈을 주는 장소가 되었다. 파워에 대해 사담 후세인만큼 이기적이고 희소성에 집착하며 거대하고 공격적인 관점으로 한 나라를 통치한 사람은 거의 없다. 후세인은 잔혹하고 변덕스러운 공포로 이라크를, 특히 쿠르드족과 시아파 공동체를 다스렸다. 누구에게나, 심지어 그의 가족들에게까지 폭력을 행사하는 그의 능력은 그를 파워의 맹목적인 광기 속으로 점점 더 깊이 끌어내렸다.

후세인의 광기와 맹목성의 깊이를 측정하는 한 가지 척도는 이라크의 핵과 화학전 능력을 검증하려는 국제 공동체의 요구에 순응하기를 거부한 것이다. 우리는 이제 후세인의 부단한 대량살상무기 추구가 1990년대 중반 국제 사회의 제재 조치에 의해 중단되었음을 안다. 후세인은 대량살상무기가 이라크에 존재하지 않는다는 것을 확실히 알면서도 핵심 시설에 대한 유엔 조사관의 접근을 계속해서 거부하고 신뢰성에 대한 국제 사회의 요청을 무시함으로써 미국과 동맹국들이 그 무기들을 근절시키려는 목적으로 전쟁을 일으키도록 도발했다.

혹시 그런 무기들이 이라크에 없다는 것을 그가 정말 알았을까? 우리가 확실히 알 수는 없겠지만, 사담 후세인이 그의 나라가 핵무기를 여전히 보유하고 있거나 보유에 근접했다고 **정말로** 믿었을 가능성도 충분하다. 이 독재자의 주변 사람들 중에 그 나라의 군비 계획이 중단되었다는 진실을 그에게 감히 알릴 사람이 누가 있었겠는가? 훨씬 더 사소한 일로 그의 심기를 건드린 장성들도 일상적으로 처형되었으니 말이다.

어떠한 상황이든 파워에 대한 후세인의 광적인 추구는 그의 눈을 멀게 했고 그를 파멸로 이끌었다. 그러나 〈반지의 제왕〉에 나오는 악마 같은 발록처럼, 후세인은 심연으로 떨어지면서 그의 가장 강력한 적도 같이 끌고 내려갔다. 미국은 막대한 양의 정보 수집과 군사 자원, 첩보 위성들과 야간 투시경을 갖추고 있었지만 역시 눈이 멀어 있었다. 그래서 미국의 파워는 독재자를 향해 행사되었지만 그 파워가 건진 것만큼, 아니 그 이상을 파괴했다. 미래 세대는 이라크 전쟁이 오늘날 대부분의 미국인이 믿고 있듯이 실수였는지 아닌지를 판단할 수 있을 것이다. 우리는 아직 알 수 없지만 미래 세대는 또한 미국의 실험이 재정 부채와 신뢰도 하락에 짓눌려 허무한 실패의 나락으로 떨어진 것이 악마가 휘두른 꼬리에 결정타를 맞았기 때문인지 아닌지를 알게 될 것이며, 이것이 파워의 맹목성을 보여 주는 혹독한 본보기였다는 것에는 의심의 여지가 없을 것이다.

어리석음을 풍자하는 가상 인물인 마이클 스캇과, 무책임하고 제어되지 않는 파워를 보여 주는 끔찍한 실존 인물 사담 후세인은 매우 거리가 멀어 보인다. 그러나 그것은 대부분 기회와 상황의 문제일 뿐이다. 다행히도 우리들 대부분은 후세인의 궁전이나 백악관의 상황실보다는 〈더 오피스〉와 더 유사한 환경의 삶에서 실수를 저지른다. 그러나 우리는 모두, 우리 지도에 결함이 있고 우리 시야가 가려져 있다면 다른 사람들과 우리 자신에게 큰 손상을 입히기에 충분한 파워를 가지고 있다. 지도화되지 않고 알려지지 않는다면, 파워의 장악력은 흔들리지 않는다.

7장 •
힘, 강요, 폭력

"모든 정치는 권력을 위한 투쟁이며 궁극적 권력은 폭력이다." 이것은 찰스 라이트 밀스(C. Wright Mills)가 1956년 출간한 영향력 있는 책 『파워 엘리트』(*Power Elite*, 부글북스)에 나오는 명쾌한 진술이다. 이 표현은 사회에서 권력이 어떻게 행사되는지를 완벽하게 요약하며 상식적인 이해에 가장 잘 부합한다. 이 책의 요점은 밀스가 틀렸다는 것이다. 아니, 그보다 더 강력하다. 이 책의 요점은 만일 기독교가 옳다면 밀스가 틀린 것이고 만일 밀스가 옳다면 기독교는 진리가 아니며 기독교 신앙은 어리석다는 것이다.

밀스는 단어를 신중하게 선택했다. 그는 "궁극적 권력은 물리적 힘이다"라고 말하지 않았다. 이런 진술은 물리학에서나 사용될 것이다. 힘은 물체가 다른 물체에 대해 작용할 때 발생한다. 이것은 매우 실제적인 종류의 파워다. 내가 문을 닫든지 딸아이의 그네를 밀든지, 내가 충분한 에너지를 실어 무언가를 밀면 그것이 움직인다. 힘은 중립적이며, 심지어 유익하기도 하다. 적어도 내 딸아이가 그녀가 만들어 내는 멋진 원호의 정점에 있을 때라면 그렇게 말할 것이다.

밀스는 "궁극적 권력은 강요다"라고 말하지도 않았다. 강요는 다른 사람을 그의 의지에 반해서 당신의 의지대로 행동하도록 만드는 능력이다. 위대한 독일의 사회학자 막스 베버(Max Weber)는 파워를 [독일어 단어 '마흐트'(Macht)를 사용해서] 정의하기를 "어떤 사회적 관계 안에서 자신의 의지를 타인의 의지에 반해서까지 관철할 개연성"이라고 했다. 뒷부분의 표현 "타인의 의지에 반해서까지"가 핵심이다. 베버에게 파워는 저항을 극복하는 것과 관련 있다. 파워는 강요하는 능력에 관한 것이다. 심지어 베버가 헤어샤프트(Herrschaft)라고 부른 권위(authority)조차도 "구체적 명령에 대한 복종을 확보할 개연성"이라고 정의하여 강요하는 파워에 대한 암시 이상의 의미를 담았다. 베버와 그 이전과 이후의 많은 학자들에게, "그렇게 해"라고 명령법으로 말하고 그 명령을 받은 사람이 명령에 동의하는지 여부와 무관하게 응답할 것을 기대할 수 없다면 파워는 실제가 아니다.

그러나 밀스는 파워를 힘도 강요도 아닌, 폭력과 동일시하였다. 여기서 **폭력**은 물리적 힘을 가리키는 또 하나의 용어가 아니다. 폭력은 손상을 입히려는 의도를 가진 힘, 존엄을 손상시키는 힘이다. 폭력은 그 대상의 한계와 선한 의도를 존중하지 않는다. 내가 문을 폭력적으로 닫을 때 나는 문의 한계를 넘어 경첩에 무리가 되도록 문을 문틀 쪽으로 세게 밀친다. 그럼으로써 나는 그 문의 가치를 내 폭력 행위 이전보다 떨어뜨릴 것이고 어쩌면 복구가 불가능할 수도 있다.

나는 이 세상의 많은 것들에 폭력적일 수 있지만, 이를테면 튀어나와 있는 화강암에 심각한 폭력을 행사하기란 어려울 것이다. 화강암은 너무 단단하고 단순해서 화강암의 존엄성에 손상을 입히기란 어렵다. 사실, 화강암과 폭력적으로 부딪친다면 반대로 나 자신의 존엄성을 잃을 가능성이 더 많다. 이는 폭력의 잠재성이 힘을 행사하는 우리의 물리적 능력뿐 아니라 우리 힘의 대상이 지닌 존엄성에 따라서 증가한다는 것을 보여 준다. 그렇기 때문에 우리는 대부분 **폭력**이라는 말을, 인간에 대해 불균형하고 모멸적으로 사용되는 힘을 가리킬 때 사용한다. 이 세상의 모든 피조물 중에서 인간은 가장 잃어버리기 쉬운 존엄성을 가지고 있고 그래서 폭력에 가장 취약한 존재들이다. 손바닥으로 한 대 치는 것이 화강암 판에는 아무것도 아니지만 인간에게는 심각한 폭력의 행위일 수 있다.

그래서 결론적으로, **폭력**은 또한 가치 판단이 들어간 단어다. '좋은 폭력'이란 형용 모순이다. 기껏해야 '정당화된 폭력'이라는 말을 사용할 수 있을 뿐인데 이 말은 이미 폭력 자체가 정당하지 않음을 암시한다. 폭력을 정당화할 무언가가 필요하지만 그 정당성은 검증되어야 하고 항상 의심의 대상이 될 것이다. 폭력이 저질러질 때에는 늘 복구할 수 없는 손실이 발생한다는 것을 우리가 깨닫기 때문이다. 문짝은 교체할 수 있다. 그러나 순결함은 교체될 수 없으며, 무한한 가치를 지닌 다른 많은 것들처럼 폭력의 결과로 항상 상실되어 버린다.

폭력의 과잉

물리력은 수학적 대칭에 의해 작용한다. 내가 일정한 양의 노력을 기울여 문을 밀면 문은 이에 상응하는 정도로 열린다. 그러나 폭력은 양측 모두의 손실을 발생시키는 과잉의 성질을 나타내는 경향이 있다. 존엄성 또는 온전함을 일부 잃는 것은 문만이 아니다. 내가 벽 쪽으로 문을 세차게 밀칠 때 나 역시 내 존엄성의 일부를 잃는다. 이것이 우리 문화의 대중 오락

물에 등장하는 막대한 양의 폭력이 언제나 더 극심한 악행 때문인 것으로 설명되어야만 하는 이유다. 그렇지 않으면 관객은 노골적으로 분노하지는 않더라도 불편함을 느낀다. 폭력적인 만화로 가득 찬 우리 문화도 불필요한 폭력에 대해서는 불편해한다. 폭력을 저지르거나 그저 폭력을 단순 목격하는 얼룩조차 더 큰 악으로 정당화되어야만 씻어 낼 수 있다. 그렇지 않으면 폭력으로 인한 손실이 너무 커서 감당할 수 없다.

그래서 폭력적인 영화에서 악당들은 이루 말할 수 없이, 구제불능으로 악하다. 그래야만 우리가 영웅들이 자행하는 폭력에 대한 불편함을 덜 수 있다. 특히, 마음이 여린 어린이들을 대상으로 한 디즈니 애니메이션에서 악당들은 벼랑 끝에 오기까지 어떻게 싸움이 벌어졌든지 간에 마지막에 항상 스스로를 해친다. 개스톤은 착한 마음을 가진 야수와 싸우다가 탑 꼭대기에서 야수가 그를 구하려고 할 때 떨어져 버린다. 신드롬은 인크레더블 가족을 끝까지 조롱하다가 자기 망토 때문에 자신의 비행기 엔진으로 빨려 들어간다. 그래서 우리의 영웅들이 최후의 복수를 수행하는 것을 지켜보는 복잡한 심정을 모면하게 해 준다. 쿠엔틴 타란티노(Quentin Tarantino) 같은 영화 제작자들은 폭력이 그에 맞서는 악보다 언제나 덜 나쁘게 표현되어야 한다는 이 관습을 무시함으로써 관중을 매우 불편하게 만든다. 그래서 이런 영화를 즐기는 사람들은 그들이 단지 존엄성을 파괴하는 외설스러운 장면 때문에 좋아하는 것이 아니라는 것을 긴 평론으로 설명한다.

그러므로 "궁극적 권력은 폭력이다"라는 말은 의미심장한 진술이다. 이것은 폭력이 권력의 **일종**이라고 말하는 것과는 다르다. 밀스는 **궁극적**이라고 말했다. 궁극적이라는 말은 파워의 위계가 존재하고 그 뿌리에 혹은 그 정점에 폭력이 있다는 것을 암시한다. 밀스의 말은 파워가 '가장 깊은 본질에서' 폭력적이다, 혹은 '가장 완전히 표현될 때' 폭력적이다라는 것이며, 혹은 어쩌면 둘 다를 말하려 했을지도 모른다. 파워 스펙트럼의 한쪽 끝 혹은 양쪽 끝에서 우리는 존엄성의 파괴와 순결함의 상실을 발견한다.

그러나 밀스의 이 진술은 폭력만큼 명확히 위태롭지는 않은 다른 형태의 파워 행사 역시 여전히 '궁극적으로' 폭력 편향인 체제의 일부임을 의미한다. 밀스의 직접적 관심은 정치다. 그는 또한 모든 정치가 권력을 위한 투쟁이라고 말했다. [그런데 이것은 사실인가? 사회학자 대니얼 벨(Daniel Bell)이 밀스의 책 서평에서 질문한 바와 같이 **모든** 정치가 투쟁인가? 정치는 인간 집단들을 관리하는 호혜적 방법을 탐색하는 문제가 결단코 될 수 없는가? 투쟁과 갈등보다 영감과 희망에 관한 것이 될 수는 없는가? 확실히 **어떤** 정치는, 아마 **대부분의** 정치는, 아마 **특정 시기와 장소에서 모든 정치는**, 아마 **모든 정치가 한때는**, 권력을 위한 투쟁일 것이다. 그러나 모든 정치가 언제나 어디서나 그러한가?] 그러나 밀스의 진술 후반부("궁극적 권력은 폭력이다")는, 폭력적으로 **나타나지 않는** 형태의 권력도 **궁극적으로** 폭력적인 체제에 실제로 참여한다는 것을 암시하고 있다. 이를테면 하원에서의 투표와 같은 것 말이다. 만일 궁극적 권력이 폭력이라면 권력의 어떤 진정한 행사도 근원적으로 혹은 종국적으로 폭력적이며 권력의 행사가 성공적일수록 더 폭력적이라는 결론을 피할 수 없어 보이기 때문이다.

사실 이것은 밀스의 세계관이고, 그 세계관은 담론을 주도하는 그의 책 페이지마다 스며들어 있다. 그의 글에는 군부와 경제·정치 분야의 '파워 엘리트'에 대한 경멸이 넘쳐난다. 그는 부가 창조성으로부터 나올 수 있다는 생각을 하찮게 여기거나 그냥 일축해 버린다. 이를테면 그는 부자가 되는 것은 발명가가 아니라 그 발명에 재정을 지원하고 대중화하는 사람들이고 진정으로 부유해지는 사람들은 아예 발명과는 상관없이 군부와 정치계에 있는 동료 엘리트들과의 직접적 연줄을 통해 부를 '착복하는' 사람들이라고 지적한다. 밀스는 '파워 엘리트'가 어떤 선한 것을 창조해 왔다거나 그들의 권력 행사가 공공복지의 측면에서 어떤 진정한 부를 형성해 왔다고는 믿을 수 없었다.

확실히 밀스는 유별나게 냉소적이지만 아마도 그의 동료 사회학자들 중에서는 그다지 유별나지도 않을 것이다. 더군다나 1950년대에 미국인 대부분은 2차 세계대전 이후의 경제 성장으로 들떠 있었고 세계에서 미국의 지위에 막연하게 만족하고 있었지만, 그들이 미처 깨닫지 못한 냉소적일 이유들이 더 많이 있었다. 밀스가 비판한 파워 엘리트들을 지휘하던 드와이트 아이젠하워(Dwight Eisenhower)조차도 '군산복합체'라는 표현을 고안해서 동료 미국인들에게 그 위험성을 경고하고자 했다. 1960년대와 1970년대에는 특히 밀스가 십 년 전에 비난했던 바로 그 정치인들과 기업의 기술관료들이 자행한 베트남전의 재앙적 폭력 때문에 더 많은 사람들이 밀스의 의혹을 공유했다.

그러나 밀스의 냉소주의에 대한 대안이 꼭 폴리애나◆ 같은 순진함일 필요는 없다. 또 다른 길이 있다. 우리는 폭력이 궁극적 파워라고 말하기보다는 폭력은 파워의 궁극적 **왜곡**이라고 말해야 한다. 폭력은 파워가 잘못될 수 있는 최악의 방식이고, 파워가 잘못될 수 있는 다른 방식들은 모두 우리를 폭력으로 미끄러지는 내리막길로 인도한다. 그리고 폭력 즉 인간과 다른 피조물들의 존엄성을 손상시키는 힘의 사용은 파워가 타락했다는 것을 가장 분명하게 보여 주는 표지다. 폭력은 신 행세를 하는 사람

◆ Pollyanna. 미국 작가 엘리너 포터의 소설 『폴리애나』(1913)에 나오는 천진난만한 주인공.

들과 우상들이 그들의 요구에 따르지 않는 사람들, 그들이 추구하는 통제에 굴복하지 않는 사람들에게 휘두르는 마지막 수단이다.

그런데 폭력이 파워의 궁극적 왜곡이라고 말하는 것과 모든 파워가 궁극적으로 폭력에 뿌리내리고 있다고 말하는 것에는 결정적 차이가 있다. 만일 모든 파워가 폭력에 뿌리를 내리고 있다면 파워를 행사하려는 모든 사람, 자신이 원하건 아니건 파워, 특권, 지위를 가진 모든 사람은 폭력으로 이어지는 가파르고 미끄러운 내리막길 위에 서 있다고 상상해야 하고 내리막길에서 미끄러지지 않기 위해 끊임없이 애써야 한다. 설사 아래로 미끄러지는 것을 피할 수 있다 해도 궁극적으로 우리가 수치스러운 것에 관여하고 있다는 비난을 떨쳐 버릴 수는 없을 것이다. 실제로 많은 민감한 사람들이 자신의 파워에 대해 그리고 다른 사람의 파워에 대해 이렇게 느낀다. 즉 착취와 지배에서 불과 몇 걸음 떨어져 있을 뿐이라는 것이다. 이런 관점의 가장 합리적인 결론은 궁극적 파워에서 멀리 떨어질수록 좋다는 것이고, 그래서 가장 좋은 것은 아무런 파워도 갖지 않는 것이 된다.

그러나 만일 폭력이 왜곡이라면 우리는 파워를 사용할 때 미끄러운 내리막길이 아니라 갈림길에 서게 된다. 한쪽 길에는 파워의 왜곡이 있고 그 길의 끝은 폭력이다. 그러나 다른 길에는 창조적 파워가 있다. 우리가 파워를 사용할 때 한쪽 방향을 택하면 우리는 존엄성의 훼손에 관여하게 된다. 그러나 다른 방향을 택하면 우리의 파워는 인간의 번영을 표현하고 심지어 회복하는 데 기여할 수 있다.

내 생애에서 가장 기억할 만한 한 사건은 존엄성을 회복하고 유지시키는 파워의 가능성을 완벽하게 보여 준다. 그것은 사실 밀스가 그렇게 냉소적이었던 바로 그 체제의 정점에서 일어난 정치적 사건으로, 내 생각에 밀스는 그런 일이 일어나리라고 상상조차 하지 못했을 것이다. 2009년

1월 20일 버락 오바마가 미합중국의 대통령으로 취임했다. 아프리카계 미국인의 대통령 당선과 위엄 있고 감동적이며 기억에 남는 그의 취임식은 완전히 정치적인 사건이었고 확실히 밀스가 서술한 권력을 향한 '투쟁'을 포함하여 다양하고 거대한 권력 행사의 정점이었다. 그러나 이 정치적 사건은 모든 취임식이 대표하는 한 행정부에서 다른 행정부로 권력의 비폭력적 이양이라는 미국 정치의 놀라운 유산을 구현한 것만은 아니었다. 물론 권력의 비폭력적 이양이 이 나라에서 40차례에 걸쳐 연속적으로 이루어졌다는 것만으로도 우리 모두를 놀라게 할 만하다. 그러나 또한 파워 행사가 폭력의 역사를 끝내고 존엄성을 회복하는 것을 보여 준 이정표적 사건이기도 했다. 나는 학교에서 돌아온 열한 살 된 아들을 데리고 취임식을 보러 갔다. 이 아이에게 최상의 상태에 있는 파워를 보여 주고 싶었기 때문이다. 내가 2008년 선거에서 버락 오바마의 반대편에 투표하는 어려운 결정을 했다고 덧붙이는 것이 부적절하지는 않을 것이다. 그러나 오바마 및 그의 정당과 나의 정치적 차이는 그날의 중요성과 아무 상관이 없다. 모든 정파에 속한 수백만의 다른 미국인들처럼 1월의 그 지독히 추웠던 화요일에 나는 축하했고 또 눈물을 흘렸다.

오바마의 2008년 대통령 선거 운동이 시작된 것은 모든 일반적 정치권력의 메커니즘이 오바마의 반대편에 줄지어 선 가운데 치러진 힘겨웠던 대통령 후보 지명전부터였음을 기억할 필요가 있다. 밀스가 말한 '파워 엘리트'들은, 그중에서 적어도 민주당의 절반은, 후보 지명전에서 오바마의 경쟁자였던 힐러리 클린턴의 진영에 굳건히 속해 있었다. 오바마의 승리는 냉소적으로 행사된 위장된 폭력의 결과가 아니라 위대한 창조성의 결과였다. 대중과 소통하는 그의 특별한 재능뿐 아니라 그의 참모진들이 슬기롭게 온라인 네트워크와 풀뿌리 조직을 활용한 덕분이기도 했다.

버락 오바마가 권력을 얻은 것은 분명히 깨지고 왜곡된 미국의 정치 현실 속에 이런 가능성이 있을지 의심하던 냉소주의에 대한 대단한 도전이었다. 내 아들과 내가 그 화요일에 경탄하며 보았던 것은 궁극적 폭력으로 가는 길의, 그럴싸하게 위장되어 있지만 사실은 위태로운 그런 중간 단계가 아니었다. 그 대신 우리가 본 것은, 그리고 세계가 축하한 것은 바르게 사용된 파워였다. 이 파워는 폭력의 대상이 되었던 사람들과 그들의 후손뿐 아니라 그 폭력을 자행한 사람들의 후계자들에게도 존엄성을 회복시켜 주고 미래의 번영을 위한 조건을 창조해 냈다.

그렇다고 해서 오바마 대통령이 취임 이후 그의 파워를 잘 사용해야 하는 대단히 복잡한 직무를 수행하는 과정의 모든 갈림길에서 언제나 바른 방향을 택했다는 것은 아니다. 우리는 파워에 대한 냉소주의자가 되어서도 안 되지만 낙관주의자가 되어서도 안 된다. 파워, 특히 집중된 파워는 우리를 창조와 파괴, 번영과 폭력 사이에서 선택해야 하는 갈림길에 세운다. 타락한 인간은 자주 잘못된 길을 선택한다는 것을 깨닫는 것이 현실주의의 본질이다.

그러나 밀스는 틀렸다. 정치에 관해서도 틀렸을 가능성이 높지만 권력에 대해서는 확실히 틀렸다. 그가 틀렸음을 보여 주는 강력한 사례는 대통령 취임식 같은 순전히 정치적인 사건을 통해서도 제시할 수 있지만 그리스도인들은 심히 정치적이면서 또한 심히 폭력적이었던 역사 속 또 다른 사건에서 더 강력한 사례를 제시할 수 있다. 나사렛 예수의 십자가와 부활의 빛에서 볼 때 그리스도인들은 폭력이 궁극적 파워가 아니라는 기쁜 결론에 도달한다. 오히려 그 반대다. 폭력은, 뒤틀린 공포를 자아내지만 그럼에도 불구하고, 약하고 깨뜨릴 수 있고 실제로 무너진 파워다. 진정한 파워는 창조이고 가장 진정한 파워는 부활이다. 폭력이 최악의 결과를 만들어 놓더라도 부활은 번영을 회복할 수 있는 새 창조이기 때문이다.

파워에 대한 표현

파워를 표현하기 위해 사용하는 단어들이 항상 같은 뜻인 것은 아니다. **폭력**은 정당한 범위를 넘어서는 물리적 힘이다. 폭력은 불필요한 손상을 입히거나 부당한 이유로 혹은 정당한 허가를 받지 않고 손상을 입힌다. 폭력이라는 정의 자체가 그 행위가 잘못임을 나타낸다. 마치 **살해**가 우리가 잘못이라고 판단하는 죽임을 가리키는 말인 것처럼(누군가가 다른 누군가를 죽였다고 말하는 것은 사실에 대한 진술이지만 누군가가 다른 누군가를 살해했다고 말하는 것은 그 죽음에 대한 도덕적 판단을 하는 것이다) 폭력은 사실 우리가 힘이 잘못이라고 판단할 때 사용하는 말이다. 폭력은 잘못된 것이다. 하나님의 형상을 지닌 존재들에게서 자유뿐 아니라 존엄성을 앗아 가기 때문이다. 고문은 그 정의상 인간의 육체와 정신의 온전함을 깨뜨리는 것이기 때문에 항상 잘못된 것이다. 이것이 우리가 존엄성을 가장 심하게 침해하는 행위들에 대해 가장 가혹하게 심판하는 이유다.

지배는 한 사람이나 집단에 대한 포괄적이고 완전한 통제다. 그리고 적어도 그리스도인에게는 지배가 그 정의상 잘못된 것이다. 지배는 '절대적으로 부패하는 절대 권력'이며 인간에게 부여된 자유를 침해한다. 이때의 자유란 누군가로부터의 절대적 자유나 타인에 대한 어떤 책임으로부터의 절대적 자유가 아니며(그것은 실상 그 나름의 노예제다), 그저 두려움과 복종이 아닌 상호 간 사랑과 순종의 관계 안에서의 자유를 말한다. 지배는 "이방인의 집권자들"의 방식이다. 그들은 백성을 "임의로 주관"한다. "너희 중에는 그렇지 않아야 하나니"(마 20:25-26). 지배와 폭력은 모두 잘못된 것이다. 폭력은 그 정의 자체 때문에, 그리고 지배는 지배자와 피지배자 모두에게 불가피하게 미치는 결과 때문에 잘못된 것이다.

그러나 물리적 힘과 강요는 그 자체로는 그다지 가치를 담고 있지 않다. **힘**은 때로 아주 좋은 것이 될 수도 있다. 하임리히 구명법이라고 불리는 응급 처치법은 음식점이나 대학 구내식당에 붙어 있는 포스터들 때문에 널리 알려졌는데 기도가 막힌 사람을 뒤에서 감싸 안고 복부를 주먹으로 밀어 올리는 행동을 포함한다. 기도가 막힌 피해자를 구하기 위한 영국 국가 보건 지침에 따르면 "강하게 위쪽으로" 힘을 가해야 한다. 하임리히 구명법은 제대로 사용하면 생명을 구할 수 있다. 그러나 또한 제대로 사용하면서 갈비뼈를 부러뜨릴 수도 있다. 힘을 가하는 것이기 때문에 위험할 수 있다. 그러나 폭력적이지는 않다. 당신이 하임리히 구명법의 성공적 적용을 받는 일이 생긴다면 이루 말할 수 없이 고마워할 것이다.

강요는 힘보다 더 넓은 개념이다. 왜냐하면 강요는 총을 뽑아 든 강도가 모두 엎드리라며 총을 휘두를 때처럼 힘을 사용하겠다는 **위협**만으로도 이루어질 수 있기 때문이다. 힘의 위협은 때로 아주 먼 거리에서 이루어질 수도 있다. 직장 상사가 내게 마감 기일까지 작업을 끝내라고 요구한다면, 작업을 끝마치지 못하면 해고될 가능성이 적어도 조금은 있기 때문에 내가 밤늦게까지 일할 동기가 생긴다. 해고 자체는 힘의 행사가 아니다[적어도 크리스채너티투데이(Christianity Today)같이 개화된 직장에서는 그렇다]. 그러나 내가 해고를 받아들이지 않아서 책상을 정리하거나 건물에서 나가기를 거부한다면 인근 지구대의 경찰이 출동해서 나를 쫓아내는 데 힘이 사용될 수 있을 것이다. 내가 기일을 맞추기 위해 달리고 있을 때, 힘이 사용될 가능성은 분명 멀리 있지만 그때에도 힘은 틀림없이 그곳에 있다.

관리자 역할에 따라오는 권위는 부분적으로는 강요적이다. 그러나 어떤 권위라도 그 파워를 유지하기 위해 강요에 너무 많이 의존하면 곧 강요 **외에는** 의지할 데가 없게 된다. 만일 내 상사가 나에게 행사할 수 있는 유일한 파워가 힘의 위협뿐이라면 그는 어느 정도 협조를 강요하기 위해 거칠게 총기를 휘두르는 강도보다 별로 나을 것이 없다. 사실 상사가 내게 총을 쐈다가는 경찰에게 끌려갈 것이므로 어떤 면에서는 강도보다도 못하다. 두려움이 아니면 이끌 능력이 없는 지도자는 매우 위태로운 상태에 놓여 있는 것이다.

그러나 힘의 위협조차 없어 보이는 다른 형태의 강요도 있다. 캐서린과 나는 두 아이를 키우면서 한 번도 체벌을 한 적이 없다. 물론 우리는 가끔 힘을 사용했다. 소리 지르는 두 살 아이를 거실에서 그들 스스로는 가려 하지 않는 곳으로 끌고 간 적이 확실히 한 번 이상 기억난다. 그러나 부분적으로는 우리 아이들의 성품 덕분에, 그리고 부분적으로는 그때그때 충분한 창의력을 발휘할 수 있었기 때문에, 단순히 벌을 주기 위해 고통을 가하는 일은 전혀 필요하지 않았다. 우리는 아이들이 우리의 권위를 존중해야 한다는 것을 가르치는 데 다른 제재들로도 충분하다는 것을 알게 되었다.

체벌이 필요하다고 느낀 적이 없다는 것은 앞으로도 늘 감사하게 생각할 일이지만, 우리가 아이들을 때리는 것에 반대한다는 절대적 원칙 같은 것은 없었다. 그러나 한 가지, 내가 결코 사용할 생각을 하지 않았던 벌이 있는데 그것은 '무시하기'다. 무시하기에는 물리적 힘이 전혀 사용되지 않는다. 그것은 그저 어떤 사람에게 말하기를 거부하는 것이다. 그가 아무리 자신에게 말하기를 간청해도 거부한다. 잘못을 저지른 사람을 고립된 장소에 격리시키는 '타임아웃'과 달리 '무시하기'는 잘못을 저지른 사람에게 방을 나가거나 구석에 앉아 있도록 요구하지 않는다. 이것은 **침해를 당한 사람**이 떠나는 것이다. 침해를 당한 부모 편에서 벌이 끝날 때까지 자녀의 애원만이 아니라 존재 자체를 인정하기를 거부하는 것이다. 무시하기라는 벌을 받는 쪽이 누구인지는 누가 보아도 분명할 것이다. 이보다 더 고통스러운 것은 없기 때문이다. 거의 모든 아이가 무시당하느니 차라리 매를 맞으려 할 것이다.

폭력, 지배, 힘, 강요는 모두 파워가 나타나는 형태들이다. 문제는 이것들이 어떤 방식으로 서로와, 그리고 파워 자체와 연관되어 있느냐다. 당신은 기독교 공동체 안팎의 평범한 일상적 대화에서 사실상 이 용어들이 전부 동의어라고 생각할 수도 있다. 파워는 곧 강요**이고** 강요는 곧 힘**이고** 힘은 곧 폭력**이고** 이것은 지배로 이어진다고 생각하는 것이다. 그래서 목사들은 로마제국의 황제 숭배를 "권력(power), 권능(might), 지배(dominion)"라고 요약하고 이 단어들이 모두 같은 뜻이라고 말할 수 있을 것이다. 사실 강요는 직접적이든 간접적이든 파워의 형태 중에서 **가장 약하고** 그래서 궁극적으로 **가장 영향력이 작다**. 특히 원래의 선한 창조와 세상 이야기의 영광스러운 종말이라는 지평선을 고려할 때 더욱 그렇다. 우리 자신의 죄와 타락의 역사라는 지평선 안으로 한정하여 생각해도 창조적 파워와 결별한 강요적 파워는 매우 불안정하고, 강요하는 사람의 기대치보나 훨씬 덜 효과적인 경우가 많다. 이런 통찰이 자주 무시되어 왔다는 것은 놀라운 일이다. 존 하워드 요더처럼 정교한 사고를 하는 윤리학자조차 **파워**라는 말을 종종 폭력의 직접적 동의어로 사용한다.

아우구스티누스가 정립하여 가장 보편적으로 견지되는 기독교적 입장은 정당한 힘이라는 것이 존재한다는 것이다. 치명적인 힘조차 정당한 권위에 의해 정당한 목적을 위해 발휘된다면 과도하게 폭력적이지는 않다고 본다. 이것이 '정당한 전쟁'(just war) 전통의 짐이다. 이 이론은 죽음이나 손상을 초래하는 물리력 자체가 선한 것인 양 내세우지는 않지만, 전쟁이 폭력에 위협받는 이웃을 향한 사랑의 반응이라고 주장한다. 무고한 사람들을 위협하는 폭력 앞에서 사랑은 인간들과 그들이 유지하는 사회에게 소극적으로 방관하지 않을 것을 요구한다. 무시하기라는 처벌은 충분하지 않다. 공인되지 않은 비조직적 물리력을 사용하는 자경주의(vigilantism)도 받아들일 수 없다. 유일한 사랑의 반응은 공공선을 위해 활동하는 신뢰할 수 있는 정부에게 적절한 물리력을 행사할 책임을 부여하는 것이다.

아나뱁티스트(Anabaptist, 재세례파)는 여기에 동의하지 않는다. 그리고 아나뱁티스트와 아우구스티누스주의자들 간의 논쟁은 파워와 파워의 기독교적 한계에 대한 가장 중요하고도 깊이 논의된 대화다. 이 주제는 이미 충분히 다루어졌기 때문에 여기서 재론하지는 않겠다. 그러나 아우구스티누스주의자들과 아나뱁티스트 모두 밀스의 실수를 자주 반복한다. 즉 파워가 궁극적으로, 폭력은 아니라 해도 물리력에 대한 것이라고 생각하는 것이다. 그래서 기독교적 입장의 관심은 물리력을 적절하게 제한하는 데 집중된다.

어떤 사회도 강요 없이는 생존할 수 없다는 것은 확실한 진리다. 존 하워드 요더(John Howard Yoder)는 기독교 윤리학에 대한 그의 중요한 기여에도 불구하고 여성들에게 연거푸 그의 파워를 남용했다. 이 고통스러운 사건으로 그는 그가 속한 아나뱁티스트 공동체에 의해 권징을 받아서 엄격하게 사역이 제한되었다. 요더가 이 회개와 회복의 과정을 그의 교회가 사용할 수 있는 강요적 파워가 없어도 받아들였을 가능성은 거의 없다. 요더의 경우에는 해당되지 않았지만 극단적인 경우에 이런 파워는

'단교'라는 끔찍한 조치의 형태로 행사될 수도 있을 것이다. 단교는 무시하기를 공동체 차원에서 시행하는 것으로 잘못을 저지른 사람을 이전에 그가 형제자매라고 부르던 모든 관계로부터 차단하는 것이다.

요더에게 행사된 파워는 폭력적이지 않았다. 이 파워는 공인되고 신중하고 신뢰할 만한 것이었다. 그러나 여전히 강요적이기도 했다. 요더 같은 사회윤리학자들에게도 그런 강요가 필요했다면 모든 공동체가 피해를 막기 위해 때때로 강요를 사용해야 할 것은 훨씬 더 불가피하지 않겠는가?

내가 하버드 대학교에서 교목으로 일할 때 교목실에서 하버드 대학교 경찰서의 경찰관 한 명을 초청해서 강연을 들은 적이 있다(다른 많은 종합대학의 치안 담당 부서처럼 하버드 대학교도 교내 치안유지를 위해 완전한 자격을 갖춘 경찰관들을 고용하고 있다). 교목실 구성원들은 대부분 급진적 헌신의 정도가 다양한 평화주의자였다. 우리가 캠퍼스 인근의 한 우아한 교회에 있는 참나무 벽으로 둘러싸인 회의실에 모였을 때 파워의 복잡성이 온전히 드러났다. 한편으로 이 경찰관은 그 방에서 공개적으로 총기를 휴대한 유일한 사람이었다. 즉 그는 물리력을 행사할 수 있는 수단에 직접 접근이 가능한 사람이었다. 그러나 그가 말을 시작하자 그의 남부 보스턴 억양 때문에 우리는 그가 그 방 안의 대부분이 누렸던 엘리트 교육을 받지 못한 사람이라는 인상을 받았다. 그의 강연 처음 몇 분간은 블루칼라 배경이나 직업을 가진 사람들이 자신을 무시하는 듯한 사람들을 대할 때 나타나는 무뚝뚝한 퉁명스러움이 묻어났다.

그러나 강연이 계속되자 우리는 이 경찰관이 헌신된 그리스도인이며 매우 사려 깊은 사람이라는 것을 알게 되었다. 그는 예수님의 산상수훈 중 "화평하게 하는 자는 복이 있나니"라는 말씀을 자신이 하는 일의 기초로 인용하였다. "우리가 하는 일은 이 공동체에서 평화를 만들고 유지하는 것입니다"라고 그가 말했다. 그는 그와 그의 동료 경찰관들이 교수진, 직원, 학생들과 문제가 생기기 오래전부터 관계를 쌓아 놓아서 위기가 발생했을 때 최소한의 물리력으로 갈등을 해결할 수 있도록 한다고 설명했다. 그는 술 취한 사람, 불안정한 사람, 위험한 사람 들을 일상적으로 만나야 하는 자신의 소명에서 기도의 중요성에 대해 말했다.

이 경찰관과 함께하는 시간이 끝날 무렵이 되자 뭔가 중요한 것이 뒤바뀌었다. 우리는 이제 대단한 지적 능력과 통찰을 가진 사람 앞에 있다는 것을 깨달았을 뿐 아니라 그의 직업을 통해 거룩함을 배운 사람, 예수님이 최우선으로 두셨던 일을 위해 구별된 사람을 대면하고 있음을 알았다. 우리는 강요적 파워를 창조적으로 사용하고 공동체의 강요적 파워를 잘 관리하여 다른 많은 사람이 평화롭게 세상을 가꾸고 창조할 수 있게 해 온 사람을 만난 것이다.

냉소주의자들과 그들의 학문적 사촌이라 할 수 있는 푸코주의자들과 무정부주의자들은 '치안관'(officer of the peace)이라는 말이 정부 권력의 대리인을 일컫는 오웰식의 완곡어법이라고 말할 것이다.◆ 그러나 다른 사람들은 이 놀라운 명칭에서 공동체의 선을 위해 행사되는 정당하고 제한된 억지력에 대한 열망을 볼 것이다. 화평하게 하는 자들은 복이 있다.

◆ 'Officer of the peace'는 사회의 안녕과 질서를 유지하는 대민봉사자인 보안관 및 경찰을 가리키는 명칭이다. 조지 오웰의 『1984』에서 전쟁을 주도하는 정부 부서 명칭이 평화부인 것과 같이, 국가가 자신의 의도를 가리기 위해 겉으로는 평화적이고 민주적으로 보이는 명칭을 사용한다는 의미다.

왜 강요로는 충분하지 못한가

사람의 가슴을 겨눈 총의 직설적 파워, 혹은 그보다는 덜 직접적이지만 그만큼 강력한 파워인 재정적 보상은 누구나 잘 인식한다. 이에 비해 다른 형태의 파워는 더 모호하고 덜 확실해 보인다.

강제력(forcible power)은 그것이 베버가 말하는 마흐트(Macht)이든 헤어샤프트(Herrschaft)이든 어느 정도 복종을 강제할 수 있다. 그러나 힘으로 강제할 수 없는 수많은 종류의 인간 행위가 있다. "자발적이시오!"(Be spontaneous!)라는 명령에 복종하기란 불가능하다. 이 명령에 대한 어떤 응답도 자발적일 수는 없다. "창의적이시오!"(Be creative!)라는 명령은 더더군다나 그렇다. 총구 앞에 세우는 것보다 더 창의력을 끝장내는 일은 없으며, 협박에 대한 진정한 창조적 반응은 명령자에게 굴종이 아니라 반항하는 태도일 것이다. 러시아 작곡가 드미트리 쇼스타코비치(Dmitri Shostakovich)는 스탈린 체제의 억압 아래 활동하며 문화 검열을 통과하기에 충분한 애국적인 울림을 주는 탁월한 관현악 곡들을 만들어 냈다. 그러나 그의 처절하고 놀라운 음악의 진정한 박동은 협박 아래 놓인 창조적 영혼의 고뇌이며, 부패한 권력의 세계에서 바라본 진리와 아름다움과 고통에 대한 열광적이고 혁명적인 증언이었다. 그는 명령 때문이 아니라 명령에도 불구하고 창조적이었다.

이와 유사하게, 성적 흥분은 명령할 수 없고 협박에 굴복하여 생기는 것도 결코 아니다(그리고 우리 몸에 명령을 내리고자 할 때에도 종종 우리를 당황하게 만든다). 인간의 삶에서 가장 근본적이고 생식과 관련된 이러한 면모들은 복종에서 나오는 것이 아니라 우리가 하나님의 형상을 풍성하게 지니는 것으로부터 나온다. 그리고 여기에는 부정할 수 없는, 그뿐 아니라 비교할 수 없는, 세상을 만드는 능력이 담겨 있다. 쇼스타코비치와 같은 예술가들의 작품은 인간 문화의 가장 오래 지속되는 유산들이고, 인류 그 자체는 사랑으로 서로에게 기꺼이 몸을 내어 줌으로써 유지된다. 파워에 대한 어떤 이해가 명령을 따르지 않는 창조성과 풍요로움을 허용하지 않는다면 그 이해는 실제로 인간의 삶과 문화 자체의 원동력을 간과하는 것처럼 보인다. 진정한 파워는 인간이 하나님의 형상을 따라 창조할 수 있는 여건을 창조하는 능력을 포함해야 하는 것이지, 사랑받기보다 공포의 대상이 되는 것이 더 낫다고 생각하는 거짓 우상과 우상숭배를 강요하는 지도자들에게 복종하는 것이 아니다.

우리는 인류 역사상 매우 특별한 시대를 살아가고 있다. 강요하는 파워(또는 벨벳 장갑을 낀 권위라 해도)로 가는 전통적 방식들이 점점 더 지속하기 어려워지고 있기 때문이다. 이 글을 쓰는 지금, 『프린세스 브라이드』(Princess Bride, 현대문학)에 나오는 "아시아의 지상전에 말려들지 말라!"는 잊을 수 없는 금언은◆ 미국이 아프가니스탄에 퍼부은 돈과 군사력의 결과보다 더 오래 지속될 것으로 보인다. '하드파워'(hard power)를 소유하는 것이 강자를 편안히 잠자리에 들게 해 주는지조차 확실하지 않게 되었다. 대신 미군의 가장 유능한 지휘관들은 군인의 사명을 개정하고 있는데, 여기에는 지역 관리들과 수없이 찻잔을 기울이는 것과 평화에 이르는 문화적 환경을 조성하기 위한 건설 프로젝트를 수행하는 것도 포함된다. 아이러니하게도 미국의 힘은, 힘이라는 것이 파워, 명예, 통제에 대한 고대의 개념들에 확고하게 뿌리 내린 나라들에서 정확히 침몰했다. 전근대

◆ 유럽과 미국이 러시아와 아시아에서 성공적인 전과를 얻은 적이 없다는 경험을 바탕으로 더글러스 맥아더 장군이 케네디 대통령에게 베트남 전쟁에 관여하지 말라고 충고한 데서 나온 표현인데 책 *Princess Bride*와 동명의 영화에서 고전적 실수의 예로 등장하면서 널리 알려졌다.

적 사회들도 파워의 적용에 유연하게 저항하고 세상을 만들어 가는 자신들의 방식을 유지하는 능력에서는 이미 탈근대적이다.

국내로 시선을 돌려 보아도 강요적 파워와 순종적 굴복의 부식 현상은 더 두드러진다. 1985년에 출간된 영향력 있는 책인 『장소감의 상실』(No Sense of Place, 커뮤니케이션북스)에서 사회비평가 조슈아 메이로위츠(Joshua Meyrowitz)는 "정보 통제"가 밀스의 "파워 엘리트"의 손에서 빠져나가는 방식에 대해 서술했다. 메이로위츠와 그와 같은 입장의 사상가들에게 통제는 파워의 가장 현실적인 형태였다.

메이로위츠 이후 25년 이상 지난 오늘날, 우리의 시선이 닿는 모든 곳에서 크고 작은 화면들을 통해 쏟아지는 정보의 홍수는 강요적 파워와 강제적 복종의 세계를 뒤집어 놓았다. 그러나 또한 이 정보의 홍수는 그동안 줄곧 진리였던 것을 드러내 주었다. 가장 진실하고 깊은 형태의 파워는 결코 협박이 아니라 창조라는 진리다. 정보의 통제는 다른 형태의 통제와 마찬가지로 겉으로 보이는 것보다 훨씬 더 빈약하고 취약하다. 그의 책 한 부분에서 1980년대 한 자동차 정비공의 예를 드는데 그 정비공은 부품 목록, 정비 지침서, 공급업체 명단 등에 배타적으로 접근할 수 있다. 이는 그가 이 정보들에 대한 소유와 통제를 확보하고 있는 한 그의 파워와 지위를 유지할 수 있음을 암시한다.

물론 오늘날에는 그 정보들을 전부 마우스 클릭만으로 얻을 수 있다. 그러나 나는 여전히 내 오랜 정비사 조 탄크레디의 권위에 전적으로 의존하고 있다. 그는 우리 동네의 신뢰할 만하고 친근하고 믿음직한 탄크레디 정비소를 운영하고 있다. 사실 나는 더 단순했던 1982년식 자동차를 몰던 때보다도 지금 타는 2010년식 자동차를 정비하기 위해 탄크레디 정비소에 더 의존한다. 그 이유는 내가 소유하지 못한 정보를 그가 소유했기 때문이 아니라 그가 그 정보를 내가 쉽게 따라갈 수 없을 만큼 **능숙하게** 사용하기 때문이다. 그의 능숙함은 책에서 정보를 찾아보는 단순한 능력을 훨씬 더 넘어선다. 복잡한 시스템을 다루는 그의 능력과 직관은 쉽게 얻을 수 없는 것일 뿐 아니라, 무언가를 소유한 것이라기보다는 이를테면 창조적 파워에 훨씬 더 가깝다. 그의 파워는 조 탄크레디가 **소유한 것**이 아니라 그의 **사람됨**, 즉 하나님 형상을 담은 그의 정체성과 성품의 기능이다.

이제 우리는 강요하는 형태의 파워가 더 이상 마을의 유일한 게임이 아닌 세계에서 살고 있다. 오히려 강요하는 파워는 본래부터 그러했듯이 얄팍하고 한계가 있는 것으로 드러난다. 라디오 전화상담 프로그램 〈카 토크〉(Car Talk)를 시종일관 유쾌하게 진행해 온 톰과 레이 멜리오지는 2012년 은퇴하기까지 미국에서 가장 권위 있는 자동차 정비사들이었다. 톰과 레이의 권위는 정비 지침서를 꿰고 있고 난해한 기술 지식을 가지고 있다는 데서 나오는 것이 아니다. 그런 것들 대부분은 이제 구글 검색을 통해서도 얻을 수 있을 것이다. 그것보다는 그들의 직관, 그들의 유머, 그들의 관대함, 그리고 두 사람이 형제로서 경쟁하고 서로를 신뢰하는 협력에 있다. 그들은 미디어 시대의 진정한 권위자였다. 그들은 그들이 알고 있는 것 때문이 아니라 그들의 사람됨에서 권위가 있었고, 그들이 지식을 두루 꿰고 있기 때문이 아니라 자동차에 대한 미국인의 애증 관계를 존중하고 품격을 높이면서도 또 웃음의 소재로 만들 수 있는 능력 때문에 존경을 받았다. 그리고 그들은 저 멀리 높은 곳에서 선포하는 권위자로서가 아니라 동네에서 "굿 뉴스 개러지"(Good News Garage)라는 정비소를 운영하는 이웃으로서 그 일을 했다. 그들이 가진 진정한 권위에 비하면 강요하는 힘은 일시적이고 얄팍해 보였다. 그 권위는 세상에 유쾌하고 진실한 무언가를 만들어 내는, 관계적이고 관대하고 훈련된 하나님 형상을 지닌 사람들이 가진 권위다.

강요의 자리

그러므로 강요는 파워의 가장 깊이 있는 최상의 형태가 아니다. 그러면 강요의 자리가 있는가? 강요가 정당하게 행사할 수 있는 역할이 있는가? 그렇다. 강요는 창조의 가능성을 보호하기 위해 필요하다. 창세기 가장 첫 장의 이야기에서 우리는 하나님이 위에 있는 물과 아래에 있는 물을 나누시고 바다를 밀어내서서 마른 땅이 드러나게 하시는 장면을 본다. 이 모든 것은 다양하고 우글거리는 피조물들이 번성할 수 있는 기회를 만드시기 위함이다. 타락 이후에는 더욱 그렇다. 우상들과 불의의 행악자들이 점점 더 폭력적인 요구들로 연약한 사람들을 위협하기 때문이다. 강요의 정당한 역할은 특히 하나님의 창조적 형상을 지닌 사람들의 온전함을 근본적으로 위협하는 것은 무엇이든지 억제함으로써 번영을 위한 공간을 만드는 것이다.

그리고 강요는 모든 이야기가 마칠 때에도 필요하다. 요한계시록 21장과 22장에 담긴 기쁜 소식은 요한계시록 20장의 심판 뒤에 나온다. 사실 요한계시록의 그 앞부분 전체에서 선하신 창조주 하나님은 진정한 파워 앞에 무릎을 꿇지 않는 모든 세력에게 강제적인 최종 심판을 선포하신다. 궁극적으로 하나님은 세상을 심판하시고 우상숭배의 폭력을 행사하는 하늘과 땅의 모든 것을 폐하실 것이다. 우리는 심판 없는 세상에서 살기를 원하지 않는다. 우상이 무너지는 일도 결코 없고 불의가 비난받기는커녕 인식조차 되지 않는 그런 세상 말이다. 악을 심판하기 위해 필요한 강요적 최종성을 지닌 그런 심판을 한사코 미루기만 하는 하나님은 우리가 경배할 가치가 있는 하나님은 아닐 것이다.

그러나 강요는 언제나 끝에서 두 번째다. 강요의 필요는 제한적이다. 이상하게 들리겠지만 강요는 파워의 한 형태로서 진정으로 유용하다고 하기에는 너무나 강력하다.

창조적 파워는 피조물들이 저마다 자신의 모습으로 살아가게 하고 각자 고유한 존재에 맞는 본연의 방식으로 번영하게 한다. 피조물에게 강요적으로 간섭하는 것은 하나님이 그들에게 뜻하신 바, 곧 저마다의 역사와 활동력과 운명을 지닌 그들 자신의 존재로 살아가는 것을 훼손시키는 것이다. 오직 니체적 신만이 자신의 피조물들에게 강요하고자 할 것이다. 그러나 이는 창조적 파워가 위험성을 내포하고 있음을 의미한다. 그 파워를 잃을 수 있고, 그렇게 될 공산이 크다는 위험성이다. 창조적 파워는 그 위험성을 기쁘게 감당한다. 왜냐하면 진정한 번영은 오직 그 위험성 너머에 존재하기 때문이다.

확실히, 어떤 상황에서든 우리가 추구하는 결과에 이르는 가장 빠른 길은 일반적으로 명령과 통제다. 그러나 오랜 세월에 걸쳐 보면 우리가 추구하는 결과에 이르는 **유일한** 길은 창조성과 진정한 자유다. 강요하는 파워는 즉각적이지만 수명이 짧은 반면, 창조적 파워는 인내하며 오래 지속된다.

힘, 강요, 폭력은 모두 파워의 매우 현실적인 형태들이다. 실제로, 폭력은 너무나 현실적이기 때문에 강요를 세심하게 제한적으로 사용하는 것이 현재로서는 파워의 정당한 사용일 수 있다. 그러나 진정한 파워는 언제나 "그렇게 해"를 넘어 "우리가 그렇게 만들자"와 "그렇게 될지어다"로 나아간다. 그리고 이 세상 이야기의 마지막 단어는 강요가 아니라 창조다.

8장

특권의 유혹

1999년 1월 나는 인도의 뭄바이에서 사우디아라비아항공을 타고 사우디아라비아의 리야드를 거쳐 런던까지 갈 예정이었다. 나는 뭄바이 공항에 도달해서 길게 늘어선 줄을 발견했다. 대략 일흔다섯 명이 탑승 수속을 기다리고 있었는데, 거의 모든 사람이 작은 여행 가방을 든 인도 남자들이었다. 사우디아라비아는 인도와 같은 곳에서 대부분의 노동력을 수입하는데, 이 747기가 아라비아해 상공을 가로질러 오가며 주로 이주 노동자들을 실어 나르고 있었다. 나는 통근을 위해 비행기를 타려는 인도 남자들이 길게 늘어선 줄 끝으로 갔다.

인도에서 모든 줄 서기가 그렇듯이, 이 줄도 앞뒤로 빽빽하게 들러붙어 있었다. 우리는 모두 한낮의 열기로 땀에 젖어 있었다. 하지만 나는 비행기가 우리 없이 이륙하지는 않을 것이라고 확신했기 때문에 별로 급할 것은 없었다. 멀리 떨어진 카운터에서 여행객들의 탑승 수속을 담당하는 직원은 한 사람뿐이었기 때문에 나는 오래 기다릴 각오를 했다.

그런데, 5분도 채 안 돼서 그 직원이 카운터를 나오더니 길게 늘어선 줄을 따라 내가 서 있는 곳까지 와서는 "저와 같이 가시죠"라고 말했다.

당신이 집에서 수천 마일 떨어진 곳에 있는데 항공사 직원이 그렇게 말한다면 당신은 그의 말에 따를 수밖에 없다. 이것은 베버가 말한 헤어 샤프트가 실제로 적용되는 예다. 그래서 나는 그를 따라 여행 가방을 들고 있는 일흔다섯 명의 인도 남자들을 지나 줄 앞쪽의 카운터로 갔다. 그는 말 한 마디 없이 내 여권을 가져가 살펴보고는 탑승권을 출력하고서 "가셔도 됩니다"라고 말했다.

그 마지막 말을 들을 때까지 무슨 일이 일어나고 있는지 이해하지 못했다는 것은 내 파워 지도에서 얼마나 많은 것이 빠져 있는지에 대해 뭔가 말해 주는 것일 수 있다. 내가 방금 혼자만 구별되어 곧바로 새치기를 하라는 효과적인 명령에 따랐다는 것을 깨닫고 나는 당황스러운 것은 말할 것도 없고 솔직히 충격을 받았다. 순간적으로, 내 앞에 서 있었던 사람들에게 짧은 말 한마디라도 할까 싶은 충동을 느꼈다. "제가 이렇게 해 달라고 부탁한 것이 아닙니다! 저는 줄 앞으로 나올 생각도 하지 않았어요. 미국에서는 이렇게 안 해요!"

하지만 내가 놀라움과 당황스러움으로 얼굴이 붉어져서 탑승 게이트를 향해 걸어 나갈 때, 그 줄에 남아 있는 남자들에게서 놀라움이나 불쾌감을 조금도 감지할 수 없었다. 그들은 내가 줄 앞으로 안내받는 것에 놀라지 않았을 뿐 아니라 내가 도착했을 때부터 그 상황을 예상했다는 것을 점차 확실히 알게 되었다. 그들은 무슨 일이 일어나고 있는지를 나보다 훨씬 전부터 이해하고 있었다. 내가 이제 막 이해하기 시작한 것을 그들은 이미 알고 있었다. 그것은 바로 특권의 파워였다.

특권의 파워

특권은 특별한 종류의 파워다. 그것은 어떤 노력도 요구하지 않는 파워다. 사실, 오직 일반적이지 않은 상황에서만 우리는 그것을 조금이나마 의식할 수 있다. 대부분의 경우, 특권은 그것을 가진 사람이 조금도 요구하지 않는데도 그들을 위해 그냥 작용한다.

내가 알기로 특권에 대한 가장 좋은 정의는 **과거의 성공적 파워 행사에 따르는 지속적 혜택**이다. 특권은 과거의 파워 행사의 결과로 그저 흘러 들어오기 때문에 우리가 얻으려고 굳이 애쓸 필요가 없는 모든 좋은 것들을 부르는 이름이다.

단순한 예로 책의 저자에게 지불되는 인세가 있다. 출판사가 책을 판매하여 수익을 얻으면, 저자의 작품에 대한 대가로 저자에게 수익의 일정 비율을 지불한다. 때로는 출판사가 저자에게 인세를 '선금'으로 지급하기도 하는데(이렇게 사전에 지불되는 금액이 특별히 눈에 띌 만큼 크면 뉴스에 등장한다), 출판사는 선금을 충당할 만큼 충분한 양의 책을 팔고자 한다. 현실에서는 아주 드문 일이기는 하나 만약 작가와 출판사 모두 운이 좋다면, 책이 예상보다 더 잘 팔려서 선금을 충당하고도 계속되는 판매로 발생하는 수익들은 인세의 형태로 지불된다.

책을 쓰는 것과 출판하는 것은 하나님의 형상을 지닌 사람들의 즐거운 유산인 "그렇게 될지어다"와 "우리가 만들자"의 순간들로 가득한, 창조적 파워의 특정 행위 또는 일련의 행위다. 그런데 인세와 관련하여 흥미로운 점은 대부분의, 또는 모든 창조적 작업이 끝난 **뒤**에야 지불된다는 것이다. 만일 선금이 지급되었다면 인세가 지불되기까지는 2년이나 3년이 걸릴지도 모른다. 그러나 그 책의 수명이 길다면, 인세를 여러 해 동안 지속적으로 받을 것이다. 당신이 오래전에 한 작업에 대해 해마다 인세를 받는다는 것은 놀랄 만큼 기분 좋은 경험이다. 책은 오래전에 출판되었고 당신에게 더 이상 요구하는 것이 없지만, 계속해서 새로운 독자들을 섬기면서 새로운 수익을 발생시켜 주므로 당신은 수입의 물줄기를 즐기게 된다.

책을 쓴다는 것은 파워의 행위이며, 적어도 꿈 많은 초보 작가들에게는 아마도 거의 실현되기 어려운 이 가상 상황에서는, 성공적인 파워 행위다.

파워 행사가 끝난 이후로도 오랫동안 계속 혜택을 받는다는 점에서, 인세를 받는 것은 특권의 경험이다.

인세와 지대

인세는 충분히 기분 좋은 것이다. 그러나 우리에게 이보다 더 적게 요구하는 다른 형태의 특권도 있다. 인세를 벌기 위해서는 어쨌든 실제로 책을 써야 한다. 그러나 실제 저술 작업의 불편함과 어려움 없이 책 쓰기의 혜택을 모두 얻을 수 있다면 어떨까? 아마도 한 가지 방법은 성공한 작가의 자녀가 되는 것이다. 저작권법 덕분에 인세는 작가가 사망한 후에도 계속 나올 수 있다. 그 작가의 자녀들은 아무것도 하지 않은 채 단지 좋은 부모를 만났다는 행운을 누리면서, 과거에 그들 **자신이** 일구어 낸 성공적 파워 행사가 아닌 다른 사람의 파워 행사로 인해 더 순수한 형태의 특권을 지금 누린다. 사실, 모든 유산이 바로 특권의 예가 된다. 누군가가 하나님의 형상을 드러낸 작업물이 충분히 성공적이어서 그들 자신이 사는 동안 필요한 것보다 훨씬 더 큰 풍요를 생산한다면 그들의 상속자들은 그것을 위해 일할 필요 없이 그 풍요의 지속적인 혜택을 받는다.

창조적 파워 행위가 성공한 이후에 계속 지불되는 금액을 '로열티'(royalty)라고 부르는 것은 우연이 아니다. 본래 로열티를 받는 사람들은 문자 그대로 왕족(royalty)이었다. 왕가의 일원들은 그들의 땅과 그들의 백성의 수고에 세금을 부과하는 특권을 대대로 이어받았기 때문이다.

그리고 이와 마찬가지로 기분 좋은 형태의 다른 특권들이 있다. 그중 하나는 재계에서 '경제적 지대'(economic rent)라고 부르는 것이다. 이는 지주에게 지불하는 지대와는 다르다. 경제학자들은 그들이 '시장 지배력'(market power)이라고 부르는 것을 측정할 때 '지대'(地代)라는 단어를 사용한다. 이것은 일부 사람들의 능력인데, 특정한 상황에서 그 사람이 자기 일을 할 때 실제로 필요한 것보다 훨씬 더 높은 대가를 지불하도록 요구할 수 있는 능력을 의미한다.

지대를 설명하기 위해서는 출판 시장에서 프로 스포츠계로 이동해야 한다. 프로 스포츠는 우리 세상에서 경제적 지대의 가장 환상적인 본보기들을 제공하기 때문이다. 최고의 프로 선수들은 필드에서, 코트에서, 경기장에서 그들의 실력을 사용하는 데 대해 엄청난 액수의 돈을 받는다. 영국의 축구 스타 데이비드 베컴이 2007년에 로스앤젤레스 갤럭시와 계약을 체결했을 때 그는 매년 500억 원을 약속받았다. 1년 동안 35번의 경기에 대해 그가 받는 돈은 한 경기당 14억 원, 또는 매 경기 1분당 대략 1,555만 원이다. 베컴 및 소수의 다른 사람들은 시장이 그들의 기술을 아주 높이 평가하기 때문에 이러한 환상적인 액수를 받는다.

만약 당신이 이미 의심할 여지 없이 기량이 뛰어난 축구 선수였던 14세의 데이비드 베컴을 만나 그에게 성인이 되면 축구 한 경기당 얼마의 돈을 요구할 것인지 묻는다고 해 보자. 경기당 200만 원? 아니면 2,000만 원? 아마도 소년 베컴은 야심 차고 자신만만했을 것이고, 어쩌면 한 경기당 1억 원을 요구할지도 모른다. 그러나 그가 한 경기당 14억 원은 받아야겠다고 주장하리라고는 생각할 수 없다. 우리는 데이비드 베컴이 축구를 사랑한다고 가정할 수 있다. 최소한 14세의 베컴이라면 더욱 그렇다. 자신이 사랑하는 일을 하면서 돈을 받는 것은 우리네 인생에서 보기 드문 선물이다. 그는 확실히 14억 원보다 덜 받고도 경기를 뛰었을 것이다. 그가 받아야겠다고 주장하는 금액과 국제 축구 시장에서 대가를 지불하게 만드는 그의 실제적 능력 사이의 차이가 바로 경제학자들이 지대라고 부르는 것이다.

지대는 **그것을 벌기 위해 추가 작업을 요구하지 않기** 때문에 경제학자들에게 흥미로운 주제다. 데이비드 베컴이 그라운드를 누비며 경기를 하기 위해 필요한 금액의 두 배 또는 열 배를 받는 데는 창조적 파워의 어떤 행사도 추가적으로 관여하지 않는다. 지대는 파워 행사에 대한 일종의 부자연스럽게 풍성한 보상이다. 그래서 경제학자들은 많은 사람이 일하지 않고도 급여가 나오는 경제적 지위를 찾는 '지대 추구 행위'에 참여하려 한다고 말한다. 사실, 지대를 받는 것은 신과 같아지는 경험이다. 일할 필요도 없고 위험을 무릅쓰거나 어떤 식으로든 기여할 필요도 없이 당신은 과도한 보상을 받는다.

인세와 지대는 종종 함께 간다. 책이 잘되었을 때 받는 추가적 인세 때문에 저자들이 창조적 파워를 더 행사하는 것은 아니다. 이 인세는 기분 좋은 놀라움이고 예기치 못한 보너스다. 그래서 인세는 작가 세계의 지대다. 즉 예기치 않게 더 많은 돈이, 아무것도 요구하는 것 없이 지불되는 것이다.

베컴 같은 스타들이나 또는 기대치 않게 성공한 책의 저자들에게 지대가 지불될 때, 우리 대부분은 질투를 느끼며 떠나려 할지도 모른다. 그러나 지대 추구가 항상 그렇게 온화한 것만은 아니다. 기업들이 영향력을 행사하여 자신들에게 유리한 법규를 만들거나 경쟁자들이 시장에 진입하는 것을 막으려고 하는 것은 종종 지대를 추구하는 행위다. 그들이 자신의 일을 하는 데 필요하지 않은 보상, 즉 현실의 어려운 작업에 투자하기보다는 곧바로 이윤을 발생시킬 수 있는 순수하고 비생산적인 초과 수익이 그것이다. 정부의 타락한 공무원들은 자신들이 제공하는 서비스에 대한 뇌물을 요구하면서 총 수입에서 지대를 빼내지만, 종종 자신의 의무를 망각하고 자신이 급여를 받는 이유인 본래의 업무 수행조차 하지 않는다. 지대는 때때로 하나님의 진정한 형상을 지녔다는 표지가 될 수도 있지만 신 행세를 하는 것의 신호가 될 수도 있다. 지대의 근거가 선하든 악하든, 지대가 축적되면 특권이 된다.

특권의 중립

과거의 성공적 파워 행사에 따르는 지속적 혜택으로서의 특권은 그 파워의 행사가 창조적인지 억압적인지, 하나님 형상을 지닌 것에 뿌리를 내리고 있는지 우상숭배와 불의에 뿌리박혀 있는지와는 전혀 상관이 없다. 사실, 특권의 근거가 선한 것인지 악한 것인지 구별할 수 없을 때도 있다. 나는 영어를 쓰는 원어민으로서 내가 얻기 위해 아무 노력도 하지 않은 것들로부터 엄청나게 혜택을 받았는데 이것이 바로 특권의 정의다. 나는 풍부한 문학 전통, 여러 세대에 걸친 재능 있는 스승들, 그리고 앵글족과 색슨족의 때때로 영광스러웠던 모든 역사로부터 혜택을 받았다. 나는 또한 영국과 미국의 제국주의적 진출의 유감스러운 역사, 인간의 가장 원초적인 본능에 영합하는 서구 미디어의 지배, 미국 기업들에 유리한 무역

조약, 여행용 전대를 둘러찬 수백만의 미국 여행자들로부터도 혜택을 받았다. 선한 파워 행사로부터 받는 혜택과 후회스럽거나 더 나쁜 파워 행사로부터 받는 혜택을 구별할 도리는 없다. 그것들은 모두 혜택이다. 그것들이 모두 특권이다.

특권은 나쁘지 않다. 반대로 그것은 **혜택**의 형태를 띤다. 그리고 특권은 반드시 배타적인 것도 아니고 널리 공유될 수 있다. 우리는 모두 과거에 행사된 셀 수 없는 문화적 파워로부터 혜택을 받는다. 실내에 설치된 수도 배관부터 킹제임스 성경 번역까지, 그리고 독이 있어 보이는 토마토를 최초로 용감히 먹어 보고는 매우 맛있다는 것을 발견한 사람에 이르기까지. 모든 인간의 문화적 유산은 이런 의미에서 특권이고 모든 사람은 지배적인 문화에 속하지 않았다 해도 그들의 부모나 더 먼 선조들이 과거에 행사한 파워로부터 혜택을 받는다. 아이작 뉴턴은 "내가 더 멀리 볼 수 있었다면 그것은 내가 거인들의 어깨 위에 올라탈 수 있었기 때문"이라고 말했다. 진정한 파워 행사는 많은 경우 우리의 특권을 이용해서 우리 스스로 도달할 수 있는 것보다 더 멀리 나아가게 함으로 시작된다.

그러나 특권은 나쁘지는 않다 해도 여전히 위험한 것이다. 한 가지 예를 들자면 우리는 진정한 파워 행사가 아닌 다른 많은 목적을 위해 특권의 혜택을 이용할 수 있다. 진정한 파워 행사는 우리를 위험에 처하게 하고 우리가 피조물로서 하나님과 다른 사람들에게 의존할 것을 요구한다. 그러나 우리는 특권을 이용하여 위험으로부터 차단되고 때로는 하나님과 다른 사람들로부터도 차단될 수 있다. 내 유창한 영어 실력에 의존해서 나는 널리 여행하면서도 다른 언어를 이해하거나 다른 언어로 다른 사람들에게 나를 이해시키려는 시도를 하지 않을 수 있다. 인세의 형태로 충분한 지대를 받는 저자는 다시 글을 쓸 필요가 없지만 그것은 하나님 형상을 지닌 존재로서 창조성의 소명을 가진 저자에게는 좋은 것이 아니다. 특권에 지나치게 빠져 있는 삶은 점점 더 여러 겹의 방어막에 싸여 더 많은 보호를 끊임없이 추구하면서 이 세상에서 점점 덜 자유롭게 움직이게 된다.

그리고 특권은 너무나 쉽게 모습을 감추기 때문에 위험하다. 뭄바이 공항에서 겪었던 사건은 그 이후 내 머리를 떠나지 않았다. 열심히 일하는 사람들이 늘어선 그 줄 앞에 끼어들기에 합당한 일을 나는 아무것도 한 적이 없었다. 오히려 그들이 그런 대접을 받기에 더 합당할 것이다. 나는 나에게 합당한 것보다, 심지어 내가 원하는 것보다 넘치는 무임승차권이라는 특권과 지대의 수혜자였을 뿐이다.

그러나 정말 내 머리를 떠나지 않았던 질문은 이것이다. 얼마나 자주, 나는 줄이 있다는 것도 모른 채 줄의 맨 앞에 서게 되었을까? 나에게는 보이지 않고 소리 없이 열리는 문이지만 다른 사람에게는 쾅 소리를 내며 닫혀 버리는 문을 통해 나는 얼마나 자주 걸어 들어갔던가? 특권의 삶에서 내가 가로챈 줄이 얼마나 많을까?

당신이 얼마나 많은 특권을 가지고 있는지 알기란 거의 불가능하다. 나의 피부색이라는 특권을 가진 사람으로서 나는 쇼핑몰이나 가게에서 경비원과 문자 그대로 말 한마디도 섞을 필요가 없었다. 그러나 아프리카계 친구들 대부분은 아이비리그에서 학위를 받고 나보다 더 높은 지위의 직업을 가진 사람들조차도 가게에서 경비원이 따라오거나 실제로 검문을 받은 경험이 있었다. 그들이 내게 이런 경험에 대해 말해 주지 않았더라면 나는 이런 일이 그들에게 일어난다는 것을 결코 믿지 못했을 것이다. 최악의 상태에서 특권은 눈이 멀게 하고 우리의 신 행세를 태평스럽게 지속하게 하면서도 매일 우리 코앞에서 벌어지는 하나님 형상을 지닌 사람들에 대한 모욕을 깨닫지 못하게 한다.

특권의 공포

많은 미국인에게 2001년 9월 11일은 충분히 멀리 떨어져 있는 것으로 보였던 얼음장 같은 위험과 위협의 공포 속으로 갑자기 내던져진 듯한 날이었다. 그러나 개인적으로 내 삶에 큰 변화를 가져다준 도심 테러와의 조우는 그보다 10년 더 일찍 뉴욕의 펜실베이니아역에서 일어난, 9월 11일의 공격만큼이나 그 자체로 불길했던 한 사건이었다. 1992년 5월 1일 나는 브롱크스에서 열린 뉴욕시 기도 모임에 참석하기 위해 보스턴에서 기차를 타고 미드타운 맨해튼에 도착했다. 나는 열차에서 내려 그 아수라장에 발을 디뎠다.

그 이틀 전에 로드니 킹이라는 이름의 아프리카계 미국인을 폭행한 경찰관 네 명에게 무죄 선고가 내려지자 로스앤젤레스 전역에서 폭동이 일어났다. 헬리콥터에서 찍은 로스앤젤레스시 주택가의 불타는 모습과 성난 군중의 모습이 계속해서 텔레비전으로 생중계되었고 미국의 도시들은 적대감과 두려움으로 일촉즉발의 상태였다.

뉴욕에서는 그날 정오쯤 폭동의 소문이 맨해튼 전역에 퍼졌다. 회사들은 급하게 문을 닫고 직원들을 집으로 보내고 길가 쪽 창문들을 막았다. 오후 두 시, 펜실베이니아역에는 보통 러시아워가 한창일 때보다 더 많은 사람들이 몰려들었다. 열차 승강장을 빠져나오면서 내가 목격한 것은 두려움에 빠진 화이트칼라 노동자들이 이미 미어터지는 통근 열차에 어떻게든 끼어 타려고 거의 패닉 상태로 서로를 밀쳐 대는 놀라운 광경이었다. 그들이 출발을 기다리는 열차를 향해 달려오고 있을 때 누군가 옆 사람에게 말하는 소리가 들렸다. "흑인들이 맨해튼을 불태우려고 다리를 건너오고 있어."

열차에 올라타는 사람들이 거의 다 백인이었다는 것을 굳이 말할 필요가 있을까?

폭동의 소문은 완전히 잘못된 것이었다. 그래서 이 책을 읽는 사람들 중에 그 오래전 금요일 오후에 펜실베이니아역에서 어떤 특별한 일이 일어났다고 희미하게라도 기억하는 사람은 거의 없을 것이다. 그 소문은 터무니없기도 했다. 그 주말 로스앤젤레스나 미국 역사상 거의 모든 폭동에서, 인종간 분노에 가장 큰 영향을 받는 지역은 분개한 나머지 폭동을 일으킨 사람들 자신의 동네였지 신뢰할 만한 치안이 유지되는 특권층 지역이 아니었다. '흑인들'(믿을 수 없을 만큼 모욕적인 일반화다)이 미드타운의 상점들과 사무실 빌딩들을 어떻게든 공격할지 모른다는 생각은 사실상 비웃음을 살 만한 것이었다. 그러나 수백만의 통근자들에게는 롱아일랜드 철도회사가 그들을 실어 줄 수 있는 한 빨리 그 도시를 떠나고 싶어지기에 충분할 만큼 믿어지는 이야기였다.

그날 오후에 나는 내가 자라 온 교외 주택가 중산층이 누리는 삶의 평안함이란 싸구려 텔레비전 수납장의 호두나무 베니어합판만큼이나 얄팍했다는 것을 깨달았다. 표면 바로 아래에 취약성과 위험성에 대한 벌벌 떨리는 두려움이 있었고, 그 두려움은 너무나 생생하고 강렬해서 현실적 위협에 대한 최소한의 조짐만으로도 공포에 떨며 도주하도록 뒤흔들어 놓기에 충분했다. 내가 펜실베이니아역에서 목격한 공포는 정당한 이유가 없는 사실무근이었지만 오후 4시 19분 몬탁행 퇴근 열차의 지루한 일상만큼이나, 그리고 십 년 후 청명한 가을날 아침에 전국을 휩싼 두려움만큼이나 실제적이고도 강력하게 힘을 형성하는 것이었다.

특권이라는 우상숭배는 표면 아래 조용히 자리 잡은 채 지도에도 표시되지 않지만, 격렬한 분노의 행동을 촉발시킬 사소한 도발을 기다리고 있다.

줄에서 우리의 위치

또 하나의, 훨씬 더 의심스러운 형태의 특권이 있다. 여러 종류의 특권 중 많은 수는 그 특권을 만들어 내는 파워와 마찬가지로 양적으로 제한되지 않고 널리 공유될 수 있다. 나는 당신이 영어에서 누리는 즐거움을 조금도 빼앗지 않으면서 영어의 혜택을 누릴 수 있다. 그러나 손실을 가하지 않고는 공유할 수 없는 다른 종류의 특권도 있다. 그것은 본질적으로 희소하고 그것의 추구는 신 행세를 하는 가장 지독한 행위들로 이어진다. 그것의 이름은 지위다.

지위(地位, status)는 그 어원이 '당신이 서 있는 곳'(where you stand)으로, 늘어선 줄에서 당신의 위치에 대한 것이다. 지위는 다른 사람보다 앞선 서열에 오르고자 하고 다른 사람들보다 더 가치 있게 평가되고자 하는 인간의 욕망과 관련되어 있다. 지위는 꼴찌가 되지 않으려고 교실 문 앞에서 서로 밀쳐대며 앞으로 나아가려는 초등학생들의 모습이다. 이는 우리가 종종 어떤 공간에 들어갈 때 그 속에서 누가 가장 유명하고 누가 가장 예쁘고 누가 가장 파워 있는지를 가늠하는 미묘한 계산이다. 지위는 숫자를 세고 순서를 매기고 서열을 정하는 것이며 궁극적으로 배제에 대한 것이다.

우리는 하나님 형상을 지닌 존재로, 각자 무한한 존엄성과 가치를 지니고 우리 삶을 시작한다. 그러나 우리는 태어나는 날부터 일정한 지위를 물려받는다. 지위는 순수한 특권이다. 지위는 우리가 지금 열망하거나 성취하는 것에 근거하지 않고 이미 이루어진 일, 때로는 아주 오래전에 이루어진 일에 근거한다. 우리는 더 낫거나 더 못한 경제적 수단을 가진 가정에 태어난다. 우리는 아주 매력적이거나 지극히 평범한 자질들을 물려받는다. 우리가 사는 곳은 '좋은 학군'이거나 '나쁜 학군'이다. 그리고 이 모든 상속된 자질들에 때로는 확실하고 직접적으로, 때로는 암묵적이고 간접적으로 서열이 매겨진다. 우리는 이 서열에서 우리가 어디에 설지에 대해 거의 아무런 통제권도 갖지 못한다. 지위는 우리보다 한참 앞에 일어난 현실들에 근거해서 할당된다. 그러나 우리의 지위는 우리의 뒤를 따르며, 더 정확하게 말하자면 우리의 위를 맴돌며, 특정한 문을 열어 주고 다른 문들은 닫아 버린다. 특권에 따라 분배되는 제한적 자원이 있는 곳이면 어디서나 지위가 작동한다.

　지위는 정의상 희소한 자원이다. 줄의 맨 앞에는 한 사람만 설 수 있다. 펜실베이니아역에서 그 5월의 어느 날 보았던 광경이 그토록 혼란스러웠던 것은 공간이 제한적이었기 때문이다. 열차로 몰려든 통근자들의 경쟁은 자리를 얻기 위한 경쟁이었고 상대적으로 적은 틈새를 차지하기 위한 경쟁이었다. 뭄바이 공항에서의 내 경험은 마찬가지로 일반적 특권의 경험만이 아니라 특히 지위에 대한 경험이었다. 사실 그것은 나의 사회적 지위, 즉 파란 미국 여권을 가진 분명히 중산층으로 보이는 키 큰 백인이라는 지위와 탑승 수속 대기 줄에 서 있는 나의 위치 사이의 부조화가 항공사 직원에게 빚어낸 불편함의 결과였다. 내 지위가 내게는 보이지 않았지만 그에게는 중요했기에 그는 그가 하던 일을 중단하고 이 불균형을 수정해야 했다. 나의 보이는 위치를 나의 보이지 않는 지위와 일치시키고서야 그 직원의 스트레스는 해소되었고 그 줄에 서 있던 많은 다른 사람들에게도 그랬을 가능성이 크다.

특권이 중립적이고 때때로 혜택을 주는 것이라 해도 나는 지위란 위험한 것이 아닐 수 없다고 믿게 되었다. 물론 성취를 인정하는 것이나 심지어 서열을 매기는 것도 있을 수 있는 일이다. 내가 하나님 형상을 지닌 무한한 가치를 가진 존재라는 이유만으로 내가 축구 경기장에서 데이비드 베컴만큼 가치 있는 사람인 체한다면 그것은 어리석은 일일 것이다. 특정 운동경기나 직업, 사업 같은 제한된 영역 안에서 우리는 무엇이 가장 생산적이고 가장 많은 결과를 가져오는지를 결정하고 또 축하하기 위해 서열과 희소성에 의존한다.

그러나 지위를 추구하는 것은 제한된 영역 안에 한정되지 않는다. 우리는 지위 그 자체를 쫓아다니기 시작한다. 그리고 충분한 지위라는 것은 결코 있을 수 없기 때문에, 그리고 누군가가 줄에서 한 칸 앞으로 간다는 것은 누군가 한 칸 뒤로 밀리는 것을 뜻하기 때문에 지위에 대한 추구는 우리가 하나님 형상을 지닌 우리 동료들과 대치하게 만든다. 거의 폭력적이었던 펜실베이니아역 승강장은 인간이 자신의 지위를 방어하기 위해 얼마나 필사적인가를 상기시켜 주는 무서운 장면이었다. 그러나 그 바깥의 더 넓은 세계는 상황이 훨씬 더 안 좋다. 모든 주민이 자신의 지위, 즉 자신보다 특권을 덜 가진 사람들보다 한 발 더 앞서 있는 자신의 지위를 방어하기 위해 애쓰고 있다. 지위는 완고한 우상이다. 이 우상은 결코 충분한 구원을 베풀지 않고 당신이 이 우상을 따를수록 더 많은 것을 요구할 것이다.

야고보와 요한은 이미 선택받은 사람들이었다. 그들은 열두 제자에 속했다. 물론 우리는 이 열두 제자가 어떤 특별한 장점이나 특권을 가졌기 때문에 선택된 것이 아님을 알고 있다. 그들은 어부와 세리가 뒤섞인 오합지졸이었고 거친 억양의 사투리를 썼다. 그러나 야고보와 요한은 유리한 위치에 있다는 만족감, 핵심층으로서 다른 사람들은 바깥에 있는데 그들에게만 입장이 허락될 때 느끼는 자존감의 매력을 맛보았다. 그래서 그들은 기회를 얻어 예수님께 다가가 지위에 대해 물었다. 마태가 전하는 설명에서는 그들의 어머니가 요구한 것으로 되어 있다. 자녀의 지위 향상을 위해서라면 어떤 부모라도 그렇게 할 것이다. "이르되 나의 이 두 아들을 주의 나라에서 하나는 주의 우편에, 하나는 주의 좌편에 앉게 명하소서"(마 20:21). 예수님의 대답은 무관심이라기보다는 거부였다.

"너희는 너희가 구하는 것을 알지 못하는도다. 내가 마시려는 잔을 너희가 마실 수 있느냐?" 그들이 말하되 "할 수 있나이다." 이르시되 "너희가 과연 내 잔을 마시려니와 내 좌우편에 앉는 것은 내가 주는 것이 아니라. 내 아버지께서 누구를 위하여 예비하셨든지 그들이 얻을 것이니라."

(마 20:22-23)

야고보와 요한은 지위를 요구했지만 예수님은 파워에 대한 질문으로 응답하셨다. 곧 모든 것을 걸고 진노의 잔을 남김없이 마시게 될 그분의 방식대로, 그들이 실제로 모든 것을 걸 수 있겠는가? 이 질문에 제자들이 당황하고 있을 때 예수님은 특별한 예언을 하셨다. 실로 그들은 이만큼 깊게 그들의 주님과 같아질 것이다. 언젠가는 야고보와 요한도 예수님과 같은 잔을 마실 것이다. 그들은 최대한의 대가를 치른 후에 그들이 생각할 수 있는 것보다 더 가까이 예수님의 영광에 다가갈 것이다.

그러나 지위에 대해서는 그들을 물리치셨다. 그것은 예수님도 관여할 수 없는 것이다. 그것은 아버지께서 하시는 일이다. 하늘나라에서 누가 첫째가 될 것인가? 누가 아는가? 예수님은 아니다. 그것은 아무도 예상하지 못했던 사람이 될 것이다. 그에게 묻지도 않고 그를 위하여 예비될 것이다. 이 두 형제가 새치기를 하려는 것을 보고 제자들이 화를 내자 예수님은 이렇게 분명하게 말씀하셨다.

"이방인의 집권자들이 그들을 임의로 주관하고 그 고관들이 그들에게 권세를 부리는 줄을 너희가 알거니와 너희 중에는 그렇지 않아야 하나니 너희 중에 누구든지 크고자 하는 자는 너희를 섬기는 자가 되고 너희 중에 누구든지 으뜸이 되고자 하는 자는 너희의 종이 되어야 하리라. 인자가 온 것은 섬김을 받으려 함이 아니라 도리어 섬기려 하고 자기 목숨을 많은 사람의 대속물로 주려 함이니라." (마 20:25-28)

궁극적으로 예수님이 지위와 특권을 경계하시는 가장 중요한 이유는 그것들이 예수님에게는 전혀 중요하지 않기 때문이다. "너희 중에는 그렇지 않아야 하나니." 예수님의 우선순위는 특권을 지키는 것이 아니라 허무는 것이다. 바울이 초대교회의 찬송 중 하나를 인용하면서 표현한 바에 따르면 근본 하나님의 본체이시고 하나님과 동등됨을 취하실 수 있고 모든 특권을 누리기에 합당하신 분이 그것을 취할 것으로 여기지 않으시고 자기를 비워 종의 형체를 가지셨다. 이는 그분이 사람의 아들과 하나님의 아들이 아님을 의미하는가? 그렇지 않다. 그분이 지위와 특권을 단단히 붙잡는 데 전혀 관심이 없으신 것은 바로 그분이 진정한 사람의 아들이며 하나님의 진정한 형상을 지니신 분이시고 진정한 하나님의 성상이시기 때문이다. 그분이 지위와 특권을 붙잡지 않으시기 때문에 그것들도 그분을 붙들지 않는다. 그리고 그분이 만물의 마지막이 되셨고 종이 되셨기 때문에 그분은 지극히 높임을 받으셨고 만물의 주님 곧 하늘에서나 땅에서나 땅 아래서나 줄에서의 자리를 얻기 합당하신 유일한 분이 되셨다.

도시의 평화

1992년 5월의 그 금요일에 나는 브롱크스에서 열리는 기도회에 참석하려는 참이었다. 이날은 로스앤젤레스에서 폭동이 일어나기 오래전에 예정된, 뉴욕시 전역에서 모여 주말 내내 진행될 기도회의 첫날이었다. 나는 내 친구이자 이 기도회의 주최자이고 오랫동안 뉴욕시에 있는 교회를 섬겨 온 맥 파이어와 함께 7번 기차에 올라탔다. 그 당시에는 아직 어퍼웨스트사이드까지 고급주택화가 진행되지 않았기 때문에, 전 도시가 창문을 막고 게이트를 폐쇄하고 후퇴한 그날 오후에 브롱크스로 가는 열차를 자발적으로 탄 백인은 우리 두 사람뿐이었다. 우리가 기도회가 열리는 스페인어 사용자들의 작은 오순절 교회에 도착했을 때는 이미 브롱크스의 모든 민족과 언어권을 대표하는 사람들이 모여 있었다.

그날 밤 벌어진 일은 내가 기대해 왔던 새 예루살렘이 이 땅에 실현된 모습을 보여 주는 가장 특별한 예배 경험이었다. 중보와 슬픔과 희망과 기쁨이 쏟아지면서 교회의 지붕이 들썩였고 여러 시간 동안 찬양과 기도와 노래와 외침과 춤과 눈물이 이어졌다. 그 교회에 모인 사람들은 몇 명의 특권층 손님들 외에는 모두 어떤 지위도 없는, 911에 구조 요청을 해도 경찰이 와 줄 것 같지 않은, 고난의 때에 보호받을 수 있는 피난처도 없는 사람들이었다. 그러나 그들은 피신하려 하지 않았다. 그들은 그들의 가정과 이웃을 지켜 달라고, 그리고 그 도시의 평화를 지켜 달라고 하나님께 간구했다. 그들은 죄인들의 친구가 되시고 모든 사람의 종이 되신 분을 찬양했다. 예배가 끝난 후에 그들은 두려움에 빠진 도시의 텅 빈 거리로 희망과 기쁨을 지니고 쏟아져 나왔다.

그날 밤 11시 뉴스에서 경황없는 뉴스 진행자들이 위성 송출 영상에서 뭔가 보도할 만한 것을 찾으면서 브롱크스 같은 지역의 현장에 나가 있는 어리둥절한 기자들에게 말을 걸었다. 거리는 고요했고 폭동도 약탈도 없었다. 그날 밤 한 기자가 뉴스 데스크의 진행자에게 말했다. "글쎄요, 오늘 밤 뉴욕에서 우리가 말할 수 있는 것은 사람들이 기도하고 있다는 것뿐입니다."

특권과 지위를 붙잡고 있는 사람들은 결코 알지 못할 파워가 세상 속으로 풀려나고 있었다.

| 성경 연구 |

요한복음 13장 – 예수님, 파워, 특권

흔히 설교자들은 예수님의 삶과 죽음이 당시의 현존하는 파워들에 도전하시는 방식이었다고 지적하면서 나사렛 예수가 '파워를 포기하셨다'고 말한다. 예수님이 완전한 비폭력의 삶을 가르치셨고 그렇게 사셨다는 것은 참으로 사실이다(동료 인간들에게 비폭력적이셨다는 것이지 고기잡이에 대해서도 그러셨던 것은 아닌 듯하다). 제도화된 폭력의 힘이 그들의 모든 분노를 그분의 재판과 십자가 형벌을 통해 그분에게 쏟아부을 때 그분은,

> 마치 도수장으로 끌려가는 어린양과
>   털 깎는 자 앞에서 잠잠한 양같이
>   그의 입을 열지 아니하였도다.…
>   그는 강포를 행하지 아니하였[다]. (사 53:7, 9)

예수님이 자신에게 행사된 부당한 폭력 앞에 침묵하고 복종하신 것은

그분의 전 생애에서 가장 놀라운 부분들 중 하나다.

그러나 예수님의 삶과 죽음과 부활에 대해 성찰했던, 예수님의 첫 전기 작가들과 초기 그리스도인들에게 예수님이 '파워를 포기하셨다'는 생각은 상상조차 할 수 없었을 것이다. 폭력적 죽음 뒤에 부활하신 예수님을 직접 목격한 신약성경 저자들은 폭력이 파워의 가장 진정한 형태라는 우상숭배적인 소설에 더 이상 동의할 수 없었다. 오히려 그들은 로마제국이 행사할 수 있었던 것보다 훨씬 더 큰 파워가 세상에서 일하고 있다는 증거를 그들의 눈으로 보고 그들의 손으로 만졌다. 그리고 그들이 예수님의 삶 곧 그분의 특별한 탄생부터 인간으로서 그분의 마지막 밤까지를 회고했을 때, 그들이 기억한 것은 그분의 특별한 파워였다. 그것은 '기름 부음 받은 자'에 대한 옛 선지자들의 예언을 성취하는 동시에 또한 그 기름 부음 받은 자가 어떻게 파워를 행사할지에 대한 모든 기대를 거부하시고 재정의한, 예측할 수 없고 창조적이고 강렬한 그분의 존재감이었다.

복음서 저자들 중에서 요한은 예수님 사역의 모든 순간에 그분 안에서 작용하는 파워를 가장 직접적으로 서술한다. 섬세하게 정교하고 복잡한 이야기를 전개하면서 요한은 연이어 점점 더 강력한 파워의 표지들을 그려 낸다. 나사렛 출신, 요셉의 아들인 예수님은 복음서가 시작되는 부분에서 빌립이 그의 형제 나다나엘에게 말한 것처럼 "진실로 모세가 율법에 기록하였고 여러 선지자가 기록한 그 이"(요 1:45)였고 나다나엘이 예수님의 꿰뚫어 보시는 능력을 개인적으로 경험한 후에 인정한 것처럼 "하나님의 아들"이시며 "이스라엘의 왕"이셨다.

이 놀라운 아들이자 왕이신 분에 대한 요한의 이야기가 절정을 향해 나아가면서 이 이야기꾼은 섬세한 영화 제작자처럼 시간의 흐름을 점점 늦추어서 점점 더 많은 관심을 예수님의 죽음 전 며칠간의 장면에 집중시킨다. 예수님이 잡히시기 전 마지막 밤에는 속도가 더 느려져서, 제자들과 함께 식탁에 둘러앉으신 예수님이 행동과 가르침과 기도로 그분을 가장 가까이 따르던 사람들을 그분 사역의 핵심으로 이전보다 더욱 깊이 데려가신다.

> 저녁 먹는 중 예수는 아버지께서 모든 것을 자기 손에 맡기신 것과 또 자기가 하나님께로부터 오셨다가 하나님께로 돌아가실 것을 아시고 저녁 잡수시던 자리에서 일어나 겉옷을 벗고 수건을 가져다가 허리에 두르시고 이에 대야에 물을 떠서 제자들의 발을 씻으시고 그 두르신 수건으로 닦기를 시작하여. (요 13:3-5)

시기의 엄중함 때문에 분별력을 잃으신 것이 아닌가 하는 생각을 물리치기 위해 요한은 이 예기치 못한 행동을 가능한 한 넓은 맥락 속에 위치시킨다. 예수님은 파워를 잃기는커녕 "모든 것"을 그분의 손에 맡으셨다. 그분은 자신이 어디서(그리고 누구로부터) 왔는지를 아셨다. 그분은 자신이 어디로(그리고 누구에게로) 갈지를 아셨다. 다시 말해서 이제 이어질 행동과 고난은 파워를 잃으신 분의 표지가 아니라 모든 파워를 받으신 분의 표지였다.

그리고 요한은 참으로 놀라운 예수님의 행동을 기록한다. 예수님은 신속한 몇 가지 동작으로, 주목과 존중을 받는 식탁 중앙의 자리를 떠나서 겉옷을 벗으시고 방 안에 있던 이것을 집어 드셨다. 그분의 제자들 중 어느 누구도 예수님이 이것을 만지시리라고는 예상하지 못했던 것, 바로 손님들의 발을 씻기는 수건이었다. 오늘날에도 많은 문화권에서 예수님 시대에 발이 상징했던 수치감을 여전히 보존하고 있다. 발은 신체의 가장 낮은 부분이며, (예수님 당시에는 현대의 정비된 보도보다 훨씬 더 먼지가 많았던) 세상의 먼지를 가장 많이 뒤집어쓰는 부분이자 육체의 땀과 수고로 인해 가장 냄새나기 쉬운 부분이다. 다른 사람의 발을 만지는 것은 심각한 예속의 행위이기에 오직 노예나 탄원자에게나 어울리는 일이었다. 발은 파워의 정반대편에 있는 것이다. 손님들이 기대 앉아 있는 식탁 쪽이 아닌 바깥쪽으로 멀리 떨어진 곳에서 거의 관심을 받지 못하고, 오직 가장 무시당하는 사람들에 의해서만 돌봄을 받는다. 일반적인 잔치 자리에서는 집안에 속한 노예들이 발 씻기를 수행했을 것이다. 발 씻기는 개인위생과 관련된 것이기에 오늘날 가정의 저녁 식사 자리에서 화장실을 사용하려고 자리를 뜰 때처럼 어떤 예전이나 설명이 필요치 않은 것이었다. 그런데 갑자기 예수님이 겉옷을 벗고 모든 사람의 관심을 그들의 발에 집중시키셨다.

수치스럽고 충격적이게도 예수님이 식탁 주위로 다가오셨을 때 베드로가 "주여, 주께서 내 발을 씻으시나이까?"(요 13:6)라고 믿지 못하겠다는 듯 질문하고 "내 발을 절대로 씻지 못하시리이다"(요 13:8)라고 강하게 저항한 것은 놀라운 일이 아니다. 여기서 우리는 훨씬 더 세속적인 형태의 파워를 목격한다. 베드로는 의지의 불가피한 경합인 제로섬 게임을 시작한 것이다. 예수님이 이기시든지 베드로가 이기든지 둘 중 하나가 될 것이다. 여기에서 베버가 정의한 헤어샤프트와 마흐트가 완벽하게 구체화된다. 예수님과 베드로 중 누가 "구체적 명령에 대한 복종을 확보"할 능력을 가졌는가? 누가 "저항을 극복"할 능력을 가졌는가? 이것은 파워라는 말이 가진 가장 일상적인 의미, 즉 다른 사람에게 복종을 강요할 수 있는 능력이다.

그리고 예수님이 이기셨다. 예수님은 베드로의 스승이며 주님이셨다.

베드로는 큰소리를 쳤지만 그의 삶을 예수님에게 내어 드려야 했다. 그래서 예수님이 "내가 너를 씻어 주지 아니하면 네가 나와 상관이 없느니라" 하고 말씀하셨을 때 그는 어조를 바꾸어서 "주여, 내 발뿐 아니라 손과 머리도 씻어 주옵소서"라고 말했다(요 13:8-9). 예수님이 이기셨다. 예수님은 저항을 극복하셨고 복종을 확보하셨다. 그리고 논쟁에서 진 베드로도 이겼다. 사람들을 당혹시키는 그분의 새로운 왕국에서 예수님의 식탁에 앉을 한 자리를 얻었기 때문이다.

예수님이 자리에 앉으셨을 때 요한은 다시 한번 그분의 파워에 대해 상기시킨다. 예수님은 "내가 너희에게 행한 것을 너희가 아느냐?"라고 물으시고 "너희가 나를 선생이라 또는 주라 하니 너희 말이 옳도다. 내가 그러하다"라고 말씀하셨다(요 13:12-13). 여기에는 가장한 겸손의 모습이 전혀 없다. 제자들의 세계에서 '랍비'(*rabbi*, 선생)와 '퀴리오스'(*kyrios*, 주)보다 더 파워 있는 역할은 없다. 이 칭호들은 유대교 지도자들과 로마 황제의 통치권을 지칭할 때 사용되기 때문이다. 예수님은 이 두 가지를 모두 주장하셨다. 예수님은 직접적인 의지 경합에서 승리하셨다. 예수님은 하나님께로부터 오셨고 하나님께로 가신다. 요한은 그분이 파워를 당연한 듯 가지고 계셨다는 것을 우리가 보기 원한다.

그리고 이 이야기를 수천 년 뒤에 읽는 우리는 이 이야기 속에서 창조적이고 문화적인 파워를 발견한다. 서유럽 교회력에서 성금요일 전날 밤인 세족목요일에 전 세계 그리스도인들은 서로의 발을 씻어 주기 위해 모인다. 선생이며 주님이셨던 분이 허리에 수건을 두르시고 무릎을 꿇으신 후로 2천 년이 지난 지금, 그분을 따르고 섬기고 전하는 사람들은 그분의 모범을 계속 본받는다. 의례(儀禮)를 창시하는 것은 문화를 형성하는 파워의 행위 중 가장 특별한 경우에 속한다. 그 의례를 처음 경험한 사람들이 죽어서 묻힌 지 오랜 후에도 여러 세대를 거쳐 진리에 대한 증언을 지속하는 행위이기 때문이다. 예수님이 식탁에서 하셨던 행동과, 다른 복음서의 저자들이 기록하듯 그날 밤에 떡과 포도주를 가지시고 축사하시고 나누어 주신 행위가 오늘날까지 질기게 지속되는 것은 그분의 파워에 대한 궁극적 시험이자 표지다. 바로 이 순간에 예수님은 문화를 창조하신다. 수건과 떡과 잔의 의미를 영원히 변화시키고 선생과 주인이 자신의 역할을 이해하는 방식과 그들의 제자와 종이 그들을 바라보는 방식을 영원히 바꾸어 놓는 새로운 문화를.

특권의 종말

이 이야기에서 예수님이 파워를 포기하시는 지점은 없다. 오히려 그분의 파워가 절정에 이르고 입증된다. 이 이야기에서 예수님이 포기하시는 것은 파워가 아니라 특권과 지위다.

그 방 안에서 가장 큰 파워를 가진 사람은 발 씻기에 대해 전혀 걱정할 필요가 없는 특권을 가지고 있었다. 당신이 존경받는 랍비라면 그런 일은 당신이 굳이 모멸감을 느끼며 스스로 낮추어 그 일을 요청하는 수고를 할 필요 없이 그냥 일어나는 일이었다. 만일 그 잔치에 시중을 드는 종들이 어찌된 이유에서든지 발 씻기는 의례를 잊어버렸다면 그 일은 참석한 손님 중 가장 파워가 없는 사람에게 돌아간다. 그 사람은 재빠르게, 거의 무의식적으로 손님들의 지위의 높고 낮음을 계산해 보고 신속하게 수건을 집어 들어 그 의무를 수행할 것이다. (전통적인 문화 배경의 가정에서 자란 사람이라면, 또는 오늘날 미식축구 슈퍼볼 경기가 있는 일요일에 남자들은 앉아서 경기를 보고 여자들이 음식을 차리고 접시를 치우는 것을 경험했다면 이 계산이 얼마나 당연하게 이루어지는지 알 것이다. 섬김을 받는 사람은 물론 섬기는 사람들도 대부분 그들이 이런 계산을 하고 있다는 것조차 모른다.) 그러나 예수님은 바로 이러한 지위 계산이나 특권을 나타내는 이런 표시들에 전혀 관심이 없으셨다.

그리고 우리가 예수님의 삶과 사역에 대해 고찰하기 시작하면 이것이 일관된 방식임을 알게 된다. 예수님은 파워를 사용하는 일에 거의 주저함이 없으셨다. 예수님은 그 파워로, 용서하시고 치유하시고 선포하시고 가르치시고 수천 명을 먹이시고 폭풍을 잠잠케 하셨다. 예수님이 주저하셨을 뿐 아니라 적극적으로 반대하신 것은 이런 파워의 행위에 자연스럽게 따라오는 특권을 누리는 것이었다. 마가복음 1장을 보면 예수님이 베드로의 장모를 고치신 후에 온 동네가 그녀의 집 앞에 모였지만 예수님은 한적한 곳으로 가서서 기도하시고 그 마을을 떠나셨다. 예수님이 수천 명을 먹이시고 나서 군중이 예수님을 왕으로 삼으려고 떠들어 댈 때 예수님은 배를 타고 건너편 이방인들의 지역으로 떠나셨다. 군중이 종려나무 가지를 들고 그들이 안다고 생각한 것보다 더 많은 진리를 담아 "호산나 다윗의 자손이여"라고 외치며 환호한 후에 예수님은 "모든 것을 둘러보시고" 예루살렘성을 떠나 성 밖에 있는 한 가정에서 그 밤을 보내셨다. 예수님은 결코 특권을 쌓아 놓지 않으셨다.

그리고 예수님은 지위에 대한 절대적 무관심을 지속적으로 보여 주신다. 이는 예수님이 성부의 사랑받는 아들로서 자신의 자리에 대해 의심하셨거나 모르셨기 때문이 아니다. 사실 그분은 당신의 자리를 분명히 아셨다. 그러나 예수님은 "하나님과 동등됨을 취할 것으로 여기지 않으"셨다. 뱀과 그 이후의 모든 우상이 자신에게 홀려 있는 인간 앞에 매혹적으로 달아 놓는 궁극적 지위조차도 진정한 하나님의 아들에게는 취해야 할 것이 아니었다. 지위에 집착하는 사람들은 늘 자기 주위 사람들의 지위를 분류하는 데 정력을 쏟아야 한다. 그러나 예수님은 이런 서열이나 자리에 전혀 관심이 없으셨기에 소위 '제대로 된' 사람들과 교제하는 데에도 마찬가지로 관심을 갖지 않으셨다. 예수님은 로마 총독과 창녀들, 세리들과 열심당원들, 회당의 지도자들과 12년간 앓아 온 질병으로 고통받는 여인을 동일한 돌봄과 진정한 관심을 가지고 대하셨다. 그분은 하나님의 자녀들 각각이 지닌 하나님의 형상을 항상 존중하셨다. 그분은 그들의 과장된 형상이나 역할에 조금도 찬사를 보내지 않으셨다.

특권을 보호하고 지위를 상승시키는 데 집착하는 우리에게 예수님의 이런 무관심은 두려운 것이다. 그래서 베드로와 같은 격한 반응을 불러일으킨다. 이것은 자신을 보호하고 위하는 데는 조금도 관심이 없는 거룩하고 순전한 파워다. 예수님은 파워를 사용해서 전혀 자신을 보호하거나 높이지 않으셨고 오직 창조하기 위해서만 파워를 사용하셨다. 아마도 이것이 예수님의 비폭력에 대한 가장 깊이 있는 설명일 것이다. 폭력은 정당한 자기방어를 위해 사용될 때에도 회복하고 구원하고 창조하는 것과는 상관이 없다. 오직 손상을 되돌려 줄 뿐이다. 그리고 예수님은 파워가 언제나 오직 번영만을 위해 사용되는 새로운 공동체를 회복하고 구원하고 창조하는 것 외에는 관심이 없으셨다. 이러한 공동체에서 특권과 지위는 무시되고 버려질 수밖에 없다. 그것들은 하나님 형상을 지닌 사람들의 진정한 소명, 즉 저주가 있는 곳 어디서나 생육하고 번성하라는 소명을 방해할 뿐이다.

요한은 이 이야기를 시작하면서 예수님이 "세상에 있는 자기 사람들을 사랑하시되 끝까지 사랑하[셨다]"(요 13:1)고 우리에게 알려 준다. 종들이 사용하는 때 묻은 수건을 두르신 메시아는 파워를 포기하시는 것이 아니다. 그분은 파워를 본래의 목적에 맞도록, 모든 왜곡을 제거하여 회복시키신다. 사랑스러운 그러나 사랑 없는 세상을 끝까지 사랑하는 파워로 말이다. 그분의 파워는 특권을 세심하게 지키거나 지위를 일일이 계산하기 위해 유보된 것이 조금도 없이 이 한 가지 목적을 위해 다 쏟아부어졌다.

3부

제도와 창조적 파워

한 세대에서 다음 세대로

9장

제도라는 선물

우리 세상에서 **제도**(institution)라는 말보다 더 인기 없는 단어는 많지 않다. 정신 질환이나 인지 장애가 있는 사람들이 '보호 시설에 보내져'(institutionalized) 가족과 공동체로부터 단절된 삶 같지 않은 삶을 보내는 끔찍한 경우를 우리는 기억한다. 많은 사람들이 영성에 대해서는 중요하게 생각하면서도 '제도화된 종교'와는 거리를 둔다. 소위 X세대라고 불리는 내가 속한 세대의 많은 이들이 이전 세대가 차지하고 있던 제도권 기관의 책임자 자리를 오래도록 회피하고 있고, 최근까지 나도 그런 사람들 중 하나였다. 유명한 그리스도인 강사인 롭 벨(Rob Bell)이 2010년 10월 어느 목사들 모임에서 "여러분은 혁명에 동참하려고 들어왔는데 결국 경영자가 되어 버렸다고 느낀 적이 있습니까?"라고 수사적으로 질문을 던졌을 때 그는 우리 대부분의 생각을 대변해 주었다. 벨의 질문에 함축되어 있는 것은 제도권에 대한 깊은 의심으로, 이 의심은 급진적 혁명가에 대한 이상적 동경에도, 단순한 기능적 관료로 전락하는 데 대한 두려움에도 모두 존재한다. 그래서 1년 후 벨이 자신이 세운 교회를 떠나 '천사들의 도시'인 로스앤젤레스로 제도권의 제약을 덜 받는 삶을 찾아간 것은 그리 놀랍지 않다.

그러나 제도는 파워의 선물이 완전하게 표현될 수 있는 유일한 방법이다. 제도는 번영에 불가결한 요소이기 때문이다.

제도란 철저하고 지속적으로 조직화된 인간 행동 양식에 사회학자들이 붙여 준 이름이다. '미식축구공'은 하나의 문화 인공물이고 '미식축구'는 문화적 제도다. 이는 한 세대에서 다음 세대로 전해질 수 있는 행동, 신념, 양식, 가능성의 풍부하고 복합적인 체계다. 그리고 이 제도라는 넓은 의미의 단어 안에서 우리의 가장 의미 있는 인간 경험들이 일어난다. 문화 형성의 중심에 제도가 있다. 이는 제도가 인간 번영의 중심에, 우리가 '샬롬'(*shalom*)이라고 부르는 창조세계의 포괄적 번영의 중심에 있다는 뜻이다. 사실, 제도가 없다면 인간은 바람 빠진 축구공처럼 허약하고 쓸모없어질 것이다.

제도는 파워 즉 세상을 만드는 능력을 창조하고 분배한다. 제도로서의 미식축구 경기는 하나님 형상을 담는 기회가 되는데 제도가 없는 세상에서는 이런 기회가 불가능하다. 쿼터백이 필드 저 아래 좋은 위치에 있는 와이드 리시버를 확인하고 완벽하게 목표를 향한 패스를 할 때 관중은 자리를 박차고 일어나 소리를 지른다(또는 만일 우리가 상대 팀을 응원하고 있다면 고개를 저으며 떨떠름한 칭찬을 보낸다). 이때 우리는 인간이 엄청난 긴장 아래서 놀라운 솜씨로 힘과 민첩성과 판단력과 예지를 발휘하는 번영의 구체적 장면을 목격하기 때문이다.

그러나 이런 번영의 순간도 그 장면을 감싸고 있는 제도가 없이는 별 의미가 없다. 패스를 막고 연결하기 위해 경합하는 수비 진영과 공격 진영, 공정한 경기를 보장하는 심판들, 경기 구상과 완벽한 플레이를 돕는 코치들, 그리고 관전하고 응원하며 경기에 의미를 부여하고 그 기억을 간직하는 팬들이 이러한 제도를 구성한다. 이 모든 다른 참여자들 없이는 아무리 볼 만한 패스도 별로 볼 만하지 못할 것이고 보는 사람도 없을 것이다. 경기의 모든 의미를 기념하기 위해 기록하고 연습하고 재연하는 일도 없을 것이다. 따라서 경기에서 파워를 부여받는 사람은 쿼터백이나 리시버만이 아니다. 다른 모든 '참여자들'이 경기장에서나 관중석에서 각자 이 세상을 만드는 데 참여한다. 그들이 저마다 고유한 문화 형성의 파워를 행사할 수 있는 것은 오직, 과거와 현재를 통해 또 다른 이들이 이 경기를 지금의 모습으로 만들어 왔기 때문이다.

그래서 미국에서는 어느 한겨울의 일요일 오후, 수백만 명의 사람들이 미식축구라는 제도를 통해 다양하게 하나님 형상을 나타내는 역할을 맡는다. 만약에 이 제도가 없어져 버린다면 그와 관련된 물건들은 전부 남겨 놓는다 하더라도 이 제도가 가능하게 만드는 독특한 파워들이 함께 사라져 버릴 것이고 미국의 일요일 오후는 훨씬 더 지루한 시간이 되고 말 것이다. **지루함**이란 결국 하나님 형상을 지니는 데 실패한 것이다. 우리는 이 세상에서 무언가를 창조하고 가꾸는 데 우리의 파워를 행사하도록 지음받았다. 그런데 우리가 창조하거나 가꿀 것이 아무것도 없을 때 우리는 지루함을 느끼고 당연히 불만에 빠지게 된다. 아이러니하게도, **제도**라는 말 자체가 지루하게 들리고 무슨 창조성이나 개발은 찾아볼 수 없는 곳을 의미하는 것 같지만 이 말에 담긴 최대한의 의미로 보면 제도는 하나님 형상을 지닌 사람들이 각기 놀랍게 다양한 모습으로 번영하는 환경이다. 건강한 제도들은 궁극적으로 지루함에 대한 치료제이고 이들은 우리의 삶이 생기 있고 의미 있고 살아 있게 되는 배경이다.

이는 제도가 항상 유익하다는 의미가 아니다. 실은 그 반대다. 제도들은 하나님 형상을 지니는 것을 가능하게 만드는 것과 마찬가지로 우상숭배와 불의라는 왜곡도 가능하게 만들고 가장 심각하고 끈질긴 방법으로 이를 지속시킨다. 또한 이는 제도가 유익한 동시에 유해하기도 하다는 의미 역시 아니다. 미식축구는 힘과 공격으로 이루어지는 경기로서 일종의 규격화된 전쟁인데, 어떤 시대 어떤 사회에서는 심판과 경기장과 응원 군중을 포함한 정교한 다른 제도들이 말 그대로 죽기까지 싸우는 전투에 동원된다. 미식축구는 분명 고대 검투사들의 싸움이 개선된 형태다. 그러나 일요일 오후에 그 많은 수백만 명을 열광시킴으로써 미식축구는 인류의 포괄적 번영에 훨씬 더 적합할 수 있는 다른 제도들을 밀어내 버리는지도 모른다.

우리의 삶을 투자할 제도에 대하여 창조적이고 의식적인 선택을 하고자 한다면, 그리고 우리의 삶에 의미와 힘을 부여하려면, 우리는 먼저 그 제도들이 하나님 형상을 지니는 결과를 낳는다고 생각하는지 아니면 단지 우상숭배와 불의를 낳는다고 생각하는지 사이에서 선택을 해야 한다. 그러나 어떤 결정을 내리든지 우리는 일부 제도를 선택해야 할 것이다. 교회라는 제도를 떠나 할리우드라는 제도를 찾아갈 수도 있고 또는 정반대의 길을 갈 수도 있지만 만일 우리가 제도라는 것을 아예 피하고자 한다면 우리가 번영하거나 다른 사람들이 번영할 기회를 창조할 가능성은 별로 없을 것이다.

따라서 우리가 이 세상의 포괄적 번영을 위해 우리의 파워를 쓰기 원한다면 우리는 제도가 무엇인지, 그것이 어떻게 기능하며, 어떤 경우 실패하는지, 또 어떻게 우리가 제도의 건전성을 지키고 갱신을 일으키는 역할을 맡을 수 있는지를 이해해야 할 것이다.

미식축구, 경기장, 선수, 경기

제도에는 네 가지 필수 요소가 있다. 미식축구 경기의 예를 들어 보자. 이 경기는 특정한 **인공물**(artifacts)에 의존하는데 가장 눈에 띄는 것만 해도 미식축구공, 헬멧, 어깨보호 패드, 높이 솟은 골대 등이다. 거의 모든 완성된 제도에는 실로 그 제도와 밀접하게 관련되어 마치 상징처럼 쓰일 수 있는 인공물이 한두 가지 있다. 미식축구공이나 경기용 헬멧, 양쪽에 세워진 골대는 모두 미국 사람들에게 미식축구라고 불리는 복합적 제도 전체를 떠올리게 하는 데 필요하다. 이런 인공물은 청소년 리그나 길거리 축구부터 슈퍼볼에 이르기까지 미식축구 경기가 행해지는 다양한 상황에 맞게 대량으로 생산된다.

두 번째 문화적 사물도 미식축구라는 제도의 일부인데 비록 수는 적으나 더 큰 의미를 지닌다. 바로 주요 경기가 열리는 경기장이다. 더 작은 규모의 사물들과 마찬가지로 경기장 역시 인류의 문화 형성의 구체적 결과물이지만 그 압도적인 규모와 역할 면에서 확연히 구별된다. 경기장은 엄청난 강도와 의미를 지니는 경기가 진행되는 **무대**(arena)를 제공한다. 무대는 선수들뿐 아니라 코치들, 지원 요원들, 심판진, 방송 인력과 팬들을 포함한 모든 참여자가 완전히, 전심으로 참여할 수 있는 배경을 제공하며 다른 관련 사물들이 가장 탁월한 기술과 깊은 의미를 가지고 사용되는 장소다.

제도로서의 미식축구에는 세 번째 문화적 사물이 필요한데 전적으로 무형물인 이것은 바로 경기의 **규칙**(rules)이다. 규칙들은 규정집에 구체적으로 기록되어 있겠지만 기본적으로는 미식축구라는 제도에 참여하는 사람들의 마음과 그들의 전문 지식 안에 주로 존재하는데 반드시 선수나 코치, 심판에게만 적용되는 것이 아니고 관중도 그 대상에 포함된다. 규칙은 허용되는 행위와 금지되는 행위 그리고 보상받는 행위와 벌받는 행위를 정해 준다.

마지막으로, 규칙은 각자의 **역할**(roles) 즉 제도 안에서 각기 다른 사람들이 각각 맡은 부분들을 기술한다. 각각의 역할은 그에 따르는 자유와 책임이 있으며, 각각 세상에 특유의 무언가를 만들어 낸다. 그리고 규칙은 번영하는 참가자가 된다는 것, 즉 주어진 역할에 대한 기대를 충족시키는 사람이 된다는 것이 무엇을 의미하는지를 기술하거나 적어도 제안해 준다. 예를 들면 경기가 끝났을 때 한 선수를 최우수 선수로 선정하는, 불문율이지만 철석같이 지켜지는 규칙을 들 수 있다.

인공물, **무대**, **규칙**, **역할**은 하나의 제도를 이루는 데 필수적인 구성 요소들이다. 미식축구 같은 경기에서 이러한 요소들은 명확하게 규정된다. 사실 **경기**라는 것은 이 네 가지 요소가 매우 정확하게 명시될 수 있는 제도에 붙여진 이름이다. 우리는 이 선수가 아웃인지 아닌지를 정확히 알 수 있고, 경기에서 승패가 어떻게 결정되는지를 알 수 있고, 대부분의 역할은(팬들도 포함해서!) 서로 다른 복장이나 표시로 구별된다. 인간의 다른 제도들은 그렇게 분명히 규정되지는 않는다. 그러나 이 네 가지 요소는 미식축구에서만큼 분명하게 드러나지는 않더라도 모두 존재하고 있다. 제도를 인공물, 무대, 규칙, 역할이라는 네 요소의 지속적 집합체로 생각하기 시작하면 그런 것들이 사방에 있음을 보게 되고 거의 대부분의 인간 삶이 제도들이 가능하게 해 주는 정교한 '경기들' 안에서 펼쳐지고 있음을 깨닫는다.

이렇게 본다면 우리의 건강을 보살피는 것은 의료라는 제도다. 이를 위해 오늘날 서구 문화가 이용하는 인공물로는 체온계, 외과 수술 도구들, 혈압계, 흰 가운 등이 있다. 다른 문화권의 경우에는 침, 희귀하고 마술적인 부적 같은 것이 있다. 무대에 해당하는 것은 서구의 경우 의료 행위가 이루어지는 건물, 특히 의사의 진료실, 약국, 병원이 들어서 있는 장소다. 의료에는 수많은 규칙이 있다. 어떤 규칙은 투약 처방전처럼 글로 쓰인다. 어떤 규칙은 수련 과정을 통하여, 예컨대 흉부 통증을 진찰하는 방법처럼 명료하게 전수된다. 어떤 규칙은, 검진을 받으려면 환자가 옷을 벗을 것이라는 기대와 같이, 암묵적이지만 동일한 파워를 가지고 있다. 마지막으로, 의료에도 역할이 있다. 의사에게는 일정한 책임과 자유가 있고 간호사에게도, 약사에게도, 환자에게도 각기 수행해야 할 역할이 있다. 이러한 인공물과 무대들, 규칙들, 역할들이 모여 좋든 나쁘든 의료라는 제도가 이뤄지는 것이다.

흥미롭게도, 이 요소들은 종종 서로 분리될 수 있으며 그때에도 제도는 어느 정도 기능한다. 미식축구에서 경기장을 빼더라도 뒤뜰에서 경기를 할 수 있는데 이것도 진정한 미식축구 경기다. 심지어 핵심 요소인 미식축구공이 빠질 수도 있다. 아무 표시도 없는 공터에서 서로 마주보는 대열을 갖춘 후에 중앙에서 한 선수가 낡은 헝겊으로 만든 공을 뒤에 선 사람에게 넘기고 그가 다시 같은 팀 사람에게 건네거나 패스하면 이 경기를 잘 아는 누구든지 이들이 미식축구를 하고 있다고 인식할 것이다. 규칙과 역할이 정해지면 경기를 구성하기에 충분하다.

그렇다고 인간의 모든 제도가 고유의 인공물들 및 무대들과 쉽게 분리될 수 있는 것은 아니다. 의료 행위만 하더라도 일정한 세트의 기구들, 즉 인공물이 있어야만 효과를 볼 수 있다. 의료의 규칙과 역할에 대해 교육받은 고도로 훈련된 의사라도 의약품이나 진찰과 치료를 위한 기구가 없으면 그들의 파워에 제약을 받는다. 의사들도 비행기에 탑승 중이거나 오지를 여행할 때 긴급 상황이 발생하는 경우 의료 행위를 할 수 있는 인공물이 없으면 다른 사람과 마찬가지로 별 도움이 되지 못한다. 마찬가지로 인공물이 있더라도 마땅한 무대가 없으면 소용이 없다. 일상적인 진료라도 안전하게 시행되려면 병원의 외과적 소독 시설이나 잘 정돈된 진료실이 필수적이다. 그리고 전문 의료인에게 필요한 규칙과 역할에 대한 훈련 과정이 없이는 아무리 의료 장비를 잘 갖춘 병원이라도 아픈 사람들을 보살피는 데 무용지물이 된다.

인공물과 무대와 규칙과 역할이 함께 어우러질 때 우리는 비로소 진정으로 존속 가능한 제도를 갖게 된다. 왜냐하면 인공물, 무대, 규칙, 역할의 특정한 조합만이 한 제도를 대규모로 공유되는 문화 속에서 지속시킬 수 있기 때문이다. 뒤뜰이나 길거리에서 즉흥적으로 하는 축구 경기도 미식축구이긴 하지만 그것이 전부라면 미식축구가 오늘날 미국인의 생활에서 구사하는 만큼의 힘은 되지 못했을 것이다. 그 힘은 장비와 경기장, 훨씬 더 정교한 규칙과 더 세분화된 역할에서 나온다. 이와 같이 문화적 변화가 광범위한 적용성과 영향력을 갖추려면 인공물, 무대, 규칙, 역할의 창조를 통해 문화의 혁신이 사회에 적용될 수 있도록 하는 **제도화**의 과정을 거쳐야만 한다.

제도화 과정은 매우 천천히 진행될 수 있다. 현대 의학은 여러 세대에 걸쳐 창조되었는데 의술의 상징인 히포크라테스의 지팡이♦라는 고대 유물이 상기시켜 주듯이 그 뿌리는 2천 년 전으로 거슬러 올라간다. 반대로

♦ Hippocratic caduceus. 아마도 저자는 아스클레피오스의 지팡이(rod of Asclepius)를 의도한 듯하다. '카두케우스'는 그리스 로마 신화에 나오는 전령의 신 헤르메스의 지팡이를 가리키는 말이고 본래 의술의 상징은 히포크라테스의 조상으로 알려진 아스클레피오스의 지팡이인데 미국에서는 혼동되어 사용된다.

오늘날과 같은 미디어 시대에는 제도화가 놀랄 만한 속도로 빠르게 진행되기도 한다. 하버드 대학교 학생들이 사진과 짧은 소식 그리고 그들에게 중요한 동기생들 간의 교우관계 상태를 공유하기 위해 개설한 인터넷 사이트 '더 페이스북'(The Facebook)의 제도화를 살펴보자. 2004년 페이스북은 하버드나 그밖에 접속이 가능했던 소수의 대학에서 열렬한 관심을 불러일으키기는 했지만 하나의 문화 인공물에 불과했다. 그러나 2006년에 이것이 이메일 주소를 가진 13세 이상의 모든 사람에게 개방되자 순식간에 하나의 무대가 되었다. '사회관계망'(social networking)이라는 무수히 많은 경기가 벌어지는 배경이 된 것이다.

그런 가운데 여기에 참가하는 사람들을 위해 성문 또는 불문의 규칙들이 발전되었는데, 어떤 것들은 페이스북의 프로그래머들과 사용자들 간의 격론을 통해 작성되었고 다른 것들은 수백만 사용자들이 그들과 새로이 연결된 '친구'들과 관계를 설정하는 가운데 생겨났다. 다른 미디어와 공공 기관이 이런 규칙들을 다듬어 가는 데 도움을 주면서 처음에는 너무도 불명확했던 규칙들이 다음과 같은 골치 아픈 지엽적 사안들을 다루는 가운데 정리되었다. 고등학교 교사들이 그들의 학생들과 '친구'를 맺어도 되겠는가? 또 그 반대의 경우는? 14세의 사용자 또는 24세의 사용자가 부모나 미래의 고용주, 또는 일반 대중에게 보여 줘야 하는 사진들은 어떤 종류겠는가?

그런 다음 페이스북이 주식 시장에 상장되어 '기업 공개'를 하면서 페이스북의 제도화에 새로운 국면이 시작되었다. 자체의 인공물, 규칙, 역할을 가지고 무대(이 경우에는 시장)에 합류함으로써 세계 경제 내의 제도권 기관(institution)으로서 사업을 일으킨 것이다.

페이스북이 제도화하는 각 과정마다 파워가 창조되고 재분배되었다.

'재분배'라고 한 것은 항상 존재했던 사회적 관계망을 페이스북이 가시화하고 그로부터 이익을 얻어 냈기 때문이고 '창조'라고 한 것은 페이스북이 사용자들과 소유자들에게 새로운 인공물, 무대, 규칙, 역할을 가져다줌으로써 그 안에서 여러 형태의 우상숭배와 불의가 영속화되었을 뿐 아니라 새로운 것을 창조하고 가꾸게 되었기 때문이다. 페이스북의 제도화는 단지 기존의 파워 형태를 재조정하는 데 그치지 않았다. 그것은 우리가 부(富)라고 부르는 재정적 형태의 파워를 포함한 새로운 파워를 창조했다. 세상에는 우상숭배와 불의를 위한 더 많은 파워가 존재하게 되었을 뿐 아니라 하나님 형상을 지니기 위한 더 많은 파워도 존재하게 되었다. 왜냐하면 '더 페이스북'이라는 하나의 문화 인공물이 '페이스북'이라는 제도가 되었기 때문이다.

아브라함, 이삭, 야곱

제도는 문화가 세계 전역으로 퍼질 수 있게 해 준다. 또 하나의 축구 즉 미국인들이 사커(soccer)라고 부르기를 고집하는 경기는 세계에서 가장 가시적인 제도 중 하나인데 모든 대륙에서 대략 동일한 규칙과 역할을 가지고 있고 그 무대는 지구상에서 가장 눈에 띄는 영웅들을 배출해 내고 있다. 하나님이 그분의 형상을 지닌 존재에게 맡기신 위임 명령 중 일부가 '열매 맺고 번성'하는 것이라면, 제도들은 인간이 하나님 형상을 지녀 열매 맺은 결과를 번성하게 해 주어 한 개인이나 한 공동체가 할 수 있는 것보다 훨씬 더 많은 이들에게 그 결과가 미치게 한다.

그러나 제도는 그보다 더 놀라운 것을 해낸다. 제도는 문화가 시간을 넘어 인류 역사의 여러 세대에 걸쳐 전파되는 것을 가능하게 한다. 인공물과 무대와 규칙과 역할의 한 체계가 한 세대에서 다음 세대로 또 그다음 세대로 전해질 수 있을 때 제도화의 과정이 진정으로 완성된다. 가장 강력한 제도는 수십 세대에 걸쳐 상대적으로 변함이 없이 존속하다가 차츰 배경으로 사라지면서 집단의 문화적 무의식 속으로 깊이 스며든다. 이런 제도들은 이 세상이 돌아가는 방식으로 당연하게 받아들여진다. 언어는 가장 오래 지속되는 인류의 제도 가운데 하나로 단어, 책, 속담, 관용구 같은 인공물과 학교나 극장 같은 무대들과 문법 같은 규칙들 그리고 많은 언어에서 나타나는 성(性)에 따른 어미 변화나 가까운 친구와 먼 관계를 지칭하는 형태의 변화 같은 역할들의 집합체다. 어떤 사람도 언어를 발명할 수 없다. 언어는 단순히 우리가 물려받은 세상, 과거 위에 세워진 풍요롭고 무궁무진한 세상의 일부다.

하나의 문화적 양식을 제도로 인정하기까지 얼마나 많은 시간이 걸릴까? 나는 최소한 3세대가 걸린다고 제안하고 싶다. 어떤 문화적 양식을 세 번째로 계승한 세대는 그 제도의 인공물, 무대, 규칙, 역할이 당연한 것으로 받아들여지는 세상에서 자라나기 때문이다. 전화 통신이라는 제도를 예로 들어 보자. 내 조부모가 어렸을 때 사시던 시골 마을에는 전화가 없었고 부모님은 손잡이를 돌려 통화를 하는 공동 전화를 사용하던 옛날 불편했던 시절을 기억한다. 그러나 나는 전화 없는 집에 살아 본 적이 없다. 전화는 그저 내가 사는 세상이 유지하는 모든 생활양식의 일부일 뿐이다. 그 가운데 나는 이동 전화가 출현한 시대를 지나왔고(내 자동차에서 '카폰'으로 처음 전화를 걸었던 경험을 생생하게 기억한다), 내 아이들은 휴대전화가 없는 세상은 상상도 못할 것이다. 내 손자들은 수화기를 들면 귀에 들리던 다이얼 신호음을 한 번도 들어 보지 못할 것 같다. 이들은 이동 전화의 세 번째 세대이자 다른 종류의 전화는 알지 못하고 휴대전화가 신기한 문화 인공물이 아니라 하나의 문화적 제도가 된 첫 번째 세대가 될 것이다.

이런 것이 히브리 성경에서 이스라엘 민족을 "아브라함과 이삭과 야곱"의 자손이라고 거듭 일컫는 이유가 될 수 있을까? 왜 이스라엘 민족은 단 한 세대가 아니라 3세대의 이름으로 거듭 불렸을까? 그것은 아브라함에게 주신 하나님의 언약이 그 후손들의 기억과 상상에 깊숙이 자리 잡아 미래 세대에 전달되려면, 그래서 수많은 세대가 지난 오늘날까지 그 최초의 언약이 이어질 만큼 깊이 새겨지려면 최소한 3세대가 걸리기 때문이다. 물론 이스라엘 민족의 이야기는 구약성경 전체에서 수십 세대에 걸쳐 펼쳐졌다. 그러나 창세기 즉 '시작'의 책이 셋째 세대인 야곱의 죽음으로 끝난다는 사실은 의미심장하다.

창세기 12-50장에 기록된 기간에 아브라함과 그 후손은 "지극히 높으신 하나님"의 백성으로서 정체성을 보증하는 결정적 **인공물**을 얻게 되는데 그중 가장 주목할 만한 것이 할례의 관습이다. 할례는 각 세대의 남성들에게 표시를 남겨서 이 유별난 민족을 항상 그들을 둘러싼 이방 민족들과 구별시킨다. 이 상고의 시기에도 창세기 1-11장에 기록된 이야기, 즉 지극히 높으신 하나님이 그의 창조세계를 다루시는 태고의 서사는 정식화되어 전수되었다. 그들은 또한 아브람은 아브라함으로, 야곱은 이스라엘로 고유한 새 이름을 얻었으며 그 이름들은 하나님과의 결정적인 만남을 통해 탄생했다.

같은 시기에 아브라함의 가족은 고대 근동의 수많은 군소 유목민 부족 가운데 하나에서 한 '나라'로 발전했다. 이집트라는 이방 제국은 하나님의 백성이 한 민족으로서 분명한 정체성을 획득하는 **무대**가 되었다. (이것이 마지막은 아닌데, 바빌론 포로 생활은 새로운 단계의 이스라엘 정체성을 위한 가혹한 시련이 될 것이고 나사렛 예수와 그의 사도들은 로마제국의 관원들과 마주할 것이다.) 이집트에서 요셉의 출세로 (출 1:5에 따르면 70명에 이르는 야곱의 직계 자손으로 구성된) 대가족이 기근에서 살아남았을 뿐 아니라 한 '나라'를 이루었고 여러 세대가 지난 후 요셉과 바로의 우호적 관계가 잊히고 그 후손이 노예 신분으로 전락한 후에도 그들은 이집트에 동화되지 않고 자신들의 고유한 언어와 예배 양식을 유지할 수 있었다.

창세기의 3세대를 거치는 동안 규칙과 역할이 등장하기 시작했다. 대부분 이 나라가 그들의 하나님과 어떠한 관계에 있어야 하는가와 관련된 것들이다. 고대 근동에는 각 부족 신들을 경배하기 위한 규칙과 역할들이 넘쳐났지만 이미 창세기에서 지극히 높으신 하나님은 아브라함의 부족을 둘러싼 주변 민족들이 당연하게 여기던 규칙들을 고치고 역할들을 뒤집어 놓으셨다. 첫 세대는 아브라함의 자손이 서로 간에 그리고 때로는 적대적인 주변 민족들과 어떤 관계를 맺을 것인지 규칙과 역할을 규정하는 과정에서 격렬한 갈등을 겪기도 했다. 아브라함은 중요한 순간에 강력한 보호자에게 거짓말을 하는 경향을 보이고 야곱과 에서는 불화하며 아브라함의 아내 사라는 여종 하갈을 학대하고 마침내 요셉은 그의 형제들에게 버림받기까지, 아브라함 가족의 이 모든 역기능적 책략들은 점차 절정으로 나아간다. 이 모든 갈등은 이스라엘 민족을 규정할 규칙들과 역할들을 위한 다툼을 구체화하며, 결국 형제들이 알아보지 못했던 요셉이 그 형제들을 대면하고 다시 포용하며 "당신들은 해하려 하였으나 하나님은 그것을 선으로 바꾸셨다"는 구원의 말로써 몇 세대에 걸친 가족 간의 불신과 기만을 암묵적으로 표현하면서도 용서를 베풂으로 시원한 결말에 이른다. 창세기의 마지막 몇 장은 가장 근본적 규칙을 세우는데 즉 그들 서로와, 그리고 하나님과 관계가 깨어지고 배반당할지라도 지극히 높으신 하나님은 그들을 복 주시고 구원하시되 그들 자신으로부터도 구원하신다는 것이다.

4요소와 3세대

제도를 구성하기 위한 요건은 4요소와 3세대다. 즉 인공물, 무대, 규칙, 역할이 처음 창시된 세대의 자녀 세대의 자녀 세대까지 전수되는 것이다. 한 세대에서 다음 세대로 전하는 것을 게을리하여 이 요건을 지키지 못하면 결국 의미 있는 문화적 유산을 남기지 못하고 기껏해야 몇 가지 신기한 인공물과 희미한 회상의 기억으로 남게 된다. 마찬가지로 네 가지 필수 요소 중 한 가지라도 갖추지 못하면 지속적인 결과를 남기지 못한다. 인공물, 무대, 규칙, 역할이라는 네 요소가 결합될 때에만 시간을 넘어 강력한 문화적 혁신이 지속될 수 있기 때문이다. 지속 가능한 제도들은 세상을 가치 있게 만들어 내는 고도로 명확하고 의미 있고 귀중한 인공물에 기초하며, 특유의 적합한 무대에 자리를 잡고, 그 제도의 이야기를 충실히 수행할 수 있는지에 대한 일련의 분명한 '규칙들'을 전달하며, 다양한 사람들이 맡을 일정 범위의 역할들을 제공한다. 이 영역들 중 하나라도 갖추지 못한 제도는 의미가 약해지고 종종 다른 영향력도 사라진다.

문화에서 가장 견고한 제도는 무엇보다도 세대를 만들어 내는 것, 즉 가족이다. 자식을 생산하는 생물학적 과정은 성적 결합으로 번식하는 다른 피조물들과 공유하는 자연적 과정이지만 가족은 대단한 깊이와 지속력을 갖는 문화적 제도다. 인류 역사를 가능한 한 멀리까지 되짚어 보면 인간은 부모 자식 간의 생물학적 현실을 의미 있게 하는 문화적 제도를 소중히 여겨 왔음을 알게 된다. 물론 다양한 인류 문화에서 가족은 여러 가지 형태를 취해 왔다. 그러나 가족은 모든 문화에서 중심적 제도였는데 이 제도가 없이는 어떤 문화도 오랫동안 존속할 수 없기 때문이다.

따라서 모든 문화에는 가족과 연결된 **인공물** 즉 이 제도의 의미를 나타내는 고유한 문화적 사물들이 있다. 이런 사물은 집안에만 있지 않다. 전 세계의 수많은 사무실 칸막이와 택시 운전석을 장식하는 가족사진은 노동자의 부모와 아이들과 친척들의 모습을 담고 있는데 그것은 그들의 삶에 고객이나 고용주보다 더 깊은 관계를 맺는 누군가가 있음을 상기시켜 준다. 어떤 곳에서는 부모나 조상의 사진을 화환으로 장식하거나 한쪽 벽에 모셔 놓고 향을 피우기도 한다. 어머니날, 아버지날, 생일 같은 가족 기념일에는 각각의 의례와 인공물이 있다.

가족에게는 고유한 **무대** 즉 집이 있다. 집은 가족의 독특한 친밀함과 의존, 협동, 갈등이 일어나는 환경이다. 아버지, 어머니, 자녀, 형제자매는 각기 엄밀하게 말해서 자연이 부여한 역할이라고 할 수 있고, 모든 사람은 한 집에서 같이 살든 살지 않든 간에 생물학적 부모를 갖고 있다. 그러나 엄밀하게 생물학적인 것에서 풍부하게 문화적인 것으로 옮겨 가기 위해서는 이들 역할이 어떤 무대에서 거의 항상 행해져야 하는데 어떤 무대도 집만큼 구성원 간 상호작용이 긴밀할 수 없다. 집에서 인간은 매일매일 밤낮으로 함께 자고 먹고 하면서 수년에서 수십 년간, 일이나 학교, 취미, 친구 관계가 변화하는 가운데서도 함께 삶을 이어 간다. 집에서 우리는 가족의 일원으로서 그리고 더 나아가 인간으로서 따라야 하는 기본적 **규칙**을 배우는데 이 규칙들은 우리가 무엇을 먹고 어떻게 요리를 하는지, 어떻게 연장자를 대하고 어떻게 아이들과 놀아 주는지, 무엇이 업무상 성공으로 인정되고 여가에 무엇을 하는지, 어떤 일은 공개적으로 이야기할 수 있고 또 어떤 것은 절대 공개적으로 이야기해서는 안 되는지에 관한 것이다. 이런 규칙은 대부분 우리가 그것을 배우고 있음을 깨닫기 훨씬 전부터 학습된다. 그래서 집은 우리가 깨닫기 전에 우리를 문화 속에 자리 잡게 하여 우리 생애의 가장 활발한 성장기에 우리를 형성해 주고 또 다른 사람 생애의 가장 활발한 성장기이자 가장 의존적인 시기에 그들이 형성되는 과정에 우리를 참여하게 해 준다.

가족은 사람이 여러 가지 **역할**을 할 수 있는 환경을 창조한다. 부모와 자녀로서, 맏이, 둘째, 셋째, 막내로서의 역할을 포함한 형제와 자매로서, 조부모로서, 처가와 시가와 사위, 며느리로서, 삼촌, 고모, 이모와 사촌으로서 가족의 모든 구성원은 동시에 몇 가지 역할을 맡고 있으며 살아가는 동안 그중 대부분의 역할을 경험하게 된다. 이런 각각의 역할에는 명시적이거나 묵시적인 규칙과 기대가 따르고 특별한 인공물 즉 아버지와 어머니가 끼고 있는 결혼반지 같은 것도 더해진다.

물론 거의 모든 가정이 다양한 이유로 기본 형태에서 어느 정도 벗어나 있다. 많은 경우 규칙과 역할은 이혼이라든가 별거 또는 이른 죽음과 같은 갑작스러운 변화들에 의해, 또는 그보다 천천히 그러나 더 꾸준하게 일어나는 변화들 즉 아이들이 자라고 부모가 늙어 가는 과정에서 역할의 변화들에 의해 헝클어진다. 그렇다고 가족이라는 제도 자체가 이런 사건들 때문에 반드시 재정립된다는 의미는 아니다. 그런 경우에도 이 제도의 구성원들은 여전히 동일한 이상적 인공물, 무대, 규칙, 역할을 받아들일 수 있다. '집 없는'(homeless) 가족일지라도 언젠가는 집을 구해 들어갈 꿈을 꿀 수 있다. 아버지나 어머니의 사망 또는 이혼, 심지어 부모의 유기로 홀로 남겨진 아이들도 부모 역할을 채워 줄 사람을 갈망할 수 있다.

미국의 경우, 동거하는 커플들 때문에 가정의 규칙이 개정되는 것처럼 보이지만 대개 둘 중 적어도 한 사람은 그 관계가 결국 결혼과 가정으로 발전할 희망을 간직하고 있다. 21세기로 넘어오면서 서구 세계의 많은 젊은이들, 특히 경제적으로 어려운 공동체나 직업에 속한 사람들이 결혼을 미루고 동거 혹은 독신 부모의 삶으로 대체하며 그들 자신이 이 제도에 관련된 모든 인공물을 갖출 때까지 기다리지만 그렇기 때문에 제도 자체는 규칙이 준수되건 위반되건 간에 강화되었다. 서구 문화에서 가장 심대한 문화적 혁신 중 하나라고 할 수 있는 동성애 인권 운동이 진정으로 광범한 추진력을 얻은 것은 미국에서 동성 간 결혼 합법화 주장과 동일시되면서인데 이는 가정에 대한 인간의 요구를 충족시키는 진보적이면서도 또한 매우 보수적인 방법으로 제시된 것이다. 사실 인류 문화에서 제도가 이토록 파워를 갖는 이유는, 설령 우리가 수행하는 현실은 전통적 이상에서 크게 벗어날지라도 여전히 제도는 우리의 기대와 희망을 형성하는 방식이기 때문이다. 뒤뜰 경기의 쿼터백은 미국 프로 미식축구 리그의 경기에 나간다면 아마 2분 이상 버티지 못하겠지만 그렇다고 그가 공을 패스할 때 머릿속에 슈퍼볼을 그리고 있지 않다는 의미는 아니다. 마찬가지로 우리 중 대부분은 실제로 우리가 알고 있는 흠 많고 위태로운 가정에 의해 형성되었을 뿐 아니라, 우리가 갈망하도록 배웠던 가정의 모습 그러나 실제로는 갖지 못했던 가정의 모습에 의해서도 형성되었다. 이것이 바로 인간이 무엇을 위해 사는가 그리고 어떻게 번영하는가를 규정하는 제도의 파워다.

성sex과 제도

제도는 인간의 번영에 필수적이다. 번영은 단순히 수적 증가의 문제가 아니다. 다양화가 함께 이루어져야 한다. 들에 핀 백합화가 영광스러운 것은 획일성 때문이 아니고 영광스러운 획일성 때문도 아니고 공통된 모양 속에서 영광스러운 다양성을 보이기 때문이다. 여름철 팔레스타인 산록에 피는 백합들은 질서정연하게 열을 맞춰 자라지 않는다. 그 백합들은 **우글댄다**. 부모의 유전자가 예측할 수 없고 반복되지 않는 조합으로 결합하여 이루는 양성생식의 중요한 결과 중 하나는 수적 증가뿐 아니라 우글거림(teeming)을 보장한다는 것이다. 어느 자식도 부모와 똑같지 않다. 우리가 유전자의 발현에 대한 환경의 영향에 대해 알면 알수록 우리는 어째서 유전자 염기서열이 동일한 쌍둥이라 할지라도 성격이나 재능 그리고 사명에서 미묘하면서도 분명히 다른 모습을 보이는가를 더 잘 이해할 수 있게 된다. 창조주의 형상을 지닌 사람들은 우글거리게 되어 있다. 창조주가 그의 형상을 지닌 존재에게 "생육하고 번성하라"고 명하셨을 때 이는 이 땅을 복제 인간이나 기계적 복제품으로 가득 채우라는 것이 아니라 하나님의 형상을 기묘하리만큼 다양하게 반영하며 세상에 충만하라는 것이었다.

유성생식은 생물학적 우글거림을 보장하며, 그래서 번영을 보장한다. 제도는 문화적 우글거림을 가능하게 하며, 그래서 번영을 가능하게 한다. 제도는 풍성한 다양화를 위한 여건들을 창조하고 보존한다. 우리의 물리적이거나 자연적인 형태만이 아니라 문화가 만들어 온 세계 속에서 우리가 담당하는 역할에 대해서도 그렇다. 어느 정도 복잡한 제도에서 여러 참여자들의 역할은 분화되어 있다. 바꿔 말하자면 다양한 역할을 맡은 다양한 사람들이 다양한 파워를 행사한다. 축구의 경우 골키퍼만이 경기 중 손을 사용할 '파워'를 갖는다. 심판만이 반칙을 선언할 수 있다. 선수들과 심판들만이 경기 중에 경기장 안에 들어갈 수 있고 감독만이 어떤 선수를 경기에 들여보내고 어떤 선수를 빼낼 것인지 결정할 수 있으며 관중만이 테

크니컬 파울을 염려하지 않고 상대 팀에 모욕적인 구호를 외칠 수 있다(이것이 우리 대부분에게는 축구의 번영에 불가결한 요소로 간주되지 않지만 영국 축구 팬들의 구호를 들어 보면 인간의 창조성이 이렇게도 발휘될 수 있구나를 깨닫게 된다).

다양화는 제도 자체의 존재와 번영에 필수적이다. 경기장에 들어온 2만 명 군중이 모두 다 축구장에 들어가 경기를 뛰겠다고 하거나 모두 다 경기를 시작하고 끝낼 권한이 있다고 주장한다면 축구는 불가능할 것이다. 그러나 다양화는 인류의 번영에도 필수적이다. 최선의 상태에서 제도는 인간 삶의 다양한 능력과 관심과 단계에 적합한 수많은 역할들을 창조하기 때문이다.

가족이라는 제도는 다양한 역할에 대한 자리를 만듦으로써 우리 모두가 필수적인 역할이나 책임이 없는, 이를테면 수중 생활을 하는 고립된 단세포동물이라면 경험하지 못했을 풍부한 가능성을 탐색할 기회를 부여해 준다. 단일한 역할도, 이를테면 나의 경우 아들이라는 역할도, 여러 다른 시기에 다른 능력을 개발할 것을 요구한다. 어릴 적에 나는 의존과 복종을 배우고 실천했고, 청소년기에는 친구와의 유대와 가족에 충실할 의무 사이에서 어떻게 균형을 취할 것인가를 배웠고, 성년이 된 초기에는 크게 고통스러울 때나 즐거울 때 그리고 어디서 살며 누구와 결혼할 것인가를 결정할 때 부모님과 함께 문제를 생각하는 법을 배웠고, 더 나이가 들면, 내 부모님이 조부모님과의 관계에서 경험한 것을 하나의 지침으로 삼아 보자면, 부모님에게 새로 나타나는 병약함과 제약을 감당하면서 그분들이 인생의 마지막 기간에 건강상의 문제들을 처리해 나가시는 것을 도와드리는 법을 배울 것이다. 그리고 언젠가 나는 부모님과 작별하고 애도하며 내가 기억하지 않으면 이 세상에서 잊히고 말, 하나님 형상을 지니셨던 두 분의 삶을 간직하는 법을 배울 것이다.

아들이나 딸의 역할은 모든 사람이 이런저런 모양으로 어떻게든 감당하게 된다. 이 역할의 각 단계를 충실히 그리고 담대하게 감당하려면 우리에게는 새로운 능력이 필요하고 또 그런 능력을 갖춰 가게 된다. 그러나 대부분의 사람들은 가족 안에서 우리를 확장하고 형성하는 다른 역할도 감당한다. 삼촌으로서 나는 조카들을 대할 때, 내 자녀를 대하거나 내 친한 친구의 자녀들을 대할 때와는 다른 자세를 취한다. 이렇게 풍성한 여러 역할들은 우리가 하나님의 형상을 지닌 존재라는 사실에 담긴 엄청나게 복잡하고 다양한 길을 탐험할 기회다. 그리고 가족이라는 제도는 생물학적으로 다르고 역할을 수행하는 방식이 다른 남자와 여자가 함께 멍에를 짊어짐으로써 훨씬 더 복잡하고 다양한 경험의 여지를 제공하여 내가 결코 경험할 수 없는 아내, 어머니, 딸의 역할을 통해 하나님 형상을 지니고 살아가는 반려자의 삶을 지켜보며 지원하게 한다. 이처럼 우리는 고도로 다양화된 가족이라는 제도 안에 자리함으로써 하나님 형상을 지니는 삶이 번영하기 위해 탐색하고 표현해야 하는 광범위한 가능성들을 발견한다.

물론 모든 제도가 산비탈에 우글거리듯 피어 있는 야생화의 이미지에 맞는 것은 아니다. 2008년 베이징 하계 올림픽 개회식은 놀랍도록 정밀하게 계획되어 마치 획일성의 완벽한 예를 보여 주는 듯했다. 출연자 수천 명이 개개인의 차이가 전혀 나타나지 않도록 훈련되어 중국의 지도자들이 열망하는 '조화로운 사회'의 비전을 연출하였다. 일부 관중에게는 이러한 획일성이 감격적이었지만 다른 이들, 아마도 특히 서구인들에게는 섬뜩한 것이었다. 우리 서구인들은 개인 간의 차이를 가차 없이 깎아 내고 국가의 이익에 종속시키는 사회를 불편하게 느낀다.

그러나 중국의 공식 비전인 '조화'를 단호히 거부하는 태도는 다음 두 가지를 생각할 때 누그러뜨릴 필요가 있다. 첫째, 2008년 베이징 올림픽 개회식과 2012년 런던 올림픽 개회식에서 드러난 현격한 문화적 차이는 그 자체로 하나님 형상을 지니는 '우글거림'의 일부다. 인간 번영의 어떤 형태는 고도의 협동과 일치를 요구하는데, 높은 수준의 획일성을 특별히 중요시하는 문화는 그렇지 않으면 상실될 수도 있는, 하나님 형상을 지니는 다양성의 한 측면을 생생하게 보존해 온 것이다.

어떤 형태의 번영은 실제로 훈련된 획일성을 요구한다. 바이올린 독주자는 그의 악기가 가진 고유한 성능과 연주곡에 대한 자신만의 해석을 찾아낼 수 있고 또 그렇게 해야 한다. 그렇게 하여 아주 친숙한 곡으로부터도 우리가 놀랄 만한 새로움을 발견하게 한다. 그러나 교향악단의 바이올린 주자는 엄격히 통일된 강약과 명확도 그리고 운궁법을 지켜서 관현악 음향의 정점에 이르러야 한다. 수도원 운동은 중세 유럽에서 문화적 번영에 가장 중요한 역할을 한 제도 가운데 하나였는데 수도사들은 같은 옷을 입었고 순종을 서약했다. 그러나 이 획일적 공동체로부터 토머스 카힐(Thomas Cahill)이 약간 과장을 섞어서 "문명을 구원했다"라고 말한 문화적 보존과 창조가 이뤄졌다. 서구인의 눈에는 중국 당국이 추앙하는 조화가 단조로움에 가깝게 느껴질 수 있다. 그러나 다른 한편으로 중국이 개인주의의 혼돈 속에서 쉽게 사라질 수 있는 인류의 가능성들을 생생하게 보존하고 있을지도 모른다.

사실, 모든 번영에는 우글거림이 필요하지만 또한 창세기의 "하나님이 큰 바다 짐승들과 물에서 번성하여 움직이는 모든 생물을 **그 종류대로**…창조하시니"(창 1:21, 저자 강조)라는 찬사에 나타나듯 어떤 일관성과 질서도 필요하다. 세상의 우글거림은 "그 종류대로" 주어진 형식 안에서 이뤄지고 이는 세상의 피조물들에게 구조와 리듬과 양식을 부여한다. 진정한 샬롬 즉 포괄적 번영은 삼위일체 하나님의 존재 양식을 반영하는데 여기에는 통일성과 다양성이 함께 있다. 우글거림이냐 질서냐, 다양성이냐 통일성이냐의 선택은 잘못된 것이다. 진실로 풍성한 삶은 '하나'와 '여럿'이 '셋' 안에서 만나는 곳에서 발견된다. 건전한 제도는 놀라움과 다양성이 번영할 수 있는 질서 잡힌 맥락을 제공하며, 또한 질서를 억압적이기보다는 건강하게 만드는 다양하고 다채로운 환경을 제공한다.

불평등한 파워라는 선물

어느 제도에나 있는 다양한 역할과 규칙들은 세상을 만드는 능력인 파워를 분배하는데, 이때 파워가 양적으로나 질적으로나 공평하게 분배되지는 않는다. 협주곡을 연주하는 독주자나 축구 경기장의 스트라이커에게 분배되는 독특한 파워는 그들의 타고난 재능과 맹렬한 개인 훈련 그리고 (관중석에 있는 우리까지 포함한) 다른 사람들의 평가가 신비하게 조합된 결과에 기초하여 그들의 능력을 특정한 방식으로 사용할 기회를 선사한다. 많은 클래식 협주곡에서 1악장이 끝날 무렵, 전체 오케스트라가 연주를 멈추고 지휘자도 지휘봉을 내리고 독주자만이 고도의 기교를 발휘하며 '카덴차'를 연주할 자유를 부여받는데 이 카덴차는 그날 저녁 음악회에서 다른 어떤 악기 연주자가 연주하는 것과도 다르다.

제도는 특정 개인에게 불평등한 양의 파워를 부여할 수 있다. 스트라이커는 득점 가능한 위치에 있을 때 팀의 어느 누구보다도 더 많이 패스를 받는다. 이것이 바로 스트라이커가 된다는 것의 의미다. 많은 교회에서 목사는, 종종 내가 권위의 무선 헤드셋이라고 부르는 특별한 장비를 차고 아무 방해를 받지 않으면서 혼자 30분 이상 말하는데 그동안 회중석에 앉은 보통 사람들은 한마디 말도 하지 않는다. 오늘날의 중계 문화에서 대규모 집회 속에서 파워를 가진 사람이 누구인지 찾기는 어렵지 않다. 마이크를 가지고 있고 청중이 올려다보는 영상에 실물보다 크게 모습이 비춰지는 사람이다.

이러한 불평등을 바라보는 방식은 최소한 두 가지가 있다. 소수의 사람에게 그렇게 많은 파워를 부여하는 것이 나머지 사람들은 제쳐 두고라도 그 파워를 받은 당사자를 위해 좋은 일인가, 모두의 번영에 기여하는 것인가를 의심하는 것은 정당하다. 제도에 대한 가장 좋은 시험, 특히 파워의 사용에 관한 역할과 규칙의 시험은 모든 구성원이 자신에게 주어진 역할을 수행하고 규칙에 따라 행동할 때 **모든 사람이 번영하는가** 아니면 참여자 가운데 단지 몇몇 사람만이 풍요와 성장을 누리는가를 확인하는 것이다.

분명 많은 제도에서 불평등한 힘의 분배는 선물이 아니라 도적질이다. 즉 사람들에게서 생육하고 번성하며 우글거리는 방식으로 하나님 형상을 감당하는 능력을 빼앗아 소수의 사람들만 자기 재능을 발휘하거나 단지 자신을 뽐내는 즐거움을 누리게 하는 것이다. 미국 기독교에서 '찬양팀'에게 앰프를 사용할 파워를 허용한 것은 종교개혁 이래로 그 어느 것보다도 회중 찬양을 방해하는 결과를 가져왔다. 한때 개신교인들은 활기 있고 기쁨이 넘치는 회중 찬양으로 알려졌었지만, 오늘날 가장 크고 모델이 되는 대부분 교회들의 경우에 수천 와트 출력의 음향 시설에서 울려 나오는 음악은 경탄할 만하지만 그 예배당 안에 있는 하나님 형상을 지닌 사람들 대부분은 힘없이 따라 부르거나 아예 찬송을 부르지 않는다. 파워가 단 몇 사람의 손이나 목소리에 집중되면 그 제도에서 하나님 형상을 지니는 것은 번영하기보다 오히려 감소하는 경우가 많다는 것을 누가 의심할 수 있겠는가?

그러나 불평등한 힘의 분배가 항상 번영을 방해하는 것은 아니다. 사실 불평등한 분배가 오히려 번영에 **필수적**일 때도 있다. 이것이 사도 바울의 "신령한 은사"라는 표현에 담긴 핵심 통찰인데 적절히 사용될 때 "몸을 세우게" 되는 특별한 종류의 파워를 말한다. 앰프를 사용하는 예배 인도자가 자기만족에 빠지고 회중에게서 활기를 빼앗아 가기도 하지만 크게 울리는 음악을 통해 전체 공동체의 조화로운 찬양을 이끌어 내는 진정한 은사를 가진 인도자나 찬양팀도 있다. 마찬가지로 중요한 것은 회중 속에 있는 우리 대부분에게 만일 마이크와 기타가 주어진다면 우리 자신이나 다른 동료 교우들이 번영하지 **못할** 것이라는 점이다. 예배음악을 담당하는 사람 중 하나로서 나는 피아노 실력을 기르기 위해 많은 노력을 기울여 왔는데 내 경험에 따르면 내가 기도하는 마음으로 피아노 연주를 잘 해낼 때 회중의 음악도 번영하지만 만약 나에게 드럼을 맡긴다면 결과는 확실히 다를 것이다.

그러므로 제도에서 불평등한 힘의 분배가 아무리 왜곡된 결과를 낳을 수 있다 해도, 진실을 말하자면 제도가 가져다주는 선물에는 그것이 필수적이다. 어떤 종류의 번영은 개인들에게 특정한 파워를 크게 부여했을 때 가능하다. 그리고 그 파워가 하나님 형상을 지니는 방식으로 다루어지면 그렇지 못할 때에는 도달할 수 없는 포괄적인 번영을 가져올 수 있다. 미국인들이 관전 스포츠에 열광하는 것은 **부분적으로는** 하나님 형상을 지니는 데 실패한 결과일 수 있다. 아버지가 아이들과 뒤뜰에서 함께 간이 풋볼을 하는 대신 텔레비전 앞에 앉아 프레첼을 먹으면서 소리나 지르며 체중을 늘려 가기 때문이다. 물론 일부의 이야기이지, 전부 그렇지는 않다. 수천 명의 관중이 들어찬 스타디움에서 짧은 전성기를 구가하는 선수들이 엄청난 위험을 무릅쓰고 때때로 승리를 얻어 내는 것을 함께 지켜볼 때에만 누릴 수 있는 그런 번영도 있다. 이런 경험은 우리에게 희망과 놀라움을 안겨 주고 이상적으로는 우리 자신의 삶에 더 많은 파워를 준다.

우리는 제도에 대하여 구제불능의 낭만주의자도, 구제불능의 냉소주의자도 되지 말아야 한다. 최선의 상태일 때 제도는 하나님의 심히 좋은 창조세계에서 완전히 나타나기를 기다리고 있는 영광에 가장 근접한 경험을 가능하게 한다. 가장 건전한 제도들은 우상숭배와 불의에 사로잡히지 않고도 엄청난 파워를 발휘할 수 있게 하는데 그것은 제도가 그 파워를 지닌 사람을 인공물과 무대와 규칙 그리고 다른 역할을 맡은 하나님 형상을 지닌 사람들로 둘러싸기 때문이다. 그들은 개인적 성공이 아닌 포괄적 번영을 위해 자신이 맡은 역할을 책임 있게 감당한다.

인간의 제도에 있는 **모든** 역할에는 다른 사람들은 가지지 못한 고유한 파워가 부여된다는 것도 사실이다. 축구 경기의 관객은 경기장에서 직접 뛰지 **않을** 자유가 있지만 선수들은 경기에 참여하고자 하는 한 그런 자유는 허용되지 않는다. 관중은 열중해서 경기를 관전하고 일어서서 응원을 하지만 스마트폰으로 이메일 체크를 하든지 아예 경기장을 떠나든지 할 수 있는 완전한 자유가 있다. 나는 오히려 경기장 안에 들어가야 할 필요가 **없기** 때문에 다른 방식으로 경기를 통해 번영을 누릴 수 있다. 권위의 무선 헤드셋을 자주 착용하는 나로서는 내가 번영하기 위해 들어야 하는 무언가를 누군가 여러 시간 또는 여러 해 동안 준비해서 전달해 줄 때 자리에 앉아 주의 깊게 경청한다는 것이 얼마나 대단한 선물인지도 알고 있다.

그리고 우리는 어떤 제도에서든지 가장 기본적인 파워는 파워 자체를 분배하는 파워라는 사실을 잊지 말아야 한다. 힘은 **항상** 공유된다. 심판과 감독뿐 아니라 관중도 경기를 만들고 또 경기의 스타들을 만든다. 관중이 없으면 스타도 없다. 이 또한 하나님 형상을 지니는 것의 한 기능이다. 가장 억압적인 환경 속에서도 하나님 형상을 지니려는 인간의 부단한 충동은 치명적인 폭력에 직면해서도 나타날 수 있다. 2011년 '아랍의 봄', 1989년 천안문 사태, 1960년대 미국 남부에서의 민권 행진 그리고 더 거슬러 올라가 역사의 모든 시기마다 그와 같은 예를 본다. 궁극적으로 인간의 어떤 제도에서든 모든 구성원은 각각 그 제도의 번영을 위한 어느 정도의 파워와 책임을 가지고 있다. 우리의 가장 훌륭한 지도자들이나 가장 존경받는 유명 인사들뿐 아니라 가장 큰 두려움의 대상이 되는 폭군이나 독재자들도 그들의 제도에서 하나님 형상을 지닌 사람들이 허용하는 동안에만 불평등한 파워를 가진다. 우리는 모두 제도의 인공물, 무대, 규칙, 역할이 구성원들에게 그리고 우리가 돌보고 지켜야 할 세상에 재난을 가져다줄지 복을 가져다줄지에 대해 우리가 감당해야 하는 몫과 선택권을 가지고 있다.

후손의 복음

가족과 같은 핵심적인 제도도 인공물, 무대, 규칙, 역할이 여러 세대에 걸쳐 장애를 겪으면 소멸될 수 있다. 우리 시대에서 가장 극적인 예는 중국일 것이다. 중국에서 국가가 주도한 한 자녀 정책은 비록 균일하게 시행되지 못하고 근년에는 많이 완화되기는 했지만 여러 세기에 걸쳐 내려온 규칙과 역할을 무너뜨렸고, 남아 선호적 낙태로 인해 남성이 여성보다 수천만 명 더 많은 세대를 만들어 냈다. 제도는 문화가 그렇듯이, 놀라울 정도로 연약하다. 겨우 수십 년 동안, 부모 됨이나 자녀 됨에 대해 중국의 가족들이 안다고 생각했던 모든 것이 뒤집어져 버려서 새로운 세대는 번영의 가능성을 유지할 새로운 환경을 구축하기 위해 허둥지둥하게 되었다. 중국처럼 극적인 강제성은 덜하지만 광범한 효과에서는 전혀 덜하지 않은 비슷한 변화가 일본과 서유럽의 선진 산업 경제에도 일어나면서 어린이에 비해 노인 인구가 훨씬 더 많아져 전례 없이 뒤집힌 인구 피라미드를 마주하게 되었다.

가족이라는 제도가 이런 식으로 무너지면 두 가지 선택이 있다. 새로운 인공물, 무대, 규칙, 역할을 만들어 바닥부터 다시 제도를 재구성하는 길을 찾아내거나, 또는 가족 같은 깊이 뿌리 내린 제도를 다시 만들어 내기는 지극히 어렵다는 것을 고려해서 기존의 다른 제도가 다소 부적절하더라도 그 자리를 대체하는 것이다. 가족이 제공했던 쉴 곳과 방향 제시를 기업이나 국가 또는 군대가 인간의 번영을 위해 제공할 새로운 파워를 획득하거나, 또는 그 과제가 매스미디어가 주도하는 소비사회에 맡겨질 수도 있다. 일본의 '히키코모리'라는 충격적인 현상에서 보듯이, 수십만의 젊은이들이 자기 방에 틀어박혀 비디오 게임과 만화책 그리고 인터넷을 통해 삶 전체를 가상의 세계 속에서 살고 있다.

그렇다면 인간 번영에 대한 최대의 위험은 제도화가 아니고 제도의 상실이다. 우리는 이 시대에 '번영의 복음'이 등장하는 것을 목격했다. 믿음에 단순 비례하여 빠르게 부를 누리게 된다고 약속하는 이 어리석은 번영의 복음은 부에 대한 얄팍하고 비성경적인 이해를 바탕으로 할 뿐 아니라 **시간**에 대한 이해도 마찬가지로 얄팍하고 비성경적이다. (성경에서 인간의 부는 정의의 열매이며 원천임은 말할 것도 없이 결코 사적인 것이 아니고 전체 공동체에 복을 나눌 기회다.) 성경적 가치관에서 볼 때 지속되지 않는 번영은 결코 진정한 번영이 아니다. 유일하게 성경적인 번영의 복음은 **후손**의 복음이다. 이는 하나님이 만드신 세계의 풍요를 적절하게 관리하여 자손 대대로 하나님의 선하심을 알게 되리라는 약속이다.

제도는 인간 창조성과 문화의 우글대는 풍성함이 미래 세대로 전해지는 길이다. 따라서 번영(prosperity)만이 아니라 후손(posterity)이 하나님이 아브라함에게 주신 약속이다. 즉 수없이 많은 자손을 주시고, 앞으로 아브라함을 통해 나타날 모든 민족에게 복을 주시겠다는 약속이었다. 또한 번영만이 아니라 후손이 하나님이 다윗에게 주신 약속이었다. 그의 후손이 대대로 왕위를 계승하게 하신다는 것이었다. 후손은 평범한 이스라엘 백성들이 드린 기도의 제목이기도 했다. "네 자식의 자식을 볼지어다"(시 128:6)라는 축원은 샬롬과 풍요가 자신의 계보를 따라 죽음 후에도 계속되리라는 증거를 죽기 전에 볼 수 있기를 바라는 소원이다. 샬롬은 속히 이루어지지 않는다. 진정한 샬롬은 견고하게 지속된다.

미국 교회의 가장 큰 비극 가운데 한 가지는 교회의 많은 창의적인 지도자들이 단 한 세대에만 적용될 형태의 교회 생활을 창조하는 데 온 힘을 기울였다는 것이다. 이런 노력은 한 개인이 아니라 더 큰 무언가를 위해 쌓아 올렸다 하더라도 그것을 시작한 이들의 자녀 세대만 가도 낡고 '부적절해질' 수밖에 없다. 아마도 새로운 세대의 지도자들이 나와서 후손을 위한 구상을 가지고 여러 세대를 지나 열매 맺을 씨를 뿌리고 우리의 자식들의 자식들에게 복이 될 그런 형태의 문화를 가꾸게 될 것이다. 공간과 시간을 넘는 진정한 번영을 중요하게 생각한다면 우리는 제도에 대해서도 중요하게 생각해야 한다.

10장

통치자들과 권세들 그리고 망가진 제도들

 이 글을 쓰는 동안 요한 제바스티안 바흐의 칸타타 "오 거룩한 성령과 물 세례"(O heilges Geist und Wasserbad) 음반을 틀어 놓고 있다. 이 음반은 매우 복합적인 문화 인공물로서 3세기가 동시에 어우러진 작품이다. 이 칸타타는 1715년에 작곡되어 1976년에 녹음되고 다시 2008년에 발명된 음악 스트리밍 서비스 스포티파이(Spotify)를 사용하여 내 컴퓨터에서 울려 나오고 있다. 이 곡을 고른 이유는 좀 엉뚱하지만 이것이 문화 인공물로서는 반쯤, 아니 4분의 3쯤 죽어 있기 때문이다.

 바흐의 칸타타는 내가 말하지도 알아듣지도 못하는 독일어로 부른 것이기에 나에겐 부분적으로 죽은 음악이다. 이 점은 배경음악으로서 유용하다는 뜻이기도 하다. 많은 작가들처럼 나도 누가 영어 가사로 노래를 부르고 있으면 글쓰기에 집중할 수가 없다. 그래서 누군가 내가 알아들을 수 없는 언어(내가 전혀 배운 바 없는 '경기')로 부르는 노래가 내게는 딱 안성맞춤이다. 물론 이 경우 이 칸타타의 본래 의미 대부분은 나의 감상에서 상실되고 만다. 남아 있는 것은 음악뿐이고 그 음악만으로도 영광스럽지만 음악과 가사의 의미가 함께 번영하도록 되어 있던 본래의 구성과는 비교할 수 없다.

현대의 많은 미국인에게 이 칸타타는 가사뿐 아니라 음악도 사실상 죽어 있다. 음악은 자체의 규칙과 역할을 가진 경기라고 할 수 있는데 바흐의 바로크 음악의 경우 특히 몇 가지 규칙이 매우 복잡하다. 베이스가 "보-힌"이라는 음절을 계속 반복해서 노래할 때 지금 진행되는 경기는 독일어 "wohin?"(어디로?)을 말하는 것뿐 아니라 반복이라는 음악적 경기인데 본래의 청중에겐 충분한 의미를 전달했을 것이다. 나는 이런 음악적 경기에 관해 배웠기 때문에 어느 정도 감상할 수 있지만 내 이웃들 대부분에게는 이것이 그저 난해하게만 들릴 것이다. 그들은 현대의 팝 음악이나 힙합이라는 경기의 규칙은 알지만 바흐 음악 세계의 규칙과 역할은 전혀 알지 못한다. 곡에 음악적 의미와 가사적 의미를 부여하는 구조를 잘라내 버리면 바흐가 정성 들여 작곡한 칸타타는 이중으로 상실된다.

이 칸타타는 또 다른 면에서 거의 죽은 것이나 마찬가지다. 나는 지금 이 곡이 쓰일 당시 염두에 두었을 연주 상황과는 동떨어진 방식으로 그 곡을 듣고 있기 때문이다. 내가 듣는 칸타타는 여섯 악장이 연속으로 이어진 하나의 곡으로, 엄격하게 연주되는 음악 공연이다. 그러나 원래의 환경은 연주회장이나 스튜디오가 아니라 특정 장소, 특정 시간의 교회였다. 바흐는 이 곡을 1715년 삼위일체 주일 예배를 위해 작곡했는데 예배 장소는 아마도 그가 '콘체르트마이스터'(Konzertmeister, 음악 감독)로 있었던 독일 바이마르시 궁정 예배당이었을 것이다. 예배당 안에서 그날의 칸타타는 성경 봉독, 설교, 성찬식과 연계되었을 것이다. 그렇다면 원래의 '연주'에는 각 악기 주자와 가수들뿐 아니라, 성직자들과 회중도 포함되었을 것이고 회중석에서는 바스락거리는 소리와 아마도 기침소리도 났을 것이다. 내가 지하 사무실에서 이 글을 쓰고 있는 컴퓨터 모니터 양쪽에 놓인 한 쌍의 스피커에서 흘러나오는 이 아름답지만 현장에서 유리된 음악을 들을 때 나는 바흐가 택한 곡조와 가사를 원래의 청중에게 생생히 전달하였던 예배 현장의 분위기를 쉽게 잊어버릴 수 있다. 게다가 나는 예복을 차려입은 그 지방의 남녀 귀족들이 가득 찬 궁정 예배당 안에 펴져 있는 파워와 특권과 지위와 위엄의 제도적인 맥락을 전혀 감지하지 못한다.

인공물이 본래의 제도와 그 구조의 맥락에서 떨어져 나오면 칸타타가 배경음악으로 쓰이거나 축구공이 어떤 미래지향적 고고학 전시회에 놓이는 것처럼 그 본질적 의미가 상실된다. ("마태 수난곡" 음반에 대해 어느 구매자가 아마존에 올린 리뷰에서 바흐의 최고 합창곡이라 할 수 있는 이 강렬한 긴장과 감정을 표현한 곡을 대단히 듣기 '편안한' 음악이라고 순진하게 적은 것을 본 적이 있다. 편안하다니!) 물론 뭔가 얻는 것도 있을 것이다. 깨끗하고 정확한 현대의 녹음 덕택에 바흐의 정교한 음악에서 원래의 회중은 놓쳤을지 모르는 것들을 들을 수 있고, 교회 제단 저 위의 접근할 수 없는 곳에 높이 걸려 있던 성화가 박물관 벽에 눈높이로 전시되면 자세히 감상할 수 있다. 그러나 어떤 인공물이라도 그것이 생명을 얻도록 누군가 구조를 만들어 주지 않고, 그것이 제대로 사용되도록 어떤 제도가 편안한 보금자리를 제공하지 않으면 그것들은 살아 있는 사람들의 영역에서 고고학의 영역으로, 더 나쁘게는 배경음악의 신세로 전락한다. 그것들이 시대를 초월해 소리 없이 손짓하고 있을지라도 미래 세대는 그 특정한 장소와 시간 속 인간이 된다는 것이 어떤 의미인지에 대해, 이를테면 1715년 삼위일체 주일 바이마르 대공의 궁정 예배당에 있는 예배자가 된다는 것이 무엇을 의미하는지에 대해 인공물이 말하는 바를 거의 이해하지 못할 것이다. 번영하는 제도에 연결된 인공물만이 생명력을 갖는다. 그리고 문화들만이 그러한 제도를 유지할 수 있고 번영하는 삶에 대한 희망을 가질 수 있다.

위기에 처한 제도

모든 인간과 마찬가지로 모든 제도는 죽음의 두려움에 사로잡힌다. 제도도 쇠퇴하고 소멸하기 때문이다. 요한 제바스티안 바흐의 시대에 번영하던 음악의 세계는 이제 과거 영광의 그림자로 남아, 예배자들이 가득 들어찬 교회에서 혁신적이고 즉흥적인 경배로 드려지기보다는, 나이 든 청중을 대상으로 세속 연주회장에서 공연하는 상대적으로 소수의 전문가들의 영역이 되었다.

제도도 사람들처럼 복합적인 원인으로 사망에 이를 수 있고 실제로 그렇게 되는 경우가 대부분이다. 제도는 **인공물이 망가져서** 소멸할 수 있다. 제도의 생명에 핵심이 되는 인공물이 더 이상 쓸 수 없게 되거나 사람들의 관심과 노력을 불러일으킬 만큼 매력적이거나 타당한 대상이 아니게 되는 것이다. 이런 일은 대부분 더 강력한 경쟁자가 그 자리를 대신 차지하는 경우에 일어난다. 고무 타이어를 댄 쇠바퀴가 등장해 나무 바퀴를 대체하게 되자 수공예로 아름답게 제작된 나무 바퀴는 더 이상 마차와 짐차의 유용한 부분이 아니라 향수를 자아내는 잔디밭의 장식물이 되어 버렸다. 우리 시대에는 역사상 가장 빠른 속도로 인류의 언어들이 사라지고 있는데, 몇 안 되는 국제어가 지배하는 세계 속에서 무수히 많은 민족들이 그들의 모국어가 더 이상 살아남을 수 없다고 결론 내리고 있다.

제도는 **무대가 사라져서** 소멸하기도 한다. 살아 있는 전통으로서 바흐의 종교 음악이 쇠퇴한 것은 부분적으로는 먼저 그것이 사용되던 공중 예배 의식이 쇠퇴한 것과 다음으로 20세기와 21세기에 와서 '고전' 음악을 감상하는 청중의 저변이 무너진 데서 이유를 찾아볼 수 있다. 스포티파이의 완벽한 바흐 음반 목록이 보여 주듯이 그의 음악적 인공물들은 아직도 우리 곁에 가까이 있고 어떤 의미에서는 전보다 더 접하기 쉬워졌다. 오르간, 악보, 음반 등 바흐의 엄청난 창작 활동의 자취는 아직 많이 남아 있다. 지금 없어진 것은 이런 인공물들이 일상적으로 사용되던 바흐 시대의 환경이다. 클래식 음악을 전공하는 사람들, 바로크 음악의 규칙과 역할을 익힌 사람들은 많고 사실 일자리 규모에 비해 너무 많지만 그들이 공연할 **무대**는 충분치 않다. 문화사에서 우리의 이 짧은 순간만 볼 때, 음악 공연을 위한 가장 큰 무대는 〈아메리칸 아이돌〉 같은 텔레비전 쇼인데 2012년의 최종회에 2,100만 명의 시청자를 끌어모았고 그전 십 년간 매주 3,000만 명이 시청했다. 이에 비해, 그 십 년 동안에 클래식 공연을 관람한 성인은 **매년** 2,100만 명에 불과했다. 바흐의 칸타타는 아직 인공물로서 존재하지만, 예배를 위한 칸타타는 말할 것도 없고 제도로서의 칸타타 공연은 허우적거리고 있다. 무엇보다도 무대가 부족하기 때문이다.

안정적인 무대를 갖는 것은 제도의 존속을 위해 특히 중요하다. 그 이유는 번영의 패러다임을 지닌 많은 사람들, 즉 인간이 도달할 수 있는 최선 상태의 모범이 되는 개인과 공동체가 무대를 통해 공급되기 때문이다. 내가 바흐의 첼로 모음곡이나 평균율 클라비어곡의 푸가를 거실에서 연주할 때 나는 바흐와 서양 음악의 유산에 참여하고 있는 것이지만 대개는 나만의 즐거움이나 (희망사항이긴 하지만) 내 가족과 친구 몇 사람의 기쁨을 위한 것일 뿐이다. 그러나 내가 연주회장에 가거나 더 바람직하게는 독일의 어느 큰 교회당에서 가서 몇 주 혹은 몇 달 혹은 몇 년간 연습하여 기량을 쌓은 사람들의 바흐 연주를 듣고 또 수백, 수천 명의 청중, 더 바람직하게는 예배자들과 함께 그런 경험을 한다면 나는 이 문화적 전통의 가장 풍부하고 가장 큰 파워를 지닌 형태를 만나는 것이다. 이 경험은 내 집에서 개인적으로 이루어지는 서투르지만 진지한 모방의 원천이 된다.

어떤 제도도, 어느 특정 문화영역에 숙달하는 것을 자기들의 필생의 업으로 삼는 '전문가'들에게만 맡겨서는 융성하기가 매우 어렵다. 미식축구가 미국인의 생활에서 파워 있는 제도가 될 수 있는 것은 슈퍼볼만이 아니라 뒤뜰에서 하는 즉흥적인 경기가 있기 때문이고, 금요일 밤 텍사스의 작은 마을에서 벌어지는 경기와 13만 명 팬들 앞에서 펼쳐지는 서부대학리그의 Pac-12 경기 사이에, 톰 브래디의 필드를 가르는 장거리 패스와 딸에게 던지는 아빠의 패스 사이에 있는 모든 다양한 수준의 기술과 경기력의 스펙트럼 때문이다. 가수 머라이어 캐리부터 〈아메리칸 아이돌〉 우승자 그리고 샤워를 하며 흥얼거리는 미국인들 사이에도 유사하게 다양한 수준의 스펙트럼을 찾아볼 수 있다. 오늘날 유럽 곳곳의 조용한 길을 저녁 무렵 걷다 보면 한 세기 전 디트리히 본회퍼의 가족처럼 한 식구가 모여 클래식 음악을 연주하는 것을 들을 수 있다. 이러한 프로와 아마추어의 양극 사이의 스펙트럼이 제도의 번성에 기여한다.

그러나 한 제도의 무대가 사라지거나 우리가 공유하는 상상력의 세계에서 밀려나면 그 제도는 사양길로 접어든다. 일간 신문들은 20세기 미국인의 생활에 중심적인 제도로서 정치와 언론에 전문적 활동의 무대를 제공했고 언론은 이 무대에서 자신의 규칙과 역할을 정립하고 나아가 미국의 정치와 문화 전반에서 의제를 설정해 왔다. 그러나 이러한 무대가 빠르게 사라지고 인터넷이라는 매우 다른 무대에 그 자리를 내주고 있다. 그런 가운데 이제까지 신문의 도움으로 가능했던 개인과 공동체의 번영의 특정한 모습도 사라져 가고 있다. 인쇄 매체에 대한 접근권을 가진 전문 저널리스트들이 십억이나 되는 트위터 사용자들로 대체되고 있기 때문에 민간 영역이나 개인의 번영에 오히려 더 유리할 수 있다. 그러나 전문 언론이 지켜온 진실 보도와 증거 확보의 모범에 대한 접근성을 잃어버리면서 대중의 담론 수준이 쇠퇴할 수도 있다. 인터넷이 만연한 상황에서 어떤 제도들이 등장할지 아직 말하기는 이르겠지만 과거 시대의 미디어에 속했던 일부 제도들은 분명히 사라질 것이다.

인공물이 상실되고 무대가 사라지면 번영에 구조와 방향을 마련해 주었던 규칙도 기억에서 멀어지거나 타당성이 약화될 것이다. 예컨대 저널리스트들은 그동안 **객관성**이라는 (다소 비현실적인) 말로 요약되는 일련의 규칙에 자부심을 가졌었다. 하지만 사람은 누구도 어느 상황에 대하여, 특히 심히 다툼이 있는 정치적·문화적 사안에 대하여, 완전히 '객관적인' 견해를 가질 수 없다. 그러나 저널리스트들은 서로 상충되는 견해를 함께 써줘야 한다는 의무에 관하여, 보도 내용의 진실성을 확보하기 위해 필요한 정보 제공자의 수와 성격에 관하여, 또 정보 제공자의 비밀을 보호하는 것과 정보 제공자들이 자기 이름을 밝히고 말하기를 꺼려하는 암시와 추정의 대변자가 되지 않는 것 사이에서 미묘한 균형을 취해야 하는 문제 등에 관하여 잘 정립된 규범을 따라 왔다. 이러한 언론의 무대가 그 수에 있어서나 문화적 의미에 있어서 쇠퇴하면 저널리스트들이 여러 세대를 통해 지켜 온 규칙들이 쓸모없게 된다. 그래서 아직 규칙에 충실한 언론 기관들은 그러한 규칙에 구속되지 않는 매체들에 먼저 등장해서 뉴스 시간을 휩쓸고 있는 풍문들을 보도하는 데 곤란한 처지에 놓이게 된다.

마지막으로, 제도가 소멸하면 **역할**도 사라지는데 이는 특정한 종류의 파워가 사라진다는 말의 다른 표현이다. 인간 능력의 독특한 영역들이 더 이상 표현될 기회를 찾지 못한다. 제도와의 연결을 통해 재능이나 기술이 발견되고 개발될 수 있는 제도적 배경이 없어지기 때문이다. 한때 하나님의 형상을 지니는 데 필요한 풍부한 배경을 제공했으나 이제는 완전히 사라져 버린 직업과 활동들에서 이러한 손실을 가장 쉽게 찾아볼 수 있다. 자동차가 등장하자 사람들의 일상적 동반자였던 말의 시대가 막을 내렸다. 말이 사라지자 마구간 청소라는 더럽고 지겨운 일이 없어졌을 뿐만 아니라 수천 년 내려온 말과 사람의 관계 속에서 하나님의 형상을 지니는 독특한 영역도 끝이 났다. (우리 집은 펜실베이니아주 랭커스터 카운티에서 차로 한 시간 거리에 있는데 그곳에는 아미시 그리스도인들이 마차와 농기구들로 구성된 제도를 보존하고 있어서 우리가 종종 자전거를 타고 아미시 마을을 가 보면 그곳 생활의 여러 부분에서 젊은이들과 어르신들 그리고 말 사이의 관계를 맺어 주는 풍부한 기술과 상호작용의 모습을 볼 수 있다. 이것은 우리 문화가 거의 완전히 잊어버린 것이다.) 물론 말의 시대가 끝난 이유가 자동차의 인공물적 측면 때문만은 아니다. 종국적으로 말을 몰아낸 것은 주간 고속도로 같은 자동차의 제도적 무대, 많은 도로들에 적용된 가축 이동 금지 같은 규칙, 그리고 정비공에서 카레이서에 이르기까지 하나님의 형상을 지니고 하나님의 역할을 할 수 있는 여러 새로운 기회와 새로운 역할들이었다.

제도들의 성쇠에 대해 우리는 어떤 입장을 가져야 하는가? 제도들은 우리 주위에서 탄생하고 번성하고 소멸하여 사라진다. 제도의 쇠락이 무조건 다 나쁜 것은 아니다. 그러나 우리는 여러 세대에 걸쳐 존속했던 문화적 양식이 사라지는 것을 너무 서둘러 경축하지는 말아야 한다. 왜냐하면 어떤 제도화된 우상숭배와 불의의 양식이 더 건전한 인공물, 무대, 규칙, 역할의 체계와 대체될 때 그로 인하여 인간의 (그리고 말과 같은 비인간 피조물과 창조세계 다른 영역들의) 번영을 위한 가능성을 보존해 온 다른 제도가 그 제도의 소멸에 의해 위험에 처할 수 있기 때문이다.

제도가 소멸될 때 사라지는 것은 한마디로 말해 파워, 즉 하나님 형상을 지니는 잠재력이다. 억압적인 제도가 쇠락하고 특히 그것을 대체하여 포괄적인 번영에 적합한 제도들이 등장할 때 우리는 당연히 이를 경축한다. 그러나 우리는 제도 자체가 쇠퇴하기를 절대 바라서는 안 된다. 그것은 당신의 형상을 지닌 존재들이 생육하고 번성하라는 하나님의 원래 창조의 의도를 실현하는 인공물과 무대와 규칙과 다양하게 세분화된 역할들이 이 땅에서 사라지기를 바라는 것이기 때문이다.

모든 제도는 실패한다

한 문화적 패턴이 제도로 자리 잡는 데 필요한 최소한의 시간이 3세대라면 최대의 기간은 수백, 수천 년의 단위로 측정될 수 있다. 거의 매일 아침 나는 공동 기도서를 가지고 아침기도를 드리는데 이 책은 토머스 크랜머(Thomas Cranmer)가 16세기에 펴낸 것과 지엽적인 일부만 다를 뿐이다. 거의 모든 일요일 아침에 나는 토머스 크랜머도 구조와 목적을 즉각 알아볼 수 있을 그런 무대에 앉아서 규칙 즉 '예전'(liturgy)을 따라 수백 년 혹은 수천 년 된 인공물들을 사용하여 역할을 수행한다. 우리 교회와 같이 '예전을 중시하는' 교회의 예배 형식은 첫 세기 그리스도인들의 예배 의식과 별로 다르지 않고 또한 유대인들이 바빌론 포로 생활에서 돌아온 후 수백 년간 회당에서 드려 온 예배 의식과도 그다지 다르지 않다. 살아 있는 제도로서 교회는 끊임없이 변화하고 살아 있는 모든 피조물처럼 환경에 반응하지만 그런 변화에도 불구하고 우리 교회 공동체가 일요일 아침마다 경험하는 무대, 인공물, 규칙, 역할과 천 년도 더 전에 경험하던 것들 사이에는 본질적인 영속성이 존재한다.

어느 제도가 여러 세대를 통해 존속했다고 해서 그것이 절대 쇠퇴하거나 소멸하지 않는다는 의미는 아니다. 사실 우리 교회 성도들이 속한 예전을 중시하는 교파는 지난 백 년간 내리막길을 걸어왔고 특히 지난 십 년간 재정, 입교자 수, 교인 수, 문화적 영향력 등 거의 모든 면에서 빠르게 쇠퇴했다(하나님의 은혜로 우리 교회만은 예외적으로 계속 부흥해 왔다). 우리 교파의 무대가 사라지고 있다. 우리 교회로 가는 길에 한때 우리 교파에 속했다가 이제는 부흥하는 어느 초교파 교회에서 쓰고 있는 건물을 지나게 된다. 우리 교파의 인공물들은 오늘의 문화에서 점점 더 낯설어지고 이 시대 젊은이들에게 점차 호소력을 잃고 있는데 이는 부분적으로 그들을 우리 교파가 가진 번영의 고유한 형태를 이어갈 수 있는 규칙과 역할로 끌어들이지 못하고 있기 때문이다.

우리 교파는 역사적으로 풍부한 번영의 전통과 연결되어 있지만 한편으로는 시초부터 훨씬 바람직하지 못한 전통과 제도에도 매여 있었다. 즉 성(性) 또는 파워를 향한 자신의 욕구를 다스리지 못하는 강한 성격의 왕에 의해 시작되어 위험을 두려워하는 특권층을 위한 피난처로 이용되고 결국 현대의 전체주의화, 세속화 물결에 빠져들었다. 이렇게 서로 다른 형태의 파워와 신 행세 간 타협의 결과로 우리 교파 안에 일종의 우상숭배를 낳았고 다른 모든 우상들처럼 이 오래된 우상들도 약속은 지키지 못하면서 점점 더 거창한 희생을 요구하면서 우리 교파는 약화되고 방향을 잃고 말았다.

그럼에도 불구하고 우리 교단이 죽어 가는 이유가 단지 이런 실패들 때문만은 아니다. 모든 제도는 실패한다. 이것이 이스라엘 민족의 기원이 되는 최초의 삼대에 대해 별로 바람직하지 않은 이야기들이 가득 들어 있는 성경의 첫 번째 책이 우리에게 전해 주는 핵심 교훈 가운데 하나다. 하나님이 택하신 백성의 출발은 인간적 타협과 실패로 점철되는데 그것은 문자 그대로 우상숭배였다. 아브라함의 집안은 분명히 가족의 신상을 계속 가지고 다녔다(창 31:34). 또한 아브라함이 사라의 여종 하갈과 동침함으로써 하나님이 약속하신 번식의 힘을 스스로 행사한 것은 문자 그대로 신 행세였다.

하나님이 직접 숨을 불어 넣으신 제도마저도 얼마나 연약하고 깨어지기 쉬운 것인지는 창세기뿐 아니라 신약성경의 첫 대목에도 나타난다. 복음서에 그려진 제자들의 모습을 보면 큰소리치거나 제 이익을 챙기지는 않았지만 그 대신 혼돈에 빠지고 갈팡질팡한다. 세상을 뒤집어 놓은 부활과 승천과 성령 강림 사건 이후에도 바울과 바나바는 인사(人事)상의 문제로 갑자기 갈라서고 베드로와 바울은 누구와 함께 밥을 먹는가 하는 문제로 사람들 앞에서 다투기도 하며 거의 모든 신약 서신의 저자들은 바울이든 베드로, 요한, 야고보, 유다이든 간에 그들이 세운 공동체에 끼어드는 이단과 분열과 어리석음의 문제들에 직면하여 이성을 잃어버리는 모습을 보여 준다. 누가가 아름답게 묘사한 예루살렘 교회의 초기 모습도 데오빌로와 그가 속한 공동체에게는 처음 사랑을 얼마나 빨리 잃어버릴 수 있는지에 대해 그리 모호하지 않게 상기시켜 주었을 것이다. 사도행전의 첫 장들도 소수 민족 사람들을 공평하게 대하는 문제로 야기된 분쟁과 재정적 속임수에 대해서 다루고 있으니 말이다.

그리하여 첫 세대가 보여 준 하나님 형상을 지니는 독특한 방식과 그만큼 독특한 우상숭배와 불의의 모습이 다음 세대들에 각인될 만큼 오래 지속된 모든 제도는 **세 번째 세대에 이르면 모든 제도는 실패한다**는 결론에 이른다. 이것은 성경 역사뿐 아니라 다른 역사에서도 들어맞는데 미합

중국의 세 번째 세대는 이 나라가 기초한 문서에 담긴 우상숭배와 불의를 해결하기 위해 처참한 남북전쟁을 겪어야 했다.

어떤 제도들은 하나님의 보편적인 또는 특별한 은혜로 말미암아 이 땅에 깊이 뿌리를 내리고 하나님 형상을 지니는 사명을 감당하여 실패를 극복하고 창조성과 번영을 유지할 수 있는 반면에 어떤 제도들은 실패하고 소멸하거나 또는 그보다 더 나쁜 결과에 이른다.

좀비 제도들

미국 대중문화가 공유하는 상상의 세계에는 죽음보다도 더 고약한 운명이 있다. 완전히 죽지 않은 자들이 세상을 돌아다니는데 그들은 인육(人肉)에 굶주려 있고 생각도 감각도 없고 무자비하고 인정사정도 없다. 살아 있지 않기에 그들은 달래거나 구슬릴 수 없고, 죽음을 넘어섰기에 쉽게 죽일 수도 없다. 좀비는 치명적 파워에 대한 비유다. 번영을 가져오지 않는 파워는 소리도 없고 움직임도 없으면서 모든 생명과 사랑을 집어삼키려고 위협한다.

좀비 영화를 보면서도 대부분 사람들은 전에는 인간이었으나 지금은 살아 있는 시체가 실제로 땅 위를 돌아다닌다고 믿지는 않는다. 불행히도 제도권에는 좀비에 상응하는 존재들이 너무나 확실하게 존재한다. 이런 제도들은 죽기를 거부하고 또 죽일 수도 없는 경우가 많다. 무대들, 인공물들, 규칙들과 역할들의 복합체가 세상의 포괄적인 번영에 아무것도 기여하지 못하면 역사의 희미한 기억 속으로 아무도 슬퍼해 주는 이 없이 사라져야 하는데 그렇지 않고 계속해서 남아 있는 것이다. 바흐의 음악이나 신문이라는 언론 매체는 전에는 번성했던 제도라 해도 이제는 거의 빈사 상태에 있어서 진정으로 살아 있는 것은 아니지만 그래도 고집스럽게 명맥을 유지하고 있다.

좀 이상하게 들리겠지만 영화관 밖에서 좀비를 찾아내기 가장 쉬운 곳은 (아직 종이 신문을 찾을 수 있다면) 신문의 경제면이다. 21세기 초 일본과 유럽의 상당수 은행이 부실 채권을 안고 있었다. 이들이 존속할 수 있었던 것은 은행권에 수십억 달러의 손실이 발생했다고 선언해야 하는 현실보다 은행권이 정상적으로 기능하는 듯 보이는 것을 더 선호하는 정부 기관들의 부당한 관대함 때문이다. 가상의 좀비와 달리 이 '좀비 은행들'은 각국의 중앙은행 같은 외부 지원에 의존하지만 가상의 좀비처럼 그 목숨을 끊기 어렵다. 좀비 은행이 비틀거리며 다니도록 내버려 두는 것이 엉망인 대차대조표를 세상이 다 보도록 노출시키는 것보다 훨씬 더 나은 점이 많아 보이기 때문이다.

좀비 은행은 경제건 다른 부문이건 그 나라의 번영에 기여하는 바가 없다. 실제로 이들은 자립이 불가능하기에 정부 수입의 상당 부분을 축내고 있다. 그들은 겉으로 보기에는 건실한 척한다. 잘나가는 지역에 위치한 본사 건물과 (출입하는 사람들을 거의 볼 수 없는 경우에도) 여러 곳에 있는 지점들이라는 인상적인 **무대**를 갖추고 있다. 그들도 은행업의 **인공물**들을 유지하는데, 좀비 은행에도 계좌를 개설할 수 있고 심지어 대출도 받을 수 있으며 통상적인 은행 영업시간에 말쑥하게 차려 입은 중역들이나 창구 직원을 만날 수도 있다. 하지만 좀비 은행에서는 은행 업무의 **규칙**과 **역할**이 실제로는 부식 상태에 있다. 은행 업무의 규칙에 따르면 부실 채무는 대차대조표상에서 '상각되어야' 한다. 대출금이 상환될 가능성이 없으면 그 사실을 인정하고 자산에서 감축하거나 삭감해야 하는 것이다. 좀비 은행들에서는 이런 규칙이 무시되고 새로운 불문율이 등장한다.

손실을 있는 그대로 밝히면 이 은행들은 존속할 수 없으므로 영업을 계속할 수 있도록 진실을 교묘하게 감추는 것이다. 규칙이 바뀌었으므로 창구 직원들부터 최고 경영자에 이르기까지 모두의 역할도 왜곡된다. 직원들은 은행 업무의 몸동작을 계속하지만 실은 이런저런 방식으로 거짓에 기여하고 있다. 한때는 은행업이었던 것이 이제는 은행업의 외형만을 갖추게 된다. 결과는 물론 번영이 아니고 쇠락이다. 이 세상에서 진정한 번성과 파워를 가꾸고 창조하도록 지음 받은 인간이 몰락하여 번성과 파워를 **가장하게 된다.**

어떤 면에서 좀비 은행들은 그들의 영향력을 대놓고 과장하는 반쪽짜리 진실을 담은 자료들을 정부 관리들이 용인하게 만들 정도의 파워는 가지고 있는 제도라고 할 수 있겠지만 분명히 말해 두자면 좀비 은행은 파워를 창조하지 않는다. 그 대신에 이들은 서서히 그리고 확실히 경제 체제에서 파워를 빼낸다. 시간과 돈이라는 자원은 파워가 있는 것처럼 보이는 데 점점 더 많이 투입되는 반면 진정한 부와 기회를 창조하도록 실제로 파워를 사용하는 데에는 점점 더 적게 투입된다. 좀비라는 이름을 따온 가상의 이야기들에 나오는 괴물처럼 좀비 은행들은 자신의 파워를 자체의 이익을 위해서만 사용하고 그 과정에서 수많은 사람들을 정직, 근면, 창의력이 보상받을 수 있는 직업이 아니라 죽은 것이나 마찬가지인 일자리에 고용함으로써 다른 제도의 힘마저 소모하고 훼손한다. 아마도 좀비 은행의 최대 해악은 하나님 형상을 지닌 수천 명의 사람들로부터 에너지와 창의력을 빼앗아 가는 데 있다. 할 일을 주지만 그들의 수고가 아무런 열매도 맺지 못하게 한다.

좀비 은행 말고는 다른 좀비 제도가 없다면 좋겠지만 사실 그러한 존재는 문화의 모든 영역에서 발견된다. 좀비 제도는 자체의 실패에 관한 진실을 받아들이지 않는다. 그리고 지대를 걷을 수 있는 특권을 계속 향유하기 때문에 그들은 계속 존재하면서 오히려 진정한 샬롬을 창조하는 제도들을 밀어낸다. 좀비 제도는 오로지 자신의 유지에만 매달리고 다른 사람들의 번영에는 관심이 없다.

그래서 〈더 오피스〉에 나오는 던더 미플린과 워넘 호그 제지 회사같이 분명하게 생산적 일이 이뤄지지 않는 좀비 사업체들이 있다. 시장의 원리와 단절되어 있고 '지대 추구'만 하는 정부 기관은 특히 좀비화의 위험이 큰 영역이다. 말하기는 뭣하지만, 청년 시절에 내가 가까이에서 경험한 좀비 제도는 바로 차량등록사업소였는데 자기 일에 별 기대가 없는 직원들이 흐릿한 형광등 아래서 시무룩한 얼굴로 느릿느릿 불만스러운 시민들의 민원을 처리하고 있었다. (놀랍게도 몇 년 후 정치적 고려로 임명된 소장이 정력적으로 이 기관에 사명감과 고객 봉사 정신을 불어넣어 최근에 고향의 그 차량등록사업소를 찾았을 때는 긍정적인 의미에서 환상적인 친절과 능률에다 일에 대한 자부심으로 가득한 분위기를 경험했다.)

최악의 경우는 좀비 교회를 만나는 것이다. 모든 교회는 자원봉사자들에 의해 설립되고 유지되기에 거의 모든 교회가 한때는 진정한 번영에 기여하는 성공적인 제도였다. 그러나 시간이 지나면서 현상 유지라는 명제가 위험을 기피하는 풍조를 만들고 그 결과 계속된 학습과 발전이 저해된다. 좀비 교회는 어두운 곳에 등불이 되기보다는 등불을 꺼트리지 않기 위해 존재하고, 외부보다는 내부를 지향하고, 교회 안에 있는 사람들만을 위하고 밖에 있는 사람들을 돌보지 않는다.

제도의 생명에 관한 역설은 개인의 생명에 관한 역설과 똑같다. 죽기를 두려워하지 않는 자만이 진정한 삶을 누린다. 자체의 부패와 쇠퇴를 정면으로 인정하는 제도만이 좀비의 운명을 피할 수 있다.

우상숭배의 제도, 불의의 제도

최선의 제도는 하나님이 태초에 뜻하신 대로, 하나님 형상을 지니는 것의 최상의 결과를 풍성하게 이룰 수 있는 여지를 만든다. 그러나 에덴의 동쪽에 있는 이 세상의 어떤 것도 하나님 형상의 부패를 피하지 못했고 분명 제도들도 마찬가지였다. 왜냐하면 제도들이 인공물, 무대, 규칙, 역할을 가지고 유지되어 온 양식은 하나님 형상을 지니는 양식일 뿐 아니라 신 행세하기와 신 만들기의 양식이 되어서 시간과 공간을 넘어 문화의 구조 속에 짜여 들어가 버렸기 때문이다. 이 제도들이 샬롬을 시험하는 포괄적 번영을 이루는 데 끊임없이 실패하면서 그들의 매트릭스 안에서 일부는 터무니없는 수준의 신적 자율성과 풍요를 누리지만 다른 일부는 하나님 형상을 지닌 인간들이 누려야 할 가장 기본적인 존엄마저 강탈당했다.

다시 인도 구디야탐의 대금업자가 그의 특권적 위치에서 자신에게 돈을 빌린 가난한 가정들로부터 지대를 뜯어 가는 것을 생각해 보자. 한 사람의 대금업자와 수탈당한 몇몇 가족들만으로는 불의의 그림을 다 그릴 수 없다. 왜냐하면 수천 개 마을에서 수천 명의 대금업자들이 모두 자신의 이익을 위해 다른 사람들을 착취하고 있기 때문이다. '담보 노동'이라는 체제는 확실히 정착된 인공물, 무대, 규칙, 역할의 요소를 갖추고 여러 세대를 이어 온 하나의 제도다. 이 제도를 고치려면 못된 업자 한 사람을 무대에서 끌어내린다고 되는 것이 아니다. 수없이 많은 다른 업자들이 튼튼하게 자리 잡은 수탈의 틀 안에서 자신의 역할을 하려고 기다리고 있다. 그렇기 때문에 구디야탐에서 월드비전이 그렇게 인내심을 가지고 그렇게 폭넓게 활동하고 있었던 것이다.

사회학자 마이클 에머슨(Michael O. Emerson)과 크리스천 스미스

(Christian Smith)는 미국의 인종과 종교 문제에 관한 그들의 중요한 저술 『신앙에 의한 분열』(*Divided by Faith*)에서 백인 복음주의 개신교도와 흑인 개신교도를 구분 짓는 가장 큰 차이는 신학도 아니고, 심지어 인종 간 화해를 위한 의지도 아니고, 복음주의자들의 미흡한 제도적 사고방식이라고 말한다. 복음주의자들은 미국에서 노예제와 인종 차별의 유산 같은 사회 문제의 해결책을 강구할 때 개인적인 일대일의 관계만을 생각한다. 그래서 너무나 많은 백인 복음주의자들이 다른 인종 친구 몇 명만 사귀면 마치 인종 문제가 해결된 것처럼 생각한다. 이런 사고방식은 인종과 인종 차별이 인공물과 무대와 규칙과 역할이 복잡하게 얽혀 있는 **제도적 실체**라는 사실을 간과하는 것이다. 소수 사람들과의 우정이 이 무대 밖에서 이뤄지고 일시적으로 규칙과 역할의 제약을 뛰어넘을지라도 피부색에 기초하여 하나님 형상을 지니는 것을 왜곡하고 신 행세를 허용하는, 여러 세대에 걸쳐 내려온 틀을 바꾸지는 못한다. 흑인 그리스도인들은 복음이 미국의 유감스러운 인종적 상황을 변혁시켜 나가려면 지금도 그 상태를 영속화시키고 있는 뿌리 깊은 차별의 틀과 구조를 깨기 위해 계속 도전해야 한다는 것을 본능적으로 알고 있다. 반면에 백인 복음주의자들은 인종 차별 문제를 20세기의 인종 간 분리 법령이나 합법적으로 흑인과 백인이 분리된 학교 등 이미 해체된 몇몇 인공물에 국한시켜 이해하기 때문에 인종 차별이 지속되는 제도적 현실임을 간과한다.

인종 차별의 인공물들은 대부분 사라졌다고 할 수 있다. 더 이상 급수대에서 '백인 전용' 같은 표시는 찾아볼 수 없다. 그러나 인종 차별은 결코 인공물만의 문제가 아니다. 인종 차별주의가 신 행세를 하는 사람들에게 부여했던 특권도 이제 겉으로 드러나는 지배권의 행사가 종식됐다고 해서 결코 사라진 것은 아니다. "문화를 변화시키는 유일한 방법은 더 많은 문화를 만들어 내는 것"이라는 문화 발전의 기본 법칙은 제도에도 적용된다. 새로운 제도가 만들어질 때까지 구제도의 힘은 몇 세대에 걸쳐 지속될 수 있다. 이들 새 제도가 사회에 완전히 뿌리내리려면 적어도 3세대의 시간이 필요하다. 버락 오바마 대통령 당선은 미국이 인종주의 역사에서 벗어나는 이정표가 되었지만 그가 2008년에 이제 막 성년이 된 유권자들의 지지로 당선했다는 사실은 결코 우연이 아니다. 이들은 민권운동 시대로부터 세 번째 세대, 즉 그 소란했던 시대의 자녀들의 자녀들이다. 최악의 불의한 제도가 그 세력을 잃는 단계에 이르려면 최소 3세대가 지나야 한다. 링컨의 다음과 같은 무서운 선언은 하나님 은혜로 남북전쟁 자체에는 적용되지 않았다.

> 만약 하나님이 지난 250년 동안 예속된 사람들의 대가 없는 노역으로 쌓은 재물이 다 사라지고 채찍 맞아 흘린 피 한 방울 한 방울이 칼에 맞아 흘리는 피 한 방울 한 방울로 똑같이 갚아질 때까지 이 전쟁의 고통이 계속되기를 원하신다 해도, 3천 년 전에 기록된 것처럼 "여호와의 심판은 진실하여 다 의로우시다"♦라고 해야 한다.

그러나 남북전쟁 이후 150년이 지난 오늘날, 250년이란 시간은 미국에서 하나님 형상을 지닌 사람들이 피부색과 상관없이 번영할 수 있는 문화적 제도를 창조하는 과업을 위해서는 그렇게 비관적으로 들리지 않는다. 우리가 인종 문제에서 생각보다 더 많이 진전했다고 보이는 날들도 많다.

불의와 우상숭배는 다르지 않다. 인간의 제도는 신 행세만 하는 것이

♦ 시 19:9에서 인용. 개역개정판은 "여호와의 법도 진실하여 다 의로우니."

아니라 신을 만들어 내기도 한다. 이것이야말로 성경적 신앙의 왜곡까지 포함한 모든 인간 종교에 대한 성경적 관점이다. 신의 형상을 만들려는 인간의 열심은 한편으로는 우리가 하나님의 피조물로서 가진 위엄에서 나오고 다른 한편으로는 우리의 타락한 우상숭배에서 나오며, 인간이 창조주와 화해하고 다시 연합하고자 하는 열망의 표시다. 인간의 모든 종교는 뛰어난 미술, 음악, 건축, 문학이 증명하듯이 부분적으로는 하나님 형상을 나타내는 요소들을 담고 있다. 또 모든 인간 종교는 어느 정도의 번영을 이뤄 내는 제도를 유지한다. 그러나 성경적 관점에 따르면 인간 종교가 은혜롭게 자신을 내주시고 계시하시는 하나님에 의해서가 아니라 인간의 노력에 의해 만들어지는 바로 그만큼 그 종교는 불가피하게 우상숭배라는 속임수에 가담한다. 예수님이 바리새인들을 비난하신 중요한 이유는 하나님이 이스라엘을 당신의 형상을 지닌 구별된 백성으로 만들기 위해 주신 토라에 대한 그들의 집착 때문이 아니었다. 사람들이 토라에 갖다 붙인 것들, 즉 차별을 만들어 내는 특권과 지위와 배제 때문이었다. 이 부가물들은 하나님의 '작은 자들' 즉 하나님의 형상을 지닌 존재들 중에 가장 연약한 사람들에게는 '감당하기에 너무나 무거운 짐'이었고 바리새인들에게는 다른 사람들을 '죄인'이라고 매도하면서 자신의 의로움을 뽐내게 하는 것이었다.

우상숭배와 불의는 항상 함께 간다. 불의는 사람들에 대한 착취를 정당화하기 위해 우상숭배가 필요하고, 우상은 사람의 뜻을 이뤄 주지 못하면서 계속 더 큰 희생을 요구하기 때문에 불의로 이어진다. 우리가 제도라 부르는 견고한 문화적 양식도 마찬가지다. 거짓 신이 모든 불의한 체제의 뒤에서 어슬렁거리는데 그 신들 중에는 민족주의의 신, 인종주의의 신, 여성 혐오의 신과 더불어 재물, 정욕, 권력같이 다른 사람들을 희생시키면서 일부 사람들에게 신 같은 능력을 약속하는 것들도 있다. 그리고 거짓 신에 대한 경배를 계속하는 제도들은 결국 가장 연약한 자들을 방기하고 만다. 우상의 요구에 응하기 위한 제단 위에서 여러 세대에 걸쳐 자행되는 작은 자들의 희생은 모든 사람과 모든 피조물이 다 같이 번영할 수 있는 길이 있었음을 우리가 다 잊어버릴 때까지 계속된다. 이것이 한마디로 죄인데 이것은 죄라고 구별되는 몇 가지 행동이 아니라 모든 인간 행동에 자리 잡고 심지어 우리의 선의의 활동에도 들어가 있는 행동 양식이다. 죄를 제도적 현실로서 바라볼 때에만, 즉 제도의 구체적 인공물 속에 내장되어 있고, 위협적으로 거대하고 눈에 보이는 무대들에서 실행되며, 자유롭게 하는 대신 노예화하는 규칙들을 강요하면서, 자연스럽게 분화된 역할들을 억압적이고 경직된 구조의 지위와 특권들로 바꾸는 죄에 주목할 때에만 우리는 우상숭배와 불의가 끼치는 피해를 이해할 수 있다.

통치자들과 권세들

1세기 지중해 세계는 좀비에 대해서는 몰랐지만 인간의 제도들과 모든 자연계의 뒤편에 돌아다니는 어둠의 세력에 대해서는 알고 있었다. 헬라인들은 이것을 '스토이케이아'(*stoicheia*)라고 불렀는데 영어 성경에는 "elements" 또는 "elementary principles"라고 번역되었다. 바울 서신에서 이에 대한 언급이 몇 차례 나오는데 골로새서 2:8에서는 '코스모스의 스토이케이아'(the *stoicheia* of the *kosmos*, 개역개정은 "세상의 초등 학문")라는 말로 골로새 교회 교인들을 부지중에 사로잡고 있는 것들을 표현했다. 스토이케이아는 바울의 후기 서신에 함께 나오는 두 단어 즉 '아르카이'(*archai*)와 '엑수시아이'(*exousiai*)와 연결되는데 영어로는 "the principalities and the powers" 또는 "the rulers and authorities"로 번역되었다(개역개정에는 "통치자들과 권세들").

이들 용어의 정확한 뜻에 관하여 활발한 논의가 벌어지고 있는데, 그냥 지나치기 쉽지만 사실은 의도적으로 언급된 이 초등 학문, 통치자들, 권세들이라는 말에는 몇 가지 분명한 의미가 담겨 있다. 첫째, 이들의 현재 모습은 하나님을 반대한다. 이들이 정확히 무엇이든 간에 이 파워들은 진정한 파워의 원천에 도전한다. 그리고 십자가상의 결정적 대결에서 이 파워들의 본색이 드러났는데, 이들은 속임수이며 "약하고 천박"하고(갈 4:9) 궁극적으로 하나님의 창조와 구속(救贖)의 파워 앞에 무력하다.

둘째, 이 파워는 단순한 "혈과 육" 이상의 것으로 "하늘에" 존재하는데 톰 라이트가 현대식으로 표현한 "통제실" 즉 세상의 주권을 장악하기 위한 싸움이 벌어지는 그곳에 자리 잡고 있다. 그러나 이들이 "영" 또는 "하늘에 있는" 존재라는 것이 땅에 아무런 영향을 미칠 수 없다는 의미는 아니다. 오히려 그 반대로 이들의 파워는 인간을 종노릇하게 한다.

셋째이자 아마 시사하는 바가 가장 큰 것으로, 바울은 골로새서와 갈라디아서에서 '스토이케이아'를 이교도들이 "날과 달과 절기와 해"(갈 4:10)를 지키는 것과 "먹고 마시는 것"(골 2:16)에 관련시켰다. 이것들은 이교도 문화 양식의 근저에 있는 것으로서, 즉 이교도들의 세계에 질서를 부여하는 것은 세대에서 세대로 이어져 내려온 시간과 의식(儀式)의 깊은 구조인 것이다.

그러므로 초기 그리스도인들이 보기에, 단순히 땅에 있는 현실을 넘어서는 어떤 파워 있는 형태의 생명이 있어서 하나님 형상을 지닌 자들을 종으로 삼고 그들의 시야를 차단하고 생명으로부터 단절시킨다. 바울은 하나님에게서 온 사자(使者)나 천사와 마찬가지로 인격적 특징을 갖는 이

"통치자들과 권세들"이 인간의 일상적 경험 너머에 있는 악마적 존재이지만 그 통치는 인간의 삶을 형성하고 제약하는 기초적 양식의 형태로 인간 존재 안에 체화되어 있다고 보았다. 한마디로 그들은 제도적이다. 이들은 규칙과 역할을 정하고 특정한 인공물을 통해 알려지고 특정한 활동 무대와 관련되어 있다. 하나님 형상을 지니는 제도는 번영에 이르게 하지만 이들 통치자들과 권세들은 사람들 위에 군림하면서 하나님 형상을 격하시키고 축소시킨다.

바울은 골로새서 2:15에서 이 통치자들과 권세들에 대한 그리스도의 승리에 대해 말한다. "통치자들과 권세들을 무력화하여 드러내어 구경거리로 삼으시고 십자가로 그들을 이기셨느니라." 그가 몇 절 앞에서 언급한 부활이 보복하는 사건으로 더 적합해 보이는데도 그리스도의 승리가 십자가를 통해 이뤄진다는 것은 놀라운 사실이다. 왜 십자가가 이 악마적이고 눈에 안 보이나 세상에 두루 존재하는 강한 세력들에 대해 승리하는 장소였는가?

그 해답은 우리가 예수님의 십자가에 대해 그 의미를 충분히 이해하지 못하는 부분에서 찾을 수 있을 듯하다. 즉 십자가가 얼마나 제도적인지에 관해서다. 예수님 시대의 주요 제도들 즉 로마의 점령군과 총독, 로마의 분봉왕 헤롯, 예루살렘 산헤드린 공회와 대제사장이 이끄는 종교 집단은 예수님을 재판하고 정죄하는 데 주요 역할을 한다. 이 과정에서 이들은 모두 극도의 타락상을 보인다. 고발하는 측 증인들의 진술은 엇갈린다. 이 심야 재판은 로마와 유대의 법 절차를 모두 무시한다. 이 제도들은 번영을 보장하고 무고한 자를 보호하는 대신 오직 자기 보신과 강자 보호만을 위해 존재한다. 책임 있는 판단을 내려야 하는 관원들이 그 책임을 회피하고 다른 사람에게 사건을 넘기는 모습은 별로 놀랍지도 않다. 산헤드린 공회는 본디오 빌라도 총독에게, 빌라도 총독은 헤롯왕에게, 헤롯은 다시 빌라도에게로 떠넘기고 마지막으로 빌라도는 군중에게 넘긴다. 이 제도들의 가장 영향력 있는 행위자들도 진실에 대해 옳다고, 거짓에 대해 틀리다고 말하지 못한다. 예수님의 표현에 따르면 그들은 "회칠한 무덤"으로서 생명을 가져오지 못하고 죽음을 거래한다. 이들이 바로 좀비들이다.

이것이 곧 바울이 십자가를 그의 시대 그리고 모든 시대에 통치자들과 권세들에 대한 진정한 승리를 거두는 장소로 본 이유라고 나는 믿는다. 십자가는 1세기 유대 땅의 지배적 제도들의 정체를 밝힘으로써 그들을 '무장해제'("무력화")시켰다. 그들은 불의의 도구이고 우상숭배의 구현이다. 모든 우상처럼 그들은 십자가 앞에서 그들이 가진 특권을 유지하기 위해 성부의 아들의 희생이라는 가장 높은 대가를 요구한다. 그러나 그렇게 함으로써 그들의 진정한 성격이 드러나고 하나님의 진정한 성격도 드러난다. 공개적으로(바울이 말한 대로 "구경거리로 삼으시고"), 즉 모든 사람이 바라보는 가운데 우리는 거짓 신의 파워와 진정한 하나님의 파워 사이에서 선택할 수 있게 된다. 맬컴 머거리지(Malcolm Muggeridge)는 이 모든 과정을 통해 이루어지는 것을 다음과 같이 정리하였다.

> 예수의 지상 사역의 절정인 십자가 사건은 마귀의 제안인 권력에 대한 귀류법(reductio ad absurdum)♦이다. 마찬가지로 빌라도가 십자가 위에 예수에 관하여 써 붙인 반어적 명칭인 "유대인의 왕"은 예수님의 진정한 정체, 곧 "하늘의 보좌에서 뛰어내린 하나님의 전능하신 말씀"을 제대로 맞

♦ 어떤 주장에 대해 그 함의하는 내용을 따라가다 보면 이치에 닿지 않는 내용 또는 결론에 이르게 된다는 것을 보여서 그 주장이 잘못된 것임을 보이는 간접증명법.

추지 못한 오발탄이다. 로마 군인들의 조롱도 과녁을 제대로 맞히지 못한다. 그들은 예수에게 자색 옷을 입히고, 머리에 가시관을 씌우고, 손에 갈대 홀을 쥐게 한 뒤, 그 앞에 엎드려 인사하며 "유대인의 왕 만세!"를 외쳤다. 그 군인들은 자신들의 생각처럼 그저 곧 십자가형을 당할 가난한 미치광이 남자 하나를 조롱하고 있었던 것이 아니라 권력을 부리는 모든 사람을 조롱거리로 만들고 나아가 권력 그 자체를 조롱거리로 만들고 있었다. 그리하여 가시는 모든 왕관 속으로 파고들 것이고, 모든 자색 옷 속에는 상처 입은 육체가 있게 될 것이다.

물론 우리는 머거리지가 관찰한 것을 수정할 수 있다. 십자가에서 조롱받은 것은 창조적이고 하나님 형상을 지니게 하는 일반적 의미의 '파워'(권력)가 아니고 우상숭배적인 파워, 통치자들과 권세들이 휘두르는 그 파워였다. 십자가에서 보여 준 진정한 파워는 상처와 가시에 찔리는 고통을 기꺼이 감당하는 파워, 그리고 생명의 구원을 위하여 독생자를 포기하는 파워였다.

십자가 이후의 삶, 십자가의 고통과 희생을 헛되게 하지 않는 부활 이후의 삶이란 이 세상의 초등 학문들, 즉 두려움과 죽음을 가져오는 삶의 양식들이 무력화된 세상에서 산다는 뜻이다. 아무리 세상의 제도들이 굳세게 뿌리내리고 있다 하더라도, 그리고 아무리 과장된 약속과 탐욕스러운 요구가 당연한 것으로 받아들여지더라도 십자가는 그것들을 파내서 멸망시켰다. 좀비들은 공포에 떨게 할 지배력을 잃었고 이 살아 있는 시체는 무덤에 들어가셨다가 돌아오신 분에게 제압당했다. 그분은 자신이 구원하러 오신 하나님 형상을 지닌 사람들에게 생명을 불어넣어 주기 위해 오늘도 살아 계신다.

이제 우리에게 남아 있는 일은 하나님 형상을 따라 지음 받고 회복된 우리가 진정한 파워를 행사하라는 부르심을 따라 일어나는 것이다. 지금 실패의 징후들을 드러내고 있는 그런 제도들 속에서도 말이다. 세상의 제도들을 착취하는 통치자들과 권세들에 붙잡히지 않으면서도 그 속에서 지도력을 발휘하고, 좀비가 되어 버린 제도들을 처치하거나 아니면 부활시키면서도 우리들 자신이 좀비가 되지 않으며, 숨을 헐떡이며 죽어 가는 제도들에 다시 생명을 불어넣는 것이 가능할까? 이것이 이루어질 수 있다는 희망의 유일한 근거가 있다. 이미 십자가에서 이루어졌다면.

11장

청지기 되기

내 평생에 경험한 문화 창조 활동(culture-making) 가운데 가장 놀랍고 또 감사하게 생각하는 것은 기독교 인권 운동 단체인 국제정의선교회(International Justice Mission, IJM)다. 국제정의선교회에 관한 이야기는 내가 전에 출간한 책에서도 간략히 다루었고 다른 곳에서 많이 소개했기에 여기서 다시 반복하지는 않겠지만 이 단체의 사역과 활동 방식은 파워의 행사에 있어 최선과 최악의 모습을 독특하게 조명해 주고, 신 행세를 하는 것이 아니라 하나님 형상을 지니는 사람들에게 오직 제도만이 가져다줄 수 있는 중요한 선물이 무엇인지 알려 준다.

국제정의선교회는 우상숭배와 불의에 대항하여 그 가장 고약한 사례들과 맞서 싸우고 있다. 이 세상에서 아동을 성적 만족에 이용하는 것과, 가장이 죽은 후에 먼 친척들이 과부와 그 자녀들을 착취하는 것, 거짓 자백을 받아 내고 성폭력 사범을 비호하는 데 경찰력을 남용하는 것, 갚을 수 없는 부채를 이유로 대를 이어 노예 취급을 하는 것보다 더 사악한 신 행세는 없을 것이다. 가난하고 힘없는 사람들을 위해 사법제도가 작동하지 않는 전 세계 여러 나라에서 벌어지는, 방금 열거한 사례들 및 이와 유사한 파워의 남용들이 국제정의선교회의 사역 대상이다.

이러한 파워의 남용은 철저히 제도화되었기 때문에 고질적이다. 성매매, 경찰 부패, 담보 노동은 마치 교향악단이나 축구 경기와 마찬가지로 제도들이다. 각각은 안정된 제도의 모든 요소를 갖추고 있다. 성매매를 예로 들면, 인공물(세상 어느 곳이든지 여성이 성을 파는 지역에 가면 즉각 이를 알아볼 수 있다), 무대(당국이 공식적으로 지정하기도 하고 또는 단속에 태만하여 생긴 '홍등가'), 규칙(포주, 착취당하는 여성들, 그리고 성을 구매하는 남성들이 따르는 비공식적이지만 강제적으로 유지되는 행동 양식), 역할들이 존재한다. 이런 파워 남용의 대다수 사례는 근대화와 세계화의 과정에서 계속 악화되어 왔지만 너무나 견고하게, 수 세기 혹은 수천 년까지는 아니더라도 여러 세대를 거슬러 올라가는 삶의 양식 속에 뿌리박혀 있고 그 삶의 양식은 세상이 돌아가는 방식에 대해 모두가 공유하고 있는 가정의 가장 밑바닥에서 기능하고 있기 때문에 누구라도 이를 대체할 길을 찾기 어렵다. 이들 제도들은 포괄적 번영을 위한 환경을 만들어 내는 대신 하나님 형상을 지니는 인간의 능력을 포괄적으로 파괴하고 문화적·자연적 환경을 지속적으로 훼손하도록 조장한다.

그러나 국제정의선교회는 이와 같은 제도화된 불의의 양식에 대해 마찬가지로 제도화된 방식으로 대응한다는 점에서 우리를 놀라게 한다. 국제정의선교회가 활동하는 각 나라들에서 국제정의선교회의 핵심 전략은 경찰, 법원, 교도소 등 **악을 제어하는 공권력을 가신 제도들을 강화하는 것과 악의 피해자들 가운데 하나님 형상을 회복시킬 수 있는 제도들**—파워의 남용으로 하나님 형상이 손상된 사람들이 존엄성과 능력을 회복하도록 돕는 사회사업, 상담, 경제개발 단체 등—**을 강화하는 것**이다. 2011년 4월 인도 첸나이 인근 지역의 한 공무원이 앞장서서 143가족의 총 522명이 빚을 지고 강제 노역에 묶여 있던 벽돌 공장을 급습한 사건 보도를 보고 국제정의선교회 직원들과 후원자들이 기뻐하던 모습이 기억난다. 뉴스 보도에서 그 공무원의 이름은 S. 칸다스와미라고 밝혀졌다. 그의 지휘 아래 경찰이 노동자들을 풀어 주고 지역의 고등학교 건물에 이들을 임시 수용해서 필요한 의료 조치를 하고 벽돌 공장 주인을 체포했다. 우리가 기뻐한 것은 수백 명의 남녀와 어린이들이 열심히 일하면서 자유를 누리고 적절한 보수를 받을 수 있는 존엄을 되찾았기 때문만은 아니었다. 이 공무원이 하나님 형상을 감당했기 때문이었다. 지방 정부라는 제도 안에서 그에게 부여된 역할을 올바르게 수행함으로써 그의 파워를 자신의 이익을 위하여 사용하거나 아예 그 파워의 사용을 포기하거나 하지 않고 직접 관련된 사람들을 위해 구체적인 선을 행하였을 뿐 아니라 오랜 기간 지속된 제도의 관행을 바꾸기 시작한 것이다.

한 지역 공무원에 의한 이 담대한 급습 작전이 있기 몇 주 전에 국제정의선교회의 직원 및 후원자 1천 명이 워싱턴의 한 호텔에 모여 국제정의선교회의 가장 긴급한 사역들을 위한 주말 기도회를 열었다. 우리는 몇몇 나라에서 아직도 끈질기게 계속되고 있는 담보 노동이 근절되기를 위해 그 밤에 고민하며 힘을 다해 기도했다. 이것은 너무 대담하고 불가능한 기도 제목으로 보였고 실제로도 그랬다. 담보 노동 근절을 위해 기도하는 것은 이 제도가 혁명적으로 개조되어야 한다는 것을 뜻하기 때문이었다. 그러나 그날 밤 모인 참가자들 대부분은 우리 생애 동안 담보 노동이 완전히 사라지기를 감히 구하기에 충분한 믿음을 가지려고 애를 쓰고 있을 때에 성령께서 특별한 파워로 우리에게 임하셔서 우리 자신의 자원과 파워만으로는 도저히 할 수 없는 그 일을 기꺼이 간구하게 하셨다고 증언할 것이다.

그리고 4주 후에 앞에서 말한 인도의 지방 공무원이 그의 직위에 부여된 하나님 형상을 나타내는 파워를 행사한 것이 다만 우연의 일치일까? 우리 생애 동안 하나님 형상을 지닌 십억 명의 사람들이 살고 있는 그의 나라에서 인간의 번영을 지향하는 제도들이 다시 일어나고 노예들에게서와 그들의 주인들에게서 진정한 자유를 빼앗아 간 제도들이 쇠락하는 것을 볼 수 있으리라고 생각할 수는 없을까? 그 일이 일어난다면, 그것은 단지 단발성의 뉴스거나 일시적 회복, 혹은 지나치게 많은 대가를 치르고 얻은 승리가 아니라 **제도적인** 변화이며 새로운 인공물과 장소와 규칙과 역할이 세대에서 세대로 전달되어 미래의 어느 세대에 이르러서는 사람이 노예로 살았다는 것은 생각조차 할 수 없게 될 것이다. 그때에야 워싱턴에서의 그 주말 기도회의 간구는 완전한 응답을 받을 것이다.

제도로서의 정의 사역

국제정의선교회는 지난 25년간 새로 생긴 기독교 단체들 중에서 가장 영향력 있는 비영리 단체라고 할 수 있는데 그 성공 요인으로는 분명한 사명, 역동적인 설립자, 최고로 유능한 직원들, 그들의 깊이 있는 기도와 하나님의 능력을 의지하는 훈련을 들 수 있다. 여기에 놀랍고도 상당히 예외적인 두 가지가 더해진다. 그 하나는 국제정의선교회가 당당하게 제도화를 추구한다는 것이다. 20대와 30대 직원 몇 사람이 워싱턴 DC 교외에 임대한 주택에서 일할 때부터 국제정의선교회의 로고는 원형의 공식 문장(紋章)을 포함하고 있었다. 이 문장에는 정부 기관에서나 사용할 법한 장식용으로 변형된 세계 지도와 라틴어 모토 *QUAERITE IUDICIUM SUBVENITE OPPRESSO*(사 1:17의 "정의를 구하며 학대받는 자를 도와주며"), 그리고 넝쿨 잎 모양이 새겨져 있다. 15년의 활동 기간 동안 직장인들의 복장이 캐주얼 정장에서 셔츠자락을 꺼내 입는 차림으로, 그리고 후드 달린 옷으로 바뀌었는데도 국제정의선교회는 단정한 차림의 비즈니스 정장을 유지해 왔다. 많은 로펌의 파트너들과 고용 변호사들은 법정에 나갈 때에만 양복과 넥타이를 착용하지만 국제정의선교회의 직원들은 인턴부터 대표까지 언제든 소송에 뛰어들 준비가 되어 있는 모습을 하고 있다.

국제정의선교회의 설립자 게리 하우겐(Gary Haugen)과 수석 부사장 샤론 콘 우(Sharon Cohn Wu) 같은 핵심 멤버가 미국 역사상 제도권에 가장 큰 반감을 가진 두 그룹이라 할 X세대와 복음주의 그리스도인이라는 것을 고려할 때 이런 자세는 더 놀랍다. X세대에 속한 사람들은 제도권 리더십에 거의 알레르기 반응을 보이고 복음주의 그리스도인들은 제도권에 대해 순진한 태도를 갖는다. 하지만 국제정의선교회의 지도자들은 전혀 어울리지 않을 법한 것을 만들어 냈다. 바로 스타트업 기관(startup institution)이다.

확실히 국제정의선교회는 아직 가장 기본적인 제도화 테스트를 거치지 않았다. 이 단체는 아직 제1세대 지도자가 운영하고 있으며 2세대, 3세대 또 그다음으로 어떻게 잘 계승될 수 있을지 보장도 없다. 그러나 자원봉사자와 동료로서 수많은 시간을 함께한 결과, 나는 국제정의선교회의 직원들이 설립자에 대해 깊이 존경하면서도 확실히 낮은 의존도를 보이는 것을 확인할 수 있었다. 국제정의선교회의 누구도 게리 하우겐 없이 무슨 일을 하고자 하지 않지만 모두가 그럴 능력을 갖추고 있음은 의심할 바 없다. 국제정의선교회는 그 자체로, 카리스마 있고 강제적인 한 개인의 역량의 일시적인 확장이 아니라 세상 가운데 고유한 인공물, 규칙, 역할을 유지할 수 있는 무대 자체가 되었다.

복음주의자들이 해외 선교 활동에 나설 때, 그들은 종종 제도적 현실에는 무지한 채 단지 즉각적 필요들을 해결하려 들 뿐, 애당초 어떤 제도적 조건이 그러한 필요를 조장했는지는 알고자 하지 않는다. 그들이 전하는 복음은 사람의 마음을 변화시킬 능력은 있지만 사회 구조를 변화시킬 능력은 없다(이는 부분적으로, 사회 구조의 변화를 **넘어서는** 다른 소망을 제공하지 못하는 기독교 신앙에 대한 반작용임이 확실하다). 그러나 처음부터 국제정의선교회는 매우 다른 접근법을 보여 주었다. 국제정의선교회의 유전자에는 설립자가 미국 법무부 인권국의 요구로 경찰의 부패를 조사할 때의 경험이 담겨 있는데 이는 미국 사법 기관의 역량이 가진 한계를 절감할 수밖에 없는 과정이었다. 그래서 해당 지역의 법 집행 기관과의 마찰을 최소화하면서 '노예 해방'에 나서는 대신 국제정의선교회는 바로 지역·국가·국제적 기관들과 동반자 관계를 맺고자 했다. 이는 철저히 **제도적인** 정의의 사역이었다. 국제정의선교회는 격식을 차린 배지와 복장을 인공물로 삼고 자선 단체의 전형적 영역인 개인 구호 대신에 정부와 외교의 무대로 뛰어들었다.

국제정의선교회는 점점 성장해 가면서 최근에는 내부 문서에서 '구조적 변혁'이라고 부르는 사역에 역량을 집중하고 있는데 이는 사법 기관을 변화시키고 강화하는 것을 목표로 한다. 그러나 국제정의선교회가 특출한 점은 구조적 변화를 추구하면서 **단순히** 제도적 접근만을 강조하지 않는다는 것이다. 과도한 제도주의는 개신교 이전 세대의 문화 참여 활동을 잘못 이끌었다. 그들은 문화적으로 우세한 기관들과 동일시되었고 결국 그 속으로 침몰해 버리면서, 개인적 헌신과 변화라는 접점을 잃어버렸다. 그리스도 안에서의 회심과 믿음을 수반하는 개인적 헌신과 변화는 하나님 형상이 회복되는 놀랍고 감동적이며 어떤 것으로도 대체할 수 없는 사건이다. 개인이 중요한 것은 가장 숨 막힐 듯한 사회 구조 속에서도 각각의 개인은 하나님 형상을 지니는 존재이기 때문이다. 국제정의선교회 직원들의 복장은 법정에 출두할 준비가 되어 있음을 보여 주어 풀뿌리부터 개인들의 사정을 직접 돌보겠다는 기본적 헌신을 강화하는 인공물로, 멀찍이 떨어져서 영향력의 지렛대나 움직이려는 것이 아님을 보여 준다. 국제정의선교회 변호사들이 법정에 나가는 복장을 하는 것은 그들이 실제로 가난하고 착취당하고 절망에 빠져 절박한 의뢰인들을 위해 소송을 하기 위한 것이지 어떤 '제도적 변화'만을 위해 활동하는 것이 아니기 때문이다. 그러나 국제정의선교회는 개별적 사안에서의 극적인 승리보다는 그 과정에서 정의의 인공물, 무대, 규칙, 역할을 재구성하는 데 중점을 두어서, 하나님 형상을 지닌 이 사람들이 가장 불의한 폭정에서 자유로워진 사회에서 살아가므로 다시는 국제정의선교회의 문을 두드리는 의뢰인이 될 필요가 없도록 해 왔기에 폭넓은 성공을 거둘 수 있었다.

이러한 사실은 국제정의선교회가 가진 두 번째 두드러진 특징으로 연결된다. 즉 국제정의선교회는 파워가 없는 사람들을 위해 활동하지만 파워 그 자체에 대해 냉소적인 자세를 취하지 않는다. 최악의 우상숭배와 불의를 가까이서 접하다 보면 파워에 대해 심각한 환멸을 갖게 된다. 이는 어느 정도 불가피한 면도 있다. 만약 당신이 사는 동네의 경찰관이 하는 일이 고작 사람들을 괴롭히고 돈을 뜯거나 겁주는 짓뿐이라면 당신은 경찰이 공권력을 현명하고 제한적으로 사용해서 평화로운 질서를 유지하여 하나님 형상을 감당하는 모습을 기대하기 어려울 것이다. 당신은 자연스럽게, 문제는 바로 파워 그 자체라고 결론짓게 될 것이다.

깨어진 제도 안에서 살아가는 많은 사회 활동가들이 바로 이런 태도를 취하게 된다. 이런 제도들은 시민들로부터 하나님 형상의 존엄을 빼앗고 몇몇 특정인을 우상숭배 수준의 착취와 자기만족의 자리에 올려놓기 때문이다. 사울 알린스키✦의 노력으로 시작된 지역사회 조직 운동은 현존하는 파워에 대한 이런 적대 관계에 기초했다. 알린스키의 활동은 박탈당한 이들 가운데 파편화되어 있는 파워를 최대한 동원하여 파워를 가진 자들이 자신들의 이익에 반하는 선택을 하도록 압력을 가하고자 하기 때문에 철저히 제로섬적이다.

국제정의선교회 직원들은 파워를 가진 사람들이 약하고 억압받는 사람들에게 무관심한 현상을 날마다 경험하면서도 하나님 형상을 회복하는 일은 제도권 기관들과 그 대표자들에 대항해서가 아니라 그들을 통해서 이룰 수 있다는 신념을 견지해 왔다. 바로 이 신념이 국제정의선교회가 추구하는 사회 구조적 전환의 본질적 요소다. 부패와 불의의 중심에는 많은 급진주의자들을 끌어당기는 파워에 대한 오해가 자리 잡고 있다. 즉 깊이 들여다보면 사회란 그저 어느 한쪽의 희생으로만 이익을 얻을 수 있는 경합하는 이익집단들 간의 부단한 충돌에 불과하다는 니체적 의혹이다. 이런 풍토에서는 승리란 한시적이고 힘은 빼앗기지 않도록 비축되어야 하며 높은 지위는 자기가 속한 집단의 이익을 위해 철저히 활용되어야 한다. 이런 사회에서는 혁명이 일어나서 현존하는 파워의 대표자들이 전복되더라도 다만 부패의 형태와 부패의 주역만 한쪽에서 다른 쪽으로 바뀔 뿐이다.

국제정의선교회의 관점은 훨씬 더 희망적이다. 물론 파워의 대표자들이 옳은 일을 하도록 설득하는 데 얼마나 큰 압력을 가해야 하는가에 대

✦ Saul Alinsky, 1909-1972년. 미국 시카고를 중심으로 활동한 세계적 빈민 운동가.

하여 국제정의선교회가 비현실적인 생각을 하는 것은 아니다. 국제정의선교회는 억압받는 사람들의 정의에 대한 요구를 가차 없이 전하며 관리들에게 압력을 넣어 그들이 자신이 대표하는 기관을 통해 하나님 형상을 나타내는 활동을 하도록 요구하여 공직에 있는 사람들을 포함한 모든 사람이 다 함께 번영한다는 비전을 제시한다. 국제정의선교회의 비전은 권력을 가진 기관들이 인도에서 사라지는 것이 아니라, 모든 시민이 자유와 품위를 가지고 자신의 역할을 수행하도록 해방시켜 주는 진정으로 **더** 강력한 기관들이 인도에 생겨나는 것이다. 국제정의선교회는 S. 칸다스와미 같은 인물로 넘쳐나는, 모든 가정이 정의로운 노동의 소산을 거두는 그러한 인도를 지향하며 활동한다. 파워의 공백이 있는 인도가 아니라 샬롬을 가져오는 최상의 파워가 가득한 인도가 되게 하려는 것이다.

과도한 지배자와 태만한 지배자

제도들이 망가진 경우, 하나님 형상을 나타내는 데 실패하는 세 가지 특징적 양상이 거의 항상 함께 나타난다. 첫째로 가난한 사람들이 지닌 **깨어진 형상**이다. 어느 망가진 제도에서 '가난한 사람들'(poor)이란 그 제도의 규칙에 따라 역할이 위축되어 그들이 가진 창조와 돌봄의 역량을 발휘하지 못하는 사람들을 말한다. 이러한 파워의 상실은 항상 다차원적으로 나타나고 최악의 경우에는 전적인 상실에 이르는데, 단지 일자리를 선택하거나 그만둘 능력을 잃는 것뿐 아니라 부모는 자식을 보호하고 양육하는 능력을 잃고 자식은 놀고 공부하는 능력을 상실하고 대신 노동에 내몰리며 영양실조와 구타와 같이 육체적으로 파워를 빼앗기는 극심한 고통을 당하게 된다.

하나님 형상을 나타나는 데 실패하는 두 번째 양상은 '과도한 지배자'(overlords)라고 부를 수 있는 사람들이 지닌 **부풀려진 형상**이다. '과도한 지배자'라는 말은 그들이 누구이며 무엇을 하는지를 모두 보여 준다. 그들은 우상처럼 신과 같이 되기 위해 가난한 사람을 착취함으로써 다른 이들을 '과도하게 지배'한다. 과도한 지배자는 과하게 지배자 행세를 하며, 파워를 비축하고 오용함으로써 진정한 리더십을 우스꽝스럽게 부풀려 왜곡한다. 진정한 리더십은 애초에 하나님 형상을 지닌 자들에게 부여되었고 역사상 유일하고 참되게 하나님 형상을 지니신 분이 모범을 보여 주셨던 그것이다. 과도한 지배자가 지닌 파워는 모두의 번영을 위해서가 아니라 가난한 사람들이 하나님 형상을 감당하는 능력을 희생시켜 얻는 사적 이익을 위해 지배력을 사용하는 데 투입된다.

그런데 과도한 지배자가 군림하는 곳에는 항상 제3의 실패가 있다. 과도한 지배자도, 가난한 사람들도 아닌 이 존재는 파워는 있으나 수동적인 **방치된 형상**이다. 하나님 형상을 등한시하는 이 사람들은 '태만한 지배자'(underlords)라고 이름을 만들어 붙여 줄 수 있겠다. 이 사람들은 파워가 없지 않으며 때로는 막강한 파워를 갖기도 한다. 그러나 이들은 자기 자신의 세력 강화를 위해 파워를 마구 휘두르지는 않는다. 오히려 그들은 단순히, 자신에게 부여된 역할을 소극적으로 수행하기 때문에 실패한다. 그들은 자신의 파워를 남용해서가 아니라 파워를 전혀 사용하지 않음으로써 불성실한 존재가 된다. 그들은 마치, 부당하게 파워를 장악한 '과도한 지배자'가 위력과 꼼수로 이기려 하는 축구 경기에서 그를 저지해야 하는 나태한 심판이 자신의 의무를 등한시함으로써 시합을 망치는 것과 같다. 심판이 휘슬을 부는 것이 문제가 아니고 심판이 자기 자신의 영광과 승리를 추구하는 것도 문제가 아니다. 모든 문제는 그가 휘슬을 불어야 할 때 **불지 않음으로써** 발생한다.

하나님 형상을 지니는 데 실패하는 것은 대부분 경기에서 이기고 지는 것보다 엄청나게 큰 결과를 초래한다. 2000년대에 와서야 터져 나온 로마가톨릭교회의 스캔들은 '과도한 지배자'인 사제들이 스스로 마치 우상처럼, 즉 그들이 섬기기로 서약한 하나님을 소름 끼치도록 착취적으로 모방하여 어린이들을 성적으로 학대함으로써 그 어린이들이 지닌 하나님 형상의 존엄을 강탈한 것에만 국한되지 않는다. 교회 지도층 가운데 있는 '태만한 지배자'들 역시 아무 조치를 취하지 않거나 부적절하게 대처함으로써 학대를 소극적으로 방치하는 역할을 했다. 제도에 속한 이들 행위자의 대부분은 그들이 훈육했어야 했지만 악의적으로 방치해 버린 사람들보다 명목상으로는 더 파워가 있다. 주교, 대주교, 추기경까지 포함하는 이 사람들은 학대를 행한 사람들보다 수적으로도 확실히 훨씬 더 많았다. 그러나 이들은 자신이 가진 파워를 사용하여 우상숭배적 행위를 근절하고 취약한 자들을 보호하는 데 실패했다. 몇 사람이 저지른 일뿐 아니라 많은 사람이 행하지 않은 일도 분노를 자아낸다.

따라서 실패한 제도에서는 파워의 남용만큼이나 파워의 방치도 흔하게 찾아볼 수 있다. 사실 파워의 남용은 비교적 소수의 행위자에게 집중되는 경향이 있다. 제도가 실패할 때는 파워를 행사하는 데 실패하는 일이 광범위하게 일어난다. 파워의 의지적 남용이 아니라 파워의 방치가 모든 제도에서 성공과 실패를 가르는 요인이다. 번영의 징표는 수많은 사람들이 제도가 정해 준 규칙과 역할 안에서 자신의 파워를 행사하는 것이고, 실패의 징표는 단순히 제도 내 대부분 사람들이 적극적 행위를 하지 않는 것이다.

국제정의선교회의 게리 하우겐은 비공식 석상에서 세계 대부분의 사법 체제는 15-70-15의 원리가 지배한다고 말한 바 있다. 어느 개발도상국에 있는 한 도시의 경찰을 상정해 보자. 대체로 경찰관의 15퍼센트 정도는 청렴하여 아무리 월급이 적고 진급의 대가가 미미하더라도 뇌물을 먹이거나 매수할 수 없다. 그리고 다른 15퍼센트는 '과도한 지배자'로, 고칠 수 없을 만큼 부패에 길들여져 그들이 아무리 이미 잘살고 있고 많은 파워를 가지고 있어도 자신의 이익을 위해 지대 추출(rent-extraction)과 파워 남용에 열을 올린다. 그러나 그 중간의 70퍼센트, 체제 안에서 상당한 파워를 가지고 있는 대다수 사람들은 청렴하지도 부패하지도 않다. 이들은 보통 사람으로서 지저분한 세상에서 외부적·내부적 압력에 어느 쪽으로든 휩쓸리면서 근근이 생계를 이어 간다. 그들 주변의 상사나 동료들이 청렴한 사람들이라면 그들도 아마 정직하게 임무를 수행할 것이고, 뼛속까지 부패한 과도한 지배자들에 둘러싸여 있다면 이들을 그대로 따르면서 스스로의 방식으로 자잘한 부패를 저지르고 주변에서 목격하는 부패 행위에 도전하는 일은 결코 하지 않을 것이다.

사회는 청렴한 15퍼센트나 부패한 15퍼센트의 선택에 의해서가 아니라 이리저리 흔들리는 70퍼센트의 '태만한 지배자'들 즉 하나님 형상을 스스로 지니고 다른 사람에게 회복시키는 능력을 대부분 잃어버린 사람들의 선택에 의해 형성된다. 여기에 좋은 소식이 있다. 당신이 법을 지키는 사람들과 법을 무시하는 사람들 사이의 균형을 약간만 기울일 수 있다면, 그래서 부패한 시소를 청렴한 15퍼센트 쪽으로 조금만 더 기울인다면 그 중간의 70퍼센트도 그쪽으로 이동하여 비교적 짧은 시간에 85퍼센트가 부패한 사회를 85퍼센트가 청렴한 사회로 바꿀 수 있다. 물론 나쁜 소식도 있다. 시소가 부패 쪽으로 약간 기울어지면 결국 85퍼센트가 부패한 사회가 된다. 엄연한 사실은 태만한 지배자들이 내버린 파워가 종종 이러한 차이를 가져온다는 것이다. 태만한 지배자들은, 체제에 의해 좌우되는 가난한 사람들, 정직과 번영 쪽으로 조금만 움직여도 당장 더 많은 파워를 가진 자들에게 손해를 입고 제재를 받는 현실을 감내해야 하는 그런 가난한 사람들이 아니다. 태만한 지배자는 체제 안에서 실제로 파워를 가지고 있다. 그들이 사용하기만 한다면.

한 도시의 경찰이나 한 나라 전체에 통하는 역학 관계는 가족 같은 최소 단위의 제도에도 적용된다. 모든 제도와 마찬가지로 가족 안에서도 파워는 불균등하게 배분된다. 그리고 부모가 겪는 가장 심각한 실패는 과도한 지배자로서 파워를 남용하기 때문이 아니라 태만한 지배자가 되어 파워를 방치하는 데서 온다. 나의 대가족 내에서 그리고 내 가정에서 샬롬을 깨는 가장 심각한 위반 행위는 남용의 형태를 취하지 않는다. 그 대신 부재의 형태를 취한다. 즉 갈등의 괴로움이나 친밀감의 취약성을 감당하려 하지 않고 집 안 어느 구석으로 피한다든지 집에서 먼 곳으로 떠난다든지 하여 훌쩍 혼자 달아나는 것이다. 그리고 우리가 지대를 보존하고 특권을 지키고 스스로를 보호하려고 진정한 파워를 사용하지 않음으로써 피해를 보는 '가난한 사람들'에는 우리 아이들만이 아니라 진정한 샬롬의 근거인 사랑의 공동체와 신뢰가 없이 세상과 대면하며 육체적·정서적으로 취약한 순간을 경험하는 우리 모두가 포함된다. 내 본가인 크라우치 가문과 처가인 베넷 가문의 지난 몇 대를 올라가며 살펴보면 과도한 지배자는 별로 없었지만 태만한 지배자들은 있었다. 내가 그중 하나가 아니기를 바랄 뿐이다.

미국 역사상 그리고 기독교 역사상 최고의 역작중 하나인, 마틴 루터 킹 주니어가 1963년에 저술한 "버밍엄 감옥에서 보낸 편지"(Letter from Birmingham Jail)는 파워를 방치하는 태만한 지배자의 문제를 중점적으로 다루고 있다. 킹 목사는 편지의 수신자를 "친애하는 동료 성직자들에게"라고 썼다. 자신과 그의 많은 동료들을 감옥에 가게 한 저항 운동에 대해 "시기적으로 부적절하고" 현행법상 불법이라고 문제를 제기한 백인 목사들을 가리키는 말이었다. 이들 '백인 온건론자들'에 대한 킹 목사의 차분하나 준열한 대응은 태만한 지배자들의 소극성에 대한 고발이다.

> 나는 다음과 같은 유감스러운 결론에 거의 다다랐습니다. 흑인의 자유를 향한 발걸음에 가장 큰 걸림돌이 되는 것은 백인시민협의회(the White Citizen's Council)나 큐 클럭스 클랜(Ku Klux Klan, KKK) 단원이 아니라 정의보다 '질서'를 앞세우는 백인 온건론자들이라는 것입니다. 이들은 정의가 확보된 적극적 평화보다 다만 긴장 상태가 발생하지 않는 소극적 평화를 원하며, '나는 당신이 추구하는 목표에는 찬동하지만 당신의 직접적 행동이라는 방식에는 찬동할 수 없다'고 줄곧 말합니다.…선의를 가진 사람들의 얄팍한 이해는 악의를 가진 사람들의 절대적인 오해보다도 더 절망적입니다. 미지근한 동의는 노골적인 거부보다도 훨씬 더 갈피를 잡기가 어렵습니다.

여기에는 킹 목사의 표현을 빌리자면 "용기보다 조심성이 많은" 소극적인 70퍼센트의 모든 요소가 등장한다. 이 사람들은 정의와 샬롬을 가져오기 위해 행동하지 않는다. 기본적으로 선의와 상당한 특권을 가지고 있지만 자기들보다 파워가 없는 사람들이 큰 위험을 무릅쓰고 큰 대가를 치르면서 하나님 형상을 감당하는 소명을 위해 싸우는 데 "미지근한 동의"만 표할 뿐 파워를 보태지는 않는다. "우리 세대는 악한 사람들의 증오에 찬 언어와 행동을 회개할 뿐 아니라 선한 사람들의 끔찍한 침묵을 회개해야 합니다"라고 킹 목사는 썼다. 침묵은 태만한 지배자의 실패다.

예복과 반지

나는 어느 비영리 단체의 대표와 만나 이야기를 나눈 적이 있는데 그의 단체는 세 번째 세대로의 전환 과정에서 어려움을 겪고 있었다. 온종일 걸린 길고 피곤한 이야기 끝에 그는 미래에 대한 희망을 갖게 해 준 몇몇 대화를 떠올리며 이렇게 말했다. "기관의 이사들(trustees)은 그 기관을 용서한 사람들이지요."

나는 그가 형식적·법적 의미의 이사회를 말하는 것이 아니라 조직의 각 레벨에서 조직을 이끌 수 있는 진정으로 신뢰받는(trusted) 사람들을 뜻하는 것으로 들렸다. 그의 간단한 말 가운데 제도에 대한 몇 가지 본질적 진리가 담겨 있다. 첫째, 제도들은 타락했다. 제도들은 최악의 인간적 모순을 구현하고 영속화한다. 그런 까닭에 제도에는 진정한 '청지기'(trustee)가 필요하다. 그들은 제도에서 하나님 형상을 감당하기에 적합한 가장 선한 부분을 보존하고 부양할 것이고, 우상숭배와 불의에 깊이 연루된 가장 악한 부분을 제거할 것이라고 믿을 수 있는 사람들이다.

이 청지기들이 그러한 책임을 맡으려면 먼저 그 제도의 실패가 무엇인지 규명해야 하고 다른 사람들과 그들 자신을 실망시킨 것에 대해 그 제도를 용서해야 한다. 인간의 가장 고상한 노력에까지 그늘을 드리우는 우상숭배와 불의가 자신의 제도와는 상관없는 것인양 가장하는 사람은 진정한 청지기가 아니며, 자신이 속한 제도의 어두운 진실을 목격하고 냉소적이 되어 자비와 희망을 베풀기를 거부하는 사람도 마찬가지다. 청지기는 제도가 저지를 수 있는 최악의 것을 보고 견디면서도 어떻게 해서든 냉소주의의 심연에 빠져들지 않는 사람이다. 그 대신에 그들은 자신이 속한 제도와 생명을 같이하며 더 나은 길을 구현하고 제도의 고통을 같이 감당하고 희망을 제시한다.

그러므로 하나님의 백성이 하나님을 잊어버린 세상에서 3세대에 걸쳐 하나님의 구속의 파워를 지니는 사람들이 되는 이야기를 담은 창세기가 한 사람의 청지기를 연단해 내는 이야기에서 절정을 이루는 것은 이상할 것이 없다.

아브라함과 사라의 집안에서 네 번째 세대인 요셉은 이 분란 많은 가정의 질투, 경쟁, 야망의 도가니 안에서 성년이 되었다. 그리고 이 도가니는 아버지 야곱이 요셉에게만 지어 입힌 "채색 옷"으로 상징되는 지나친 편애에 더해, 요셉 스스로 온 가족이 마치 우주의 신 앞에 해와 달과 별들이 절하듯이 자신에게 엎드린 꿈 이야기를 경솔하게 말함으로써 드디어 끓어 넘치고 만다. 그의 형제들은 "네가 참으로 우리의 왕이 되겠느냐? 참으로 우리를 다스리게 되겠느냐?"(창 37:8) 하며 요셉이 말한 파워의 비전을 비웃는다. 형제들은 요셉의 꿈이 어떤 의미인지 잘 안다고 생각했다. 요셉이 니체적 신처럼 자신의 지배력을 확장하여 형제들의 설 자리를 남겨 두지 않으려는 것이라고 형제들은 생각했다. 그래서 그들은 완벽히 니체적인 해결 방법을 택하여 요셉을 완전히 파멸시키기로 모의하지만 마지막 순간에 양심의 가책을 느낀 유다의 제안으로(물론 유다 덕분이라고 말할 정도는 아니지만) 그를 노예로 팔아넘긴다. 그리하여 요셉은 이집트 땅으로 팔려가고 그의 채색 옷은 찢기고 피에 적셔져서 슬퍼하는 아버지에게 되돌아갔다. 택함을 받은 구속의 가정도 이처럼 가인과 아벨의 싸움으로 타락하고 어린 요셉은 파워에 대한 그의 꿈을 실현할 가망이 없이 먼 땅에 내던져진다.

첫 주인인 친위대장의 집에서 요셉은 신뢰를 얻어 매일매일 혼자 집을 돌보게 된다. 그러나 여기서 그의 어렸을 적 꿈들이 그랬듯이 요셉 자신의 파워에 대한 어리석은 자신감이 그를 위태롭게 만들었다. 이번에는 주인의 아내의 욕망 앞에, 그리고 그녀의 분노 앞에 그는 속수무책이었다. 감옥에 던져진 요셉은 또다시 파워 없는 자가 된다. 그곳에서, 같이 갇혀 있던 한 죄수는 예전의 자리로 돌아가지만 다른 죄수는 즉결 처형을 당하는 것을 통해 바로의 집안에서 자행되는 불의한 횡포를 목격한다. 요셉은 이제 그가 태어난 가정과 그리고 그가 노예로 잡혀 온 나라라는 두 체제의 어두운 이면을 보았다. 매번 그는 업신여김과 비웃음과 수치를 당하고 문자 그대로 파묻히고 잊혔다.

그러나 하나님은 그분의 형상을 지닌 이 사람과 동행하셨다. 이 사람은 상상도 못할 큰 이야기의 한 부분이었다. 요셉은 다시 파워의 자리에 오르는데 이번에는 바로의 오른팔이 되었고 이번에도 신뢰를 얻지만 이제는 우리의 기대에 어긋나지 않게 그의 파워를 신중하게 행사할 만큼 단련되었다. 신중하지만 또한 대담했다. 하나님이 요셉을 사용하여 바로의 일곱 마리 살진 소와 일곱 마리 마른 소의 꿈을 해석하게 하셨을 때에 요셉은 지체하지 않고 바로가 온 땅의 번영을 위해 어떻게 그 파워를 행사해야 하는지 자문해 주었다. 그 결과 요셉은 바로의 총리가 되었고 사위가 되었다. "자기의 인장 반지를 빼어 요셉의 손에 끼우고 그에게 세마포 옷을 입히고 금 사슬을 목에 걸고"(창 41:42). 이후 7년간 요셉은 나라의 풍요를 신중하게 관리하였다. "쌓아 둔 곡식이 바다 모래같이 심히 많아 세기를 그쳤으니"(창 41:49). 이어 기근이 닥쳐 그의 지도력이 진정한 시험을 받게 되었을 때 요셉은 이때도 이집트의 부와 파워를 적절히 관리함으로써 그 나라뿐만 아니라 이웃 나라들과 요셉 자신의 가족까지도 기근에서 구해 냈다.

요셉이 형제들을 알아보고 그들을 한계점에 도달할 만큼 시험하고는 결국 자신을 드러내고 통곡하여 그 울음소리가 바로의 궁전까지 들리기까지 이어지는 장면들은 모든 문학 작품 가운데서도 가장 감동적인 이야기에 속한다. 아브라함 자손의 다른 이야기나 다른 가족들의 이야기에서처럼 이 이야기의 장면들도 깔끔하고 간단하지는 않지만 놀랄 만한 화해의 장면으로 끝난다. 죽었다고 생각하고 포기했던 아들이 온 가족의 생명을 구하고 그들을 포용하며 모든 것을 용서한다.

창세기의 마지막 페이지에 이 드라마의 최종 장면이 나온다. 야곱이 죽은 뒤 요셉의 형제들은 초조하게 나아와 그에게 탄원하며 용서를 구한다.

> 그의 형들이 또 친히 와서 요셉의 앞에 엎드려 이르되 "우리는 당신의 종들이니이다." 요셉이 그들에게 이르되 "두려워하지 마소서. 내가 하나님을 대신하리이까? 당신들은 나를 해하려 하였으나 하나님은 그것을 선으로 바꾸사 오늘과 같이 많은 백성의 생명을 구원하게 하셨나니 당신들은 두려워하지 마소서. 내가 당신들과 당신들의 자녀를 기르리이다" 하고 그들을 간곡한 말로 위로하였더라. (창 50:18-21)

요셉의 형제들이 두려워했던 일들이 다 일어났지만 그들이 두려워했던 대로 되지는 않았다. 지금 그들은 생각할 수도 없을 만큼 큰 파워를 가진 형제 앞에 엎드리고 있다. 그러나 그 형제는 화해와 풍요의 회복만을 생각하고 있다. 이 극단을 오가는 낮아짐의 이야기 속에서 요셉은 신 행세를 하는 사람이 아니라 하나님 형상을 지니는 사람이 되었다. "내가 하나님을 대신하리이까?" 하고 그는 묻는다. 요셉이 한때 신 행세를 하려는 꿈을 소중하게 간직하고 있었는지는 모르지만 그 꿈은 이제 끝났다. 그가 용서했기 때문이다. 이제 그의 파워는 앞으로 올 세대들을 예비하는 제도들을 축복하고 창조하는 데 사용된다. 그는 신뢰를 얻고(entrusted), 신뢰하고(trusting), 신뢰할 가치가 있는(trustworthy) 청지기(trustee)가 되었다. 이스라엘이라는 제도는 또다시 우상숭배와 불의의 나락으로 떨어질 것이다. 앞으로 사사들, 왕들, 예언자들이라는 청지기들이 필요할 것이고 그들은 이 백성을 용서하고 이끄는 일에 때로는 성공하고 때로는 실패할 것이다. 그러나 이스라엘은 그들이 제도로서 어떻게 시작되었는지를 전해 주는 이야기 속에 언제나 진정한 파워의 의미에 대한 기억을 간직할 것이다.

청지기가 되는 길

놀랍게도, 아무리 복잡한 제도의 이야기라도 그 속에는 일관되게 청지기들, 즉 최선을 다해 제도의 고통과 파탄을 감당하고 용서하며 섬기는 사람들이 등장한다. 제도들의 운명이 일관되게 소수의 사람들과 그들의 성격적 특성에 달려 있다는 것도 놀랍고 또 한 사람의 역할로 인해 그 제도의 균형이 파괴적인 불의로 기울거나 또는 회복시키는 풍요로 기우는 것도 놀라운 일이다. 그리고 이와 같이 가장 큰 신뢰를 얻는 청지기들이 우상숭배와 불의가 그 제도에 만들어 낸 최악의 상황을 직접 경험한 사람인 경우가 많다는 것도 놀라운 일이다. 인간의 모든 사회 구조와 체제에 발생하는 니체적 권력 투쟁의 결과로 구덩이에 빠진 사람들에게 좋은 소식은 하나님이 당신의 형상을 지니는 사람들을 가장 깊고 어두운 감옥 속에 갇혀 있을지라도 결코 잊지 않으신다는 것이다. 특권층의 자녀들처럼 너무 일찍 예복과 반지를 물려받은 사람들에게 나쁜 소식은 그들도 그들이 다스릴 줄로 생각했던 그 제도에서 실패를 맞이할 것이고 결국 그럼에도 불구하고 용서하고 섬기든지 아니면 파괴적인 지배자가 되든지 또는 실망스런 나락으로 추락하든지를 선택해야 한다는 것이다.

그렇게까지 되지는 않을지도 모른다. 확실히 제도의 문제는 제도 차원에서 해결해야 마땅하다. 그러나 이것은 성경의 증언이 아니다. 거듭거듭 하나님은 가장 그럴듯한 후보자와 가장 어울리지 않는 사람들을 청지기가 되도록 함께 부르신다. 하나님은 편애를 받았던 요셉을 통해서도 일하시고 가나안의 기생 라합을 통해서도 일하신다. 하나님은 키가 크고 훌륭한 전사 사울을 부르시고 양을 치는 막내아들 다윗을 부르신다. 에스더와 룻을, 느헤미야와 에스겔을, 히스기야와 예레미야를 부르신다. 이 세상 제도들의 이야기는 제도들이 아니라 개인에 의해 좌우된다. 세상은 하나님 형상을 지니는 사람들에 의해, 그리고 그들이 주변의 우상숭배와 불의에 어떻게 대응하는지에 의해 달라진다. 그들이 신 행세에 빠지는지, 겸손히 하나님을 경배하는지, 냉소주의로 타락하는지, 희망 속에서 고통을 감내하거나 용서하면서 살아가는지에 따라 달라진다.

우리 시대의 제도들은 비인격적인 제도의 힘에 의해서가 아니라 청지기들 즉 하나님 형상을 지니는 사람들이 제도의 실패에 직면하여 용서를 베풀고 더 나은 길로 이끌어 나갈 때 변화한다. S. 칸다스와미가 그런 사람들 중 하나였다. 당신도 그들 중 한 사람이 될 수 있다.

| 성경 연구 |

빌레몬서 – 독특한 제도

모든 권력 남용의 전형을 보여 주는 권력 남용이자, 제도에 부패가 얼마나 만연할 수 있는지를 상기시켜 주는 제도이며, 다른 모든 것보다도 죽이기 어려운 좀비가 있다면 그것은 바로 노예제다.

갈라디아서 3:28에서 바울은 그리스도 안에서 사라지는 세 가지 정체성 구분에 대해 선언한다. 즉 남자와 여자, 유대인과 "헬라인"(이방인을 의미한다), 종과 자유인의 구분이다. 그러나 이 셋 중 한 가지는 다른 두 가지와 다르다. 남자와 여자로서 우리의 정체성은 하나님의 형상대로 인간이 남자와 여자로 창조된 데 기인한다. 우리의 문화적 정체성은 생육하고 번성하여 땅에 충만하라는 하나님의 명령에 따라 다양한 문화가 발생한 데 기인한다. 유대 민족은 아브람이라는 한 아람 사람을 향한 하나님의 구속사적 부르심에 응답하여 생겨났다. 그러나 '노예'와 '자유인'이라는 구분은 창조에서 나타난 본래적 선함이나 구속에서 나타난 창조적 선함에 기인하지 않는다. 이는 타락에서 나타난 왜곡이며 가인과 아벨에서 시작된 폭력의 반향이고 그 이후 인류의 역사를 내내 괴롭혀 왔다. 로마 점령지 주민들을 제국에 노예로 공급한 전쟁들부터 오늘날 인신매매를 지속시키는 강압과 기만에 이르기까지 노예제는 언제나 폭력에 의해 유지되어 왔다. 노예제는 신 행세와 하나님의 형상 파괴의 궁극적 표현이기 때문이다.

남편과 아내 사이에서 파워의 왜곡으로 이혼에 이르는 상황에 대하여 예수님은 "본래는 그렇지 아니하니라"라고 말씀하시고 성별(性別)과 결혼의 선함을 재확인해 주실 수 있었다(마 19:3-12; 막 10:2-12). 하나님의 택하신 백성과 그들과는 민족적으로 구분되는 이웃 민족들 사이의 소외에 대하여 예수님은 약속된 미래를 바라보시며 우물가의 사마리아 여인에게 유대 민족만 특별히 진정한 하나님께 나아가는 것이 아니라 선지자들의 예언대로 모든 민족이 다 함께 "영과 진리로" 예배할 때가 이르리라고 말씀하실 수 있었다(요 4:21-26).

그러나 노예제에 관하여는 회복되어야 할 원래의 어떤 선한 시작도, 바라볼 만한 궁극적 미래도 없다. 노예제는, 남부 상원의원이었던 존 칼훈(John Calhoun, 1782-1850)의 유명한 말을 빌리자면 "독특한 제도"(peculiar institution)다. 칼훈의 시대에는 'peculiar'라는 단어가 특정 지역이나 특정 사람들만 특유하게 갖추고 있다는 의미로 쓰였다. 이 표현은 미국 남부 문화에서 노예제가 수행하는 역할을 긍정하고 변호하려는 칼훈의 방식이었다. 오늘날 이 말은 특이하고 이상(異常)하다는 의미로 쓰인다. 그러나 노예제는 우리 생각보다 덜 특이하고 덜 이상한 상태에 있다. 인류 역사상 노예제는 1세기에나 21세기에나 거듭거듭 다시 생겨나서, 이 세상의 제도들이 번영의 조건을 만들어 내는 데 얼마나 한참 못 미치는지를 꾸준히 생생하게 되새겨 주고 있다.

바울이 살았던 그리스-로마 세계에서는 노예제가 독특한('특유한'과

'특이한', 둘 중 어떤 의미로든) 것이 아니었다. 노예는 어디에나 있었고 로마 사회에 필수적이었기에 오히려 당연한 것으로 여겨졌다. 오래 지속되는 모든 제도가 그렇듯이 노예제 역시 사람들이 기대하는 사회적 지형의 일부가 되어, 자연스럽고 영원할 것 같은 모습으로 가능성의 지평선 안에 존재하고 있었다. 자유인인 사람들과 노예인 사람들, 노예를 소유한 사람들과 다른 이에게 소유된 사람들이 그냥 당연한 듯 **있었다**.

그러나 동시에, 가장 견고한 제도인 이 노예제를 불안정하게 만드는 요소도 있었다. 즉 노예는 도망갈 수 있었고 또 실제로 도망가는 예가 적지 않았다. 이런 상황 또한 노예라는 신분이 성별이나 '국가' 혹은 민족적 유산과 달리, 근본적으로 자의적이고 잠재적으로 일시적인 것이었음을 상기시켜 준다. 도망 노예(달아나면서 주인의 재물을 빼돌리기도 하는)의 위협은 계속해서 이 제도의 기반을 흔들었고 노예 됨을 타고난 것으로 받아들이게 만드는 제도의 능력에 지장을 주었다. 로마의 노예 주인들은 노예가 자유를 얻을 수 있다면 그렇게 하리라는 것을, 어떤 노예들은 기회만 있으면 자유를 놓치지 않으리라는 것을 모두 충분히 잘 이해하고 있었다. 그래서 그렇게 실행한 어느 노예의 이름이 오네시모였다.

그가 사도 바울을 만나게 된 자세한 사연을 비롯해 오네시모 이야기 중 많은 부분이 우리에게 알려져 있지 않다(아마도 바울이 로마에서 가택 연금되어 있던 기간에 만났을 것이다. 로마는 달아난 도망 노예들이 주로 숨어드는 도시였다). 또한 오네시모가 바울이 써 준 이 편지를 지니고 그의 주인이자 바울을 친구, 형제, 믿음의 어른으로 여기는 빌레몬에게 돌아간 후 정확히 어떤 일이 벌어졌는지도 모른다. 우리가 가지고 있는 것은 겨우 몇백 단어 길이의 지극히 친밀한 편지 한 통뿐이다. 그러나 그 편지가 처음 읽혔을 때 큰 물의를 일으켰을 것은 분명하다. 왜냐하면 이 편지는 그 당시 세상이 돌아가는 방식에 대한 최초 독자들의 생각에 근본적으로 도전했기 때문이다. 이 편지는 오늘날에도 그와 같은 반응을 일으킬 수 있다. 첫 단어부터 마지막 단어까지, 빌레몬에게 보낸 바울의 편지는 파워로 가득 차 있다. 그것은 파워에 관한, 파워를 향한, 파워를 가진, 파워에 반대하는, 파워를 위한 서신이다.

파워의 방향을 바꾸다

바울은 첫 단어부터 파워에 대한 독자들의 생각을 재조정하기 시작한다. "갇힌 자 된 바울"(Paul, a prisoner)이라는 말은 로마제국의 평화에 위협이 되는 자는 누구든 가둘 수 있는 로마의 강압적 권력을 떠올리게 한다. 그러나 곧이어 나오는 수식어인 "그리스도 예수를 위하여"(of Christ Jesus, 몬 1:1)라는 말은 모든 것을 바꾸어 버린다. 어떤 영어 번역은 그럴듯하게 "in Christ Jesus"라고 바꾸어 놓는데, 바울의 헬라어 원문은 분명히 소유격을 사용하여 그가 진실로 누구에게 갇힌 자라고 생각하는지, 즉 로마 황제가 아니라 그리스도에게 갇힌 자라고 생각한다는 것을 분명히 밝히고 있다. 첫 문장을 끝내기도 전에 바울은 자신이 로마에서 자기를 억류하고 있는 사람들이나 어쩌면 그의 동료 그리스도인들이 생각하는 것과도 다른 파워의 세계에 살고 있음을 보여 준다.

그러고서 바울은 그의 편지들에서 늘 하듯이 "형제 디모데"를 공저자로 기록한다. 자신보다 훨씬 젊고 친척도 아닌 사람에게, 동등함을 나타내는 말이며 가족 관계에서 빌려 온 친밀함, 충성심, 권위를 나타내는 표현인 "형제"라는 말을 사용함으로써 그는 그리스도의 희생으로 우리의 관계들이 어떤 방향으로 재설정되었는지를 보여 준다.

이러한 방향 재설정은 인사의 다음 부분으로 이어지는데 그는 "우리의 사랑을 받는 자요 동역자인 빌레몬"뿐 아니라 "자매 압비아와 우리와 함께 병사 된 아킵보와 네 집에 있는 교회"를 수신자로 표시한다(몬 1:1-2). 여기서 남자와 여자를 나란히 배치하고 이들 로마의 엘리트 시민들을 온 교회의 맥락 안에 위치시킨다. (그리고 여기서 바울은 다시 가족적인 언어를 써서 유대인과 이방인의 구분을 가로지르는 다리를 놓는다.) 이 편지는 한 지도자가 다른 지도자에게 보낸 사적인 메시지가 아니라 공개적인 연락 사항으로서, 빌레몬이 자신의 집에 모이는 공동체 가운데 함께 앉아서 자신을 향한 바울의 요청을 듣는 곤란한 입장에 처하도록 의도된 것이었다. 이 편지는 사적인 것은 아니지만 개인적인 것으로, 교회 전체에 인사를 건넨 후 바울은 2인칭 단수('너희 모두'가 아니라 "너")로 빌레몬에게 직접적이고 개별적으로 편지의 종결부에 이르기까지 용건을 전개한다.

어떤 특별한 우연 또는 하나님의 섭리로 바울은 로마의 북적이는 주택가에서 그의 절친한 친구 빌레몬에게서 도망친 노예 오네시모를 만났다. 그리고 오네시모는 그리스도인 곧 하나님의 새로운 가족 안에서 한 "형제"가 되었다. 바울이 이 사람의 회심에 노예와 주인 간의 깨어진 관계의 치유가 필요하다고 믿었다는 것은 그가 얼마나 복음이 가진 화해의 파워, 세상을 다시 만드는 파워를 중요하게 생각했는지를 보여 준다. 바울의 선한 양심으로는 오네시모가 (이제는 그의 형제가 된) 그의 주인에게서 도망쳐 나온 상태로 계속 로마에 남게 둘 수 없었다. 그러나 복음은 바울이 오네시모를 그냥 돌려보내는 것보다 더 나아가게 했다. 오네시모가 돌아가 용서를 빌고 예전처럼 주인 가족을 섬기다가 일요일에는 그가 종으로 있는 바로 그 집에서 모이는 교회에 예배하러 나타나는 것은 바울이 의도한 바가 분명 아니었기 때문이다.

바울은 도망친 노예를 해방시켜 주는 전례 없는 일을 곧바로 요구하는 대신에 다만 "네가 내가 말한 것보다 더 행할 줄을 아노라"(몬 1:21)라고 편지에 적었다. 빌레몬이 오네시모에게 관용적인 처벌을 내리는 정도가 아니라 더 관대한 조치를 하도록 하기 위하여 바울은, "마땅한 일로 명할" 파워를 제외하고 그가 찾을 수 있는 모든 권위의 근거를 끌어와 제시한다. 바울은 하인에게 명령하는 주인의 역할은 취하지 않는다. 그는 인간이 지닌 하나님 형상을 왜곡하고 축소시키는 강압적 파워는 사용하지 않지만 그 외의 모든 것, 곧 그들 사이의 다정했던 우정의 기억과 빌레몬이 예수를 믿는 과정에서 그의 역할 그리고 "나이가 많은" 노인으로서의 지위까지도 동원하여 "너의 선한 일이 억지같이 되지 아니하고 자의로 되게 하려"(몬 1:14) 하였다. 그러고는 끝에 가서, 마치 스티브 잡스가 그의 유명한 제품 발표회에서 하듯이, 바울은 (문자 그대로) '한 가지 더' 덧붙인다. "오직 너는 나를 위하여 숙소를 마련하라. 너희 기도로 내가 너희에게 나아갈 수 있기를 바라노라"라고 썼다(몬 1:22). 애정과 책임, 절제와 환대가 이보다 더 완벽하게 결합될 수는 없을 것이다.

빌레몬은 어떻게 했을까? 우리는 모른다. 다만 그로부터 50년 후 안디옥 교회의 주교 이그나티우스가 에베소 교회에 편지를 보냈다는 것을 아는데 그 교회는 빌레몬이 살던 골로새에서 아주 가까운 곳에 있었다. 그 에베소 교회의 주교 이름이 다름 아닌 오네시모였다. 그리고 물론 우리는 바울이 빌레몬의 교회에 보낸 이 두드러지게 개인적인 편지가 보존되고 전수되고 결국 정경에 포함된 것은 만일 그 교회의 영향력 있는 지도자가 바울의 기대에 못 미치는 행동을 했다면 거의 일어날 수 없는 일이라는 것도 안다.

우리가 또 아는 것은 노예제도가 로마제국에서는 확실히 사라지지 않았고 어쩌면 교회에서도 종식되지 않았다는 사실이다. 빌레몬에게 그토록 간곡한 편지를 쓴 바울은 빌레몬이 살던 지역의 교회들에게 '가정 규범'이라 불리는 에베소서 5-6장과 골로새서 3-4장을 쓰기도 했다. 여기서 그는 그리스도 예수 안에서 화해되었다고 스스로 선언했던 동일한 범주들 즉 남자와 여자, 자유인과 노예 그리고 부모와 자식에 대하여 어떻게 "그리스도 안에서" 서로 복종함으로 이 제도들을 유지할 수 있는지에 대한 지침을 주었다. 1세기 교회의 많은 지도자들은 적어도 노예 소유에 대해 눈살을 찌푸리기는 했다. 아우구스티누스는 "하나님이 처음에 사람을 창조하신 대로는 본성상 다른 사람의 종이나 죄의 종인 사람은 없다"고 썼다. 그러나 시대가 흘러 존 칼훈이 살던 미국 남부에 이르기까지 성경을 읽는 그리스도인들은 가훈표에서, 그리고 바울이 빌레몬에게 보낸 다정하고 다소 애매한 편지에서 노예제도를 유지해도 된다는 수많은 선례를 찾아냈다.

아주 오랜 후에야 교회는 바울이 빌레몬에게 "내가 말한 것보다 더 행할 줄을" 기대한 바를 행했다. 열아홉 세기가 지나서야 노예제도는 법 조항에서뿐만 아니라 현실 속에서도 완전히 폐지되었다. 지금 이 책을 읽는 누구도 존 칼훈처럼 노예제를 소중한 제도라고 생각하지는 않을 것이다. 우리 선조들에게는 있을 수 있었던 일이 전혀 있을 수 없는 일, 생각조차 할 수 없는 일이 될 만큼 문화가 변했다. 이 '독특한 제도'는 그 영향이 아직 다소 남아 있기는 하되 이제 완전히 사라졌고 하나님의 형상을 파괴하는 이 제도에 관련된 인공물과 무대와 규칙과 역할은 우리 상상 속에서도 살아나지 못하도록 박물관과 역사책 안에 가두어 버렸다. 우리 기독교 세계가 바울을 맞이할 숙소를 준비하는 데 끔찍하게 긴 시간이 걸리긴 했지만, 결국 숙소는 마련되었다.

우리의 독특한 제도들

하지만 우리가 자축하는 것을 가로막는 두 가지 심각한 아이러니가 있다. 하나는 앞에서 본 대로 과거 대서양 노예 무역의 역사를 통틀어 인신매매되었던 노예들의 수보다 더 많은 수의 사람들이 오늘날 속박 속에 살고 있다는 사실이다. 법 조항은 완전히 지워지고 새롭게 쓰였지만 오늘날의 많은 사회에서 노예제는 예전처럼 가능한 상태에 있다. 기만과 무시로 가려진 채 우리 주변의 이웃과 도시에서 계속 발생하고 있다.

확실히 대부분의 서구 세계에서 노예제는 제도화된 경우가 거의 없고 적발 시 근절하기 위해 강력한 법이 집행된다. 그러나 세계 다른 곳에서는 부모의 빚을 갚기 위해 아이들이 강제 노역에 동원되고, 이민자나 소수민족의 소녀들과 여성들이 성매매 산업에 노예처럼 붙잡혀 있고, 가난한 시골 가정의 어린이들이 도시의 가정에서 급료도 없이 하인 노릇을 하도록 착취당하는 것이 마치 빌레몬과 압비아, 아킵보, 오네시모의 시대에 노예제가 그랬듯이, 자연스럽고 당연하게 여겨지고, 쉽게 볼 수 있지만 실상은 눈에 띄지 않으며, 근절할 수 없는 것처럼 보인다. 말하자면 그것은 제도로서, 깊고 복잡하게 뿌리를 내리고 있는 관행들과 신념들이다. 그것을 완전히 뿌리 뽑기 위해서는 바울이 빌레몬서에서 보여 준 것과 동일한 인내와 용기와 창의성이 필요하다. 이미 '내부자들'과 '외부자들'이 인도 구디야탐 지역의 자야쿠마르와 그의 동료들처럼 이런 독특한 제도들을 해체하고 독소를 제거하기 위해 자신들의 파워를 사용하고 있다. 이런 일에 참여하는 것보다 더 영향력 있게 우리의 파워를 사용하는 방법은 많지 않다.

그런데 두 번째 심각한 아이러니는 우리가 더 이상 노예제도를 당연시하는 세상에 살고 있지 않음에도 여전히 다른 '독특한 제도'들이 있어 소수의 사람에게 신과 같은 파워를 부여하고 다른 사람들에게서 하나님 형상을 지니는 존엄을 빼앗아 가고 있다는 사실이다. 이 제도들은 완전히 가시적인 존재로 역사와 법체계에 견고하게 자리 잡고 있으면서 여러 도시와 마을의 건물 간판을 볼 수 있는 사람들에게는 그 모습을 드러내기도 하지만 그러면서도 거의 눈에 띄지 않고, 세상에서 논의되지 않으며, 쉽게 무시되기도 한다. 두 가지만 살펴보자.

하나는 낙태라는 제도다. 물론 역사상 거의 모든 시대, 모든 지역에서 여성들과 그들에게 행사할 파워를 가진 사람들은 임신을 중단시키는 방법들을 찾아냈다. 하지만 역사상 몇 안 되는 경우와 함께 우리 시대에는 낙태가 하나의 제도가 되었다. 인공물, 무대, 규칙, 역할을 갖춘 제도로서 다른 실제 제도들처럼 점차 배경 속으로 희미해져 '세상'의 주어진 현실이 되었다.

다른 하나는 미국의 징역형 제도다. 모든 사회는 폭력을 행사하고 다른 사람의 생명과 자유를 위협하는 자들을 저지할 방법을 찾아내야 한다. 그러나 오늘날 미국은 30년 전에 비해 인구 대비 수감자 수가 두 배로 늘었고 이는 (거의 인구 100명당 한 사람 꼴로) 세계의 다른 어느 나라보다도 많은 수다. 현재 미국인 230만 명이 이런 식으로 교정 시설에 수용되어 있고('institutionalized') 그들의 투옥 영향은 보이지 않지만 또한 확산되고 있다. 그 결과가 특히 소수인종 공동체에 불리하게 나타나기 때문에 미국의 징역 제도는 "새로운 짐크로법"이라고 불린다. 가정과 일터에서 젊은 흑인 아버지와 생산적인 흑인 노동자가 사라지고 있는 것이다.

제도는 일상화되면서 뿌리를 내린다. 출산 전의 태아가 트라이소미 21 증후군 즉 다운 증후군의 유전적 특징을 가지고 있음을 발견한 부모의

3분의 2 이상이 임신 중절을 원한다는 사실은 우리 시대 낙태의 제도적 성격을 극명하게 보여 준다. 이는 뜻하지 않은 임신이라는 어려운 현실에 대처하기 위한 최후의 절망적 시도로서의 낙태가 아니라, 부모와 아이에게 어느 정도 어려움을 가져오지만 결코 극복할 수 없거나 이루 말할 수 없이 비극적이라고는 할 수 없는 보통의 문제에 대한 간단한 해결로서의 낙태다. 마찬가지로, 비교적 경미한 범죄의 경우 과거에는 판사의 재량에 따라 제한적으로 부과되던 징역형이 1990년대에 들어 재범자에 대하여 의무적으로 선고됨으로써 감옥에 보내지는 범죄자의 수가 급격히 증가했다. 로마 시대와 그 이후 시대에서의 노예제처럼 낙태와 투옥은 불가피한 선택이나 필요악이라기보다는 파워를 가진 사람의 편한 삶을 위한 편의적 조치로 여겨지게 되었다. 이런 변화는 저항하거나 거부할 수 없는 사람들이 하나님 형상으로서 지니는 존엄이 훼손되는 것을 우리가 그저 외면하기를 요구한다.

하나님 형상을 지닌 제도들은 번영을 향해 나아가지만 하나님 형상을 파괴하는 제도들은 폭력을 향해 나아간다. 낙태는 모자간의 친밀한 육체적·영적 연결을 끊고, 모체(母體)를 상하게 하고 태아를 죽이는 폭력적인 행위다. 징역형 역시 그것이 감옥 밖의 폭력을 감소시키는 데 얼마간 기여할지라도 감옥 **안에서** 벌어지는 엄청난 폭력과 연결되어 있다. (미국의 수감자 절반은 비폭력적 범죄로 인해 징역형을 받은 사람들이다.) 폭행과 강간은 감옥 안에서 끔찍한 빈도로 벌어지고 있다.

그러나 이들 '독특한 제도들'의 본질은 다른 경우라면 끔찍하게 여겨질 그런 폭력에 연루되었을 때에도 그 폭력이 제도가 지향하는 목적과 연결되어 있는 경우에는 사람들의 태도가 훨씬 더 모호하게 변한다는 데에서 나타난다. 오늘날 낙태 문제의 제도적 성격은, 단언컨대 독자들 중 누구도 노예제 합법화를 지지하지 않는 반면 낙태를 범죄로 인정하는 데 대하여는 모호한 입장을 갖거나 아니면 열성적으로 반대할 것이라는 사실에서 확인된다. 마찬가지로 미국에서 소수인종이 불균형하게 많이 투옥되고 있는 상황이 '새로운 인종 차별'이라는 주장은 일부 계층으로부터 격렬한 저항을 일으키는데 이들 가운데 공공선을 추구한다고 믿는 그리스도인들이 있다. 상원 단상의 칼훈 의원처럼 이런 입장을 가진 독자들은 낙태나 투옥을 미국 사회에서 제거하려면 의도하지 않은 여러 결과를 각오해야만 하며 상당수의 사람들에게서 선한 것을 빼앗는 결과를 가져올 수밖에 없다고 생각한다. 칼훈은 남부에서 노예제 폐지가 선한 사람들에게서 선한 것을 빼앗아 갈 것이라고 (그리고 결국 그렇게 되었다고) 주장했다. 독자들 가운데 이런 의견을 가진 사람들은 이 제도들에서 강제력을 사용하는 것이 하나님 형상을 지니는 것을 부정하는 것이라는 생각에 열렬히 반대할 것이다. 그리하여 이들은 '독특한 제도'를 옹호한 칼훈의 입장을 따르게 된다. 공감하는 상상력을 발휘해 보면, 이들 사려 깊고 신실한 사람들에게 낙태라는 제도를 해체하고 미국 사법제도를 극적으로 변화시켜 징역형을 줄이는 문제는 칼훈이나 또는 빌레몬에게 노예제 폐지가 그랬던 것보다 조금이라도 더 분명하거나 더 단순한 문제가 아님을 이해할 수 있다.

이는 법적·윤리적 사안에 대해 어떤 이론적 입장을 취하느냐의 문제가 아니다. 그보다 더 핵심에 가까운 부분을 건드린다. 나는 이 책의 독자들 중 적지 않은 수가 임신 중절이라는 어려운 결정을 내렸을 것이라고 생각한다. 내 친구들 중에는 시험관 아기 시술의 과정에서 '선택적 감수술'(selective reduction)이라는 시술을 받은 이들이 있다. 이것은 자궁 안에 일부 태아만 남겨 두고 나머지 태아들은 제거하는 것이다. 어느 교회든지 일요일에 모이는 성도들 가운데 낙태를 경험한 여성들이 있을 것이고 생명이 끊긴 그 태아를 임신시켰던 남성들이 있을 것이다. 이것은 '저 바깥'의 적대적인 세상 문화 속 이야기가 아니라 바로 '여기' 기독교 공동체의 일상 이야기다. 마찬가지로, 이 나라의 교정 시설에 수감된 230만 명의 죄수는 내가 사는 중산층 주거 지역의 주류 문화에 속한 교회에서는 멀게 느껴지는 현실일지 모르나 미국의 많은 교회에서는 성도들이 "갇힌 자를…생각하라"는 히브리서 13:3의 권면에 곧바로 아버지, 남편, 형제(그리고 어머니, 아내, 자매)의 익숙한 얼굴을 떠올릴 것이다. 낙태와 징역은 둘 다 무언가를 창조하는 것이 아니라 감소시키는 제도이기 때문에 그 모습은 무엇보다도 우리가 진정으로 이해할 수 없는 공백과 결핍과 부재로 드러난다. 우리 교회학교와 우리 학교에 나왔을 아이들, 교회 회중석과 우리 가정들에 있었을 사람들, 그리고 그들이 창조할 수 있는 자유를 잃었기에 창조될 수 없게 된 모든 문화들이다. 우리가 모여서 예배드리고 찬양하고 기도하며 빌레몬에게 보낸 바울의 편지를 포함한 성경 말씀을 듣고 있을 때 이 모든 것이 부재로써 존재를 드러낸다.

바울이 그 시대의 독특한 제도를 다루는 방식에서 우리는 무엇을 배울 수 있을까? 모든 망가진 제도에는 그 문화적 패턴을 영속화하는 인공물과 무대를 즉각 파괴하라고 요구하는 폐지론자들이 있다. 바울의 편지는 분명히 그러한 적극적 활동을 금하지 않는다. 지금도 낙태 반대 단체 오퍼레이션 레스큐(Operation Rescue)와 사법제도 개혁을 요구하는 센텐싱 프로젝트(Sentencing Project) 같은 단체들이 그러한 활동을 펼치고 있다. 사실 갈라디아서를 읽어 보면 바울 자신도 19세기의 노예제 폐지론자나 20세기의 낙태 반대자 같은 문화적 변화를 위한 활동가들 못지않게 격렬한 급진주의 운동가가 될 수 있었음을 알 수 있다.

그러나 서로 흥미로운 대조와 긴장 관계를 보여 주는 빌레몬서와 가훈표는 경우에 따라서는 또 다른 길이 있다는 것을 말해 준다. 노예 해방과 낙태 불법화는 도덕적으로 정당화되더라도 강제적 조치다. 이는 행동을 제약하는 것으로, 말하자면 하나님 형상을 지니는 것에 산소 공급을 중단하고 파워를 제한하는 것이다. 바울은 다른 방법을 선택한다. 그는 "명할 수도 있으나" 하지 않는다. 대신에 그는 빌레몬의 선한 일이 "억지 같이 되지 아니하고 자의로 되게" 하기를 원한다. 직접적·간접적으로 압력을 가하면서 바울은 무엇보다도 빌레몬이 하나님 형상을 지니는 사람으로서 바울의 권위에 마지못해 순종하는 대신 스스로 행동하는 능력을 견지하도록 마음을 썼다. 그뿐 아니라 바울은 오네시모도 하나님 형상을 지니는 사람으로서의 책임에서 풀어 주지 않았다. 그가 젊은 탕자처럼 먼 나라에 머물지 못하게 하고 이제 주 안에서 형제 된 그의 주인에게 돌려보내어 관계를 유지하도록 한다. 바울이 무엇보다도 원한 것은 빌레몬의 교제권에 있는 모든 사람 즉 빌레몬, 오네시모, 압비아, 아킵보에게 사랑, 믿음, 가족, 동반자 관계, 관용, 친절 그리고 궁극적으로 은혜를 통해서 오는 진정한 파워를 회복시켜 주는 것이었다.

이와 같은 편지를 오늘날 우리 시대의 독특한 제도들에 대해 쓴다면 어떤 내용이 될까? 낙태라는 제도를 근절하고 의무적인 징역형 선고를 즉각 폐지하도록 촉구하는 대신 편지는 바울이 시작했던 대로 넓은 공동체를 향해 쓰일 것이다. 태아에 대한 괴로운 진단을 받은 미혼모나 커플들보다 더 넓은 공동체, 범죄자나 심지어 그 피해자보다 더 넓은 공동체를 향해 말할 것이다. 아마도 최선을 다하고 있을 이들 하나님 형상을 지닌 자들에게 먼저 감사를 표할 것이고, 아마도 현재의 제도들이 지시하는 것보다 더 탁월하지만 더 어려운 길로 가기를 권하되 가족, 기도, 찬양의 말로 가득할 것이다. 또한 바울이 그랬던 것처럼, 심한 장애를 지녔다 해도 아이를 낳아 가정 안에서 양육하는 것과, 수감자들이 그들의 에너지를 공동체를 위한 봉사에 사용하도록 훈련하는 것 등에 드는 모든 경제적·정서적 비용을 함께 감당하겠다고 담대하게 제안할 것이다.

아마도 편지는 기대하지 않은 임신이나 장애 아동을 키우는 어려움에 대하여 창의적으로 재해석하면서 바울이 오네시모를 "종과 같이 대하지 아니하고 종 이상으로 곧 사랑받는 형제"로 다시 정의하듯이, 교도소 사업가 양성 프로젝트(Prison Entrepreneurship Project)가 도시의 마약 밀매자를 기업가와 창업가로 성공할 수 있는 능력을 가진 사람들로 간주하듯이, 놀랍고도 희망적인 방식으로 쓰일 것이다. 아마도 편지는 하나님 형상을 지닌 사람들이 이렇게 어려운 상황에 처했을 때 그들을 "내가 말한 것보다 더 행[하고]" 이전에 배제되었던 사람들을 받아들이는 새로운 제도를 창조하기에 적합한 사람들로 여기고 문화적 창조에 기여할 길을 열어 줄 것이다.

빌레몬에게 보낸 바울의 편지는 사회 운동가들이나 노예제 폐지론자들에게 그리고 불의의 결과를 짊어져야 하는 사람들에게도 결코 만족할 만한 것이 아니었다. 이 서신의 제안은 너무 점진적이어서 잘못된 제도를 바로잡기에는 너무 더딘 것으로 보였다. 그러나 그것은 더디다기보다는 인내심이 강한 것이다. 빌레몬에 대한 바울의 기대는 대단히 급진적인(radical) 것이었지만 사랑 안에서 극단적인(radical) 인내심을 가지고 표현되었다. 제도들은, 하나님의 형상을 훼손하는 제도들조차 우리의 문화 안에 깊이 짜여 들어와 있기에 문화라는 직조물에서 뽑아 없애려면 심각한 손상을 감수하지 않을 수 없다. 하나님의 형상을 깨뜨리는 망가진 제도들은 새로운 상상력과 하나님 형상을 지닌 새로운 관계들의 파워로 조심스럽게 풀어내고 대체되어야만 효과적으로 폐기될 수 있다. 아마도 이것이 바울의 편지가 그처럼 과격한 기대를 담고 있으면서 그토록 친절과 우정과 은혜로운 말로 끝맺는 이유일 것이다. 우리를 위한 숙소를 친히 예비하시는 진정한 주인의 손님이며 친구가 되어야만 우리는 최악의 상태에 이른 우리의 제도들을 해체하고 기쁘게 온 마음을 다하여 다시 오시는 그분을 맞이할 수 있다.

4부

파워의 목적

우리가 즐거워하는 것이 마땅하니라

12장

파워의 훈련

파워에 대해 생각할 때마다 내 마음이 자꾸만 스티브 잡스에게로 기우는 것을 인정할 수밖에 없다. 이 사람은 우리 세대에 하나님 형상을 지니는 것에서나 신 행세를 하는 것에서나 가장 주목받고 가장 창조적이며 또한 가장 비극적인 삶을 살았던 사람 중 하나이기 때문이다. 월터 아이작슨이 쓴 이 사람의 전기에는 잘못 휘두른 파워에 관한 사례들이 가득하다. 그 사례들은 최고의 창의성이 발휘되는 과정에서 잡스가 저속한 욕설을 퍼부으며 성질을 부리고 뻔뻔하게 진실을 왜곡한 데서 끝나지 않는다. 아이작슨이 쓴 전기에서 가장 흥미로운 일화들은 소리 지르며 싸우는 장면들이 아니라 잡스 자신과 그의 주변에 있는 사람들이 그저 잠잠히 그의 파워를 당연한 것으로 받아들이는 순간들이다.

아이작슨은 잡스가 로린 파월(Lauren Powell)을 만나는 장면을 소개한다. 결국 잡스와 결혼해 이후 생애를 함께 보낸 이 여성은, 그날 잡스가 스탠퍼드 경영대학원에서 "위에서 바라본 관점"이라는 제목의 시리즈 강의를 할 때 맨 앞줄에 앉아 있었다. "'오른쪽을 보니까 아름다운 여인이 앉아 있었어요. 그래서 강의가 시작되기 전까지 잠깐 그녀와 얘기를 나눴지요.' 이렇게 잡스는 회상했다. 그들은 정감 어린 농담을 주고받았다. 로린은 자신이 추첨에 당첨되어 그 자리에 앉게 되었는데, 상으로 잡스가 저녁 식사를 사 줘야 한다고 농담을 던졌다." (사소한 사실 하나를 짚고 넘어가야겠다. 잡스는 생면부지의 대상에게 이메일을 보낼 때조차 그냥 "스티브"라고 이름만으로 사인을 했는데 아이작슨은 전기의 주인공을 언급할 때 빠짐없이 "잡스"라는 그의 성을 사용한다. 파워의 보이지 않는 특전 가운데 한 가지는 당신이 요구하지 않아도 다른 사람들이 당신을 무조건 높여 준다는 사실이다. 한편 책의 이 대목과 또 다른 부분에서 아이작슨은 저널리즘의 일반 관례를 깨고 파월 같은 인물을 얘기할 때 성이 아닌 이름을 사용한다. 파워의 비대칭성을 잘 드러내 주는 사례다.)

물론 잡스는 강의를 마친 후 로린을 저녁 식사에 초대했다.

"토요일 어때요?" 그가 물었다. 그녀는 좋다며 자신의 전화번호를 적어 주었다. 잡스는 전화번호를 받아들고 자신의 차가 주차된 곳으로 향했다. 우드사이드 위쪽 산타크루즈 마운틴에 위치한 토마스 포가티 포도주 양조장으로 가야 했기 때문이다. 그곳에서 넥스트사(NeXT)의 교육 세일즈 팀과 저녁 식사를 하기로 돼 있었다. 그는 갑자기 걸음을 멈추고는 몸을 돌렸다. "교육 세일즈 팀보다는 그녀와 저녁을 먹는 게 낫겠다고 생각했어요. 그래서 그녀의 차가 있는 곳으로 달려가 **오늘** 저녁은 어떠냐고 물었지요." 그녀는 승낙했다.

아이작슨의 독자 대부분에게는 이 장면이 완벽하게 로맨틱한 이야기로 들릴 것이다. 매력적인 한 쌍의 남녀가 "근사한 채식 식당"에서 마주 앉아 밤새도록 이야기를 나누는 전형적인 운명적 만남에 대한 이야기이기 때문이다. 하지만, 이어지는 다음 단락은 '그들이 어떻게 만났는지' 말해 주는 이 단순한 일화에 흐르는 파워의 전류를 상기시킨다. "애비 태버니언은 넥스트사의 교육 세일즈 팀원들과 식당에 앉아 잡스를 기다리고 있었다. '스티브는 가끔 그렇게 약속을 안 지키곤 했어요. 그와 통화를 하고 뭔가 특별한 일이 생겼다는 걸 알 수 있었죠.'"

스티브는 가끔 그렇게 약속을 안 지키곤 했다. 잡스의 전기를 다 읽어보면 이것이 상당히 정제된 표현임을 판단할 수 있다. 아이작슨은 태버니언과 동료 팀원들이 CEO와 만찬을 함께 할 수 없게 된 것을 정확히 언제 알았는지 명시하지 않는다. 잡스가 차를 돌리면서 간단히 휴대전화로 알려 왔는지, 그날 저녁 한참 지나서였는지 아니면 그다음 날까지 아무 연락이 없었는지 알 수 없다. 어쨌든 전기 작가를 비롯해서 이 이야기에 나오는 모든 사람이 너무나 자연스럽게, 잡스가 마음의 소리를 따라 자신이 사랑하게 된 그 여인을 선택하는 올바른 결정을 내렸다고 받아들이는 것처럼 보인다.

그러나 사실 잡스가 한 짓은 신 행세였다. 자기가 한 약속 같은 것은 아무래도 상관없는 신, 아니 사실상 잡힐 듯 말 듯한 금단의 열매를 손에 넣을 새로운 기회를 더 만들기 위해 보란 듯이 약속을 파기해 버리는 신이었다. 그것은 로맨틱한 꿈을 구성하는 요소들, 즉 조심성은 내다 버리기, 첫눈에 반한 대상을 한 번 더 보려고 모든 일을 팽개쳐 버리기 같은 것들이다. 충분히 이해할 수 있는 일이다. 그리고 신 행세에 물든 행동이었다.

겉보기에 매력적인 이 이야기에는 두 가지 핵심 요소가 있다. 첫 번째는 "아름다운 여인"과 즉흥적으로 저녁을 함께하기 위해 CEO로서 자신이 복지와 번영을 책임지고 있는 사람들을 기꺼이 내동댕이쳤다는 점이다. 두 번째는 약속의 파기를 촉발시킨 위기의 특별한 성격으로, 바로 그 것이 **위기가 아니었다는** 점이다. 파월은 이미 잡스와 토요일에 저녁 식사를 하기로 승낙을 했다. 그가 산타크루즈 마운틴으로 떠난다고 해서 그녀를 다시는 못 보는 것도 아니었다. 이미 전화번호를 받았고 그녀가 넌지시 흘린 암시들을 살펴볼 때 그녀가 언제 어디서든 그를 만나 줄 것이라고 믿을 이유는 충분했다. 잡스가 만약 다음날 새벽 다섯 시에 아침 식사를 같이 하자고 초청했더라도 그녀는 아마 수락했을 것이다.

잡스에게는 모든 것이 가능했다. 그는 토요일 저녁, 연애하는 사람이면 누구나 겪듯이 로린 파월과는 시간 끌기와 그에 따른 기대감으로 더욱 로맨틱하고 스릴 넘치는 식사를 하기로 하고 자기 팀원들과의 약속을 지킬 수 있었다. 그 대신 그는 이미 손아귀에 들어와 있는 무언가를 차지하려고 선약을 깨 버렸다. "스티브가 언제나 믿을 수 있는 건 아니다"라는 사실을 알게 된 것은 잡스의 직원들뿐이 아니었다. 아이작슨의 전기가 고통스럽게 밝히고 있듯, 결국 그날 그가 만난 아름다운 여성과 이룬 가정의 구성원들도 그 사실을 알게 되었다.

위에서 바라본 관점

이 얘기는 우리가 영웅, 아니 그보다는 우상이라고 할 만한 이들에 관해 우리가 흔히 들려주는 이야기에 딱 어울린다. 즉 사랑하는 여인을 얻기 위해 규칙을 깬다거나, 대의를 위해 진실을 왜곡하고, 정의를 세우기 위해 범죄를 저지른다는 그런 류의 이야기다. 거짓 신 행세를 하는 자들은 진정으로 필요하고 원하는 것을 갖기 위해서는 약속을 깨뜨릴 수밖에 없다고 믿는다. 그날 밤 잡스의 선택이 보여 주듯, 우리는 이런 생각이 분명히 사실이 아닐 때조차도 이렇게 믿는다. 우상숭배 및 불의와 관련된 모든 행위의 중심에는 우리가 약속, 책임, 의무감 때문에 부당한 제약을 받고 있다는 거짓말이 고동치고 있다. 그런데 이런 약속, 책임, 의무감은 우리의 피조물 됨을 나타내고 우리가 다른 사람들에게 의존하고 있음을 표시하는 것으로 제약이 아니라 오히려 고맙게도 우리를 자유롭게 해 주는 것이다. 하지만 신 행세를 하는 것은 그저 자신이 바라는 바를 이룰 기회를 요구할 뿐 아니라 즉각적 이익에 도움이 되지 않는 사람들에 대한 의무감을 내던져 버릴 자유도 요구한다.

대단한 명예와 파워를 성취한 많은 사람이 이혼과 재혼을 밥 먹듯 하는 이유가 바로 여기에 있다. 어디로 보아도 스티브 잡스가 로린 파월에게 끝까지 충실하고 헌신적인 남편이었음은 확실하다(그의 첫 자녀를 낳은 크리산 브레넌에게도 그랬다고 말할 수는 없지만). 이 점에서 그는 규칙을 증명하는 예외다. 파워라는 것이 우상 만들기와 우상 행세의 결과인 한, 파워는 거의 언제나 우리의 가장 소중한 관계들을 왜곡시킨다. 이런 왜곡이 반드시 이혼이라는 형태를 취하는 것은 아니다. 가족에게 한 약속을 지킬 능력이 없는 가장 때문에 문자 그대로 깨진 가정들도 있지만, 배우자와 자녀들이 집에 들어오지도 않고 신뢰할 수도 없는 가장과 함께 살면서 겪어야 하는 고통스러운 현실도 잔인하기는 마찬가지다. 어느 티셔츠에 박힌 웃기지만 슬프게도 냉소적인 문구대로, "모든 위대한 남자 뒤에는 눈을 부라리는 여자가 있다."

모든 냉소적인 표현이 그렇듯 이 티셔츠의 문구는 너무나 맞는 말이면서 또 전혀 맞는 말이 아니다. 진정한 위대함과 진정한 파워는 끝까지 내내 충실하여 자신의 한계와 죄와 부서진 모습을 겸허히 인정하고 용서를 구하는 데 시간을 끌지 않는다. 내가 직접 만나는 행운을 누렸던 모든 위대한 사람들과 강력한 파워를 지닌 몇몇 사람들 뒤에는 깊은 관계 속에서 사랑받는 배우자와 자녀와 친구들이 있었다. 유명한 목사인 한 친구는 난치성 만성 질환으로 고생하는 아내를 수십 년째 보살피고 있다. 큰 기관의 지도자인 또 다른 친구는 심한 인지장애를 가진 딸을 꾸준히 돌보고 있다. 최고경영자 한 사람은 퇴행성 신경 질환 등 몇 가지 질환으로 고생하면서도 여러 상장 기업들을 성공적으로 회생시켜 수천 개의 일자리를 보전하고 창출하는 일을 감당하며 품위 있고 겸손하게 살고 있다. 이런 사람들은 큰 파워를 가지고 있으면서 그 파워를 모든 제약에서 벗어날 신적인 자유를 과시할 기회를 잡기 위해서나 자신의 피조물 됨과 한계를 드러내 주는 의무감을 내던져 버리는 데 사용하지 않는 사람들 중에 가장 극적인 모범 사례들이다. 이들은 자신과 타인들의 한계와 고통을 포함한 주어진 모든 상황을 받아들임으로 점점 더 참되신 하나님을 닮아 가는 사람들이다.

이 친구들은 큰 파워를 행사한다는 것이 그날 밤 잡스가 보여 준 것과 같은 자아도취적 불성실을 반드시 요구하지는 않는다는 사실을 웅변적으로 증언한다. 불성실이란 결혼 서약이나 묵시적인 사랑의 약속을 깨뜨리는 문제에만 국한되지 않는다. 불성실이란 어떤 약속이 자기가 기대하는 삶을 제약하는 것처럼 보이면 언제든 자신의 이익을 위해 이를 일방적으로 뒤집는 상황에 붙이는 이름이다. 불성실은 우리가 한 약속을 지킨다면 우리가 꼭 이뤄야 하는 것을 놓치고 말 것이라는 암묵적 신념에 뿌리를 두고 있다. 여기서 또다시 제로섬 사고의 파워를 볼 수 있다. 즉 잡스처럼 풍부하고 창의적인 사고력을 가진 사람도 무미건조하지만 지도자로서 감당해야 하는 진정한 책임(회사 영업 팀과의 저녁 식사)과 인생의 진정한 즐거움(앞서 태버니언이 "뭔가 특별한 일"이라고 얘기한) 사이에서 하나를 선택해야 하는 그런 계산 말이다.

    물론, 그 반대가 더 진실에 가깝다. 약속을 지킨 사람이 아니라 신 행세의 유혹에 빠진 사람이 더 낭패를 겪는다. 제자도의 목표는 우리의 삶이 예수님을 가까이 닮아 가면서 바울이 말한 것처럼 "만물이 다 너희 것임이라.…세계나 생명이나 사망이나 지금 것이나 장래 것이나 다 너희의 것이요 너희는 그리스도의 것이요 그리스도는 하나님의 것"이라는 사실을 깨닫는 것이다(고전 3:21-23). 적대적인 세상의 움켜쥔 손아귀에서 우리가 빼앗아 내어 차지해야 할 선한 것은 없다. 모든 선한 것을 이미 우리에게 주셨고 또 주실 것이다.

    아이작슨이 쓴 전기의 모든 페이지에, 그리고 그의 삶을 흠모하는 사람들의 반응 뒤에 깔려 있고 때때로 노골적으로 언급되기도 하는 추정이 한 가지 있다. 즉 그의 섭식장애, 격발하는 분노, 약속 무시 등이 모두 그의 창의적인 천재성의 당연한 귀결이라는 생각, 그런 그에게서 과도한 지배적 성격을 제거하는 것은 그를 탁월한 디자이너이자 리더로 만든 바로 그 자질을 빼앗는 것이라는 생각이다. 우리 문화가 위대한 인물에게는 이런 병적 심리가 용서될 뿐 아니라 실로 필요한 것이기도 하다는 결론을 내린 것이 이번이 처음은 아니다. 어니스트 헤밍웨이의 경우 결국 그의 자살을 초래한 알코올 중독과 절망이 그의 작가 생활에 해로운 것이 아니라 오히려 불가결한 것이었다고 오랫동안 인정되어 왔다.

    이런 추정은 거짓이다. 그리고 잡스와 껄끄러운 관계였던 그의 첫 아이뿐 아니라 그의 사랑과 지원이 가장 절실했던 사람들에게 잡스의 신 행세로 인한 인간적 피해를 최소화하기 위해 허용되는 추정이라면 더욱 잔인한 거짓이다. 한 사람의 삶이 우상숭배로 빠져들면, 비록 보편적 은혜의 신비한 효과로 하나님 형상을 나타내는 창의성이 어느 정도 보전될 수 있다 하더라도, 실상은 얻는 것은 전혀 없고 잃는 것만 많다. 잡스가 그의 극단적 신 행세에서 돌이킬 수 있었다면 그것 때문에 그가 오랫동안 영향을 미칠 문화적 결실을 덜 맺지는 않았을 것이다. 오히려 더 많은 결실을 맺었을 것이다.

파워 길들이기

파워와 특권을 가졌지만, 아니 그렇기 때문에 우리는 곤고한 피조물이로다! 파워의 절정에 서 있지만, 아니 그렇기 때문에 죄와 사망으로 얽매인 데서 누가 우리를 건져 내랴? 기독교 전통은 이 물음에 대해 단순하고 냉철한 해답을 가지고 있다. 우리는 영성 훈련이 필요하다.

영성 훈련은 우리 대부분이 어느 정도는 연마해 온 그런 훈련들과는 다르다. 사실 특정 종류의 훈련을 거치지 않고 상당한 창조적 파워를 갖출 수 있는 사람은 없다. 집중해서 열심히 일하는 능력, 어떤 악기나 공예 또는 스포츠를 반복해서 연습하는 정성, 나중에 더 큰 보상을 얻기 위해 기꺼이 오늘의 만족을 미루는 마음, 이런 것들을 특히 어려서부터 배우고 익혀 왔다면 그런 훈련을 별로 거치지 않은 사람은 놓치기 쉬운 선택권과 기회를 누릴 수 있다.

이런 까닭에 상당한 창조적 파워를 가졌으면서 정말로 무절제한 사람을 만나는 경우는 드물다. 스티브 잡스는 자신의 성질을 길들이거나 저녁 식사 약속에 맞춰 가려고 하지는 않았을지 모르지만 일과 관련된 다른 측면에서는 혹독하게 훈련된 사람이었고 특히 음식에 관해 그러했다. 어떤 훈련이든 우상이 될 수 있지만 이런 많은 훈련들은 하나님 형상을 감당하는 데 참으로 좋은 길이다. 내가 스스로 훈련하여 바깥세상과 내 마음속

환상과 두려움에서 일어나는 훼방거리들을 물리치고 자리에 앉아 글을 쓸 때 내가 아는 최상의 내 모습에 더 가까워진다. 평온하고, 희망차고, 신중하고, 명료한 모습이다.

하지만 파워로 이끄는 훈련은 신 행세라는 최악의 형태를 방지하기에 충분치 않고 사실은 이를 더욱 조장할 수 있다. 날마다 어떤 악기를 연습하는 것은 겸손을 배우는 경험이자 감사와 인간 번영의 근본적 경험이 되는 반면에 어떤 전문 음악가들에게는 야망과 경쟁과 심지어 중독을 향한 치열한 추구가 된다. 고강도의 집중된 작업 능력은 탁월함을 향한 성숙한 정성을 나타내는 표지일 수 있지만 하나님과 타인에 대한 진실한 의뢰와 친밀함을 막는 장벽이 될 수도 있다. 그리고 물론 신앙의 영역에서도 개인 기도와 영성의 훈련들은 진정한 신실함에 이르게 할 수도 있고 우상숭배적이고 불의한 교만의 근원이 되기도 한다. 예수님은 불쌍한 세리와 떨어져 성전 계단에서 기도하는 빈틈없이 훈련된 바리새인의 이야기를 들려주신다. 예수님은 우리에게, 회개하는 세리는 의롭다 하심을 받고 집으로 돌아갔지만 자기만족에 빠진 바리새인은 그렇지 못했다고 말씀하셨다. 파워로 이끄는 훈련에서 우리가 더 성공적일수록 그 어두운 이면으로부터 오는 더 큰 위험에 처하고 세상에서 무언가 이룬 사람들에게 주어지는 위험한 자유에 노출된다. 바로 이때가, 너무 늦지만 않았다면, 파워를 길들이는 훈련을 받아들여야 하는 때다. 그 훈련은 우리를 더욱 깊고 진실하게 참 하나님의 형상을 감당하는 사람으로 만들어 준다.

누구든지 자신의 힘을 신 행세가 아니라 하나님 형상을 감당하기 위해 사용하고자 하는 사람은 성공으로 이끄는 훈련만이 아니라 성공에서 멀어지는 훈련도 받아들여야 한다. 고전적인 기독교 전통은 파워와 특권의 삶을 근본적으로 저지하는 세 가지 실천을 강조해 왔다. 바로 고독과 침묵과 금식이다. 이 각각의 실천은 은밀한 패배를 의도적으로 추구하는 것으로 세상적인 성공의 삶에 대한 완벽한 해독제가 된다. 이 세 가지는 각각 자신에게 주어진 어떠한 파워라도 겸허하게 그리고 현명하게 사용하여 하나님 형상을 감당하는 사람들이 되도록 도움을 준다.

영성 훈련, 그리고 파워를 길들이는 모든 훈련은 어떤 면에서는 문화적 파워로 이끄는 훈련과 유사하다. 이 훈련은 끈기 있고 반복적인 선택을 요구하며 오랜 시간 이 훈련을 실천하는 사람들만이 보상을 받는다. 하지만 이 둘은 다른 면에서는 대단히 상이하다. 한편으로 고독, 침묵, 금식은 실행하기가 아주 쉬워서 어른이라면 누구나 할 수 있다. 무슨 특별한 기술 없이도 누구나 혼자 있고, 말을 삼가고, 음식을 멀리할 수 있다. 그러나 다른 한편으로는 참으로 어렵고 우리 마음의 진정한 상태를 드러내도록 완벽하게 조정되어 있어서 아무도 이 훈련에 '성공'하지 못한다. 고전적인 영성 훈련, 그리고 파워를 길들이는 모든 훈련의 비결은 자신을 세상의 꽤 유능한 행위자로 치부하는 우리 자신의 감각을 얼마나 철저히 초토화하느냐에 있다.

금식과 음식과 관련해서는, 사람을 겸손하게 만드는 이 훈련들의 효과에 대한 개인적 체험을 소개할 수 있다. 나는 매년 대림절과 사순절에 금식을 하는데, 이것은 음식에 관해 내가 얼마나 완전히 무절제한 사람인지를 희극적으로 상기시켜 준다. 아무리 작은 규모의 금식을 실천한다 해도, 예를 들어 어느 사순절에는 홍차에 우유를 넣지 않는 것으로 금식을 삼았는데, 그것마저 내가 끝까지 지키지 못한다는 것을 알았다. 사순절 둘째 주 어느 날 간절한 마음으로 슬쩍 냉장고를 열었을 때 나는 내 일생에서 가장 가엾은 순간 가운데 하나를 경험했다. 이때 나는 최소 수준의 금식 규율마저 깨고 있음을 알면서도 내 찻잔에 우유를 따르지 않고는 도저히 차를 마실 수 없었다. 그때 그 한 잔의 홍차는 내 인생에서 맛본 가장 달콤하고도 쓰디쓴 잔이었다.

영성 훈련을 실천할 때 우리는 우리가 얼마나 자신의 자율성과 위안에 매달리는지, 그리고 다른 사람들의 인정, 우리 내면의 소리, 우리 입맛의 충족에 얼마나 중독되어 있는지를 발견한다. 사교 모임과 성공에서 창조적 파워가 나오는 사람들에게 충분한 양의 고독과 침묵은 그들이 얼마나 다른 사람들의 인정과 승인에 종속되어 있는지를 가차 없이 드러내 줄 것이다. 우리는 자신의 실패, 회한, 두려움으로부터 보호받으려고 다른 사람들에게 얼마나 많이 의존하고 있는지를 깨닫는다. 우리는 우리 자신의 파워와 특권으로 저 깊고 어두운 데 있는, 사막의 성자들이 마귀라고 불렀던 세력들을 막으려 해 왔다. 그러나 이들은 우리 주변에 항상 돌아다니면서도 우리가 영성 훈련을 시작하기 전까지는 자신을 드러내 보이지 않는다.

그렇다고 해서 광야에서 몇 주씩 시간을 보내며 자신을 돌아보는 시간을 가져야 하는 것은 아니다. 항상 온라인으로 연결되어 있고 소음으로 가득한 우리 문화에서 성공을 거둔 사람이라면 조용한 방에 들어가 인터넷도 음악도 없이, 무슨 할 일 목록 확인표 같은 것도 치워 버리고 단 한 시간 앉아 있는 것으로 우리 마음의 진정한 상태를 파악하기에 충분하다. 이 책을 읽는 독자 대부분이 지금까지 한 시간도 고독과 침묵의 시간을 가져 본 적이 없을 거라고 나는 감히 주장한다. 처음으로 이런 기본적인 절제 훈련을 시도하는 많은 사람들은 "한 시간도 깨어서 기도하기"가 결코 쉽지 않음을 깨닫는다. 우리는 이토록 자신의 파워가 가져다주는 위안에 깊이 사로잡혀서 자신의 진정한 영적 빈곤을 모른다.

공동체 안에서 실천할 수 있고 실천해야만 하는 또 다른 중요한 훈련들이 있다. 즉 안식일, 죄의 고백, 말씀 연구, 십일조 그리고 기도의 실천이다. 단순하면서 어렵다는 기본적 역설은 이런 훈련에도 작용한다. 그러나 이런 공동체 훈련은 파워와 특권을 추구하는 우리의 성향으로 인해 미묘하면서도 공개적인 왜곡의 위험이 있다. 목사가 그의 연구와 기도 시간 대부분을 설교라는 매우 대중적이고 영향력 있는 행위를 준비하는 데 소진하는 경우가 그렇다. 그러므로 고독함의 훈련이 근본이 되어야 한다. 우리의 신 행세에 종지부를 찍기 때문이다. 눈에 들도록 연기해야 할 어떤 관객도 없이 오직 심히 자비로우신 창조주만 계실 뿐이다. 그분은 우리가 이 훈련을 통해 우리 안의 우상숭배와 불의의 심각함과 대면하도록 은혜롭게 인도하신다.

이상하게도 우리가 공동체 훈련이나 고독함의 훈련이라는 아름다운 패배를 실천할 때 우리는 우리 자신과 타인이 지닌 힘과 특권에 대하여 우리 삶이 더욱 가벼워짐을 깨닫는다. 우리가 권력을 가질 수도 있고 내려놓을 수도 있는 사람이 되기 원한다면 오직 이런 훈련들을 통해서만 적절히 준비될 수 있다.

설거지 훈련

신실한 그리스도인의 삶은 전통적인 영성 훈련을 중심으로 형성되지만 고독, 침묵, 금식처럼 심각하지 않으면서도 중요한 훈련들이 있다. 사실 파워를 길들이는 최고의 훈련 중 일부는 매우 사소해 보인다.

내 생활에서 따분하지만 현실적인 임무 중 하나는 우리 집 주방에서 놀랄 만한 속도로 쌓이는 그릇들을 설거지하는 일이다. 여러 해 동안 한 달에 몇 차례씩 일 때문에 집을 떠나 있어야 했는데 여행 출발 전 몇 시간은 현지에 도착하자마자 시작될 모임과 강연을 위한 최종 준비에 쓰였다. 나의 부재중에도 계속되어야 하는 일상적 집안일에 관한 생각은 이때 내 머릿속을 비집고 들어올 틈이 없다.

그러나 밖에서 내가 과분한 대접을 받으며 파워의 장비들을 착장하는 동안, 이를테면 무선 마이크가 목소리를 키우고, 업적이 부풀려 소개되고, 정중하면서도 열렬한 박수가 계속 터져 나오고, 낯익은 사람들 및 새로 만난 사람들과 식사를 하는 동안, 우리 집 주방에는 음식 접시가 쌓이게 된다. 내가 공항을 향해 떠나기 전 마지막 시간 동안 접시들을 처리하는 일은 내가 할 수 있는 일들 중 제일 중요도가 낮아 보인다. 바로 그 이유에서 나는 가능하다면 출발 전에 설거지를 다 해 놓는 것을 내 개인적인 훈련으로 삼았다. 여러 차례, 나는 강연 내용을 수정하고 프레젠테이션용 슬라이드 순서를 조정하고 음악을 미리 틀어 보는 등의 일을 가까스로 내려놓고 뜨거운 비눗물에 손을 담가 지난 밤(솔직히 말하자면 지난 주간의) 식사에서 나온 식기를 처리하곤 했다.

설거지는 즉각적이고 실용적인 목적을 위한 것이다. 그러나 나는 이 일이 나 자신과 내 파워의 관계를 정립하는 데 훨씬 더 중요한 역할을 한다는 사실을 깨달았다. 더러워진 접시들은 나의 피조물 됨을 깨닫게 하고 세상의 영광스러운 엉망진창에 속한 내 존재의 의미를 알게 해 준다. 모든 풍성한 잔치는 참을성 있게 다시 세상을 회복시켜야 하는 의무를 동반한다. 더러운 접시들은 또한 영광스럽고 엉망진창인 다른 인간들과의 관계 속에 얽혀 있는 나 자신을 돌아보게 한다. 나는 내가 벌려 놓은 것만 깔끔하게 정리한다는 생각으로 내가 먹은 접시만 씻어 놓지 않고, 내 식구들과 손님들이 먹은 그릇도 씻는다. 비누를 넉넉히 풀어 그들의 식사와 다과가 남긴 흔적들을 닦으면서 나는 그들과 나 사이의 사랑이나 우정이 얼마나 물리적인 것인지를 깨닫는다. 그것은 단순히 따뜻한 감정만이 아니라 이 세상의 매우 좋은 것들을 구체적으로 나누는 관계로서, 여기에는 나눔의 끝에 남는 모든 것을 은혜로이 처리할 필요가 항상 수반된다.

대체로, 출발 시간에 임박해서 설거지를 하는 동안(어떤 때는 택시가 집 앞에서 기다리는 가운데) 기회에 대한 나의 제로섬 계산이 뒤흔들린다. 어디 가는 일이 없을 때는 대량의 설거지를 하기도 하지만, 가끔씩 권력을 누리는 나의 삶이 진짜 시험을 받는 때는 여행 전에 설거지를 할 때다. 출발 직전의 이 귀중한 시간에 가서야 나는 가족을 섬기는 일이 **희생을 요하는** 일이며 또 마땅히 희생해야 하는 일이라는 것, 그래서 그 일이 내가 신적인 자유와 중요성을 행사하는 것을 제한하며 또 마땅히 제한해야 한다는 것, 그럼으로써 내가 더 깊이 그리스도를 닮아 가고 하나님 형상을 감당하는 헌신과 소박함의 경계 안에 머물게 한다는 것을 명확히 깨닫는다.

귀중한 시간을 싱크대에서 손을 움직이며 보내는 동안, 나는 "모든 것이 다 내 것"임을, 즉 하나님이 나를 천 명의 사람들 앞에서 강연을 하도록 부르셨을 뿐 아니라 이 프라이팬을 씻으라고도 부르셨음을 믿으라는, 그리고 내 가족의 일상적인 필요를 채워 주고 대중을 위해 내 은사를 사용하기에 충분한 시간을 주셨음을 믿으라는 도전을 마주한다. 강연 준비가 충분한가, 공항에 제시간에 도착할 수 있을까 하는 근심을 더운 물 속에 던져 버리고 나는 그릇을 씻으며 여행지에서 만날 사람들과 집에 남아 있을 가족을 위해 기도할 수 있다. 정직히 말하자면 이런 식으로 가족을 위하는 일을 후회한 적은 한 번도 없지만 시간에 쫓긴 나머지 싱크대 안에 그릇을 잔뜩 쌓아 둔 채 나와서는 내가 얼마나 하나님을 믿지 못하고 얼마나 가족 사랑이 부족한가를 가슴 아프게 깨닫고 후회한 적은 여러 번 있다.

나에게 출발 전의 설거지는 일종의 훈련이다. 이는 헛된 신 행세를 진정한 하나님 형상 감당하기에 더 가깝도록 바로잡기 위해 내가 의도적으로 택한 실천이다. 공개적으로 신앙생활을 하는 사람에게 이는 예수님이 산상수훈에서 뚜렷이 말씀하신 영성 훈련의 근본에 응답하는 것이다. 대중의 시선 바깥에서, 다른 누구의 이익과도 무관하게, "은밀한 중에" 행해지기 때문이다.

아니, 적어도 내가 일상적이고 놀라울 것 없는 활동을 영성 훈련의 구체적 사례로 둔갑시키는 저자의 연금술을 살짝 행하기 전까지는 은밀했다. 그 말인즉슨 이제 이 설거지가 내 공적인 이미지를 더욱 빛내 주는 다만 또 한 가지 실례가 되었다는, 또는 그렇게 될 수 있다는 뜻이다. 이제 이 부분은 하찮고 눈에 띄지 않는 일들에 대한 더 많은 헌신들, 즉 어느 책이나 강연에서 소개되지 않았고 나를 가장 잘 아는 몇몇 사람에게만 알려졌거나 그들도 모르는, 심지어 그 일에 쓰이지 않았던 다른 손조차 모르는, 진정으로 은밀한 중에 있는 헌신들로 보충되어야만 한다. 성숙한 삶, 하나님 형상을 나타내는 삶의 무게를 감당할 수 있는 삶의 추구는 여러 면에서 더욱더 은밀한 훈련들의 계속적인 축적이다. 파워를 오용할 모든 기회와 모든 유혹에 직면하시고도 그 가운데서 오직 하나님의 진정한 형상을 나타내셨던 그분의 형상을 충만하게 이루기까지 우리는 이 축적을 계속해야 한다.

방해를 용납하시는 하나님

나사렛 예수에 관해 눈에 띄는 점들 가운데 하나는 그분의 삶이 영성 훈련으로 형성되었다는 풍부한 증거다. 유년기부터 예수님의 삶은 매주의 안식일 준수와 매년의 성전 순례를 중심으로 세워졌다. 복음서에 따르면 예수님은 규칙적으로 새벽에 일어나 기도하셨다. 공생애를 시작하기 전 예수님은 다름 아닌 고독과 침묵과 금식으로 40일을 보냈다.

그러나 예수님의 영성 훈련의 규칙적 리듬에 대해 기록한 복음서들은 또한 예수님이 갑작스럽게 일어난 사건에 대응하여 즉흥적으로 계획을 변경하는 데 탁월한 능력이 있으셨다는 것도 드러낸다. 예수님은 나무에 올라가 있는 세리를 보고 그를 식사에 초대하고, 눈먼 걸인이 길가에서 부르는 소리를 듣고 멈춰 서기도 하고, 한 바리새인 집의 만찬 자리에서 평판이 좋지 않은 여인이 향유와 눈물을 뿌리며 그분의 말씀을 중단시키는 것을 허용하기도 하셨다.

예수님이 방해를 용납하고 일정을 바꾸시는 것을 스티브 잡스 같은 파워 있는 사람의 충동적 태도와 비슷하다고 생각할지도 모르겠다. 그리고 어떤 의미에서 유사점이 있기도 한데 예수님은 다른 사람들의 협소한 기대에 결코 얽매이지 않으셨다. 하지만 예수님의 계획 변경을 더 자세히 살펴보면 거기에는 간과할 수 없는 패턴이 있음을 발견할 수 있다. 예수님의 그런 행동은 거의 항상 그분의 특권과는 반대 방향으로 나아간다. 예수님의 임기응변적 행동의 목적은 하나님의 형상이 상실된 곳에서 그것을 회복시키는 것이었다. 그는 다른 사람들의 유익에 관련된 일을 위해 파워를 행사하여 개입하셨지 결코 자신의 이익을 위해 하지 않으셨다.

예수님의 계획이 중단될 수 있다는 것을 보여 주는 가장 주목할 만한 이야기는 아마도 마가복음 5장에 기록된, 예수님이 회당장 야이로의 열두 살 난 딸이 죽어 가고 있는 집으로 가시는 대목일 것이다. 야이로는 그 사회에서 파워의 표지를 모두 갖춘 사람이었다. 그의 성별, 그의 지위, 하인들이 가득한 집 등 모두가 그러했다. 그러나 딸의 병으로 인해 낮아지고 무력해져서 겸비한 마음으로 예수님을 찾아왔다. 야이로의 집에서 행하시는 이적은 예수님의 갈릴리 사역에 큰 보탬이 될 것이었다. 예수님이 야이로와 함께 그 집으로 가실 때 큰 무리가 둘러싼 것은 카리스마를 지닌 방문자와 그 지역의 유지가 위기 상황을 맞이하여 한 장소에 있게 될 때에 충분히 예상할 수 있는 현상이었다.

그런데 이 이야기는 파워 상실의 표지를 모두 갖춘 한 사람의 출현에 의해 결정적으로, 그리고 야이로가 보기에는 치명적으로 차질을 빚는다. "열두 해를 혈루증으로 앓아 온 한 여자가 있어 많은 의사에게 많은 괴로움을 받았고 가진 것도 다 허비하였으되 아무 효험이 없고 도리어 더 중하여졌던 차에"(막 5:25-26). 이 사람은 여자였고 만성적 질환으로 인해 영구히 '부정한' 자로 취급되어 공동체에서 끊어졌으며 아이도 가질 수 없었다. 이 여자는 괴로움에 시달렸으며 모든 것을 잃어버렸다. 야이로는 예수님께 다가가 담대히(하지만 겸손히) 그의 발아래 엎드렸지만 이 여자는 감히 예수님의 이름조차 부르지 못하고 남몰래 뒤로 접근했다. 우리는 야이로라는 이름은 알고 있지만 이 여자의 이름은 모른다. 우리가 아는 것은 그 여자의 믿음이 예수님으로부터 "능력"(power)을 뽑아냈고 예수님이 멈추시고 돌이켜 찾으시고 그녀에게서 "모든 사실"을 들으시고 결국 "딸아, 네 믿음이 너를 구원하였으니 평안히 가라. 네 병에서 놓여 건강할지어다"(34절)라고 따뜻하게 말씀하시도록 하였다는 것이다.

이 딸의 치유는 야이로의 딸에게는 큰 피해를 가져온다. 예수님과 여인 간에 제법 긴 대화가 진행되는 동안 "회당장의 집에서 [온] 사람들"이 야이로에게 그의 딸이 죽었음을 알린다. 이 중단은 한 이름 없는 딸을 구원한 대신에 다른 귀한 집 딸을 죽게 했다. 하지만 이제 예수님은 낙심하여 체념에 빠진 야이로의 하인들을 뒤로하고 걸음을 재촉하여 이 파워 있는 사람의 집에 당도하신다. 예수님은 아이가 있는 방의 문을 닫고 부모와 세 사람의 제자만 곧 일어날 이적을 보게 하신다. 야이로 딸의 부활은 다른 사람들의 시선 바깥에서 일어났고, 부모에게는 이 일에 관해 아무 말도 하지 말라고 이르셨기에 바깥의 군중은 그 소녀가 다시 살아난 것이 아니라 단지 병에서 회복되었다고 생각했을 것이다. 이름 없는 딸은 공개적으로 치유되고 귀한 집 딸은 남모르게 치유된다.

예수님이 인간적 특권을 얼마나 대단치 않게 여기시는지를 이 이야기보다 더 극명하게 보여 주는 이야기는 없다. 물론 대단치 않게 여기시는 것이지 적대하거나 혐오하시는 것은 아니다. 예수님은 야이로의 높은 신분에도, 병든 여인의 가난에도 흔들리지 않으시지만 각 사람의 믿음과 간절한 요청에는 흔들리신다. 예수님은 지역 유지의 환심을 사려고 전략적 계산을 하는 정치가도, 힘 있는 사람을 의도적으로 깎아내리는 혁명가도 아니다. 그분은 아는 사람이건 모르는 사람이건, 사회적으로 중요하건 보잘것없건, 딸들을 회복시키는 분이시다. 예수님은 인간의 파워에 대해 무관심한 반면에 건강(왕성하게 하나님 형상을 지니고 나타내는 것의 또 다른 간단한 표현)을 회복시키는 그분 자신의 파워에 대해서는 예민하게 의식하시기에 누군가 믿음을 가지고 그분의 옷자락에 살짝 손을 댄 것만으로도 그분을 멈추시게 할 수 있었다. 그분은 능력을 익명적으로 그리고 간접적으로 흘려 내보내는 것으로 만족하지 않으시고 그의 도움을 구하는 사람을 찾아내 관계를 맺으신다.

복음서에서 예수님은 그분께 무엇 하나 드리지 못하고 모든 것을 구하기만 하는 사람들을 위해 자신의 일을 중단하시는 모습을 여러 번 보여 주신다. 그리고 야이로의 집 닫힌 문 뒤에서 그러셨던 것처럼, 그분의 사역에 도움이 될 수 있는 사람에 의해 일이 중단되었을 때에도 그로 인해 어떤 잠재적 특권도 축적되지 않도록 단속하신다. 베드로의 고향에서 그의 장모의 병을 고치신 후 사람들이 몰려들자 예수님과 제자들은 새벽이 밝기 전에 그곳을 빠져나가신다. 배불리 먹은 무리가 환호하며 예수님을 왕으로 모시려 할 때에도 그분은 배를 타고 관심을 덜 받는 호수 저편으로 건너가신다. 한 여인이 시몬의 집에 들어와 옥합을 깨고 순전한 나드 향유를 예수님의 머리에 부었을 때, 예수님은 이런 과분한 헌신에 대해 "그는 힘을 다하여 내 몸에 향유를 부어 내 장례를 미리 준비하였느니라"(막 14:8)라고 해석하신다. 예수님은 파워를 비축하실 필요도, 자신이 원하는 것이나 필요한 것을 충동적으로 붙잡으실 필요도 없었다. 그분은 "아버지께서 모든 것을 자기 손에 맡기신 것"(요 13:3)을 인간이 알 수 있는 한 가장 깊이 아셨다. 무한한 풍요의 실재를 누리시면서도 그분은 아무도 돌아오지 못한, 모든 파워가 상실되는 심연을 향해 곧장 나아가실 수 있었고, 그 도중에 누구든 그를 찾는 사람 안에 진정한 하나님 형상을 회복시키기 위해서라면 발길을 멈추셨다.

이렇듯 즉흥적이고 방해를 허용하는 예수님의 삶은 우리의 것이 될 수도 있다. 이것이 바로 영성 훈련의 놀라운 결과다. 영성 훈련은 점차적으로 우리가 신 행세하기와 그에 따른 결핍의 암류(暗流)를 직면하고 거기서 멀어지게 함으로써, 우리를 예수님의 발아래 엎드리고 그 옷자락을 만지는 영적 빈자의 부류에 속하게 함으로써, 우리 자신의 일을 위해 다른 사람을 방해하기보다 다른 사람을 위해 우리의 일을 중단하는 그런 부류의 사람으로 우리를 만들어 낸다. 이 훈련은 우리를 세상의 파워에 무관심하며, 이미 우리에게 필요한 것 이상으로 주신 파워를 사용하여 이 세상 가운데 하나님 형상을 회복하는 일에 열정적으로 헌신하는 그런 존재로 만든다. 따라서 궁극적으로, 우리를 파워로부터 실제적·영적 사막으로 인도하는 훈련들, 우리가 세상에서 획득한 파워를 길들이도록 고안된 그 영성 훈련들은 실은 우리를 진정한 파워로 인도하는 훈련과 공통점이 많다. 이 훈련들은 우리 자신의 번영이나 우리 각 사람이 은밀히 바라는 '뭔가 특별한 일'들의 번영뿐 아니라, 탄식하며 새롭게 되기를 고대하는 이 세상의 번영을 향한 길이다.

13장

안식의 사다리

이삭줍기라는 성경의 단어와 그 개념은 오늘날 후기 산업사회에 살고 있는 우리에게 완전히 잊혔다. 이삭줍기는 레위기에서 주목할 만한 명령들이 다루는 주제 중 하나로, 우상숭배와 불의에 관한 가장 심각한 중요성을 가진 계명들 한가운데 위치해 있으며 이 계명들을 주신 여호와 하나님의 거룩하신 이름으로 마무리된다.

> 너희가 너희의 땅에서 곡식을 거둘 때에 너는 밭모퉁이까지 다 거두지 말고 네 떨어진 이삭도 줍지 말며 네 포도원의 열매를 다 따지 말며 네 포도원에 떨어진 열매도 줍지 말고 가난한 사람과 거류민을 위하여 버려두라. 나는 너희의 하나님 여호와니라. (레 19:9-10)

룻기에는 실제 시행된 이삭줍기의 생생한 실례가 나오는데 외지인이자 과부인 나오미와 룻은 추수하는 사람들을 따라다니며 먹고 지내기에 충분한 이삭을 밭에서 주울 수 있었다. 이삭줍기는 일하지 않고 나눠 주는 것을 받기만 하는 자선과는 다르다. 밭의 가장자리에서 곡식을 다 거두지 않고 포도밭 고랑에 떨어진 포도를 그대로 남겨 두어서 "가난한 사람과 거류민"이 수확이라는 존엄한 생산 활동에 참여할 수 있게 하는 것이다. 성실한 농사는 탕자 아버지의 땅에서처럼 "양식이 풍족하게" 생산하여 공동체의 모든 사람이 선한 노동을 넉넉히 경험할 기회를 얻게 한다.

그런데 이삭줍기는 땅 주인 편에서나 추수하는 사람들 편에서나 훈련이 요구된다. 이삭줍기는 파워를 길들이는 훈련이고 우상숭배와 불의에의 유혹을 제어한다. 부지런한 추수꾼이라면 밭에서나 포도원에서 최대의 수확을 거두려 하겠지만 여호와 하나님이 이스라엘에게 요구하시는 훈련은 그들의 파워가 미치는 모든 것을 하려 들지 **않고** 그들의 생산 능력을 최대한 끌어올리지 **않는** 데 있었다. 그래서 의도적으로 다른 사람들이 공동체의 경제에 참여할 여지를(그리고 아마도 룻기에서처럼, 어느 먼 친척과 더 잘 사귈 여지를) 남겨 두는 것이다.

이삭줍기의 실천은 오늘 우리의 경제 형태에 대하여 의미심장한 질문들을 던진다. 비고용 인구도 의미 있는 일을 할 수 있도록 하고 빈곤 계층도 타인의 선심을 기다리며 줄 서 있는 대신에 가족의 생계를 스스로 꾸릴 기회를 얻게 하려면 현대 경제의 주변부에 어떤 여유를 두어야 할 것인가? 농업과 밀접하게 연결되어 있는 식당들과 식료품 유통업 분야에서는 영리 추구 회사들과 비영리 단체들이 파트너가 되어 요식업에서 엄청나게 나오는 잉여 식자재를 푸드뱅크의 고객들에게 제공해 왔다. 물론 나눠 주는 것을 수동적으로 받아 가는 것보다 수혜자들이 품위 있게 수확에 참여할 기회를 만들어 줌으로써 이런 사업은 더욱 개선될 수 있을 것이다.

그러나 여유분을 만들고 이삭줍기를 실천하는 것이 단순히 경제 분야에만 적용되는 것은 아니다. 파워의 배분에 심각한 불균형이 있는 곳이면 어디에나 적용될 수 있다. 우리의 파워는 하나님의 형상을 진정으로 지니는 데서 나오며 이 세상을 하나님의 이름으로 다스리라는 소명의 결과이기 때문에 파워에 대한 인간의 욕구는 결코 충족될 수 없다. 우리가 은사를 사용할 더 많은 기회를 찾는 것은 당연하다. 우리는 훨씬 더 나아가야 한다. 우리의 '지경을 넓히기'(구약의 인물 야베스가 사용한 표현) 원하는 것은 잘못이 아니다. 그러나 우리의 지경이 넓어질수록 우리는 다른 사람들도 하나님의 형상을 감당하는 그들의 소명을 이룰 수 있도록 여지를 만들어 주는 훈련을 더 많이 받아야 한다.

레위기의 전체 내용상 밭 가장자리에 이삭줍기를 위한 여유분을 남겨 두는 것은 훈련의 사다리에서 맨 아래 첫 계단에 불과하다. 각각의 단계는 하나님의 형상을 진정으로 지니는 가능성을 보존하기 위해 이스라엘의 농업 생산성을 **제약하는 것**인데 이는 이스라엘뿐 아니라 그들 안에 나그네나 종으로 들어와 사는 모든 사람을 위한 것이기도 하다. 일꾼들은 추수할 때 날마다 여유분을 남겨 두고, 매주 안식일을 지켜서 곡식이 스스로 자라나도록 밭을 내버려 두며, 7년마다 완전히 땅을 쉬게 하고 적극적인 경작 활동 없이 스스로 자란 것만으로 살아가고, 50년마다(즉 7년을 일곱 번 지낸 후) 희년이라는 특별한 축제를 벌이며 빚을 탕감해 주고, 빚 담보로 제공된 땅을 원래의 가정에게 되돌려 주며 노예를 해방한다. 점점 강화되는 이 '안식의 사다리'의 각 단계를 올라갈수록 파워를 가진 사람들은 그들의 파워와 그들이 성공적으로 파워를 행사하여 얻은 열매의 집합체인 특권을 더 많이 포기하도록 요청받는다. 날마다 그들은 땅의 소출을 마지막 한 줌까지 거두는 것을 자제하고, 매주 혹은 몇 년마다, 또 무엇보다도 일생에 한 번은 그들의 정당한 파워 행사를 큰맘 먹고 포기한다. 이는 하나님이 개인의 부가 생산적으로 투자되어 풍작을 이루기를 원하지 않으시기 때문이 **아니라** 부유한 사람이나 가난한 사람이나 다 같이 하나님의 형상을 지닌 존재이기에 안식의 사다리를 통해 파워 있는 자들이 다른 사람들에게 이삭을 줍고 휴식을 취하고 또 잔치도 벌일 수 있는 여유를 제공하도록 하려는 것이다.

우리처럼 밭이나 포도원을 갖지 않은 사람들에게 이삭줍기를 위한 여유를 둔다는 것은 무엇을 의미하는가? 근본적으로 이는 우리가 특별한 능력을 갖춘 분야에서 우리의 생산 활동이 하나님의 형상을 지닌 다른 사람들을 몰아내는 일이 없도록 하라는 요청일 것이다. 우리 자신의 파워에 따르는 책임에는, 좀 이상스럽기는 하지만 그 파워를 최대한으로 사용하지 않는 것도 포함되어 있다.

2011년 가을, 스티브 잡스가 세상을 떠난 후 나는 「월스트리트 저널」(*Wall Street Journal*)로부터 기고를 요청받았다. 내게는 상당한 영향력을 행사할 수 있는 기회였다. 비록 슬픈 일이 벌어졌기에 얻은 기회이지만 스티브 잡스의 일생에 대한 기독교적 해석을 제시하는 것은 하나님의 형상을 감당하는 일처럼 보였다. 또한 전국에 배포되는 신문의 두 면에 걸쳐 나의 글이 실린다는 것과 내가 신중한 글쓰기를 통해 전에 잘 알지 못하던 신문사 편집인들과 관계를 열게 되었다는 사실은 흥분할 만한 경험이었고 글 쓰는 사람들이라면 누구나 바라 마지않는 행운이었다.

몇 주 뒤에 신문사 편집인이 다시 연락을 해서 이번엔 미식축구 선수 팀 티보(Tim Tebow)에 관해 비슷한 글을 써 줄 수 없겠는지 물었다. 솔직히 말해 나는 미식축구에 관해 정말 아는 게 없지만 문화계 평론가 중에, 공개적으로 기독교 신앙을 내세우는 이 신인 쿼터백이 미국 프로 미식축구 리그 첫 시즌에 보여 준 중요성에 관심을 갖지 않은 사람은 없을 것이다. 게다가 그는 자신의 명성과 기량이라는 그의 파워를 사용하여 경기 그 자체보다 더 위대한 무언가를 가리키려고 노력하니 말이다.

한 해에 두 차례나 「월스트리트 저널」 주말판에 누구나 탐내는 두 페이지짜리 커버스토리를 쓴다는 것은 좀처럼 기대하기 어려운 일이다. 세상적인 계산법에 따르자면 나는 당장에 승낙을 하고 얼른 위키피디아(Wikipedia)나 ESPN에라도 들어가서 내 부족한 미식축구 지식을 보충하면서 글쓰기를 시작했어야 한다. 그러려면 저널리스트로서 내 전문성의 가장자리로 가서 이 분야 전문가들이 떨어뜨려 놓은 포도알들을 겸손히 주워 모아야 하고 또 이 모든 작업을 이미 빽빽이 짜인 내 주간 일정 속에서 진행해야 한다. 확실히 말할 수 있는 것은 만약 내가 서른 살 때 이와 똑같은 상황에 처했더라면 나는 즉각 제안을 받아들이고 맹렬히 작업에 뛰어들었을 것이다.

하지만 나는 그러는 대신, 이 특정 분야의 추수에 손을 대지 않기로 했다. 마침 불과 몇 주 전에 내 친구 패튼 다드(Patton Dodd)가 팀 티보와 그의 기독교 신앙에 관한 전자책 저술 작업을 거의 끝냈다고 내게 말해 주었는데, 그는 경험이 풍부하고 식견이 높은 저널리스트였고 게다가 그의 페이스북에 열렬한 덴버 브롱코스 팀의 팬으로 나와 있었다. 나는 「월스트리트 저널」 편집인에게 연락하여 기고 청탁을 사양하면서 그 대신 패튼의 전자책을 한번 살펴볼 것을 권하고 그의 연락처를 전해 주었다. 그 주말에 패튼의 기고문이 「월스트리트 저널」 주말판 1면에 실렸고 그 뒤 몇 주 동안 패튼은 주요 스포츠 전문 라디오와 텔레비전 프로그램에 출연해 그가 다룬 시의적절하고 논란 많은 주제에 관해 인터뷰를 했다.

나는 그다지 성인군자 같은 사람은 아니라서 패튼이 쓴 글의 성공을 지대한 관심을 가지고 추적했다. 그래도 이 친구가 그 기회를 이용해 내가 얻었을 것보다 훨씬 더 많은 수확을 거둔 데 대해 진심으로 축하할 정도의 사람은 된다. 사실 팀 티보에 대해 내가 제법 괜찮은 글을 쓸 수 있었을 것이라고 생각했지만 패튼은 그야말로 그 일에 딱 들어맞는 사람이었다. 그리고 그 커버스토리를 내가 아닌 패튼이 쓴 것이 그와 나의 경력에 어떤 영향을 미쳤든지 간에, 패튼의 글이 발행된 후 몇 주간 주요 언론들이 내가 직접 추수하러 나섰을 경우보다 훨씬 더 풍성한 은혜와 진리를 맛보았다는 것은 분명하다.

이삭줍기를 위한 여지를 남겨 둔다는 것은 단순히 다른 사람들이 궁핍한 상황 속에서 인간다운 삶을 영위할 수 있도록 돕는 것만이 아니다. 우리의 영향력이 미칠 수 있는 주변의 모든 사람이 성공적으로 하나님의 형상을 지닐 수 있는 여건을 마련함으로써 기본적 필요 충족이라는 한계를 뛰어넘어 풍요와 번영을 누릴 여지를 만드는 것이다. 룻기는 우리의 작은 훈련이 얼마나 큰 하나님의 은혜를 역사 속에 가져다줄 수 있는지 알려 주는 성경의 수많은 예 가운데 하나다. 보아스와 그의 일꾼들은 가난한 자와 과부와 이방인을 위해 여유를 남겨 두라는 레위기의 율법을 따랐을 뿐이고 그 결과 모압에서 온 하나님 형상을 지닌 여인 몇 사람이 식량을 얻고 품위를 지킬 수 있었다. 그것으로도 충분히 선한 일이었을 것이다. 그러나 하나님의 섭리는 이삭줍기하는 여인 룻이 친척이며 구속자인 보아스를 만나게 하여 그녀와 시어머니를 방랑 생활에서 구출했을 뿐 아니라 더 나아가 보아스가 룻과 함께 인류의 구속자의 조상이 되게 하였다. 보아스가 이삭줍기를 위해 남겨 둔 가장자리에 하나님은 역사의 최종적 풍요를 위한 씨를 뿌리셨다.

사실, 우주적 관점에서 볼 때 이삭줍기를 위한 여지를 남겨 두는 것이 인간들만은 아니다. 우주의 창조주는 셀 수 없이 많은 은하들을 말씀으로 지으시고 그분의 말씀으로 창조되고 성령으로 보전되는 이 광대한 우주의 끝자락에 우리를 두셨다. 우주를 존재하게 한 그 파워와 창조성 앞에서 우리는 무한히 작고 가련한 존재일 뿐이다. 현대 과학은 우리가 전혀 통제할 수 없는 것들에 얼마나 전적으로 의존하고 있는지 상세히 보여 준다. 즉 우리는 우주 상수*의 정교한 조율에, 우리 가까이에(그러나 너무 가깝지는 않게) 있는 항성인 태양에서 일어나는 핵융합에, 수천 년간 모든 것이 자라나는 몇 인치 깊이의 토양에 죽음과 부패로써 생명을 주는 피조물들에 온전히 의존하고 있다. 아마도 더욱 놀라운 것은 우리를 어리둥절하게 하는 양자역학 분야에서 말하는 우주의 핵심에 불확실성 즉 자유가 있다는 주장이다. 우리는 하나님의 창조적 파워에 전적으로 의존하고 있지만 그분은 우리가 존엄과 자유 그리고 가능성을 누리며 살 수 있는 환경을 만들어 주셨다. 여기에는 타락과 실패의 가능성도 포함된다. 천체들의 광대한 밭 한구석에서 우리는 자신의 힘만으로는 할 수 없는 파종을 하고 우리가 스스로 뿌리지 않은 것을 수확한다. 우리는 모두 이삭줍기를 하고 있는 것이다. 우리가 자신의 파워를 한계치까지 모두 뻗지 않고 스스로 제한하여 다른 사람들이 어느 만큼 수확할 수 있도록 한다면 이는 바로 창조주 하나님이 하신 일을 그대로 따르는 것이 된다. 이삭줍기를 위한 여지를 남겨 두는 것, 이것이 참되신 하나님의 역할을 하는 것이다.

♦   진공의 에너지 밀도를 나타내는 기본 상수. 우주의 수축 문제를 해결하기 위해 아인슈타인이 일반상대성이론에서 처음 도입하였다.

안식일

이삭줍기를 위한 여유분을 남겨 두는 것은 우리 일상에서의 파워 행사를 제한하고 훈련한다. 누구든지 상당한 파워를 가진 사람이면 날마다 다른 사람들의 창의적 활동을 위해 그날 자신이 무엇을 하지 **않아야** 하는지를 생각해 봐야 한다. 그러나 일주일에 하루씩은 우리가 파워를 행사하는 데 어느 정도 여유분을 남겨야 하는지가 아니라 아예 모든 파워 행사를 멈추라는 명령을 받는다. 이삭줍기를 위한 여유분을 남겨 둘 때와 마찬가지로, 안식일을 지키는 데 있어서도 우리는 창조주 하나님의 발자취를 따라가야 한다. 하나님은 쉼 없이 일하지 않으셨고 그분의 안식을 통해 다른 모든 이야기가 전개되었다.

안식일은 우리에게 이삭줍기보다 더 친근하다. 그리고 최근에는 그리스도인들뿐 아니라 사회 전체가 휴식 없이 일만 하는 삶이 규칙적으로 멈추고 즐기는 리듬을 타는 생활보다 못할 수 있다는 것을 조금씩 조심스럽게 받아들이고 있다. 그런데도 안식일에 쉬라는 명령을 지키기 위해 진지하게 노력하는 그리스도인이 매우 소수라는 것은 참 놀라운 일이다. 우리는 예수님이 바리새인들에게 "안식일이 사람을 위하여 있는 것이요 사람이 안식일을 위하여 있는 것이 아니니"(막 2:27)라고 정곡을 찔러 질책하신 것을 율법주의에 대한 경고가 아니라 계명의 불이행을 허락하는 것으로 은근히 왜곡해 버렸다. 우리는 예수님께서 바로 이어서 "이러므로 인자는 안식일에도 주인이니라"(28절)라고 말씀하신 것을 잊은 듯하다. 예수님은 하나님이 그분의 형상을 지닌 이들에게 주신 이 귀한 선물에 있어서 자신이 예외라거나 아니면 무관심하신 것이 아니라 바로 이 선물에 대한 자신의 주권을 말씀하신 것이다.

우리의 일뿐 아니라 쉼에 대해서도 예수님의 주권을 인정함으로써 우리는 이 치열하고 파워에 굶주린 세상에 대한 그분의 주권을 가장 잘 회복할 수 있다. 문제는 아주 간단하다. 일주일에 하루는 우리가 일이라고 부를 수 있는 어떤 것도 하지 않는 것이다.

그런데 이런 간단한 정의를 내리자마자 바로 이의가 제기된다. 누군가는 안식일에도 음식을 차리고 설거지를 해야 하지 않느냐는 것이다. 아니다. 유태인 가정에서는 다 잘 알고 있듯이, 음식은 그 전날 만들어 놓고 설거지는 그다음 날 하면 된다. 유대교의 생활 지침인 할라카(halakha)에 매이지 않는 사람들의 경우, 대부분의 가정에 설거지가 일이 되지 **않는** 사람, 즉 자신이 부름받은 일상의 소명에 해당하지 않고 오히려 그로부터 벗어나는 것이 되는 그런 가족구성원이 있게 마련이다. 우리 집에서는 설거지를 하는 것이 나의 일상적인 가사 노동에 속하는데 때때로 일요일 오후 낮잠에서 깨어나 보면 내가 자는 사이 아내가 나 대신 설거지를 해 놓은 것을 발견하곤 한다. 반대로 내 아내 캐서린은 연구하고 가르치는 힘든 업무를 하면서 가족을 위해서는 음식 만드는 일을 담당한다. 그래서 일요일에는 종종 내가 아내 대신 음식을 차린다. 우리는 설거지나 요리에 관해서는 율법주의적 입장을 내세우지 않지만 우리 집 컴퓨터에게만은 엄격히 적용해서 토요일 밤에 전원을 끄고는 24시간 동안 다시 켜지 않는다.

안식일에는 우리가 무언가를 하지 않는 것 외에도 더 많은 것들이 관련되어 있지만 파워를 훈련한다는 면에서는 단순히 하던 일을 멈추는 것이 매우 중요하다. 우리는 하나님이 하시는 역할을 하도록 부름받았는데 그 하나님은 멈추시는 하나님이다. 창세기 1장에 나오는 창조에 관한 서술에서 하나님은 하루가 끝날 때마다 매일 하시던 일을 멈추고 보시기에 좋다고 복을 주시며 하나님이 이루신 일을 기뻐하신다(이 세상을 지으신 분이 졸지도 주무시지도 않음은 분명 틀림없는 사실이지만, 창 1장의 창조주는 철야를 하는 법이 없으시다). 마찬가지로 에덴동산에서 하나님은 날이 서늘할 때에 (창 3:8, 개역개정판은 "바람이 불 때") 그저 동산을 거니실 뿐(walking) 일을 건드리시지(working) 않는다. 일곱째 날 하나님은 축복하시기 위해서만이 아니라 안식일을 "거룩하게" 하시고 따로 구별하시기 위해 멈추신다. 하나님의 거룩하심은 하나님이 무엇을 하시는지를 통해서만이 아니라 하나님이 어떻게 쉬시는지를 통해서도 나타난다.

우리가 하나님의 형상을 나타내고 하나님이 주신 역할을 잘 감당하고 있는지를 식별하는 가장 빠른 길은 우리가 안식일을 어떻게 지키는지 살펴보는 것이다. 중요한 것은 안식일의 극단적인 금욕의 삶을 누가 더 철저히 지키는지 경쟁하거나 일과 쉼 사이에 어떻게 세밀하게 경계선을 긋느냐 하는 것이 아니라 단순히 우리가 스스로에게 묻거나 친구들에게서 질문을 받거나 하여 한 주에 하루, 우리가 정직하게 말해 아무 일도 하지 않는 날이 있는지 생각해 보는 것이다. 특히 우리의 파워가 증가할 때에 안식일 준수에 어떤 변화가 있었는지를 질문해 보는 것이다. 더 깊고 더 신실하고 더 기쁘게 안식일을 지키는가, 아니면 거짓 신 행세의 우상이 우리를 더욱더 분주한 연중무휴의 삶으로 몰아붙였는가? 거짓 신을 섬기고 거짓 신 행세를 할 때에 나타나는 확실한 징표는 파워가 증가할수록 더욱더 빨라지는 러닝머신을 달리느라 쉴 틈이 점점 더 없어지는 것이다.

가장 훌륭한 영성 훈련들이 그렇듯이, 안식일 준수는 완벽한 진단과 처방을 함께 제공한다. 사회생활에서 정체성과 의미와 역할을 가져다주는 활동들에서 우리가 손을 뗄 수 있다면 우리의 그러한 활동들이 과연 하나님 형상을 나타내는 효과적인 길인지 아니면 점점 더 절박해지는 신 행세인지를 충분히 알아볼 수 있다. 만약 우리가 노트북 컴퓨터를 닫아 둔다면, 문자 메시지에 응답하지도 않고 비용을 청구할 수 있는 업무 시간도 재지 않는다면, 우리 자신의 영적 상태에 관해 훨씬 더 잘 알 수 있다. 그렇게 하여 얻은 고요함 속에, 다른 이들과 함께 드리는 예배 중에, 아무런 계획도 잡혀 있지 않은 시간에 우리는 불안을 느끼는가 아니면 평안한가? 두려움을 느끼는가 아니면 자신감이 솟는가? 마음이 평화로운가 아니면 초조한가? 우울한가 아니면 즐거운가?

최근 몇 해 동안 안식일은 나(와 우리 가족)에게, 내가 일상 업무에서 이 삭줍기를 위한 여유분을 남기는 데 실패하고 있음을 내가 진정 알고 싶었던 것보다 훨씬 많이 알려 주었다. 나는 교회에 다녀온 후 피곤하고 지쳐서 길게 낮잠을 자는 경우가 너무나 많았다(그리고 주중에 너무 피곤해서 교회에 가는 것 자체가 전혀 즐겁지 않았던 경우도 너무나 많다). 안식일이 저물어 갈 때쯤 다음 주간에 해야 할 일들로 인해 가벼운 짜증과 우울증이 올라왔는데, 이는 겉보기에 만족스러운 일과 뿌듯한 영향력을 지닌 내 삶이 사실은 우상숭배에 감염되어 있다는 증거였다. 아마도 그래서 불의한 일들을 계속하고 하나님 형상을 지닌 다른 사람들을 대하는 나의 태도가 뒤틀리고 있었다. 여행을 하거나 회의나 과제로 차 있는 날에는 그런 피로와 불안의 분명한 징표를 거의 느끼지 못하다가 쉬려고 일을 멈출 때면 이런 느낌이 들었다. 안식일이 아니었다면 나는 위험하게도 내 영혼의 진정한 상태를 계속 몰랐을 것이다.

그러나 안식일은 진단서와 함께 처방전도 주어 우리가 하나님의 역할을 하도록 치유받을 수 있는 길을 열어 준다. 안식일을 제대로 지키는 것은 하나님의 관대하심과 선하심을 매주 체험하는 것이다. 아무것도 하지 않아도 우리의 삶은 유지되고 심지어 넘치도록 공급을 받고 있으며 하나님이 좋으신 분임을 맛보게 된다. 참으로, 하나님의 놀라우신 경륜 안에서 수많은 제자들이 경험한 것은 우리가 매주 더 신실하게 하나님을 신뢰하며 쉼을 가질수록 더 많은 열매를 주중에 내내 거두게 된다는 것이다. 도대체 어느 우상이 이런 휴식을 그 경배자에게 준 적이 있었던가? 일을 쉬는 것이 다른 날의 일을 더욱 집중적이고 성실하게 하는 장려책이 되는 것처럼, 매주 안식일 잔치의 약속 곧 한참 떨어져 있는 휴가가 아니라 매주 일곱째 날이면 항상 있는 이 잔치의 약속은 우리를 하나님과 하나님이 주관하시는 선한 세계에 관한 진리를 향하도록 변화시켜 준다.

안식일 불가론

세상에서 가장 파워 있는 사람들이 안식일이 비현실적이라고 가장 굳게 믿는 사람들인 경우가 많다는 것은 매우 아이러니하다. 매주 하루의 휴식이 바람직한지 의심할 권리가 있다고 생각할 만한 사람들은, 성경의 최초 독자들이 대부분 그랬던 것처럼 생계를 위해 농사를 짓되 조금이라도 문제가 생기면 그것을 감당할 여력이 거의 없는 척박한 상황에서 살아가는 사람들일 것이다. 그러나 인류의 기술 능력이 확장되고 우리의 경제가 전에는 꿈도 꾸지 못했던 부를 창출하여 수십억의 사람들에게 새로운 기회를 열어 주었는데도, 많은 미국인들이 하루 쉬는 것을 생각할 수 없는 일, 심지어 비애국적인 행위라고 더욱 확신하게 된 듯하다.

 안식일 불가론은 자본 자산에게 이삭줍기를 허용하지 않는 최고 수준의 생산성을 요구하는 발전된 자본주의와 관련이 깊다. 공장은 3교대로 주 7일 쉬지 않고 돌아가야만 투자한 설비에서 최대 생산성을 얻어 낼 수 있다. 비싼 땅에 큰 비용을 들여 건축한 상가는 일요일에도 문을 열어야 소유주가 더 많은 매상을 올릴 수 있다. 투자자에게 그들의 돈으로 구입한 장비에서 최대한의 생산성을 쥐어 짜내겠다고 약속했다면(즉 이삭줍기를 고려하지 않는 계약 또는 경제체제에 발을 담갔다면), 안식일에 철저히 쉬는 것은 허용할 수 없는 방만 경영으로 보이기 시작할 것이다. 그리고 과거 가축이나 인력, 땅에 의존한 농업과 달리 잘 정비된 기계는 하루 24시간, 주 7일 가동할 수 있다. 가장 고집스런 안식일주의자도 토요일 밤에 전기와 그밖에 모든 시설을 꺼 버리지 않는 것은 이런 산업 기술의 특성에 의존하고 있기 때문이다. 이렇게 심히 좋은 세상의 어떤 특성들은 그 좋은 성능을 유지하기 위해 전원을 끌 필요가 없다(사실 수력이나 원자력 발전 같은 일부 전기 공급원은 매주 정확하게 가동을 중지할 수가 없다. 그러한 발전 시설들은 매일매일 일정량을 생산한다).

그러나 이런 특성들이 물리적 세계에서는 고맙게도 타당하고 좋지만, 생명체들에게는 타당하지도 좋지도 않다. 안식일은 사람을 위해 그리고 이 세상을 우리와 공유하고 있는 다른 생물들을 위해 만들어졌다. 그리고 사람과 동물과 땅(그냥 불활성의 물질이 아니고 동료 피조물들의 경이로우리만큼 복합적인 생명 체계)에게 안식일은 단지 현실적 방안일 뿐 아니라 절대적으로 필요한 것이기에 이를 무시하는 것은 그 자체로 비현실적일 수밖에 없다. 우리가 공장이나 상점 운영을 일주일에 하루 중단하는 것은 성실한 안식일 준수에 해당할 수도 있고 아닐 수도 있지만, 하나님의 형상을 지닌 존재들에게 쉼이 허락되는 것은 안식일 준수가 단호히 요구하는 것이며, 하나님 형상을 지닌 자들이 적절히 지배를 행사할 때에만 번영할 수 있는 모든 생명체에게도 마찬가지로 쉼이 허락되어야 한다. 이같이 하지 않는 것은 우상숭배. 우상숭배는 처음에는 아무리 좋아 보이더라도 궁극적으로 가장 비현실적이다.

따라서 공장이나 상점 같은 자본재를 관리하는 사람들은 지속적으로 결실을 얻기 위해 그들의 영향력 아래 있는 모든 사람이 한 주에 하루 진정한 휴식을 갖도록 방안을 마련해야 한다. 오늘날 극한으로 경쟁하며 이삭줍기를 허용하지 않는 우리 경제에서도 조직 전체가 안식일을 지키는 경우를 관찰할 수 있다. 많은 그리스도인에게 친숙한 개인 소유의 식당 체인 '칙필에이'(Chick-fil-A)는 소매업의 일반적인 지혜를 거부하고 매주 일요일에 문을 닫으면서도 계속 이익을 남기고 있다. 정통파 유대인 소유의 성공적인 전자제품 쇼핑몰 B&H는 안식일을 지키기 위해 토요일마다 뉴욕 맨해튼 9번가의 거대한(그리고 계속 손님을 끌어당기는) 점포를 닫을 뿐만 아니라 웹사이트로 들어오는 인터넷 주문마저도 그날 24시간 동안은 받지 않는다. 소매업에서 가장 경쟁이 심한 두 업종에 속하는 이 사업들이 성공을 거두고 있다면 다른 업체들 역시 안식일을 지키면서 성공하지 못하리라는 법은 없다.

개인주의 사회에서 안식일은 개인 경건의 사적인 문제로 이해되기 쉽다. 그러나 우상숭배와 불의가 파워를 관리하기 위한 필수 항목임을 안식일만큼 직접적으로 드러내 보여 주는 훈련은 없다. 개인의 안식일 준수가 나쁠 것은 없지만, 일찍이 이사야 선지자가 예수님보다 6세기 앞서 외친 대로 안식일은 우리가 우리의 파워 아래 있는 사람들을 대하는 방식에 훨씬 더 강경하게 문제 제기를 한다.

> 보라, 너희가 금식하는 날에 오락을 구하며
> 　온갖 일을 시키는도다.…
> 만일 안식일에 네 발을 금하여
> 　내 성일에 오락을 행하지 아니하고
> 안식일을 일컬어 즐거운 날이라,

여호와의 성일을 존귀한 날이라 하여

이를 존귀하게 여기고 네 길로 행하지 아니하며

네 오락을 구하지 아니하며 사사로운 말을 하지 아니하면

네가 여호와 안에서 즐거움을 얻을 것이라.

내가 너를 땅의 높은 곳에 올리고

네 조상 야곱의 기업으로 기르리라.

여호와의 입의 말씀이니라. (사 58:3, 13-14)

자신이 맡은 하나님 형상의 사명을 감당하기 위해 우리에게 의존하는 사람들은 누구인가? 우리는 일주일에 하루를 꼭 쉬어야 할 뿐 아니라 그들도 반드시 그렇게 쉴 수 있도록 할 책임이 있다. 오늘날의 소비자 경제에서 이것은 우리가 직접 고용하거나 관리하는 '직원들'뿐 아니라 주유소나 식당, 상점 등에서 우리를 응대하는 사람들과, 교회 관리인부터 지역의 전력, 수도 등 공공사업소에서 일하는 직원들까지 우리의 생활이 원활히 유지되도록 보이지 않는 데서 일하는 사람들도 포함하는 책임이다. 그렇다고 안식일에 모든 상업 거래를 끊어야 한다는 것은 아니다. 복잡한 경제 사회에서 그것은 사실 불가능하다. 또 오늘날의 다종교 사회에서 우리를 위해 일하는 사람들의 안식일은 적어도 세 가지로 각각 다르다(무슬림은 금요일, 유대교도는 토요일, 그리스도인과 「뉴욕타임스」 독자들은 일요일에 쉰다). 그보다 우리는 우리를 위해 직간접적으로 일하는 사람들에게 일과 휴식의 안식일 패턴을 기꺼이 존중하는지 아닌지를 물어야 한다. 만약 그들이 아니라고 대답한다면 우리는 어떻게 해야 할까? 우리의 소비 패턴을 바꾸든지 다양한 노동법과 실행 방식을 옹호하든지 해서 안식일을 만드시고 안식일을 취하시는 참되신 창조주 하나님의 역할을 감당할 수 있

는 사람들 가운데 그들이 포함되도록 해야 하지 않을까?

우리가 이런 곤란한 질문을 내버려 두고 우리 자신의 사적인 안식일만 경건하게 준수한다면 우리는 거짓 신 행세의 위험을 자초하는 것이다. 다른 사람들의 수고를 팔아서 내 휴식을 사고 다른 사람들의 것을 빼앗아서 나의 풍요를 이루는 것이다. 진정한 안식일 실천은 모든 생명체가 의미 있는 일과 풍성한 쉼의 복을 모두 누릴 때까지 그 범위를 확장해 간다. 우리가 안식을 허용하는 체제를 만들어 내고 유지하는 데 힘쓰지 않는다면 우리 자신의 쉼은 특권과 파워의 표현에 지나지 않을 것이고, 그래서 선지자 이사야의 비난을 받을 것이며 마땅히 비난받아야 할 것이다.

안식일에서 안식년으로

안식일을 실천하는 것이 어떤 것인지 겨우 이해하고 나면 그 너머에 정말로 실천하기 어려운 일들이 기다리고 있다. 레위기에서 매주의 안식일은 여러 해와 여러 세대로 이어지는 안식의 사다리에서 맨 아래 칸에 불과하다. 매 7년마다 이스라엘 백성은 일체의 농사일을 하지 말도록 명을 받았다.

> 너는 육 년 동안 그 밭에 파종하며 육 년 동안 그 포도원을 가꾸어 그 소출을 거둘 것이나 일곱째 해에는 그 땅이 쉬어 안식하게 할지니 여호와께 대한 안식이라. 너는 그 밭에 파종하거나 포도원을 가꾸지 말며 네가 거둔 후에 자라난 것을 거두지 말고 가꾸지 아니한 포도나무가 맺은 열매를 거두지 말라. 이는 땅의 안식년임이니라. (레 25:3-5)

한 해 동안 이스라엘 백성은 완전히 땅을 놀려야 한다. 그들이 땅에 씨를 뿌리고 곡식을 거두는 일을 하면서 하나님 형상을 감당했듯이, 그들은 또한 스스로 쉬고 땅도 쉬게 함으로써 하나님 형상을 나타내야 했다.

오늘날에야 물론 농토를 '쉬게' 해야 하는 충분한 농업적 이유를 알고 있지만 성경 시대에도 땅을 경작하지 않고 놔둠으로써 자양분이 보충되고 생태계의 다양성이 유지된다는 것을 어느 정도는 알고 있었을 것이다. 하지만 매주 안식일을 지키는 것이 상당한 믿음과 신뢰를 요구했다면 '안식년'은 전적인 공급을 땅에 의지했던 그 시대 사람들에게 엄청난 훈련을 요구했다. 그렇게 하려면 안식년 전해에 충분히 양식을 비축하는 등 사전에 면밀한 계획을 해야 했을 것이다. 안식년은 가난한 사람들에게는 일종의 이삭줍기였다. 경작할 자기 소유의 땅이 없는 가난한 사람들은 안식년 동안 쉬는 땅에서 자라나는 무엇이든 자유롭게 거둘 수 있었기 때문이다(출 23:11).

그러나 안식년의 의미는 단지 농업에 국한되지 않는다. 문화적 의미도 담겨 있다. 6년 동안 줄곧 힘들여 농사를 지은 사람들은 이 한 해 내내 거의 할 일이 없었다. 고된 농사일을 대체할 수 있는 것은 온갖 종류의 문화적 활동 외에 무엇이 있겠는가? 이 일곱째 해는 성지 순례와 예배와 연구와 운동과 노래를 위한 이상적인 시간이 되었을 것이다. 일곱째 해는 그동안 생존에 매여 있던 사람들까지도 그들이 지닌 하나님 형상의 더 넓고 더 깊은 의미를 탐구할 수 있는 시간을 보장해 주었다.

오늘날 서구 세계의 대부분 사람들은 땅에 직접적으로 매여 일하지는 않는다. 그러나 우리 자신의 파워와 좀더 건강한 관계를 갖고자 한다면 안식년이 지금 우리에게 어떤 의미를 갖는지 생각해 보는 것이 좋다. 우리 문화에서 '안식년'은 거의 전적으로 교사와 학자(그리고 일부 운 좋은 목사)들에게만 적용되는 용어로, 이들은 한 해 동안 가르치는 일을 쉬고 다른 소명을 추구하도록 허락을 받는다. 학계에서 안식년은 아무 목표도 책임도 따르지 않는 '휴가'가 아니다. 이 시간은 학문의 지경을 넓히고 재조정하며 다음에 어떤 소명을 따라야 할지 탐색하는 기간이다.

매주 안식일조차 멀게 느껴지는 우리 대부분에게 안식년이란 꿈같은 소리로 들릴 것이다. 대학이나 교회처럼 제도적으로 안식년에도 급여를 보장해 주는 그런 환경에서 일하지 않는다면 우리가 그날그날 꾸려 가는 생산적 활동에서 일 년 내내 물러나 있을 형편이 되겠는가?

이 질문이 바로 이스라엘 백성이 안식년에 대하여 던진 것인데 하나님은 레위기의 율법과 함께 매우 구체적인 답을 주셨다. "만일 너희가 말하기를 '우리가 만일 일곱째 해에 심지도 못하고 소출을 거두지도 못하면 우리가 무엇을 먹으리요?' 하겠으나 내가 명령하여 여섯째 해에 내 복을 너희에게 주어 그 소출이 삼 년 동안 쓰기에 족하게 하리라"(레 25:20-21). 이 명령을 주시면서 하나님은 그것을 지킬 수 있도록 필요한 양식을 공급하셨다. 이스라엘 백성은 그저 미리 풍족하게 주시는 것을 수확할 준비를 하고 안식년을 지나 정상적인 농사로 돌아갈 때까지 그것을 잘 관리하면 되었다.

실제로 서구 사회에서는 사람들이 일을 하는 동시에 경제적 생산 활동을 할 수 없게 될 장래를 대비하여 계획을 세우고 저축하는 데 익숙하다. 우리는 이것을 '은퇴'라고 부르는데 수십 년을 열심히 일한 후에 여러 해를 쉬는 것으로, 이상적으로는 즐거운 여행과 가족, 친구들과 함께하는 시간으로 채우게 된다. 수많은 미국인은 적어도 원칙상으로는 은퇴 후 생활을 위해 저축을 한다는 이 개념에 별 불편함을 느끼지 않는다(**충분한** 저축을 할 의지와 수단을 갖는 것은 또 다른 문제이긴 하지만).

계산해 보면 은퇴와 안식년은 대체로 비슷한 길이의 시간을 요한다. 어떤 사람이 전임(full-time)으로 일하는 직장에서 21세에 일을 시작하여 69세에 은퇴를 하고 나서 고령의 한계로 움직임에 제약을 받기 시작하기 전, 대략 77세까지 '활동적인 은퇴 생활'을 하기 원한다면 48년간의 노동은 8년간의 은퇴와 엮인다. 정확히 6년 일하고 1년 쉬는 안식년의 비율이다.

그러나 오늘날의 '은퇴'는 6년 일하고 1년 쉬는 레위기의 방식에 비해 훨씬 덜 건강하다. 왜냐하면 전체 휴식 기간이 생애의 끝자락에 몰려 있기 때문이다. 2년간의 휴식이 1년간의 휴식보다 두 배로 더 만족스러울 수 없고 10년간의 휴식이 결코 열 배의 더 큰 만족을 가져오지 않는다는 것은 확실하다. 여가는 시간이 갈수록 급격히 그 효과가 떨어지는데 특히 쉬는 동안 축적한 통찰과 에너지를 적용할 의미 있는 일이 앞에 기다리고 있지 않을 때 더욱 그렇다. 하나님의 형상을 지닌 사람들은 책임성과 창조성으로부터 영원한 휴가를 가질 수 없다. 앞서 본 은퇴 모델은 휴식과 안식년이 주는 회복의 혜택을 누리지 못한 채로 현역 시절을 보내야 할 뿐 아니라 은퇴 기간에는 단지 여가와 오락 외에 더 광범위한 문화적 목표를 추구할 여유를 허락하지 않는다.

은퇴라는 호사를 누리는 많은 사람이 알게 되는 것은 비생산적인 여가가 계속 이어지는 것이 결코 바람직하지 않다는 사실이다. 크루즈 여행은 처음 두 주간은 마치 천국에 온 기분이지만 두 해를 계속하라면 지옥과 같을 것이다. 동시에, 현대적인 의료 혜택을 받을 수 있고 육체적으로 덜 힘든 일자리가 늘어나고 있기 때문에 많은 사람이 65세나 69세에 일을 그만둘 마땅한 이유가 없다. 그렇다면 왜 대부분 업종이 은퇴라는 별 신통치 않은 보상을 위해 계획을 다듬고 저축을 하도록 설계되어 있고 주기적인 안식년을 위해 계획하고 저축하도록 돕는 업종은 없는 것일까?

나는 전 사회는 놔두고 한 개인도 안식년이라는 구상을 실행하는 일이 매우 복잡하다는 것을 인정한다. 나는 단지 우리가 기이한 상황 속에 있다는 것을 깨닫게 하려는 것이다. 장기간의 휴식 없이 일하면서 우리는 마지막 몇 해의 근사한 삶을 꿈꾸며 계획을 세우고 저축을 한다. 그러나 실제로는 그 꿈이 다만 실망스럽고 효용이 저감되는 우상숭배의 한 형태였던 것으로 드러날지 모른다. 그리고 그때에 가서 은퇴라는 게 우리가 바랐던 만큼 만족스럽지 않음을 깨닫는다 해도, 이미 코스를 바꾸고 다른 선택을 하는 것은 불가능까지는 아니더라도 매우 어려워져 버린다. 그러는 동안, 우리는 성경이 제시하는 훨씬 더 현실적이고 더 유리하고 더 실현 가능한 구상을 불가능하다고 단정한다.

안식년은 파워를 향한 훈련이며 또한 파워를 길들이는 훈련이다. 안식년은 '내가 없으면 안 된다'는 마음을 내려놓도록 종용한다. 안식년은 경비원과 사장을 똑같이 괴롭히는 신 행세를 걷어치운다. 틀림없는 사실은 우리가 내려놓은 역할을 다른 사람들이 충분히 해낼 수 있다는 것이다. 우리를 겸손하게 하는 이러한 현실은 안식년을 마치고 직무로 복귀할 때 우리 자신의 중요성과 능력에 대해 좀더 냉정한 감각으로 업무에 임하게 하고, 조직 내 다른 사람의 공백이 생겼을 때 이를 넉넉히 채울 역량을 기른 '후보군'을 두텁게 확보해 준다.

안식년의 혜택은 회사뿐 아니라 가정에도 적용될 수 있다. 전업주부인 엄마가 십 년 가까이 아이들 기르기에 매달렸으면 이제 꽤 자란 아이들과 아빠가 엄마의 가사 책임 가운데 상당량을 면해 주는 안식년 휴가를 선사할 수 있지 않을까? 이 기간에 아이들과 아빠는 엄마가 하던 요리와 청소 등을 배울 수 있고, 엄마는 집 밖에서 한시적으로 할 수 있는 일을 한다거나 정규 과정이든 비정규 과정이든 공부를 할 수 있다.

안식년의 실행은 우리의 파워를 길들이는 동시에 우리를 진정한 창조적 파워로 이끌어 줄 것이다. 나는 지금까지 살면서 1년간 내 일상이 중단되는 안식년을 두 차례 지냈다. 처음은 대학교 2학년을 마치고 3학년을 시작하기 전 한 해를 쉬었고, 다음엔 내가 편집하던 잡지가 실패하고 우리 가족이 다른 도시로 이사한 후 35세 때 아무 공식적인 직장 없이 한 해를 지냈다. 첫 안식년은 15년간 학교를 다닌 후에 상당히 뒤늦게 사용한 셈인데, 내가 학업에서 얻은 성취와 만족감에 견주어 보아도 나의 영적 건강과 직업 능력 개발을 위해 그만큼 더 중요한 시간이었다. 교실에서 더 많은 시간을 보내는 대신에 나는 보스턴에 있는 한 회사의 임시직 중간 간부로 일하고, 조지아주의 어느 수양관에서 수습직으로 일하고, 가수 겸 작곡가로 미국 동부 지역을 돌아다니며 3인조에서 33인조에 이르는 악단들과 작은 공연장이나 교회에서 공연도 했다. 이런 일들은 나를 매우 겸허하게 만드는 경험이었지만 또한 내가 학업을 계속하면서 만난 사람들보다 훨씬 더, 여러 지역에서 온 다양한 배경과 경제적 환경을 가진 사람들과 접촉할 수 있는 기회이기도 했다.

두 번째 안식년은 내가 원한 것이 아니라 실패를 겪은 후에 찾아왔다. 하지만 그 1년 동안 나는 가족을 새 동네, 집, 학교에 정착시키는 데 집중할 수 있었고 아내는 의욕을 쏟을 만한 새 일을 시작했다. 그리고 나는 틈틈이 조용한 시간에, 나중에 『컬처 메이킹』이라는 제목이 붙은 책의 집필을 구상하고 그 제안서를 작성했다.

이러한 휴경의 기간은 휴양과는 거리가 멀었고 결코 편하지도 않았지만 나라는 사람을 만들어 내는 데 중요한 시간이었다. 내가 무언가 세상에 창조적인 기여를 한 것이 있다면 이는 그 혹독한 2년의 시련의 도가니에서 대부분 만들어진 것이다. 한편 아내 캐서린은 교수진이 안식년을 쓸 수 있는 대학에서 일하는 행운을 누렸는데 그 기회를 통해 아내도(우리 가족과 함께) 멈추고, 탐색하고, 되돌아보고, 소명의 다음 단계를 구상해 보는 혜택을 누렸다.

안식년은 특권이라는 말의 본래 의미에 그대로 해당되는 대단한 특권이다. 즉 과거의 파워 행사로 누적된 혜택이다. 우리의 정의롭지 못한(고로 우상숭배적인) 사회에서 안식년이라는 말을 꺼내는 것만으로도 그런 것을 누릴 가능성이 없다고 느끼는 독자들에게 시기와 불만을 불러일으킨다는 것을 나는 안다. 그러나 안식년이란 이스라엘 백성에게 **하나님이 명령하신** 특권임을 우리가 인정하는 것이 중요하다. 창조주 하나님은 나중에 있을 휴식을 약속하며 쉼 없는 노역을 강요하는 이방의 우상과 같은 분이 아니라 풍요의 하나님이셔서 일과 휴식이라는 그분이 세운 우주적 틀에 충실하기 위해 우리에게 필요한 모든 것을 공급하신다.

어째서 우리는 안식년이 하나님 형상을 지닌 모든 사람에게 가능하다는 생각을 못하는 것일까? 이를테면 학제의 중간에 와 있는 학생[미국의 아메리코어(AmeriCorps)와 같은 봉사 프로그램이 좋은 예다], 6년간 열심히 일한 노동자, 임금이 통장을 스쳐 지나가는 패스트푸드점 직원, 또는 자신이 절대적으로 필요한 사람임을 의미하는 '키맨'(key man) 보험을 요구하는 경영자에게도 말이다. 문제는 성경 속 생활양식을 구현하려 한다는 것이 아니라, 우리가 모두 공유하는 빈곤한 믿음과 상상력, 그리고 우리가 일곱째 해에 쉴 수 있도록 6년간 부지런히 일하고 저축하는 것을 마땅치 않게 여기는 태도다.

요점은 우리 자신이나 우리 아이들이 감당하지 못할 또 하나의 율법적 장애물을 세우자는 것이 아니라 안식이 형성하는 삶에 대한 소망을 통해 우리의 파워와 욕망을 길들이고 이 땅에서 우리에게 주어진 연한의 끝이 아닌 그 중간에 인간의 이루 말할 수 없는 능력을 발휘할 수 있도록 하자는 것이다. 하나님은 이런 풍요가 그분의 형상을 지닌 모든 사람에게 주어지기를 바라신다. 안식년이 우리 자신과 이웃에게 가능해지도록 힘들지만 주의 깊게 일하는 것은 이 세상의 번영을 위해 우리가 할 수 있는 최선의 기여가 될 것이다.

희년

성경의 '안식의 사다리'에는 한 단계가 더 있다. 이삭줍기, 안식일, 안식년 다음에는 '안식년의 안식년'이 있다. 안식년의 일곱 번째 주기의 일곱 번째 해인 이 해에는 평범한 안식년과 달리, 단순히 작물과 일꾼들이 1년간 경작을 쉬는 것만이 아니다. 이 '희년'은 매우 극적인 활동이 벌어지는 시기로, 뿔나팔 소리와 함께 시작되어 미국의 추수감사절이나 중국의 춘절을 무색하게 하는 굉장한 민족 대이동이 전개된다.

희년을 맞으면 이스라엘 백성은 땅을 원 소유자에게 돌려주고 개인적으로나 국가적으로나 어려웠을 때 쌓인 빚을 탕감받는 등 지위와 특권과 파워가 재설정된다. 49년마다 운이 좋았거나 열심히 일해서 부유해진 사람들은 그들이 넉넉히 얻은 초과 이익을 포기하고, 운이 없었거나 덜 부지런했던 사람들은 부모의 소유였던 땅을 다시 경작할 새로운 기회를 얻는다. 월드비전이 개입하기 전에 인도 구디야탐에 존속했던, 빚 청산을 위한 담보 노동이나 카스트 제도 같은 것들은 희년 제도를 실행하는 민족에게는 발생할 수 없다. 왜냐하면 각 세대마다 사람들은 언제 빚을 탕감받고 특권이 사라지는지를 기억하고 기다릴 것이기 때문이다. 부의 축적은 결국 소수가 신 행세를 하도록 만들고 다른 사람들은 그 밑에서 영속적인 가난 때문에 하나님의 형상이 망가지는 지경으로 추락하는데 희년은 이스라엘의 각 구성원에게 하나님 형상을 지닌 존재로서의 위엄을 지켜 주면서 부가 축적되는 이러한 패턴을 허물어 버린다.

희년은 하나님의 선하심을 전제로 한다. 참되신 하나님은 여러 민족들 가운데 한 민족을 택하여 풍요로운 땅을 주시고 수많은 민족들 앞에서 하나님의 선하심을 증거하라고 부르셨다. 안식의 사다리의 다른 단계에서와 마찬가지로 희년을 통해서도 이스라엘 백성은 파워란 성취가 아니라 선물이며, 번영은 우상숭배나 불의로부터가 아니라 감사와 넉넉한 관용에서 오는 것이고, 부는 축적할 필요가 없고 빚은 탕감받아야 마땅하다는 것을 스스로 상기하고, 또 세상에 상기시킨다.

희년은 땅과 부 그리고 노동이라는 가장 근본적인 차원에서 참되신 하나님의 역할, 즉 빚을 탕감해 주시고 집 없는 자에게 집을 마련해 주시는 참되신 하나님의 역할을 감당하는 한 방식이다. 상상해 보라. 조부모가 기근이나 역병 때문에 저당 잡혀야 했던 땅을 희년에 되찾은 손자손녀의 기쁨을, 눈앞에서 종 문서가 폐기되는 것을 보는 종들의 놀라움과 감사를, 힘겹게 빚을 갚아 가다가 다음 달부터는 갚을 빚이 아무것도 남지 않았음을 깨닫고 어안이 벙벙해진 사람들의 즐거움을. 그리고 또한 상상해 보라. 그러한 자비와 기회를 베푼 파워 있는 사람들의 마음에 차오르는 안도와 소망을, 보이지 않는 특권의 사슬에서 벗어나는 자유를, 운이 없었던 이들 사이에서 서서히 커져 가는 반감에서 놓여나는 해방감을. 그 결과 그해 내내 경축과 예배가 그치지 않는 이유를 충분히 이해할 수 있을 것이다.

이 모든 것이 실제 이루어졌을 수도 있지만, 이스라엘 백성이 실제로 희년에 관한 지시를 이행했다는 증거는 거의 없다. 성경에도 희년이 실행된 기록은 없다. 이스라엘이 가나안 땅에 들어갈 준비를 하는 시기를 기록한 신명기에 이에 관한 내용이 있고 또 이사야와 다른 선지자들이 진정한 예배와 정의로운 삶을 부르짖을 때에 이 희년에 대한 이야기를 다시 듣게 된다. 하지만 성경의 역사서들에는 단 한마디도 나오지 않는다.

그렇게 놀랄 일은 아니다. 역사 기록은 이스라엘 백성이 항상 우상숭배의 유혹을 받았음을 분명히 밝히고 있다. 가나안 땅에 들어서자, 강력해 보이는 다른 신들 사이에서 그 신들이 정당화한 사회·경제 체제에 따라가면서, 하나님의 택하신 백성은 일찍부터 그리고 자주, 개별적으로나 조직적으로, 하나님을 예배하는 데서와 하나님께 순종하는 데서, 비틀거렸다. 희년을 실행하는 데 실패한 이스라엘의 모습에서 우리는 그들이 다른 신을 따르려는 유혹을 마음에서 깨끗이 씻어 내지 못한 것의 경제적·문화적 대응물을 본다.

희년을 철저히 이행했다면 이스라엘은 어느 인간 사회도 보여 주지 못한 번영을 이루었을 것이다. 그러나 우상숭배와 불의가 맞물려 있는 것처럼 정의와 예배도 항상 같이 간다. 순전한 마음으로 참되신 하나님을 섬기지 못한 이스라엘은 희년 제도가 요구하는 관용의 깊이까지 참되신 하나님의 역할을 감당하는 데도 실패했다.

그리하여 희년은 오늘 우리에게 그렇듯이 이스라엘에게도 저 멀리 지평선에 있는 것이었다. 희년은 만약 사람들이 그들을 지으시고 구속하신 분을 깊이 신뢰한다면 특권과 지위에 연연할 필요가 없음을 보여 주는 그림이며, 지금 짓밟힌 사람들도 언젠가 하나님 형상을 지니고 하나님의 선한 세상 속 어떤 영역을 권위 있게 다스리며 번영하리라는 약속이며, 하나님을 떠나 우리가 매달리는 모든 것은 언젠가 우리를 떠나가고 오직 하나님이 선물로 주신 것만이 영원히 선하다는 경고다. 희년이 한 번도 온전히 실행되지 못했다는 것은 참되신 하나님께 한 번도 온전한 예배와 순종을 드리지 못했다는 말과 같다.

그러나 희년은 결코 잊히지 않았다. 참되신 하나님은 그분의 백성과, 그분의 형상을 지닌 자들이 가져올 번영을 결코 포기하지 않으셨다. 예수님은 사역을 시작하실 때, 성경에서 이사야가 희년에 대한 소망을 되살리는 부분을 찾아 큰 소리로 읽으셨다(눅 4장). 예수님이 가시는 곳마다 희년을 미리 맛볼 수 있었다.

온 땅에 펼쳐진 자유

희년이 우리 시대에도 가능할까? 우리는 경제적·문화적으로 고대 이스라엘의 토지 기반 경제와는 현저히 다른 세계에 살고 있고 지구상의 많은 나라들은 하나님의 택하신 백성에게 주어진 율법을 따르지 않는다. 그러나 개인이나 가정, 공동체, 국가가 부채를 탕감하고 특권을 포기하는 이 두 가지 일을 행할 때마다 우리는 희년의 메아리를 발견한다.

영미 법체계에서 파산 개념을 발명한 것은 위대한 혁신이었다. 파산이라는 개념이 발명되기 전에는 과도한 부채를 진 사람이 채무자 수감소에 수용되었는데 이는 절망으로 가는 편도 승차권이어서 거기서는 부채를 일부라도 갚는 것이 거의 불가능했다. 채무자가 부양하던 가족들은 수감자와 격리되어 아무런 지원도 받지 못한 채 남겨지기 일쑤였다. 파산은 도저히 갚을 수 없는 빚에 대한 의무를 면제해 주는 법적 수단을 마련함으로써 이런 막다른 체제를 대체했다.

일반적으로 파산을 좋은 일로 생각하는 사람은 없으며 파산하는 것이 즐거울 리도 없다. 하지만 파산이라는 제도는 경제 체제에서 희년을 실제로 맛보게 한다. 파산은 빚의 대물림을 끊는다. 빚진 자에게 자비를 베풀고 어느 정도의 존엄까지도 허용하는데, 통상적인 파산 제도하에서는 예컨대 아무리 빚이 많아도 사는 집에서 쫓겨나지는 않는다. 미국의 경우 파산으로 탕감된 부채는 7년이 지나면 신용 평가 보고서에 나타나지 않는데, 이는 틀림없이 성경의 모범을 반영한 것이다.

충분히 이상하게 들릴 수 있지만, 파산의 가능성은 오히려 번영에 기여한다. 얼마 전에 파산 소송에서 채권자 측을 대리하는 변호사와 저녁 식사를 했다. 그가 매일 하는 일이란 법 제도를 이용해서 빚을 받아 내는 것이었다. 그는 가능한 수단을 다해 파산 제도를 악용하려는 시도들도 보았고 그가 자신의 의뢰인을 위해 애쓰는 것에 대해 채무자 측에서는 반감을 갖기도 한다는 것 역시 알고 있었다. 그러나 그는 내게 "그리스도인으로서 나는 파산 제도가 있어서 기쁩니다. 파산 제도를 갖춘 사회가 이 제도를 못 갖춘 사회보다 훨씬 낫지요"라고 말했다. 그는 "내 의뢰인들은 이런 말을 듣기 싫어하지만, 이것은 사실이에요"라고 말하며 웃었다.

파산은 실패한 기업인에게 다시 부를 창출할 수 있는 제2, 제3, 제4의 기회를 열어 준다. 아무리 어리석은 재정적 선택을 했을지라도 그것이 그 사람이 지닌 하나님 형상에 끼칠 수 있는 손상에 한도를 부여한다. 물론 파산 제도에서도 희년의 경우와 같은 도덕적 해이가 나타난다. 갚지 않아도 된다면 빚지는 것을 누가 피하겠는가? 그러나 채권자들은 이러한 위험성에 대처할 방법을 찾아낸다. 파산 제도를 시행하는 경제 체제는 그렇지 않은 체제보다 종국적으로 더욱 튼튼한 모습을 보이며, 강력한 파산 보호 절차를 갖춘 국가는 그렇지 않은 나라보다 더 많은 창업 기업과 경제적 활력을 과시한다. 희년과 마찬가지로 파산도 좋은 결과를 거두지 못할 것처럼 들리지만, 이 비현실적인 제도가 실제로는 단순히 현실만을 반영한 제도가 허용하지 못하는 번영의 여지를 만들어 낸다. 이것은 피조물을 위한 제도이지 신이 되고자 하는 자들을 위한 제도가 아니다.

희년을 닮은 또 다른 모범 사례로, 21세기가 시작될 무렵 최고의 부자들 사이에서 일어난 놀라운 사건이 있다. 미국 투자사업가 워런 버핏과 마이크로소프트 창업자 빌 게이츠를 위시한 세계 각국의 억만장자 80여 명이 자기 재산의 절반 이상을 자선 사업에 내놓기로 하는 '기부 서약'에 서명했다. 수십억 달러를 갖지 못한 우리 같은 사람들은 십억 달러의 절반만 갖고 나머지를 모두 기부한다 해도 충분히 행복할 수 있다고 생각하며 냉소적인 반응을 보일 수도 있을 것이다.

물론 이 기부 서약은 가난하게 살겠다는 서약이 아니다. 그러나 성경의 희년도 마찬가지다. 그리고 억만장자들이 대중을 위해 자산을 내놓는 것을 대단치 않게 여기는 태도는 돈이라는 거짓 신의 위력을 대단히 과소평가하는 것이다. 우연히 십억 달러를 손에 넣는 사람은 아무도 없다. 이들은 부를 창출하는 기업을 세우고 잘 관리하여 그만한 큰돈을 벌었다. 이 기업체들과 그들이 이루어 내는 부는 그런 성공을 추구하는 사람들에게 아주 쉽게 거짓 신이 되며, 이 신의 숭배자들은 아무리 많은 물질을 소유해도 결코 만족하지 못한다. 재산의 상당 부분을 내놓는 것은 이 거짓 신을 무너뜨리는 일이다. (정말 그런지 의심된다면 당신의 재산 절반을 기부한다고 한번 상상해 보라. '나는 억만장자가 아닌걸?' 하고 항변하겠지만 아마 당신이 현재 소유한 재산의 절반만으로도 지구 인구의 하위 10억이 보기에는 당신이 진짜 억만장자를 바라보며 느끼는 것만큼 부자로 느껴질 것이다. 왜 재산의 절반을 내놓기가 그렇게 어려울까?) 기부 서약은 희년의 한 징표다. 특권을 가진 이들이 자신의 축적된 혜택들을 포기하고 내놓아서 다른 사람들이 그것을 잘 관리하여 이 세상에 기여할 수 있도록 하기 때문이다.

돈은 가장 계산하기 쉽고 대체 가능한 형태의 파워다. 그러나 화폐 기반 경제에서도 성경 속 희년의 핵심인 땅은 여전히 매우 중요한 의미를 갖는다. 많은 국가에서, 특히 미국에서는 어느 지역에 사는지에 따라 어떤 초중등 교육을 받을지가 결정되는데 이는 세상에서 가장 중요한 형태의 비재정적 파워다. 미국과 다른 많은 국가에서 학군은 지역에 따라 현저한 차이를 드러낸다. '우수' 학군의 땅값은 '빈곤' 학군의 땅값과 굉장한 격차를 보인다. 어떤 아이들은 특권을 통해 세상이 선망하는 학교에 다니고 다른 아이들은 별로 가르치는 것 없이 실망과 혼란과 실패를 강화하기만 하는 학교에 다닌다.

지리적 위치에 기반한 파행적 교육 체제에서 희년은 어떻게 적용될 수 있을까? 내가 아는 몇몇 명문대 졸업자들은 일부러 교육 환경이 '빈곤한' 지역을 찾아가서 거기서 아이들을 키우고 있다. 이 사람들은 더 여유로운 지역에서 살 수 있음에도 그런 선택권을 버리고 새로운 친구를 사귀고 새로운 이웃과 교제하며 무너진 제도를 재건하는 일에 기여하고자 그곳에 산다. 유사한 사례로서, 믿을 만한 정보에 따르면 "미국을 위한 가르침"(Teach for America)◆ 프로그램에 선발된 사람들 중 대단히 많은 수가 신앙적 동기에서 지원했다고 한다. 이들은 자신이 누리는 특권 즉 그들이 받은 엘리트 교육과 그런 교육을 받을 수 있게 한 모든 경험과 자원을, 파워는 요원해 보이고 세상은 잔인해 보이는 지역에 투자하고 있다. 그리고 도심의 모든 학교에서, 더 나은 취업 조건을 마다하고 오직 투철한 소명

◆ 대학 졸업생들이 2년간 미국 각지의 교육 곤란 지역에 배치되어 학생들을 가르치는 프로그램.

의식을 가지고 어려운 상황 속에서 일하는 교사들과 행정 직원들을 만날 수 있다.

이러한 개인적이고 공동체적인 결단은 대단한 것이다. 그러나 우리가 희년을 진지하게 받아들인다면, 힘 있는 사람들이 어려운 지역을 찾아 들어갈 뿐 아니라 반대로 힘 없는 사람들이 더 나은 곳을 찾아 나가는 것이 가능하기 위해서 우리 사회에 어떤 제도와 구조를 만들고 발전시켜야 하는지를 물어야 한다. 이 방면에서 가장 주목할 만한 개혁 중 한 사례는, 다수의 미국 도시에서 공공주택 대량 공급 계획을 중단하고 임대료 지원 바우처 프로그램인 '섹션 8'(미국 주택공급법 제8항)로 전환하여 저소득 가구들이 그들이 원하는 시내 또는 교외 지역에서 살 수 있도록 한 것이다. 거대한 공공 아파트 단지들을 철거하는 것이 간단한 일은 아니었지만 학부모들이 단일 학군의 제한을 벗어나 원하는 곳에서 아이들을 키우고 학교에 보낼 수 있게 되었다.

이런 정책들은 결코 완벽한 것일 수 없고 최선의 정책이라 하더라도 하나님의 형상이 상실된 곳에서 이를 회복시키고자 희생적으로 자신의 것을 투자하는 변화된 사람들의 활동을 제대로 대체할 수 없다. 고대 이스라엘이 참되신 창조주 하나님을 경배하고 섬기지 못했기에 희년의 율법도 지키지 못하였듯이, 우리 또한 오늘날 우리 사회에서 희년의 뜻을 완전히 구현하는 제도를 보지는 못할 것이다. 그러나 우리는 "여호와의 은혜의 해"를 대망하기에 합당한 방식으로 우리의 특권들을 내려놓고 우리의 파워를 사용할 수 있다.

14장 •

파워의 종말

마지막에 우리는 파워를 거의 갖지 못한다. 우리는 아무런 파워가 없는 상태로 생을 시작했고 생을 마칠 때에도 마찬가지일 것이다. 우리의 첫 숨은 울음이었고 우리의 마지막 숨도 그러할 것이다. 그 사이에서, 우리가 가장 갈망하는 파워는 결코 얻지 못할 것이다. 바로 죽은 자를 일으키는 파워 말이다. 물리학에서는 세상에서의 우리 활동이 양의 합이나 영의 합(제로섬)이 아니라 음의 합이라고 말한다. 즉 질서와 결실이 증가하는 것은 모두 다른 어딘가의 더 많은 무질서와 부패를 대가로 한다는 것이다. 한 방향으로 주저 없이 날아가는 시간의 화살을 되돌릴 파워를 가진 사람은 아무도 없다. "내가 다시 해 아래에서 보니 빠른 경주자들이라고 선착하는 것이 아니며, 용사들이라고 전쟁에 승리하는 것이 아니며, 지혜자들이라고 음식물을 얻는 것도 아니며, 명철자들이라고 재물을 얻는 것도 아니며, 지식인들이라고 은총을 입는 것이 아니니, 이는 시기와 기회는 그들 모두에게 임함이니라"(전 9:11).

모든 파워는 결국 끝이 난다는 사실보다 분명한 것은 없다. 모든 인간이, 그리고 모든 인간의 제도가 이 사실을 부정해 보려고 많은 에너지를 쏟지만 그런 시도는 결국 "너희가 결코 죽지 아니하리라" "너희가 하나님과 같이 되리라"라는 뱀의 유혹에 굴복하는 것이다. 그렇지 않다. 뱀의 약속은 거짓이다. 그것을 쫓아가다가는 우상숭배와 불의로 곤두박질치게 된다. 우상숭배는 우리가 추구하는 파워를 결코 주지 못하는 신을 섬기는 것이고, 불의는 우리를 신적 불멸성을 가진 존재로 떠받들도록 이 세상과 동료 피조물에게 강요하려는 시도인데, 우리는 그 같은 불멸성을 결코 손에 넣을 수 없으므로 점점 더 좌절하게 되고 그럴수록 점점 더 난폭해진다.

하지만 이 끝 너머에 다른 끝이 있다. 이 책 서두에서 우리는 창세기의 첫 장들에 나오는 믿기 어려울 만큼 좋은 소식에 대해 살펴보았다. 성경 속 다른 모든 구원의 역사가 닻을 내리고 있는 이 첫 장들은, 우리가 이 세상에서 경험한 모든 반증들에도 불구하고 이 세상의 이야기가 좋게, 심히 좋게 시작했다고 주장한다. 따라서 이 책의 말미에서 우리는 성경의 끝 장들을 되새겨 보아야 하는데 이 부분은 서두의 장들처럼 나름의 방식으로 믿기 어려운 내용들을 담고 있다. 우상숭배와 불의의 열매들이 그 정체를 폭로당하고 응당한 심판을 받은 후에, 요한계시록의 마지막 장면들은 불가능할 정도로 좋은 소식을 전하고 있기 때문이다.

새로 만들어진 세상은 도시(city)다. 도시는 최대 용량의 우글거리는 다양성과 오랜 시간을 견디는 내구성을 지닌 인간의 제도다. 도시는 인간의 파워가 가장 집중된 곳으로서 인간의 가장 고귀하고 가장 부패한 파워에 대한 성경의 주요한 상징이다. 도시는 종말에 관한 환상에서 천상의 대적들과 이 땅의 도시들을 함께 묶어 "무너졌도다 무너졌도다 큰 성 바벨론이여"라고 언급한 '통치자들과 권세들'과 밀접하게 엮여 있는 인간의 창조물이다. 그러나 이 도시는 일반적인 도시가 아니라 특정한 도시, "하나님께로부터 하늘에서 내려[온]" 예루살렘이다.

이 도시의 주민들은 영광스러운 신세계에 살기 합당하도록 새롭게 개량된 존재들이 아니다. 그들은 특정한, 우리가 알아볼 수 있는, 구속받은 이들로서 그곳의 문들에 이름이 쓰여 있는 열두 형제 즉 유다, 므낫세, 베냐민 등과 또 그곳의 기초석들에 이름이 새겨져 있는 열두 명의 갈릴리 사람들 곧 나중에 다 증인이자 순교자가 된 베드로, 야고보, 요한과 나머지 천방지축 어부들과 열심당원들로부터 시작된다. 이 도시에 들어가는 사람들은 "땅의 왕들"로서 그들 나라의 영광과 존귀, 즉 심히 좋은 이 세상에서 인간의 파워가 일한 구체적 성취들을 가지고 들어가는, 국가적 파워가 형상화된 존재들이다.

이 도시의 가운데로 흐르는 강가에 나무가 심겨 있는데 이는 특정한 나무, 곧 "열두 가지 열매를 맺되 달마다 그 열매를 맺고 그 나무 잎사귀들은 만국을 치료하기 위하여 있"는 생명나무다(계 22:2). 열두 가지 열매, 완전히 새로운 종류의 열매를 매달 한 가지씩 맺는 이 나무는 영광스러운 나무, 환상적인 번영을 보여 주는 나무, 우리가 보아 온 어떤 나무와도 다르지만 또한 우리가 보아 온 나무들과 매우 유사한 나무다. 그 잎사귀는 어떤 한두 가지 질병에만 약효가 있는 것이 아니라 우상숭배와 불의의 가장 흉포한 형상화였던 전쟁들 곧 나라와 나라가 대적한 비참한 역사로 얼룩진 인간 이야기가 남긴 가장 깊은 상처들을 치료한다. 이 깊은 상처들이 하나하나 호명되고 드러나고 치유되는 이 도시에서 눈물은 금지되지 않고 오히려 그 눈물을 닦아 주신다.

그리고 이 도시의 등불은 어린양이다. 그냥 어느 어린양이 아니라 그 어린양, 어느 참혹한 날 성문 밖 어느 참혹한 언덕에서 도살당한 흔적을 영원히 지닌 바로 그 어린양이며 지금은 놀라 바라보는 사람들에게 "보라, 내가 만물을 새롭게 하노라"고 외치시는 분이다(계 21:5).

이 도시에 새것은 없다. 내 친구들이 좋아하는 표현을 빌리자면, 예수님은 "보라, 내가 만물을 새롭게 하노라"고 하셨지 "보라, 내가 새로운 만물을 만드노라"고 하신 것이 아니다.

새것은 없다. 그러나 모든 것이 새로워졌다.

이 도시의 어느 것도, 어느 사람도 자기 노력으로, 자기 파워를 써서, 자기 스스로 통제권을 얻거나 신과 같이 되어서 이곳에 도착하지 않았다. 이 도시에 있는 모든 것, 모든 이가 이곳을 선물로 얻었다.

요한이 명쾌하게 선언하고 있듯이 이 성의 그 무엇도 그 누구도 "개들과 점술가들과 음행하는 자들과 살인자들과 우상숭배자들과 및 거짓말을 좋아하며 지어내는 자"(계 22:15)에 속하지 않는다. 이는 성경이 우상숭배와 불의를 행하는 자들을 지칭하는 전형적 표현으로, 이들은 모두 하나님의 진정한 형상을 비하하고 부정하기에 마침내 서로를 분간할 수도 없게 된다. 신 같음에 대한 광적인 추구는 모두 내쳐진다.

이상하게도 이 추구는 그것이 성취되는 바로 그 순간에 내쳐진다. 요한이 그를 안내하는 천사의 위엄에 압도되어 그 발 앞에 엎드려 경배하려 하자 천사는 곧바로 그를 제지하며 "나는 너와 및 예수의 증언을 받은 네 형제들과 같이 된 종이니 삼가 그리하지 말고 오직 하나님께 경배하라"고 말한다(계 19:10). 이 도시는 영광스러운 두루마기를 입은 구속받은 이들로 가득한데 이들은 모두 (C. S. 루이스가 영광을 입은 인간에 대해 한 유명한 말과 같이) 우리가 그 앞에 경배드리고 싶은 유혹을 강하게 느낄 만한 사람들이다. 그러나 이들은 모두 우리와 함께 어린양을 섬기는 종들이요 예언자요 동료들이다.

파워의 종말을 발견하는 공동체

이 아름다운 도시는 역사의 현 시점에서, 아니 역사의 어느 시점에서든 머나먼 훗날의 것으로 보인다. 그러나 이 도시의 방식들이 미리 실행되고 또 기대되는 곳이 있다. 바로 교회다. 사실 요한계시록은 지중해 연안에 흩어져 있는 교회들이 로마를 비롯한 땅의 모든 바빌론이 휘두르는 제국의 파워에서 눈을 떼고 위를 바라보도록 격려하려는 의도로 기록되었다. 요한은 이 교회들에게 궁극적 실재와 그 모든 영광과 정의에 대한 비전을 심어 주어서 그들이 어렴풋한 세상 속에서 등잔대에 초를 켜고 신실하게 살아갈 수 있게 하는 사명을 받았다.

교회는 창조와 구속과 새로운 창조라는 하나님의 위대한 이야기의 관점 안에서 우리의 모든 파워를 바라보는 장소(가 되어야 하고 될 수 있)다. 교회는 교회 이전에 이스라엘이 그랬듯이, 다른 인간 공동체는 할 수 없는 일을 한다. 교회는 이 세상을 창조하신 분, 구원하시는 분, 보전하시는 분이 누구신지를 이름으로 증거하며 자기 방식을 고집하는 세상 가운데서 그분의 방식을 선포하고 그 방식대로 살아간다.

그러므로 "우리 교회는 파워가 없어"라는 발언은 어리석고 근시안적이다. 인간 공동체로서 교회는 하나님의 형상을 지니는 데서 나오는 거부할 수 없는 파워로 약동한다. 죄인들의 모임으로서 교회 안에는 온갖 종류의 신 행세가 있으며 최악의 경우 그것이 허용되기도 한다. 그러나 성령의 부르심으로 모인 공동체인 교회는 무엇보다도, 궁극적으로 세상을 심판과 갱신 앞에 데려갈 부활의 파워 안에 붙들려 있다. 교회는 파워와 무관하거나 멀리 떨어져 있기는커녕, 파워가 전부다. 파워의 끝, 즉 파워의 목적이고 파워를 길들이는 곳이며 진정한 번영을 일구도록 파워를 풀어놓는 곳이다.

교회는 파워의 진짜 이야기를 선포한다. 창세기로부터 요한계시록까지 전체 이야기를, 그 양 끝의 좋은, 심히 좋은, 영광스러운 소식들과 함께 들려줌으로써 교회는 우리 인간의 야망과 열망을 인정하고 확인하면서 그 생각의 진정한 의미를 밝혀 주고 그 올바른 자리를 찾게 한다. 우상 숭배와 불의에 관한 완전한 진실을 들려줌으로써 교회는 우리의 영웅들이 어떻게 이와 타협하고 어리석은 짓을 저질렀는지의 이야기를 상기시킬 뿐 아니라 우리의 교만이 얼마나 우리 자신과 우리 이웃 그리고 신음하는 온 창조세계에 해를 입혔는지를 있는 그대로 분명히 밝힌다. 그리고 구속의 대가로 얼마나 막대한 희생이 있었는지를 거듭거듭 회고함으로써 교회는 우리를 위해 모든 것을 내어 주신 그분 앞에서 우리가 오직 민망함과 감사로 겸허해지도록 인도한다.

교회는 우리에게 파워의 종착지가 죽음임을 상기시킨다. 예전에는 교회 주변에 앞선 세대의 신실한 성도들이 부활을 기다리며 잠들어 있는 묘지가 있었다. 이 책의 독자들 대부분은 묘지 대신에 주차장으로 둘러싸인 교회를 다닐 것이다. 묘지가 눈에 보이지 않더라도 교회라면 당연히 신자의 장례를 치러야 한다. 미국 기독교회가 청년 문화를 수용한 부작용 중 하나는 회중의 구성이다. 여기에는 유의미한 세대 간 구성원도 없고, 쇠약과 죽음을 마주하고 있는 노년층도 없으며, 우리가 작별을 고하고 그리스도의 영원한 빛에 맡겨 드릴 성도도 없다. 이런 교회는 젊음의 활기가 충만하겠지만, 슬픔과 상실감을 안고 부활 생명을 선포하는 법을 배우는 것은 영적 성숙과 진정한 영적 파워를 갖는 데 필수다.

그러나 장례를 통해서만 우리 예배 공동체가 모든 파워의 종말을 깨닫는 것은 아니다. 성찬식에 참여할 때 우리는 "주의 죽으심을 그가 오실 때까지 전"한다(고전 11:26). 우리가 새 신자에게 세례를 베풀어 그를 물에 잠기게 할 때 우리는 세례로써 그를 죽음에 장사하여 그리스도의 죽으심과 연합시킨다(롬 6:4-5). 사실, 이스라엘과 교회라는 성경의 예배 공동체에 소속되는 것은 둘 다 불능화 의식(이스라엘의 경우 남자에게만 해당)으로 시작된다. 즉 할례와 세례다. 우리는 낮게 엎드린 다음에야 다시 일어설 수 있다. 교회의 성례전은 파워의 종말에 대한 리허설로서, 세례를 통해 우리의 파워를 죽음에 넘겨주고 그런 다음 하나님의 아들이 자신의 파워를 버린 그 순간을 기념하는 자리에 떨리는 경외심으로 나아가는 것이다.

교회는 예배를 통해 더 큰 파워를 경축한다. 우리 자신의 파워를 죽음에 넘겨줄 때 우리는 우리 자신이 어떤 인간이나 인간의 제도보다 더 큰 무언가, 우리 자신의 노력으로는 불러낼 수 없는 무언가에 사로잡혀 있음을 발견한다. 아프리카 교회의 춤에서나 유럽 성당의 드높은 내부 공간, 러시아 성가의 한없는 깊이, 스타디움에서 드럼과 기타 소리에 맞춰 온 마음을 다해 하나님을 찬양하는 열정적인 대학생들의 높은 데시벨의 소리 등은, 그 어떤 인간의 체험도 성령의 파워와 부활의 소망으로 생동하는 하나님 백성의 경배와 견줄 수 없다는 것을 깨우쳐 준다. 물론 이런 경험들은 완벽히 세속적인 세팅에서 노련한 연주자들에 의해서도 부분적으로 복제될 수 있고 그런 경우에도 하나님의 형상을 지니는 놀라운 초월의 순간이 이뤄질 수 있다. 그러나 거룩하신 분의 영광스러운 임재가 나타날 수 있는 즐거운 헌신은 오직 예배에서만 그 맥락과 구실이 갖춰진다. 그분은 자신의 영광에 대한 경쟁자가 없는 곳에서만 완전하게 거하시기 때문이다.

교회는 우리가 우리의 위태로운 신 행세 중독을 죽이도록 돕기 위해 존재한다. 그래서 우리 자신에 대해서는 죽고 "아무것도 없는 자 같으나 모든 것을 가진"(고후 6:10) 진정한 자아로 다시 살아나게 한다. 교회는 『반지 원정대』(*The fellowship of the Ring*, 씨앗을뿌리는사람)에서 갈라드리엘이 김리에게 베푼 축복이 우리의 파워 관리에 이뤄지도록 하기 위해 존재한다. 물론 그 축복에서 갈라드리엘은 어떤 확실한 약속을 하는 것은 단호히 거부했다. "나는 예언은 하지 않습니다. 모든 예언은 이제 헛된 것이니까요. 한쪽에 어둠이 있다면 다른 한쪽에는 희망이 있습니다. 그러나 희망이 쓰러지지만 않는다면, 내가 분명히 말씀드릴 수 있는 것은 글로인의 아들 김리, 당신의 손에는 황금이 넘칠 것입니다. 또한 그렇다 해도 그 황금이 당신을 지배하지는 못할 것입니다."

우리는 예배가 필요하다. 진정한 예배의 맥락 안에서만 우리는 파워가 우리를 통해 흐르면서도 우리를 지배하지 못하기를 기대할 수 있다. 기독교의 예배는 우리에게 맡기신 하나님의 역할을 감당할 수 있도록 우리를 훈련하는 말씀과 찬양과 실천을 공급한다. 예배 안에서 우리는 파워를 쥔 손에 힘을 빼게 되고 파워는 우리를 쥔 손을 놓게 된다. 고백과 금식과 경축과 잔치를 통해 우리는 진정한 파워에 미치지 못하는 다른 것들에 대해 흥미를 잃게 된다. 이 진정한 파워는 인간의 어떤 파워와도 달라서 죽은 자를 일으키고 열방을 치유하며 기억에서 사라진 모든 것들을 지켜 낼 수 있다. 이 파워는 궁극적으로 구속받은 자들이 어린양을 찬양하는 한 도시를 세울 것이다.

너희가 결코 죽지 아니하리라

십자가를 마귀에 대한 거룩한 속임수로 보는 오래고 값진 기독교 전통이 있다. 이 전통에서는 마귀가 하나님의 아들이 죽음에 내려갔다가 무덤에서 돌아올 것을 전혀 상상하지 못했다고 여긴다. 마귀에게 죽음은 죽음일 뿐이요 파워의 상실은 상실일 뿐이다. 그러므로 마귀는 에덴동산에서 하나님의 형상을 지닌 최초의 인간에게 "너희가 결코 죽지 아니하리라"고 거짓말을 하지만 그가 믿는 것은 그 반대로 아담과 하와가 그 과실을 먹으면 그가 지배하는 죽음의 세계에 영원히 속한다는 것이었다. 그래서 마귀가 광야에서 예수에게 성전 꼭대기에서 뛰어내리면 천사가 구해 줄 것이라고 유혹할 때에 마귀는 하나님이 진정으로 파워를 가졌다면 그 아들을 죽게 내버려 두지 않으리라는 자신의 확신을 드러낸다. 이 전통을 따르는 상상력 풍부한 사람들은 하나님이 예수를 포기하는 것처럼 보이는 장면을 사탄이 믿을 수 없다는 듯 기뻐하며 지켜보았고, 성토요일에는 지옥에서 하나님의 적들이 모두 모여 조롱하고 환호하며 잔치를 벌였지만, 그다음 날인 일요일 아침 그들 머리 위에서 몸서리쳐지는 소리와 함께 무덤이 열리고 돌이 굴러 가고 창조를 명하셨던 바로 그 목소리가 이제 아들에게 나오라 명하시는 것을 들어야 했다고 이야기를 전한다. 사탄은 그의 전담 영역인 죽음이 궁극적 파워라는 자기만의 확신에 속아 실패한 것이다. 죽음도 깨뜨려질 수 있다는 것을 그가 깨달았을 때는 이미 너무 늦었다.

마지막으로 이겨야 할 적은 죽음이다. 죽음은 모든 파워를 끝장내며, 우주의 죽음도 모든 인간의 죽음만큼이나 확실하다. 그러나 기독교의 증언은 죽음이 바로 죽음 자체에 의해 패배했다는 것이다. 하나님과 동등해지는 것을 손에 넣을 가치가 있는 무언가로 여기는 대신, 즉 이 세상이 알고 이해하는 그 파워를 손에 쥐고 그 파위의 손에 붙들리는 대신, 하나님의 진정한 형상이신 분이 자신을 비우고 종의 형체를 가지고 죽음을 향해, 저 십자가상의 죽음을 향해 나아가셨다. 하나님의 파워는 마귀가 생각한 것만큼 작지도, 제한적이지도 않았다. 하나님은 파워의 종말인 죽음조차도 두려울 것이 전혀 없으시다.

그리고 우리도 그러하다. 우리는 특권이나 지위에 별로 연연하지 않는다. 왜냐하면 우리는 생명을 주시는 하나님의 파워에 붙잡혀 있기 때문이다. 우리는 우리 자신의 죽음이나 우리가 사랑하는 이들의 죽음마저도 소망을 가지고 맞이할 수 있다. 왜냐하면 하나님의 창조적 파워가 예수님을 무덤에서 일으키셨기 때문이다. 부활은 파워라고 할 만한 모든 것의 시작이자 끝이기에, 빌립보서 2장의 위대한 찬송대로 다른 모든 파워들이 파워를 붙잡지 않으시는 예수님의 이름 앞에 마침내 무릎 꿇을 것이다.

우리의 파워는 이런저런 방식으로, 세상을 창조하고 구속하고 보전하시는 진정한 파워를 찬양하거나 또는 저항하거나 하다가 종말을 맞을 것이다. 남는 것은 믿음, 소망, 사랑이다. 섹스, 돈, 파워 이 세 가지는 모두 우리를 저 영원히 지속되는 실체들로 이끌기 위해서만 존재하는 일시적인 선물들이다. 우리의 파워 행사를 지도하고 지켜 주는 모든 훈련과 우리가 드리는 예배의 모든 행위는 우리 자신에 대해서 죽고 다른 분이 우리 안에 사시게 하는 방법들로서, 우리 안에서 역사하는 파워가 강요와 죽음이라는 마귀의 보잘것없는 파워가 아니라 창조와 새 창조의 파워가 되게 한다.

궁극적으로, 지금 우리가 우리의 파워를 가지고 무엇을 하는지는, 죽은 자를 일으키는 파워를 요구하시는 하나님과 함께 우리가 무엇을 할 것인지에 대한 확실한 지침이 된다. 우리는 파워가 사라질까 두려워 더욱 꼭 쥐고 있거나, 그렇지 않으면 우리가 가진 파워를 점점 더 대담하게 사용하며 그 궁극적인 종말을 준비할 것이다. 그 종말은 이 세상 파워의 근원이 되시며 파워로 충만하신 창조주께서 세상의 샬롬을 회복시키시는 때다.

아브라함의 잔치

모스크바의 트레챠코프 미술관에는 "루블료프의 '삼위일체'"라고 알려진, 15세기 화가 안드레이 루블료프(Andrei Rublev)가 그린 성상화가 걸려 있다. 삼위일체의 세 위격을 추상적으로 묘사하는 대신에 루블료프는 성경의 한 장면 즉 세 천사가 아브라함과 사라를 방문하여 사라가 아들을 낳을 것이라고 약속하는 모습을 창세기 18장의 기록에 따라 그렸다. 이 천사들은 이 성경적 계시의 초기 단계에서도 그저 단순한 전령들이기보다는, 하나님은 사랑의 연합 가운데 있는 세 인격체를 통해 가장 완전하게 알려진다는 것을 미리 넌지시 보여 주는 존재들이다.

성상화의 배경 중앙에는 창세기 속 이야기에 나오는 나무 한 그루가 어색하게 서 있어 눈길을 끈다. 창세기에서 아브라함은 손님들을 이 나무 아래 앉도록 청하고 "떡을 조금" 가져오겠다고 말하고는 집으로 가서 떡과 엉긴 젖과 새로 구운 송아지 고기로 대단한 잔치를 차린다. 아마도 한참을 지체하여 되돌아와서 그는 손님들이 음식을 먹는 동안 나무 밑에서 시중을 들며 서 있다. 루블료프의 그림은 그 나무 아래 세 방문자가 작은 빵 조각이 놓인 낮은 식탁에 앉아서 아브라함이 뒤쪽 배경에 그려진 집에서 성대한 잔치 준비를 마치기를 기다리는 모습을 보여 준다.

세 인물은 각기 다른 색깔의 겉옷을 입고 있지만 분명히 가족 같은 유사점이 있다. 그들은 다 가냘프고 곱상한 모습으로 길게 땋은 머리를 하고 있으며 (정교회의 '전능자 그리스도' 성상화처럼) 확연히 남성적이지도 않고 (아기 예수를 안고 있는 성모처럼) 뚜렷이 여성적이지도 않다. 각자는 서로를 바라보며 다른 천사를 향해 머리를 숙이고 있다. 표정은 따스하고 정감 있으며 무엇보다도 인내심을 보여 주고 있다. 이 천사들은 아브라함이 식사 준비하는 것을 편안히 기다린다. 이들은 이삭의 탄생부터 아브라함 후손의 보존과 번영, 기름 부음 받으신 분의 강림, 모든 나라로의 복음 전파로 이어지는 열방의 구원을 위한 일련의 사건들을 시작하려고 여기 온 것이지만 이 순간만은 가만히 앉아 묵상하며 기다린다. 서두르지 않지만 지체하지도 않는다.

세상은 이미 찢겨져 있고 이 전령들은 우상숭배와 불의를 행하는 성읍들에 하나님의 심판을 선포하러 갈 것이다. 이 이야기의 조금 뒤에 아브라함은 하나님께 호소하면서 처음에는 50명으로 시작하여 다음에는 40명 그리고 마지막으로 열 명이라도 의인을 찾으시면 저 아래 성읍들을 구원해 달라고 하나님과 흥정을 벌인다. 이 협상 과정에서 아브라함이 하나님과 감히 흥정을 하는 것에 사죄를 구하는데도 하나님은 조금도 조바심을 나타내지 않으신다. 아브라함은 하나님의 형상을 지닌 사람으로서 우상숭배로 무너진 세상을 대신하여 창조주께 탄원을 올리고 있다. 아브라함은 사람의 성읍에서는 단 한 사람의 의인도 찾을 수 없음을 알지 못한다. 아브라함은 그의 후손 가운데 한 사람이 진정으로 하나님 형상을 지닌 인간이 될 때 그의 탄원이 응답될 것임을 알지 못한다. 그는 그가 자비를 구하는 바로 그 하나님이 자신을 내어 주심으로 마침내 탄원이 응답되리라는 것을, 그의 손님 가운데 한 사람이 유일한 의인으로서 기꺼이 자신을 내어 주실 것이고 그 희생으로써 세상이 구원될 것을 알지 못한다.

루블료프가 포착한 그 순간에는 이 모든 것이 먼 장래의 일이었다. 지금 아브라함은 터무니없이 많은 음식을 준비하고 있는데 여기서도 그는 그림의 장면 밖에서 하나님 형상을 지닌 한 사람으로서 자신을 지으신 분의 풍성한 넉넉함을 반영하여 창조적 보살핌으로 좋은 세상을 더 좋게 만들고 있다. 내 생각에 아브라함의 잔치는 우리의 일과 우리의 예배 둘 다에 대한 일종의 비유다. 하나님은 우리의 이야기에 들어오셔서 우리가 일찍이 상상했던 것보다 훨씬 좋은 장래에 관한 소식을 전하신다. 우리 인생의 황량함은 마지막 결론이 아니다. 하늘의 별처럼 많은 후손이 나올 것이다. 우리가 내놓은 빵 몇 조각을 앞에 놓고 하나님이 참을성 있게 기다리실 때 우리는 선하고 창조적인 일을 열심히 하며 아낌없이 마음을 활짝 연 예배를 드리면서 왕 중의 왕께 바칠 값진 것들을 만들어 낸다.

집 안에서 분주히 움직이며 최고의 잔치를 준비하는 동안 아브라함은 이 위대한 드라마에서 우스꽝스러울 만큼 둔한 연기자가 된다. 그가 내용을 상상 못하는 이 드라마에서 세 방문자는 서로 다정한 눈길을 주고받으며 심각하면서도 기쁜 얼굴로 이런 이야기를 나누는 듯하다. "좋았더라." "너는 내가 사랑하는 아들이라. 내가 너를 기뻐하노라." "다 이루었다." "보라, 내가 만물을 새롭게 하노라."

세 천사는 나무 아래 앉아 있고 이 나무는 참나무처럼 구부러지고 휘어 있다. 무성한 나뭇잎이 화려하다.

| 성경 연구 |

누가복음 15장 — 아낌없는 파워

예수님이 말씀하신 모든 비유 중에 가장 잘 알려진 것은 파워의 최선과 최악을 보여 주는 이야기다. "어떤 사람에게 두 아들이 있[었다]"(눅 15:11-32). 이 집안은 부와 재산과 장밋빛 미래를 갖췄지만 아버지에게서 독립하겠다는 작은아들의 영문을 알 수 없는 요구 때문에 모두 위태로워진다. 함께 묶여 있던 공유 재산은 분할되면 금방 탕진되기 마련이다. 아버지는 전통 사회가 그에게 부여한 강제적 파워로 아들의 무례한 요구를 단박에 물리칠 수 있었다. 그러나 그는 이 말도 안 되는 관계 단절을 받아들이고 겉보기에 별 불만 없이 건전한 재무 관리의 원칙을 포기해 버린다. 아버지가 아들의 반역적 행동을 수용하는 것은 이 이야기에서 대단히 기이한 부분이지만 이것은 궁극적으로 강제가 아니라 사랑에 의존하는 파워에 관하여 많은 것을 말해 준다.

작은아들의 신 행세는 단정적이고 처음에는 효과적이기도 하다. 고작 몇 시간 만에 그는 작은 마을에서의 무미건조하고 따분한 삶을 떨쳐 내고 아버지와 형과의 관계까지 끊어 내고 만다(공정하게 말하자면, 그의 형이 같이 어울리기 쉬운 사람은 아니었을 것이다). 그는 말 그대로 자신의 특권을 여행과 유흥과 레저 등의 형태로 청산해 버릴 수 있다. 그의 형(또는 그의 형의 상상)은 동생이 받은 재산을 창녀에게 탕진했다는 세부 사항을 덧붙이지만, 그 돈이 어디에 어떻게 쓰였는지 세세한 내용은 중요하지 않다. 진짜 문제는 그가 자신의 특권을 전부 소진하고 아무 결실도 얻지 못했다는 사실이다. 아버지의 농장에서 생산적으로 활용되어 해마다 많은 소출을 내던 부는 협력과 공동체와 규율에서 끊어지자 먼 나라에서 너무나 순식간에 불활성 상태가 되어 아무것도 생산해 내지 못한다. 불행히도 우리는 이 작은아들이 자신의 부를 잘못 사용하여 손해를 보는 유일한 예가 아님을 상당히 확신할 수 있다. "악화가 양화를 구축한다"(Bad money drives out good)는 그레셤의 법칙은 다른 자원을 허비하는 데도 두루 적용된다. 돈 쓰는 데 어려움이 없는 이 젊은이가 먼 나라에 도착했을 때 그곳의 경제와 그곳 주민들의 선택에 끼쳤을 영향을 생각해 보라. 그의 주변에 있는 모든 사람이 점점 줄어드는 보상에도 불구하고 당장 그의 쾌락에서 나오는 이익을 쫓아가는, 그를 따라 우상숭배와 불의의 시궁창으로 빠져드는 유혹을 뿌리치지 못했을 것이다.

　예수님은 아마도 우리 기억 속에 있는 또 다른 유명한 작은아들을 끄집어내시는 듯하다. 그 역시 큰 특권을 누리던 사람이었으나 아버지와 형제들에게서 끊어져 먼 땅에 홀로 떨어졌다. 바로 야곱의 아들 요셉이다. 요셉도 아버지의 편애에 위태할 정도로 푹 싸여 있었고 예수님의 비유 속 작은아들처럼 형들과 소원한 관계였다.

　그러나 요셉의 먼 나라 이집트로의 여행은 신약의 불운한 탕자와는 정반대의 길이었다. 모든 것을 갖고 시작해 마침내 아무것도 남지 않은 채 이국땅에서 새로 만난 이웃들이 겪는 기근에 함께 내몰렸던 탕자와 달리, 요셉은 오직 희미하게 남은 그의 믿음과 정체성만을 지닌 채 먼 곳으로의 여행을 시작했지만 결국 파워와 특권의 관리자로서 자기 자신뿐 아니라 한 나라의 전례 없는 번영의 시기를 다스렸다. 기근이 그가 정착한 나라에 닥쳤을 때 그는 신실한 믿음과 신중함으로 파워와 부를 관리하여 최악의 재난을 막고 자기 자신과, 바로의 백성과, 마침내는 그를 내버렸던 그의 형제들까지 구할 수 있었다.

요셉은 하나님 형상을 지니는 것과 파워를 선용하는 것의 모범이 되었지만 그것은 그의 자부심 넘치는 꿈들이 두 차례나 시련의 훈계를 받은 후였다. 첫 번째는 형들의 손에 의해 노예로 팔려 갔을 때이고 그다음은 보디발의 아내의 참소로 무고하게 옥에 갇혔을 때다. 이런 시련을 통해 요셉은 파워를 사용하는 데 있어 신뢰할 수 있는 사람이 되었고 그의 파워 행사는 오래 지속되는 풍요를 가져왔다.

충분히 풍족하다

예수님의 비유 속 작은아들은 신 행세의 잘못된 약속에 빠져서 기근이 닥쳤을 때 요셉처럼 자기가 살던 먼 땅에 축복을 베풀지 못했다. 그가 지닌 것이 다 떨어지고 돼지를 치는 수치스러운 지경으로 전락하고서야 그는 "스스로 돌이켜" 정신을 차린다. 그는 아버지가 인색한 신 행세자가 아니라 파워의 관리를 통해 넉넉한 수익을 올리는 사람임을 깨달았다. 그는 아버지 집의 수많은 하인들도 "양식이 풍족"하다는 것을 깨달았는데 이 특이한 집에서는 종들에게도 풍요를 나누어서 그들도 넉넉하고 생산적으로 사용할 수 있었다.

이런 것들을 깨닫기 시작하면서도 아직 아들은 그 아버지의 후함을 상당히 과소평가한다. 이 아들은 계획을 세운다. 요셉의 형제들처럼 자세를 낮추고 아버지에게 돌아가 용서를 구하고 종처럼 여겨 달라고 청하기로 한다. 그러나 그의 아버지는 경제적 수완에서뿐 아니라 죄악과 실패와 불의에 대한 처분에서도 풍요를 가꾸어 내는 사람이다. 심사숙고 끝에 아버지 집에서 낮은 처지를 감수하고 주인과 종 사이에 존재하는 강제력과 지위의 차이를 따르려는 아들의 계획은 아버지의 뜨거운 환영 때문에 무산되었다. 여기서 요셉의 경우와의 평행선을 놓칠 수 없다. 그의 아버지가 아들을 껴안고 입 맞추면서 처음 외친 소리는 무엇이었는가? "[어서] 제일 좋은 옷을 내어다가 입[혀라]." 먼 옛날 또 다른 아버지가 사랑하는 작은아들에게 눈부신 채색 옷을 입혔으나 그 옷은 찢기고 피 묻은 채 돌아왔고 아들은 죽어 버린 것처럼 보였었다. 그러나 이 아버지는 자신에게 불명예와 수치를 안기고 유산을 가져가며 그가 죽든 살든 괘의치 않았던 바로 그 아들을 위해 제일 좋은 옷을 내오게 한다.

물론 이 비유는 우상숭배와 불의가 미묘한 형태로 나타날 수 있는 다소 불편한 이야기로 이어진다. 아버지의 집에서(또는 바깥 들판에서) 큰아들은 감사함은 느끼지 못한 채 "여러 해 아버지를 섬겨 명을 어김이 없이" 종처럼 일했다. 이 형은 아버지의 창조적 파워 중심에 있는 넉넉함을 깨닫지 못했다. 그가 이해하는 파워 모델은 오직 명령과 강제였다. 하인들에게도 풍족한 양식을 누리게 하는 그 집주인이 실제로 아들이 잔치를 하는 데 염소 새끼 한 마리를 아꼈을 것 같지는 않다. 그보다는, 아마도 스스로 세운 제로섬 파워의 감옥에 갇혀 아버지에게 요구도 하지 않았을 가능성이 훨씬 더 크다.

작은아들의 본질적 실패가 제멋대로 신 행세 하는 삶을 구매하는 데 그의 모든 파워와 특권을 탕진했다는 데 있다면, 큰아들의 실패는 그의 파워와 특권을 뼈를 깎는 노력이 아니라 풍부한 축제로 돌리려 하지 않은 데 있다. C. S. 루이스의 『마지막 전투』(The Last Battle, 시공주니어)에 나오는 마구간의 난쟁이들처럼 그 아들은 무수히 많은 양의 자원에 둘러싸여 있으면서도 자신의 억울함이라는 끝없는 기근에 빠져 오직 흙과 지푸라기밖에 보지 못한다. 그는 아버지 집에 항상 고동치던 진정한 파워를 볼 수 없다. 두 아들이 모두 정신 차리고 집에 돌아오기를 기다리던 그 아버지의 파워는 부끄러움을 명예로, 분노를 긍휼로, 잃어버린 자를 찾은 자로, 죽음을 생명으로 변화시키는 파워다.

헨리 나우웬(Henry Nouwen)은 그의 빼놓을 수 없는 명저 『탕자의 귀향』(The Return of the Prodigal Son, 포이에마)에서 우리에게 작은아들의 자리에, 그런 다음 큰아들의 자리에 서 볼 뿐 아니라, 아버지의 자리에도 서서 생각해 보기를 권한다. 예수님의 많은 비유들은 이렇게 다른 입장에서 주의를 기울일 것을 기대한다. 예수님의 비유에 등장하는 목자, 과부, 포도원 주인 등은 하나님의 진정한 본성과 정체성에 대한 단서일 뿐 아니라 은혜를 입은 우리가 어떻게 되어야 하는지에 대한 단서이기도 하다. 우리가 목자가 되는 길은 먼저 우리가 길 잃은 양임을 깨달을 것을 요구하고, 잃어버린 동전을 찾는 과부가 되려면 먼저 우리가 바로 틈새로 사라진 동전임을 이해해야 하고, 탕자의 아버지가 되기 위해서는 먼저 우리가 바로 그 아버지의 똑같이 우둔하고 똑같이 방탕한 두 아들과 같은 존재임을 인정해야 한다. 그리고 이는, 간단히 말하자면 제자도에 관한 것이다. 제자도의 혹독한 훈련장에서 우리는 우리 자신의 파워에 대한 시각이 얼마나 뒤틀려 있고 우리 자신이 얼마나 왜소해졌는가를 보기에 이른다. 하지만 또한 우리 아버지의 선하심이 얼마나 후한지, 얼마나 많은 영광이 우리를 기다리고 있는지, 그리고 얼마나 더 우리가 달라져야 하는지도 발견한다.

엄연한 진리는 우리 중 아무도, 특히 가장 큰 파워를 가진 사람일수록 그 누구도 자기 자신을 안심할 수 없다는 것이다. 스스로 돌이킨다는 것은 우리의 먼 나라, 곧 지평선 너머든지 정말로 풍성한 잔치가 벌어지는 집 바로 바깥이든지, 우리가 갔던 먼 나라에서 돌아와 진정한 아버지 하나님이 입혀 주시는 겉옷을 입고 가락지를 끼고 있는 자신의 모습을 발견하는 것이다. 어떻게 우리가 이러한 하나님 형상을 지닌 존재가 될 수 있을까? 오직 훈련과 공동체와 예배만이 우리를 스스로 돌이키게 하고 정신을 차리게 하여 우리의 방탕한 파워를 버리고 우리가 닮을 가치가 있는 유일하신 하나님의 품에 안기도록 인도한다.

두 아들 각자의 이야기 밑바닥에는 길을 잃은 아들들이 있다. 둘 다 자신의 저속한 환상과 순식간에 우리를 거덜 내는 우상숭배 속에 빠져 있다. 이들과 분명히 대조되는 것은 바로 자식을 기다리고, 달려가 부둥켜안고 입 맞추고 소리치는 아버지다. 아버지는 한창 진행 중인 잔치 자리에서 나와 아들에게 들어오라고 부른다. 그의 파워는 관계의 회복과 사랑하는 아들들의 삶에 풍요를 조성할 기회를 염원하는 마음속에 담겨 표현된다.

이 아버지의 모습은 노아로부터 아브라함, 이삭, 야곱, 다윗에 이르는 성경 속 여러 아버지들이 결코 자기 가족과의 관계에서 이루어 내지 못한 것이다. 이 아버지는 성경 속 다른 아버지들이 자신의 파워를 가지고 이루지 못한 일, 즉 계속 더 풍성해지는 풍요와 축복을 위해 파워를 사용하는 그 일을 한다. 그는 진정한 하나님 형상의 아이콘이다. 7의 환대의 거룩한 기쁨, 그의 잔치의 풍성함, 그의 호소의 간절함에서 우리는 하나님의 형상을 지닌 한 사람이 아니라 "하늘과 땅에 있는 각 족속[가족]에게 이름을 주신"(엡 3:14-15) 바로 그분의 모습을 본다. 그분의 형상은 그 아들들과 딸들 안에서 굴절되어 나타나야 한다. 그분처럼, 우리도 자신의 파워를 두려움 없이 쏟아붓고 우리의 특권을 거리낌 없이 소진하며 우리의 지위를 내팽개치고 서슴없이 저돌적으로 사랑을 추구해야 한다.

우리는 이 모든 일을 그분처럼 해야 한다. 왜냐하면 우리가 일찍이 꿈꾸거나 두려워했던 것보다 훨씬 더 많이, 우리는 그분의 형상을 따라 그분처럼 만들어졌고, 그분처럼 우리도 일으킴 받을 것이기 때문이다.

우리가 맡은 역할은 바로 그분, 하나님이다.

감사의 글

무엇보다도 내가 어른이 되기까지 파워를 이해하도록 깨우쳐 준 이들, 특히 밥, 마크, 메리, 크리스틴에게 감사한다.

이 책에서 다룬 주제들에 대해, 어설플 때가 많았음에도 발표할 수 있는 자리를 마련해 준 수많은 주최 측에 감사한다.

국제정의선교회 산하 국제정의선교회 연구소의 게리, 베서니와 그 밖의 선임 사역자들에게, 그리고 국제정의선교회의 팀원 모두에게 감사한다. 그들은 정의를 위한 사역에서 선구자이며 동역자이며 친구였다. 연약한 사람들을 섬기기 위해 파워를 사용하는 기회에 나를 참여시켜 준 이퀴타스 그룹(Equitas Group)의 데비, 조녀선, 제러미, 켄트, 제나와 직원들과 이사들에게 감사한다.

"그 책은 어떻게 되어 가요?"라며 어떤 저자도 원치 않는 질문을 반복적으로 해 주면서도 신실하게 기도하며 기운을 북돋우고 격려해 준 내 이웃 필립, 드와이트, 마크에게 감사한다.

캐시와 크리에이티브 트러스트(Creative Trust) 팀원들의 지혜와 헌신에 감사한다.

IVP의 앤디, 제프, 아드리아나, 신디와 다른 모든 탁월한 사람들의 인내와 전문 지식에 감사한다. 그들과 함께 일할 수 있었던 것은 가장 진정한 의미의 특권이었다.

내가 번영하는 삶을 살아갈 수 있도록 관대하게 도와준 여러 기관의 지도자들인 해럴드, 마이클, 게이브, 그레그, 캐서린, 마크에게 감사한다. 그들을 생각할 때마다 하나님께 감사한다.

많은 수는 아니었지만 나의 사려 깊은 비판자들에게 감사한다. 그들 각각은 백 명의 친구들보다 더 많은 도움이 되었다.

마지막으로 내 삶의 동반자들이며 내가 얼마나 바보 같은지 알고 있는 캐서린, 티모시, 에이미에게 감사한다. 나를 그렇게 자주 집 밖으로 보내 주고 또 돌아올 때 환영해 준 것에 감사한다.

주

여기에는 내 사고에 중요한 영향을 미친 자료들의 출처를 제시하고자 했고 직접적인 인용들과 특별히 본문에 명기하지 않은 잘 믿기지 않는 통계와 주장들의 근거 자료를 실었다.

서문

p. 14 철학적으로 깊은 성찰을 기대하는 독자들: 이미 언급한 자료들에 더해, 나는 이 책의 많은 주제들을 나와 유사하게 먼저 다룬 출판물을 하나 발견했다. 특히 지배로서의 권력에 대한 비판에서 매우 유사하다. Kyle A. Pasewark, *A Theology of Power: Being Beyond Domination* (Minneapolis: Fortress, 1993). Pasewark의 책을 살펴본 독자들은 내가 피력한 생각들이 신학적·철학적으로 더 정교하게 진술된 것과 내가 이 책에서 다루지 않기로 한 푸코와 그 계승자들 간의 명확한 논쟁 같은 방식으로 진술된 것을 발견할 것이다. James Davison Hunter는 *To Change the World: The Irony, Tragedy, and Possibility of Christianity in the Late Modern World* (New York: Oxford University Press, 2010)의 두 번째 글 7장에서(pp. 176-193) 권력의 신학을 위한 필수적 기준을 간략히 정리하고 있는데 이 책은 거기에 대한 하나의 반응이다. 『기독교는 어떻게 세상을 변화시키는가』(새물결플러스). 관련 논쟁을 제한된 범위에서 읽기 쉽고 매력적으로 서술한 또 다른 책은 Victor Lee Austin, *Up with Authority: Why We Need Authority to Flourish as Human Beings* (New York: Bloomsbury T & T Clark, 2010)이다.

1장 | 파워의 발견

p. 25 2,100만 명의 노예: "21 Million People Are Now Victims of Forced Labour, ILO says", International Labor Organization, June 1, 2012, www.ilo.org/global/about-the-ilo/newsroom/news/WCMS_181961/lang--en/index.htm. 인권 단체들은 2,700만 명이라는 더 높은 수치를 사용하는 경향이 있는데 Free the Slaves의 설립자인 Kevin Bales의 연구에 근거한 것이다. Melissa Hogenboom, "A Tipping Point in the Fight Against Slavery?", *BBC News Magazine*, October 18, 2012, www.bbc.co.uk/news/magazine-19831913을 보라.

p. 26 자야쿠마르 크리스티안과의 만남: 자야쿠마르 크리스티안을 방문하고 인터뷰한 내용은 "Powering Down", *Christianity Today* 51, no. 9 (September 2007), www.christianitytoday.com/ct/2007/september/14.38.html에 실려 있다. 빈곤 문제에서 '신 콤플렉스'의 역할에 대한 그의 이해를 크리스티안은 그의 책 *God of the Empty-Handed: Poverty and the Kingdom of God* (Federal Way, WA: World Vision 1999)에서 발전시키고 있다. 이 책은 Bryant Meyers가 쓴 더 구하기 쉬운 책인 *Walking with the Poor: Principles and Practices of Transformational Development*, rev. ed. (Maryknoll, NY: Orbis, 2011)에 큰 영향을 미쳤다.『가난한 자와 함께하는 선교』(CLC).

성경 연구 | 창세기 1-2장

p. 41 원죄는…경험적으로 증명할 수 있는 유일한 기독교 교리: 니버는 이 말의 근거로 "The London Times Literary Supplement"를 드는데 이 글은 G. K. Chesterton이 쓴 것으로 보인다. 이 말은 그가 한 것으로 인용되기도 하기 때문이다.

p. 48 마찬가지로 기쁘게 다스릴 대리인들: '대리 통치'로서 하나님 형상을 지니는 것의 특히 중요한 성서신학적 연구로는 J. Richard Middleton, *The Liberating Image: The Imago Dei in Genesis 1* (Grand Rapids: Brazos, 2005)을 보라.『해방의 형상』(SFC출판부).

2장 | 파워는 선물이다

p. 56   우리의 작은 미시경제 체계에서 돈의 총합은 같다: 미시경제 차원에서 진리인 것이 거시경제에서도 진리인 것은 아니다. 건전한 경제는 생산성을 촉진하고 보상을 지불하기에 단지 부를 재분배하는 것이 아니라 추가적인 부를 창출할 수 있다.

p. 57   하버드 의학대학 교수진: "Case Studies", *The Economist*, May 6, 2010, www.economist.com/node/16067747.

p. 60   "절대 권력은 절대적으로 부패한다": Lord Acton's first letter to Bishop Mandell Creighton, April 5, 1887은 "Acton-Creighton Correspondence(1887)", *The Forum*, http://oll.libertyfund.org/index.php?option=com_content&task=view&id=1354&Itemid=262에서 볼 수 있다.

p. 61   2003년의 인공유산: "Facts on Induced Abortions Worldwide", www.guttmacher.org/pubs/fb_IAW.html.

pp. 63-64   "내가 생각하는 바는 각각의 특수한 실체는": Friedrich Nietzsche, *The Will to Power* §636, trans. Walter Kaufmann and R. J. Hollingdale (New York: Vintage, 1968). 『권력 의지』(부글북스).

3장 | 우상숭배

p. 75   창조적 파워에 대한 인간의 수용 능력이 미쳐 돌아가는 것: 파워와 우상숭배에 대한 최근의 중요한 목회적 접근으로는 Timothy Keller, *Counterfeit Gods: The Empty Promises of Money, Sex, and Power, and the Only Hope That Matters* (New York: Riverhead, 2011). 『거짓 신들의 세상: 내 삶을 좌우하는 단 하나의 희망 찾기』(베가북스).

p. 77   우상들은 점점 더 많이 요구하면서 점점 더 적게 주다가: 나는 Jeffrey Satinover가 1990년대의 한 강의에서 이런 견해를 발표하는 것을 들었다. 이 생각들은 그의 책 *Feathers of the Skylark: Compulsion, Sin, and Our Need for a Messiah* (Grand Rapids: Hamewith, 1996)에서 더 정교하게 발전되었다.

p. 77　우상숭배로서의 중독: 중독에 대한 중요한 신학적 접근은 Gerald G. May, *Addiction and Grace* (New York: Harper & Row, 1988)이다. 『중독과 은혜』(IVP).

pp. 86-87　"잡스의 친구들과 아내는 종양 제거수술을 받지 않겠다는 잡스의 결정에 경악하지 않을 수 없었다": Walter Isaacson, *Steve Jobs* (New York: Simon & Schuster, 2011) p. 453. 『스티브 잡스』(민음사).

4장 ｜ 불의

p. 108　토착 문화와 언어를 보존: Lamin Sanneh, *Translating the Message: The Missionary Impact on Culture*, 2nd ed. (Maryknoll, NY: Orbis, 2009).

p. 109　'삶을 변화시키는' 단기 여행: Robert Priest and Kurt Ver Beek, "Are Short-Term Missions Good Stewardship?" *Christianity Today*, July 5, 2005, www.christianitytoday.com/ct/2005/julyweb-only/22.0.html. 우리의 자선 행위에 숨어들 수 있는 신 행세를 다시 생각하게 하는 다른 자료로는 Steve Corbett and Brian Fikkert, *When Helping Hurts: How to Alleviate Poverty Without Hurting the Poor…and Yourself*, rev. ed. (Chicago: Moody Press, 2012)가 있다. 『헬프』(국제제자훈련원).

덧붙여 ｜ 복음 전도와 사회 참여

p. 112　현재의 고통과 '영원한 고통': John Piper의 "Cape Town 2010 Session Summary and Segment Synopsis", October 20, 2010, www.lausanne.org/wp-content/uploads/2011/10/P120-Ephesians-3.pdf에서 인용.

5장 ｜ 성상

p. 126　성상은 신뢰할 가치가 있는 형상이다: 성상과 우상에 대한 주제를 발전시

켜 온 현대의 영향력 있는 사상가는 Jean-Luc Marion, *God Without Being: Hors-Texte* (Chicago: University of Chicago Press, 1995)이다. 우상과 성상으로서의 인간이라는 주제는 Scot McKnight, *Embracing Grace: A Gospel for All of Us* (Brewster, MA: Paraclete, 2005)에서도 탐구되었다.『배제의 시대 포용의 은혜』(아바서원). Ben Witherington III은 창조되고 깨어지고 회복되는 *imago Dei*라는 표현을 그의 두 권짜리 저서, *The Indelible Image: The Theological and Ethical Thought World of the New Testament* (Downers Grove, IL: InterVarsity Press, 2009)에서 지배적인 은유로 사용한다. 제1권의 서장(overture) "The Grand Story in Miniature"는 이 장에 서술된 내 주장을 뒷받침하는 웨슬리적 직관에 대한 좋은 설명이다.

p. 131 "이 마지막 때에 하나님은 그의 말씀이신 우리 주 예수 그리스도를": Irenaeus, *Against Heresies* 4.20.4, Ante-Nicene Fathers, ed. Alexander Roberts and James Donaldson, vol. 1 (Grand Rapids: Eerdmans, 2001).『초기 기독교 교부들』(두란노) 내 "이단 반박." 영문판에서는 원문의 라틴어 *homo*를 man으로 번역해서 성차별적으로 들리지만 Irenaeus는 라틴어 *homo*를 남성만이 아니라 모든 인간을 지칭하는 용어로 사용한다(이 책에서는 사람으로 번역했다—옮긴이).

pp. 144-146 벌거벗음은 파워에 대한 가장 유명한 민속 우화: Hans Christian Andersen, "The Emperor's New Clothes", trans. Jean Hersholt, Hans Christian Andersen Center, www.andersen.sdu.dk/hersholt/TheEmperorsNewClothes_e.html.

성경 연구 | 요한복음 2장

p. 161 "사흘째 되던 날"은 모든 표시 중에서도 가장 위대한 표시다: 요한은 또한 이 날이 그의 내러티브에서 일곱째 날이라는 것을 의도적으로 우리에게 알려 준다. 즉 그가 전해 주는 예수님의 사역 첫 주간의 완성이었다. 창세기에서 일곱째 날이 성부의 창조의 절정이며 이를 경축하는 날이었듯이 가나의 표적은 예수님의 사역 첫 주

의 절정이며 이를 경축하는 것이었다. 안타깝게도 그들의 이름은 잊었지만, 이 부분의 원고를 읽고 내게 이 점을 일깨워 준 이들에게 감사를 표한다.

7장 │ 힘, 강요, 폭력

p. 191 "모든 정치는 권력을 위한 투쟁이며 궁극적 권력은 폭력이다": C. Wright Mills, *The Power Elite*, new ed. (New York: Oxford University Press, 2000), p. 171. 『파워 엘리트』(부글북스).

p. 192 마흐트와 헤어샤프트: Weber의 Macht와 Herrschaft에 대한 정의는 전적으로 최신의 논의는 아니지만 Leonard Krieger, "Authority", *Dictionary of the History of Ideas* (New York: Scribner's, 1968), 1:157에서 탁월하게 다루었다.

p. 195 확실히 **어떤** 정치는, 아마 **대부분의** 정치는: Daniel Bell, "The Power Elite—Reconsidered", *American Journal of Sociology*, November 1958, pp. 238-250.

p. 204 [요더는] 엄격하게 사역이 제한되었다: Yoder의 부당한 행위와 이에 따른 권징은 *The Elkhart* (IN) *Truth* in June-July 1992에 실린 일련의 글에서 다뤄지고 있다. Ted Grimsrud, "John Howard Yoder's Sexual Misconduct (1992 Elkahrt Truth articles)", *Peace Theology*, http://peacetheology.net/john-h-yoder/john-howard-yoder's-sexual-misconduct-part-five-2를 보라. 『야수의 송곳니를 뽑다』(대장간), 『실패한 요더의 정치학』(IVP)도 참고하라.

8장 │ 특권의 유혹

p. 217 데이비드 베컴의 계약: Kurt Badenhausen, "David Beckham Departs MLS After Earning $255 Million", *Forbes*, November 30, 2012, www.forbes.com/sites/kurt-badenhausen/2012/11/30/david-beckham-departs-mls-after-earning-255-million.

pp. 221-222 최악의 상태에서 특권은 눈이 멀게 하고: 인종과 특권의 문제에 대한 수많은 문헌들 중에서 주류 문화에 속한 사람들을 위해 기독교적 관점에서 저술된 유용한 책은 Paula Harris and Doug Schaupp, *Being White: Finding Our Place in a Multiethnic World* (Downers Grove. IL: InterVarsity Press, 2004)이다.

p. 224 지위는…늘어선 줄에서 당신의 위치에 대한 것이다: 지위에 대한 정의와 이와 관련된 논의에 대한 유용한 설명은 James Davison Hunter, *To Change the World: The Irony, Tragedy, and Possibility of Christianity in the Late Modern World* (New York: Oxford University Press, 2010), pp. 257-258에서 찾아볼 수 있다.

9장 | 제도라는 선물

p. 243 제도는 번영에 불가결한 요소이기 때문이다: 제도를 옹호하는 글이 최근에 유려하고 읽기 쉬운 형태로 출간되었다. Hugh Heclo, *On Thinking Institutionally* (New York: Oxford University Press, 2011). 이 책의 제목이나 표지는 세계에서 가장 진부한 축에 속하지만 그 안에 담긴 내용은 이 주제에 대한 대단히 중요하고 사려 깊은 고찰을 담고 있다. 나는 Heclo에게, 그리고 그의 책이 출간되자마자 내게 알려 준 몇몇 친구들에게 큰 빚을 졌다고 말할 수 있는 것을 기쁘게 생각한다.

p. 246 제도에는 네 가지 필수 요소가 있다: 고맙게도 Gordon College의 총장인 D. Michael Lindsay는 제도에 대한 사회학자들의 관점으로 제도의 요소들에 대한 내 생각을 교정해 주었다. 이 책에서는 나 자신의 말로 그 생각들을 풀어서 서술했기 때문에 본래의 어감이 남아 있지는 않을 것이다.

p. 263 '하나'와 '여럿'이 '셋' 안에서 만나는 곳에서 발견된다: 이 표현은 Colin Gunton, *The One, the Three, and the Many: God, Creation, and the Culture of Modernity* (Cambridge: Cambridge University Press, 1993)에서 빌려 온 것이다. 『하나, 셋, 여럿』(IVP).

p. 268　일본의 '히키코모리'라는 충격적인 현상: Maggie Jones, "Shutting Themselves In", *New York Times*, January 15, 2006, www.nytimes.com/2006/01/15/magazine/shutting-themselves-in.html.

10장 | 통치자들과 권세들 그리고 망가진 제도들

p. 274　클래식 공연을 관람한 성인은 매년 2,100만 명에 불과했다: "'American Idol' Finale Audience Shrinks", *Wall Street Journal*, May 25, 2012, p. B6; Kevin Williams and David Keen, "2008 Survey of Public Participation in the Arts", National Endowment for the Arts, November 2009, p. 2, www.nea.gov/research/2008-sppa.pdf.

p. 290　톰 라이트가 현대식으로 표현한: N. T. Wright, "On Earth as in Heaven", NT-Wrightpage.com, May 20, 2007, http://ntwrightpage.com/sermons/Earth_Heaven.htm.

p. 291　한마디로 그들은 제도적이다: 통치자들과 권세들에 대한 모든 설명은 *Naming the Powers: The Language of Powers in the New Testament* (Minneapolis: Fortress, 1984)로 시작되는 Walter Wink의 필생의 역작인 "The Powers" 시리즈에 빚지고 있다.

pp. 292-293　"예수의 지상 사역의 절정": Malcolm Muggeridge, *Confessions of a Twentieth Century Pilgrim*. Marva J. Dawn, *Powers, Weakness, and the Tabernacling of God* (Grand Rapids: Eardmans, 2001), p. 72에 인용.『세상 권세와 하나님의 교회』(복있는사람).

11장 | 청지기 되기

p. 297　143가족의 총 522명이 빚을 지고 강제 노역에 묶여 있던: D. Madhavan, "522 bonded Labourers Rescued Near Chennai", *Times of India*, April 29, 2011, http://articles.timesofindia.india-times.com/2011-04-29/chennai/29846830_1_revenue-officials-kiln-labourers.

p. 308 "나는 다음과 같은 유감스러운 결론에 거의 다다랐습니다": Martin Luther King Jr., "Letter from Birmingham Jail", Martin Luther King Jr. Researach and Education Institute, April 16, 1963, http://mlk.kpp01.standford.edu/index.php/resources/article/annotated_letter_from_birmingham.

성경 연구 | 빌레몬서

p. 318 빌레몬에게 보낸 바울의 편지는 파워로 가득 차 있다: Norman R. Petersen, *Rediscovering Paul: Philemon and the Sociology of Paul's Narrative World* (Minneapolis: Fortress, 1985). 이 책의 밑바탕에 깔려 있는 비판까지 동의하는 것은 아니지만 이 책에는 수많은 소중한 통찰들이 담겨 있다.

p. 321 "본성상 다른 사람의 종이나 죄의 종인 사람은 없다": Augustine, *City of God* 19.15, ed. and trans. R. W. Dyson (Cambridge University Press, 1998), p. 943. 『하나님의 도성』(CH북스).

p. 323 미국의 징역 제도는 "새로운 짐크로법"이라고 불린다: 2009년 미국의 정확한 수감률은 10만 명당 756명이었다. "World Prison Population List (8th edition)", King's College London, January 26, 2009, www.kcl.ac.uk/depsta/law/news/news_details.php?id=203을 보라. 시대별 수감률의 변화는 "U.S. Incarceration Rates 1925 Onwards", *Wikipedia*, http://en.wikipedia.org/wiki.File: U.S._incarceration_rates_1925_onwards.png의 도표에서 찾아볼 수 있다. 미국 수감자의 인종적 역학에 관한 주요 문서는 Michelle Alexander, *The New Jim Crow : Mass Incarceration in the Age of Colorblindness*, rev. ed. (New York: New Press, 2012)이다.

pp. 323-324 트라이소미 21 증후군 즉 다운증후군: 1995년부터 2011년 사이에 이루어진 다른 여러 연구를 보면 출산 전 다운증후군 진단을 받은 61-93퍼센트의 부모들이 임신 중절을 했다. Amy Julia Becker, "Down syndrome Prenatal Testing and Abortion—It's Complicated", *Patheos*, June 10, 2012, www.patheos.com/blogs/thinplaces/2012/06/down-syndrome-prenatal-testing-and-abortion-its-complicated를 보라.

12장 | 파워의 훈련

p. 333 "토요일 어때요?": Walter Isaacson, *Steve Jobs* (New York: Simon & Schuster, 2011), pp. 267-268.

pp. 340-341 파워와 특권의 삶을 근본적으로 저지하는 세 가지 실천: 고전적인 영성 훈련에 대한 많은 탁월한 자료들 중에서 나는 *Invitation to Solitude and Silence: Experiencing God's Transforming Presence* (Downers Grove, IL: InterVarsity Press, 2004)를 비롯한 Ruth Haley Barton의 저작을 많이 참고했다. 『하나님을 경험하는 고독과 침묵』(SFC출판부).

13장 | 안식의 사다리

p. 359 규칙적으로 멈추고 즐기는 리듬: Judith Schulevitz는 안식일의 가치에 대한 놀라울 만큼 광범위하고 교파에 치우지지 않는 대화를 시작했다. 그녀의 *The Sabbath World: Glimpses of a Different Order of Time* (New York: Random House, 2010)을 보라. 기독교적 관점의 책으로는 Matthew Sleeth의 *24/6* (Carol Stream, IL: Tyndale House, 2006)이 매력적이고 감동적이다. 『안식의 평화』(죠이북스).

pp. 380-381 투철한 소명 의식을 가지고 어려운 상황 속에서 일하는 교사들과 행정 직원들: 교육 분야의 희년에 대한 여러 측면을 엿보게 해 주는 최근의 기독교계 자료는 Nicole Baker Fulgham, *Educating All God's Children: What Christians Can—and Should—Do to Improve Public Education for Low-Income Kids*

(Grand Rapids: Baker, 2013)이다.

14장 | 파워의 종말

p. 389 "나는 예언은 하지 않습니다": J. R. R. Tolkien, *The Fellowship of the Ring* (New York: Del Rey, 1992), p. 423. 『반지원정대』(씨앗을뿌리는사람).

옮긴이 김명윤은 서울대학교 서양사학과를 졸업하고 장로회신학대학교 신학대학원에서 신학(M. Div.)을, 한국학중앙연구원 한국학대학원에서 종교학(Ph. D.)을 공부했다. 기독교 문화와 아시아 교회의 역사에 관심을 가지고 연구하고 있으며 현재 현대교회 담임목사로 사역하고 있다. 지은 책으로 『잊혀진 우리 이야기, 아시아 기독교 역사』(공저, 대장간), 옮긴 책으로 『광장에 선 기독교』(IVP)가 있다.

사람의 권력 하나님의 권력

초판 발행_ 2022년 1월 3일

지은이_ 앤디 크라우치
옮긴이_ 김명윤
펴낸이_ 정모세

펴낸곳_ 한국기독학생회출판부
등록번호_ 제313-2001-198호(1978.6.1)
주소_ 04031 서울시 마포구 동교로 156-10
대표 전화_ (02)337-2257 팩스_ (02)337-2258
영업 전화_ (02)338-2282 팩스_ 080-915-1515
홈페이지_ http://www.ivp.co.kr 이메일_ ivp@ivp.co.kr
ISBN 978-89-328-1906-8

ⓒ 한국기독학생회출판부 2022

책값은 뒤표지에 있습니다.
무단 전재와 복제를 금합니다.